住房城乡建设部土建类学科专业"十三五"规划教材
高等学校房地产开发与管理和物业管理学科专业指导委员会规划推荐教材

房地产合同管理

（房地产开发与管理专业适用）

东南大学　李启明　主　编

中国建筑工业出版社

图书在版编目（CIP）数据

房地产合同管理/李启明主编. —北京：中国建筑工业出版社，2019.6
高等学校房地产开发与管理和物业管理学科专业指导委员会规划推荐教材
ISBN 978-7-112-23614-5

Ⅰ.①房… Ⅱ.①李… Ⅲ.①房地产—经济合同—合同法—中国—高等学校—教材 Ⅳ.①D923.64

中国版本图书馆CIP数据核字（2019）第070678号

本书根据最新的法律法规以及房地产合同管理的研究、实践和教学改革，全面、系统地介绍合同法基本原理，房地产合同形成方式，房地产项目前期阶段合同管理，房地产项目实施阶段合同管理，房地产项目交易和运营阶段合同管理，房地产企业合作、并购合同管理，以及房地产合同管理总体规划，房地产合同的签约和履约管理，房地产合同索赔管理，房地产合同争议处理等主要内容。

本书可作为全国高等学校房地产开发与管理、物业管理等工程管理类本科专业的教材，也可供相关专业的从业人员以及政府部门、开发单位、设计单位、监理单位、施工单位等企业技术、管理人员参考使用。

为更好地支持相应课程的教学，我们向采用本书作为教材的教师提供教学课件，有需要者可与出版社联系，邮箱：cabpkejian@126.com。

责任编辑：王 跃 张 晶
责任校对：党 蕾

住房城乡建设部土建类学科专业"十三五"规划教材
高等学校房地产开发与管理和物业管理学科专业指导委员会规划推荐教材
房地产合同管理
（房地产开发与管理专业适用）
东南大学 李启明 主 编

*

中国建筑工业出版社出版、发行（北京海淀三里河路9号）
各地新华书店、建筑书店经销
北京建筑工业印刷厂制版
北京建筑工业印刷厂印刷

*

开本：787×1092毫米 1/16 印张：25¾ 字数：544千字
2019年11月第一版 2019年11月第一次印刷
定价：**59.00**元（赠课件）
ISBN 978-7-112-23614-5
（33898）

版权所有 翻印必究
如有印装质量问题，可寄本社退换
（邮政编码 100037）

教材编审委员会名单

主　任：刘洪玉　咸大庆

副主任：柴　强　李启明　武永祥　高延伟

委　员：（按拼音排序）
　　　　陈德豪　冯长春　韩　朝　兰　峰
　　　　廖俊平　刘亚臣　吕　萍　王　跃
　　　　王建廷　王立国　王幼松　杨　赞
　　　　姚玲珍　张　宏　张　晶　张永岳

序 言

随着国家改革开放,尤其是住房制度和土地使用制度改革的逐步深化,房地产业从无到有,在改善城镇居民住房条件、改变城市面貌、促进经济增长和社会发展等方面做出了重要贡献,同时也迅速成为对国民经济稳定和社会可持续发展有着举足轻重影响的重要产业。相对而言,房地产专业本科教育的发展历程颇多曲折:先是从1993年开始国内高校适应社会需要相继开设房地产经营管理专业,然后1998年被并入工程管理专业成为该专业的一个专业方向,2012年又被教育部单独列入本科专业目录。经过最近六年左右时间的努力,房地产开发与管理本科专业建设取得了初步成效,编制出版了《高等学校房地产开发与管理本科指导性专业规范》(以下简称《专业规范》)等基础性专业建设指导文件。但从2018年开始,越来越多的高校开始按学科大类招生,给建设中的房地产开发与管理专业提出了新的挑战。

应对面临的挑战,一是看这个专业的毕业生是不是有广泛持久的社会需求,这个答案是肯定的。土地和房屋空间的开发建设具有长期性和周期性,预计未来20年,城镇地区仍然有稳定的新建需求,包括重建和改建在内的房屋和社区更新需求呈不断增加趋势;随着房地产业形态的变革和创新,房地产业活动将从以开发建设为主,向房屋空间运行管理、资产管理、金融投资方向拓展;房地产企业服务将从主要服务于居民家庭居住,向服务于居民家庭美好生活相关的社区和城市综合服务方向拓展,成为城市综合服务提供商;房地产领域应用大数据、互联网、人工智能等新技术所推动的家居、建筑、社区、城市的智慧化发展等。

确认了广泛持久的社会需求,应对挑战的另一个维度,就是要做好这个专业的基础设施建设,包括教材建设、师资队伍建设、学术研究能力与学术交流环境建设、产业界协作与协同等等,有了优良的基础设施和清晰的职业生涯发展路径,就会吸引越来越多的优秀学生参与。很显然,教材建设,是可以跨越学校、需要学校间协同的最重要的基础设施建设。

为了支持房地产专业的建设和发展,住房城乡建设部2016年12月20日公布的《高等教育土建类学科专业"十三五"规划教材选题》中,将17本教材纳入房地产开发与管理专业项下的选题,且其中的房地产开发与管理专业导论、房地产投资分析、房地产金融、房地产市场分析、房地产经济学、房地产合同管理、房地产项目策划与营销、城市土地利用与管理、房地产估价、房地产开发项目管理、房地产法律制度、物业与资产管理等12本教材,被专家审定为房地产开发与管理专业核心课程。也就是说,高质量的建设好这12门课程,并将其与各高校的教育理念、办学特色、专业优势结合，就可以实现厚基础、宽口径、通专融合的房地产本科专业培养目标。纳入选题的另外5本教材，包括房地产开发与经营、房地产投资评估与资产定价、房地产投资分析、房地产产品设计与研发原理和房地产项目策划。这5本教材所对应的课程，虽然没有进入专业核心课程，但各高校也可以将其作为备选，或结合自身的情况选用。

为保证教材编写质量，出版社邀请相关领域的专家对每本教材进行审稿，严格贯彻了《专业规范》的有关要求，融入房地产行业多年的理论与实践发展成果，内容充实、系统性强、应用性广，对房地产本科专业的建设发展和人才培养将起到有力的推动作用。

本套教材已入选住房城乡建设部土建类学科专业"十三五"规划教材，在编写过程中，得到了住房城乡建设部人事司及参编人员所在学校和单位的大力支持和帮助，在此一并表示感谢。望广大读者和单位在使用过程中，提出宝贵意见和建议，促使我们不断提高该套系列教材的重印再版质量。

刘洪玉
2019年2月12日于清华大学

前 言

房地产业是进行房地产投资、开发、经营、管理、服务的行业,属于第三产业,是具有基础性、先导性、带动性和风险性的产业。房地产业是我国国民经济的重要产业,房地产投资规模大、产业关联度高、宏观政策调控频繁、关系老百姓切身利益,房地产行业的健康可持续发展直接关系到我国整体经济的高质量发展。房地产开发项目投入高、风险高,开发周期长、专业性强、涉及面广、利益相关者多,是一项综合性、系统性的开发活动,需要系统策划、合理计划、周密管理,才能取得房地产项目经济效益、社会效益和环境效益的协调统一。随着我国社会主义市场经济体制和房地产法律法规体系的不断建立和完善,房地产市场主体的行为更加规范化、法制化,随着房地产合同管理理论研究和开发实践的不断深入,房地产合同管理在房地产项目管理和房地产企业管理中的重要性日益明显和突出,房地产合同管理已经成为房地产开发与管理、物业管理等本科专业的核心主干课程,是房地产开发与管理人才核心能力培养的重要构成以及执业能力的重要体现。

本教材根据《高等学校房地产开发与管理本科指导性专业规范》的培养目标和规格以及核心知识领域、知识单元、知识点等要求,根据国家颁布的最新法律法规,以及国家发展和改革委员会、住房城乡建设部等颁布的最新合同示范文本等,按照房地产项目全生命周期开发流程,主要对房地产合同管理导论、合同法基本原理、房地产合同形成方式、房地产项目前期阶段合同管理(包括土地使用权出让合同、房屋拆迁合同、房地产贷款合同)、房地产项目实施阶段合同管理(包括工程采购模式和合同类型选择、勘察设计、工程监理、工程施工、材料设备采购合同等)、房地产项目交易和运营阶段合同管理(包括房地产销售合同、租赁合同、经纪合同、物业服务合同),以及房地产企业合作并购合同管理、房地产合同管理总体规划、房地产合同签约和履约管理、房地产合同索赔管理、房地产合同争议处理等进行了全面系统介绍。全书反映最新法律法规、科研成果和最佳房地产开发实践。

本教材吸收国际房地产开发合同管理经验,总结国内房地产合同管理的实际操作经验和方法,内容新、理论体系完备、要点清晰、实践性和可操作性强,具有较强的可读性。

本书由李启明担任主编,在编写过程中,查阅和检索了许多房地产合同管理方面的信息、资料和有关专家的著述,在此表示感谢。由于房地产合同管理的理论、方法和运作还需要在实践中不断丰富、发展和完善,加之作者水平所限,本书不当之处敬请读者、同行批评指正,以便再版时修改完善。

目 录

1 房地产合同管理导论 /001

- 1.1 房地产项目类型和特点 ··································· 002
- 1.2 房地产项目全生命期阶段及主要工作内容 ············ 005
- 1.3 房地产合同种类和合同体系 ······························ 008
- 1.4 合同文本与合同管理要点 ································· 011
- 1.5 本课程教学目标和要求 ···································· 018
- 复习思考题 ·· 019

2 合同法基本原理 /021

- 2.1 合同法概论 ·· 022
- 2.2 合同主要条款 ··· 028
- 2.3 合同订立 ··· 030
- 2.4 合同效力 ··· 035
- 2.5 合同履行 ··· 042
- 2.6 合同变更、转让和终止 ···································· 052
- 2.7 违反合同的责任 ·· 063
- 2.8 合同纠纷的解决 ·· 074
- 复习思考题 ·· 078

3 房地产合同形成方式 /079

- 3.1 工程项目招标投标 ··· 080
- 3.2 土地出让的招标、拍卖和挂牌 ·························· 099
- 复习思考题 ·· 115

4	房地产项目前期阶段合同管理 /117	4.1	国有土地使用权出让合同及管理……………………118
		4.2	房屋征收与补偿协议及管理……………………………124
		4.3	房地产贷款合同及管理…………………………………127

5	房地产项目实施阶段合同管理 /133	5.1	项目采购模式和合同类型选择…………………………134
		5.2	工程勘察设计合同及管理………………………………146
		5.3	工程监理合同及管理……………………………………167
		5.4	工程施工合同及管理……………………………………175
		5.5	工程材料设备采购合同及管理…………………………225
		5.6	其他合同管理……………………………………………232

6	房地产项目交易和运营阶段合同管理 /243	6.1	商品房买卖合同及管理…………………………………244
		6.2	房地产租赁合同及管理…………………………………260
		6.3	房地产经纪合同及管理…………………………………266
		6.4	物业服务合同及管理……………………………………273

7	房地产企业合作、并购合同管理 /283	7.1	房地产企业合作开发合同及管理………………………284
		7.2	房地产企业并购合同及管理……………………………289

8	房地产合同管理总体规划 /297	8.1	房地产项目结构分解……………………………………298
		8.2	房地产项目合同结构分解………………………………299
		8.3	房地产项目合同管理规划方案设计……………………303
		复习思考题	……………………………………………………303

9 房地产合同的签约和履约管理 /305

- 9.1 房地产合同签约管理 ··············· 306
- 9.2 房地产合同履约管理 ··············· 312
- 复习思考题 ··································· 332

10 房地产合同索赔管理 /333

- 10.1 工程索赔基本理论 ··············· 334
- 10.2 工期延误及索赔 ··················· 354
- 10.3 费用索赔 ····························· 362
- 复习思考题 ································· 373

11 房地产合同争议处理 /375

- 11.1 房地产合同的常见争议 ······· 376
- 11.2 工程合同争议的解决方式 ··· 378
- 11.3 房地产合同争议的防范与管理 ··· 395
- 复习思考题 ································· 397

参考文献 /398

1

房地产合同管理导论

1.1　房地产项目类型和特点

1.1.1　项目的定义及其特征

1．项目的定义

在日常工作和生活中,"项目"经常被人们使用,如修建住宅、引进一种新设备、采购一批办公设备等。作为一个专业术语,在长期的发展过程中,其内涵和外延也在不断地演进。因此,项目的定义有很多种形式,但大多数定义都是用简单通俗的语言对项目进行抽象性的概括和描绘,它们从不同的角度给出了项目的不同认识。随着项目外延的拓展,人们采用描述"项目"主要特征的方式,对"项目"进行严格的定义。一般来说,"项目"是指具有一定时间、费用和技术性能目标的非日常性、非重复性、一次性的任务,即项目是要在一定时间里,在预算规定范围内,由一定的组织完成的,并达到预定质量水平的一项一次性任务。

2．项目的特征

项目具有以下基本特征:

(1)项目实施的一次性和非重复性。项目必须是一项一次性的任务,有投入也有产出,而不是简单的重复。在建筑行业,即使采用同样型号的标准图样建造两个住宅区,但由于建设时间、地点、周围环境等条件不可能完全相同,因此属于两个不同的项目。世界上有完全相同的产品,组织批量生产,统一管理,但不可能有完全相同的项目批量实施。项目实施都是一次性的,每个项目都有自身独特的个性需求,应根据具体条件进行系统管理。

(2)项目目标的明确性。项目要建成何种规模、达到什么技术水平、满足哪些质量标准、建成后的服务年限等都应明确而详细。这些目标是具体的、可检查的,实现目标的措施也是明确的、可操作的。

(3)项目组织的整体性。项目通常由若干相对独立的子项目或工作包组成,这些子项目或工作包包含若干具有逻辑顺序关系的工作单元,各工作单元构成子项目或工作包等子系统,而各相互制约和相互依存的子系统共同构成了完整的项目系统。这一特点表明,对项目进行有效管理,必须采用系统管理的思想和技术方法。

(4)项目的多目标性。尽管项目的任务是明确的,但项目的具体目标,如性能、时间、成本等则是多方面的。这些具体目标既可能是协调的,或者说是相辅相成的;也可能是不协调的,或者说是相互制约、相互矛盾的。如在计划经济时期,一种产品的研制有时可能是以功能要求为第一位的,不强调成本;有时以时间进度要求为主,不得不降低功能要求;而有时更为注重经济指标,要求在资金范围内完成任务。由于项目具体目标的明确性和任务的单一性,要求对项目实施全系统全寿命管理,应力图把多种目标协调起来,实现项目系统优化而不是局部的次优化。

（5）项目的不确定性。项目多少具有某种新的、前所未做过的事情。因此，项目"从摇篮到坟墓"通常包含若干不确定因素，即达到项目目标的途径并不完全清楚。因此，项目目标虽然明确，但项目完成后的确切状态却不一定能完全确定，而达到这种不完全确定状态的过程本身也经常是不完全确定的。这一特点表明，项目的实施不是一帆风顺的，常常会遇到风险。

（6）项目资源的有限性。任何一个组织，其资源都是有限的，因此，对于某一具体项目而言，其投资总额、项目各阶段的资金需求、各工作环节的完成时间以及里程碑事件等都要通过计划而严格确定下来。在确定的时间和预算内，通过不完全确定的过程，提交状态不完全确定的成果，就是项目管理学科要解决的中心课题。

（7）项目的临时性。项目一般要由一支临时组建起来的队伍实施和管理，由于项目只在一定时间内存在，参与项目实施和管理的人员是一种临时性的组合，人员和材料设备等之间的组合也是临时性的。项目的临时性对项目的科学管理提出了更高的要求。

（8）项目的开放性。由于项目是由一系列活动或任务所组成的，因此，应将项目理解为一种系统，将项目活动视为一种系统工程活动。绝大多数项目都是一个开放系统，项目的实施要跨越若干部门的界限，这就要求项目经理协调好项目组内外的各种关系，团结项目组内成员一起工作并寻求项目组外人员的大力支持。

3．项目的分类

项目已经渗透到现代社会发展的各个方面、各个领域，甚至深入到社会的每一个层次、每一个角落，共同形成了项目类型的复杂体系。符合上述项目定义和特征的任务是很多的，最常见的有：

（1）各类开发项目，如资源开发项目、经济开发项目、房地产开发项目、新产品开发项目等；

（2）科研项目，如基础与应用科学研究项目、科技攻关项目、"火炬计划"项目等；

（3）社会项目，如希望工程项目、人口普查项目、大型体育运动项目、"扶贫"项目等；

（4）国防项目、基础设施投资项目等。

由于项目的种类很多，为了有针对性地进行项目管理，以提高完成任务的效果水平，应对项目进行分类。通常按项目的最终成果或专业特征为标准进行分类，主要包括：科学研究项目、开发项目、国防项目、工程建设项目、社会项目、咨询项目等。每一类项目还可以继续细分，如工程建设项目可分为工业建设项目、农业建设项目、房地产建设项目等。

1.1.2 房地产项目的定义及其特征

房地产项目是指在一定的时间、费用和质量要求下，为形成一定使用功能

（或生产能力）的产品或固定资产，而按特定的程序完成的一次性任务。与一般性项目相比，具有更为复杂的特征。

1. 房地产项目时间目标的限定性较强

任何一个房地产项目都有一个较强的时间要求，其主要原因是：

房地产项目的资金占用量较大。房地产项目产品的高价值性，使得其生产过程的资金占用量较大，通常情况下，企业可使用的资金是有限的，所以企业为了提高资金的使用效率，减少项目支付的利息及相关费用，必须对项目的工期进行限制。否则，如果没有时间限制，导致项目的内部收益率低于本行业的基准收益率，而使资金的利用率较低，将可能引起项目（或企业）亏损的严重后果。

市场需求变化较快。由于技术进步，社会经济的发展，使人们的社会需求变化较快。在这种情况下，人们对房地产项目产品质量的要求也在不断提高。如果房地产项目的工期过长，则可能导致项目产品不能同人们的市场需求保持同步，造成项目产品的原有功能过时，甚至引起大量的项目产品空置。

市场上同行业竞争激烈。当房地产开发商发现市场上存在盈利较大的房地产项目，一般都会立即集中大量的资金投入这种房地产项目产品的开发。如果房地产项目的工期太长，一方面可能由于市场上同类房地产项目产品总量的增加而造成该房地产项目产品的市场价格下降；另一方面可能由于后期同类房地产项目产品功能的改进，使该房地产项目产品的品质相对下降，造成其产品的市场价格下降，使其实际收益比预计收益大大下降，甚至也可能导致项目（或企业）的亏损。

2. 房地产项目质量目标要求较高

房地产项目投资大，投资行为具有不可逆转性，一旦质量不合乎要求，就会造成资源的大量浪费。不仅如此，房地产项目的产品直接进入到人们的工作和生活中，与人们的生命财产安全息息相关，一旦房地产项目产品质量出现问题，将可能导致严重后果。因此，我国政府对房地产项目产品的质量问题特别重视，制定了一系列相关的政策法规，以保证房地产项目产品的质量。

3. 房地产项目的费用目标较强

这主要是由资金的相对稀缺性和项目的经济性要求所决定的。

4. 房地产项目具有较强的系统性

房地产项目是一个非常复杂的庞大的系统，这是现代房地产项目的一大特点。它不仅规模大、范围广、投资多、时间长、阶段多，而且各阶段之间的相互衔接之处较多、较严密，有时还会出现大量采用新技术、新工艺的情况。这就要求项目在建设的过程中必须统一规划管理，统一进行资源和效益的核算。

5. 房地产项目具有特定的程序性

项目的建设过程，必须经过项目的构思设想、建议和方案拟订、详细的可行性研究及其评审、决策、勘察、设计、项目招标投标、施工、竣工验收等规定的项目实施程序，不可倒置。这就要求在房地产项目的实施过程中，必须注意项目之间的衔接，按规定的或其本身固有的程序进行项目的实施。

6. 房地产项目组织的特殊性

由于现代化大生产和专业化分工的需要，一个房地产项目往往都有几十个、几百个单位或部门参加，协调起来比较困难，而且房地产项目组织具有一次性。因此，要保证项目按计划有序地实施，必须建立严密的项目组织系统。这个组织系统与企业相比，具有一定的特殊性。

7. 房地产政策法规条文的多样性

房地产项目及其组织的一次性特征，使项目组织及其责任具有不稳定性。为了保证房地产项目的成功实施，必须按相关的政策法规和企业的章程来设立组织，明确各组织及个人的权利、义务和责任。因此，在房地产项目实施过程中，必须建立健全政策法规体系，保证责任的连续性，保证实施过程中的可操作性、规范性和稳定性。目前，我国已制定了许多相关的政策法律，如《中华人民共和国城市房地产管理法》（简称《城市房地产管理法》)《中华人民共和国建筑法》（简称《建筑法》)《中华人民共和国合同法》（简称《合同法》)《中华人民共和国招标投标法》（简称《招标投标法》)《中华人民共和国环境保护法》（简称《环境保护法》）等。

所以，房地产项目不仅具有项目的基本特征，而且具有特定的程序性、系统性、组织的特殊性、政策法规的多样性等特征。正确理解房地产项目的主要特征，有利于保证房地产项目的顺利实施，有利于按要求达到房地产项目的预期总目标。

1.2 房地产项目全生命期阶段及主要工作内容

建设项目全生命期一般包括：项目的决策阶段、实施阶段和运营阶段。项目决策阶段包括：编制项目建议书、编制可行性研究报告等；项目实施阶段包括：设计准备阶段（编制设计任务书），设计阶段（初步设计、技术设计、施工图设计），招标投标与合同签订阶段，施工阶段（施工），动用前准备阶段，保修阶段等。建设项目全生命期的阶段划分如图1-1所示。

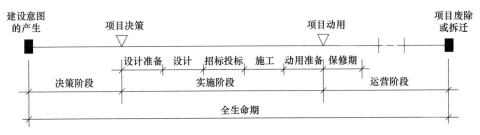

图1-1 建设项目全生命期的阶段划分

作为建设项目的一种类别，房地产项目有其自身的特点，本书从房地产遵循逻辑规律、开发程序规律及开发实践的角度出发，将房地产全寿命周期划分为以下八个阶段：

1. 投资机会研究及土地竞投阶段

这一阶段的主要工作有：开发商根据自己对某一房地产市场的分析及认识，寻找投资的可能性，即所谓"看地"；通过市场分析和拟选项目的财务评估（评价）工作进行决策，将投资设想落实到一个或几个具体地块上。这一阶段需提出项目投资建议，编制项目初步投资估算。这是房地产整个开发过程中最为重要的一个环节。

当确定了投资决策后，获取土地使用权就成为一个很关键的工作。获取土地使用权的方式有多种，其中最主要的是通过招标、拍卖或者挂牌方式竞投获得。房地产开发企业通过竞投的方式获取土地使用权已经成为主流。应该说，土地使用权竞投对于一般中小开发企业来讲，还不是很精通，但又是很重要的一项业务，有必要引起足够重视并加以研究。

土地使用权竞投报价是指开发企业根据土地使用权招标、拍卖或挂牌的出让文件，根据本企业的管理水平、技术力量、营销能力、融资能力、核心竞争力、品牌知名度等自身条件，结合对市场进行的分析和预测，计算出由本企业完成竞投地块项目的总开发成本及未来建设完成以后的总开发价值；再通过计算推导，确定出预测的土地价格；根据竞投中竞争的情况，进行盈亏分析，确定本企业开发该地块的目标利润，从而确定本企业愿意为该地块支付的最高价格。土地使用权竞投报价是投资控制的起点。

2. 项目立项阶段

这一阶段的主要工作有：申请项目用地的选址红线图，申领规划要点，进行项目策划及可行性研究，对项目投资进行详细可研测算，编制、报审可行性研究报告，获取立项批复等。

这一阶段的很多工作可以和项目全程策划阶段的工作结合起来做，即全程策划的工作成果可以用来进行项目立项审批。全程策划阶段的投资估算内容涵盖本阶段的投资测算内容。

3. 项目全程策划阶段

这是房地产项目全寿命周期中很重要的一个阶段，需进行全面、详细、深入的技术经济分析论证，评价选择拟建项目的最佳投资方案。这一阶段的投资估算是选择最佳投资方案的主要依据，也是编制设计文件、控制初步设计及概算的主要依据。

这一阶段的主要工作有：市场调研、产品定位、投资分析、规划设计建议等。投资分析包括投资环境分析，确定项目的投资方向、投资组合，以及确定项目的总体资金运作方案等。

投资环境包括：宏观环境与整体行业环境、区域环境、项目所在地房地产市场环境等，通过对这些环境的分析，为拟建项目的定位、定价和营销等提供有利的参考依据。

投资方向、投资组合分析：选择合适的投资类型，并对不同类型房地产进行合理的投资组合，可以利用其相互影响提升项目的整体价值，使项目综合效益最大化。其中最重要的工作是进行项目定位，并形成文件。

项目资金运作方案包括资金筹集、资金分配使用和资金回收等内容。

4．规划设计阶段

这一阶段的主要工作有：申领规划红线图、规划条件通知书等，根据项目全程策划内容，通过方案竞赛等方式优选规划设计方案，通过招标方式优选设计单位进行设计，最终提供高质量的设计图纸。规划设计是否经济合理，对投资控制意义重大。这一阶段还必须取得建设工程规划许可证等政府许可证书。

这里所说的"高质量"应至少包含这样几个含义：设计图纸全面体现本公司的设计开发意图，严格遵守国家技术标准、法规；图纸中无错误和矛盾，满足设备材料选择与确定要求，满足非标准设备的设计和加工制作要求，满足施工图预算的编制要求，满足建筑工程施工和设备安装要求；投资费用应在控制限额内。设计质量不仅关系到项目的一次性投资，而且影响到建成后运营阶段经济效益的良好发挥，如经营费用、物业日常维护费用、大修更新费用的高低，还关系到合理利用有限资源以及消费者生命财产安全等重大问题。

这一阶段是影响投资的关键环节。初步设计基本上确定了项目的规模、产品结构、建筑标准及使用功能，形成设计概算，确定了投资的最高限额。推行"限额设计"完成施工图设计后，编制施工图预算，准确地计算出工程造价，是承发包合同价的参考或上限。

从价值工程理论看，这一阶段对项目投资的影响很大。国外研究表明：设计费用虽然只占项目全寿命周期费用的1%左右，但对工程造价的影响程度达75%以上。通过优化设计方案可以达到节约投资的目的，而且节约的潜力很大，房地产企业应抓好这一阶段的质量控制。

5．工程施工阶段

这一阶段的主要工作有：依法进行招标发包工作，优选承包单位，签订承发包合同；企业自身或外聘监理单位实施项目管理；最后进行竣工验收和结算。

推行招标采购（建筑产品生产、材料设备等），有利于降低采购成本，使工程投资得到合理控制。需注意的投资控制问题有：

（1）确定合理的合同类型，如固定总价合同、固定单价合同、可调价合同、成本加酬金合同、包工包料合同、包工不包料合同等；

（2）全方位优选施工承包商、各种材料供应商；

（3）确定合同价款；

（4）严格按合同进行工程进度款支付；

（5）控制工程变更及合同价款调整；

（6）控制工程索赔及索赔费用；

（7）做好竣工验收、竣工结算、竣工决算工作，处理好保修费用；

（8）编制竣工决算报表。

6. 市场推广和营销阶段

这一阶段的主要工作有：市场推广和营销方案策划、实施。好的市场营销通常贯穿于项目开发全过程，而不是等到项目建成后再进行。好的市场营销有利于项目投资顺利收回，并实现盈利目标。投资回收情况可以与资金运作方案计划进行对比考核。

7. 物业管理阶段

如果物业管理服务质量很高，将在很大程度上完善、提升房地产开发商的形象，这一效果会在公司下一轮房产的销售价格中得到体现。因此，开发商对物业管理公司的适当投资补贴将物有所值，或者可能获得超额回报。

8. 物业拆除报废与土地再利用阶段

由于土地使用权期限届满、不符合城市规划、物业确认为危房等原因，物业需报废与拆除。这一阶段的主要工作有：拆除与报废条件满足并经权威部门确认，报废与拆除方案批准，拆除实施，残值回收，土地再利用，该项目的寿命周期结束，又可以进入下一个寿命周期的循环。

1.3 房地产合同种类和合同体系

在房地产项目全寿命周期过程中，存在众多既相互影响、相互联系，又相对独立的专业工作或内容，需要由具有专业资质、资格或专业能力的机构或人员完成。因此，一个建设项目的完成，涉及众多的参与方，需要签订许多不同种类的合同，参见表1-1。

房地产项目全寿命周期中涉及的合同主体及种类　　　　　表1-1

建设项目全寿命周期阶段	合同种类	合同主体
决策阶段	咨询合同、土地征用与拆迁合同、土地使用权出让及转让合同、贷款合同等	业主、咨询公司、政府、土地转让方、银行等
实施阶段	勘察合同、设计合同、招标代理委托合同、监理合同、材料设备采购合同、施工合同、装饰合同、担保合同、保险合同、技术开发合同、贷款合同等	业主、勘察单位、设计单位、招标代理机构、监理单位、供应商、承包商、担保方、保险公司、银行、科研院所等
交易和运营阶段	房屋销售合同、房屋出租合同、房地产经纪合同、供用水电气合同、运营管理合同、物业管理合同、保修合同、拆除合同等	业主、供电水气单位、用户、物业公司等

在房地产项目全寿命周期中，开发商将参与项目全过程或主要过程，对项目建设的成败将起到决定性的影响作用；来自不同国家、地区、城市的其他参与方将在项目的不同阶段进入项目或退出项目，他们将以自己的专业资质、资格和能力为项目及业务提供专业服务，他们的服务水平、质量、竞争能力同样也会影响到项目的成败。项目业主（开发商）与其他参与方存在着许多合同法律关系，参见图1-2。项目参与方在不同阶段的服务时间及目标参见图1-3。

图1-2 房地产项目全寿命周期中涉及的合同主体

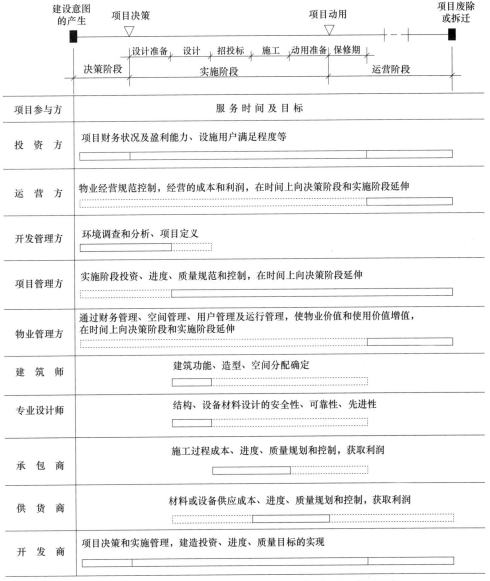

图1-3 房地产项目参与方在全寿命周期不同阶段的服务时间及目标

对于房地产项目而言，可以根据不同的方法，科学合理地将其分解成不同的专业工作或内容，通过市场竞争等方式，交给不同的专业机构来完成项目特定的工作，用合同形式来规定各方的权利、义务和责任。因此，一个房地产项目事实上就是由一个个合同构成的，每份合同的圆满完成意味着项目的成功。独立而又相互联系的各个合同构成了项目的合同链，参见图1-4。合同链上某个环节出现问题，则会影响到整个合同链运转的水平、效率和质量，而这正是合同整体策划和管理所要解决的问题。

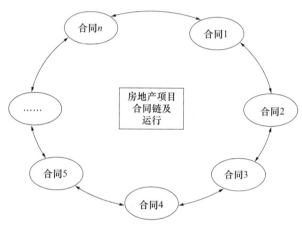

图1-4　房地产项目合同链及其运行

对于一份具体的工程合同，同样也存在合同生命周期，即每份合同都有起点和终点，都存在从合同成立、生效到合同终止的生命周期。以施工合同为例，其合同生命周期如图1-5所示。

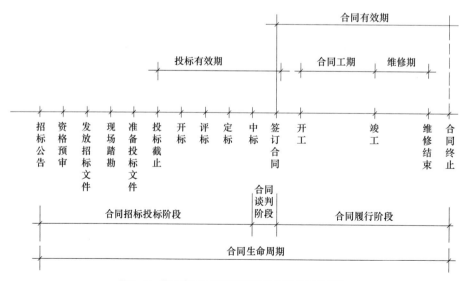

图1-5　施工合同生命周期阶段及主要里程碑事件

1.4 合同文本与合同管理要点

1.4.1 标准工程合同条件

1. 标准合同条件

合同条件规定了合同各方的权利、责任以及风险分配,是合同文件最重要的内容之一。工程标准合同条件(Standard Conditions of Contract)能够合理地平衡合同各方的利益,特别是可以在合同各方之间比较公平地分配风险和责任。另外,使用标准合同条件使得各方对合同都较为熟悉和理解,减少了合同管理的风险。国际上著名的标准合同格式有:FIDIC(国际咨询工程师联合会)、ICE(英国土木工程师学会)、JCT(英国合同审定联合会)、AIA(美国建筑师协会)、AGC(美国总承包商协会)等组织制定的系列标准合同格式。其中最为常见的是FIDIC标准合同格式,特别是FIDIC土木工程施工合同条件(红皮书)。ICE和JCT的标准合同格式是英国以及英联邦国家和地区的主流合同条件。AIA和AGC的标准合同格式是美国以及受美国建筑业影响较大国家的主流合同条件。FIDIC标准合同格式主要适用于世界银行、亚洲开发银行等国际金融机构的贷款项目以及其他国际工程,是我国工程界较为熟悉的国际标准合同条件,也是我国《建设工程施工合同(示范文本)》等合同文本的主要参考蓝本。在这些标准合同条件中,FIDIC和ICE合同条件主要应用于土木工程,而JCT和AIA合同条件主要应用于建筑工程。

2. 国际上权威的工程合同条件

(1)ICE标准合同。ICE的标准合同条件具有很长的历史,它的《土木工程施工合同条件》已经在1991年出版了第6版本。ICE的标准合同格式属于单价合同,即承包商在招标文件中的工程量清单(Bill of Quantities)填入综合单价,以实际计量的工程量而非工程量清单里的工程量进行结算。此标准合同格式主要适用于传统施工总承包的采购模式。随着工程界和法律界对传统采购模式以及标准合同格式批评的增加,ICE决定制定新的标准合同格式。1991年,ICE的"新工程合同"(New Engineering Contract,NEC)征求意见版出版;1993年,"新工程合同"第一版出版;1995年,"新工程合同"又出版了第二版,第二版中"新工程合同"成了一系列标准合同格式的总称,用于主承包合同的合同标准条件被称为"工程和施工合同"(Engineering and Construction Contract,ECC)。制定NEC的目的是增进合同各方的合作,建立团队精神,明确合同各方的风险分担,减少工程建设中的不确定性,减少索赔以及仲裁、诉讼的可能性。ECC一个显著的特点是它的选项表,选项表里列出了六种合同形式,使ECC能够适用于不同合同形式的工程。

(2)JCT标准合同。JCT是由RIBA(英国皇家建筑师学会)主导的、由多个专业组织组成的一个联合组织，其标准合同条件的制定可以追溯到1902年。英国合同审定联合会（JCT，Joint Contracts Tribunal）是一个关于审议合同的组织，在ICE合同基础上制定了建筑工程合同的标准格式。JCT的建筑工程合同条件（JCT98）用于业主和承包商之间的施工总承包合同，主要适用于传统的施工总承包，属于总价合同。另外，还有适用于DB模式、MC模式的合同条件。JCT98是JCT的标准合同，在JCT98的基础上发展形成了JCT合同系列。JCT98主要用于传统采购模式，也可以用于CM采购模式，共用6种不同的版本。同ICE的传统合同条件一样，JCT80主要适用于传统的施工总承包。JCT80属于总价合同，这是和ICE传统合同条件不同的地方。JCT还分别在1981年和1987年制定了适用于DB模式的JCT81，在1987年制定了适用于MC模式的JCT87。

（3）FIDIC标准合同。FIDIC于1945年出版了"土木工程施工合同条件"（红皮书），1989年出版了第四版本。红皮书来源于ICE传统的合同条件，它们之间有很多相同的地方，它同样适用于传统的施工总承包模式，同样是单价合同类型。红皮书虽然被工程界称为工程领域的"圣经"，但是红皮书里工程师的角色也引起了不少争议，这促使FIDIC在1996年红皮书的增补本里引入了"争端裁决委员会"（Dispute Adjudication Board，DAB），以替代工程师的准仲裁员角色。值得注意的是，我国几种标准施工合同格式基本上都是以FIDIC红皮书为蓝本的，故必须重新考虑其中工程师（监理单位）的角色是否恰当的问题。另外，FIDIC在1990年出版了"业主/咨询工程师标准服务协议书"（白皮书），在1994年出版了"土木工程施工分包合同条件"（与红皮书配套使用），在1995年出版了"设计-建造与交钥匙合同条件"（桔皮书）。这几个标准合同格式和1987年第三版"电气与机械工程合同条件"（黄皮书）共同构成了1999年以前的"FIDIC合同条件"。1999年，FIDIC正式出版了一系列新的标准合同条件，即"施工合同条件"（新红皮书）、"工程设备和设计-建造合同条件"（新黄皮书）、"EPC（设计-采购-建造）交钥匙合同条件"（银皮书）、"合同的简短格式"（绿皮书）。这四个新的合同条件和1999年以前的系列合同条件有着极大的不同，不仅在适用范围上大大拓宽，而且在具体的合同条件上、形式上、措辞上也有很大的不同，可以说它们是对原有FIDIC合同格式的根本性变革。"新红皮书"不仅可以用于土木工程，还可以用于机械和电气工程。"新黄皮书"和"银皮书"可以用于"设计-建造"和"EPC（设计-采购-建筑）交钥匙"等情况。"绿皮书"则适用于各类中小型工程。2017年12月，FIDIC在伦敦举办的国际用户会议上正式发布了1999版系列合同条件中前三本（红皮书、黄皮书、银皮书）的第2版，简称"2017版"。与1999版相比，2017版三本合同条件各自的适用范围不变，合同条件基本结构不变，业主和承包商的权利、职责和义务不变，合同价格类型和支付方式不变，业主和承包商之间的风险分担原则不变，主要的变化体现在：通用条件结构略有调整、篇幅内容大量增加，将索赔和争端区别对待，融入更多项目管理理念，加强工程师的地位和作用等。

（4）AIA标准合同。AIA从1911年起就不断地编制各种合同条件，到目前为止，AIA已经制定出了从A系列到G系列完备的合同文件体系。其中，A系列是用于业主与承包商之间的施工承包合同，B系列是用于业主与建筑师之间的设计委托合同。AIA系列合同文件的核心是"通用条件"（A201），采用不同的项目采购模式和合同价格类型时，只需要引用不同的协议书格式与通用条件。AIA合同文件涵盖了所有主要项目采购模式，如应用于"传统模式"（即施工总承包）的A101、B141、A201（A101是业主与承包商之间的协议书，B141是业主与建筑师之间的协议书），应用于代理型CM的B801/CMa、A101/CMa、A201/CMa（CMa即CM agency），应用于风险型CM的A121/CMc、A201/CMc（即CM constructor）。

3. 国内工程合同标准条件

选择合适的合同文本，可以减轻业主或招标人合同拟订的工作量，避免出现合同条款的错漏，提高合同订立和履行的效率，并且对于平衡合同当事人之间的权利、义务和风险，顺利实现合同目的和项目管理目标具有积极的作用。国内工程合同文本主要包括工程类、货物类和服务类等三大类合同文本。

（1）工程类合同文本：目前国内使用的该类合同文本种类较多。主要包括住房城乡建设部、国家工商行政管理总局于2016年联合颁布的《建设工程勘察合同（示范文本）》GF—2016—0203；2015年颁布的《建设工程设计合同（示范文本）》（房屋建筑工程）GF—2015—0209和《建设工程设计合同（示范文本）》（专业建设工程）GF—2015—0210等；以及2017年9月国家发改委等印发的《中华人民共和国标准勘察招标文件》《中华人民共和国标准设计招标文件》《中华人民共和国标准监理招标文件》等标准文件。

（2）货物类合同文本：目前全国性的货物类采购合同文本相对较少，主要为原建设部和原国家工商行政管理局共同颁布的《城市供用气合同（示范文本）》GF—1999—0502、《城市供用热力合同（示范文本）》GF—1999—0503、《城市供用水合同（示范文本）》GF—1999—0501。

（3）服务类合同文本：主要包括建设部和原国家工商行政管理局于2000年联合颁布的《建设工程勘察合同（示范文本）〔岩土工程设计、治理、监测〕》GF—2000—0204、《建设工程勘察合同（示范文本）〔岩土工程勘察、水文地质勘察（含凿井）、工程测量、工程物探〕》GF—2000—0203，以及住房城乡建设部和国家工商行政管理局于2012年联合颁布的《建设工程监理合同（示范文本）》GF—2012—0202等。

1.4.2 工程合同管理要点

在房地产项目全寿命周期过程中，为了完成项目总体目标，众多的项目参与方之间，如业主、承包商、设计单位、监理单位、供应商等，形成了大量的合同法律关系，工程合同确定了项目的成本、工期和质量等项目目标，规定和明确了当事人各方的权利、义务和责任。因此，合同管理是工程项目管理的核心，合同管理贯穿于工程实施的全过程。

1. 工程合同管理特点

工程合同管理不仅具有与其他行业合同管理相同的特点，还因其行业和项目的专业性具有自身的特点，主要有以下方面。

（1）合同管理周期长。相比于其他合同，工程合同周期较长，在合同履行过程中，会出现许多原先订立合同时未能预料的情况，为及时、妥善地解决可能出现的问题，必须长期跟踪、管理工程合同，并对任何合同的修改、补充等情况做好记录和管理。

（2）合同管理效益显著。在工程合同长期的履行过程中，有效的合同管理可以帮助企业发现、预见并设法解决可能出现的问题，避免纠纷的发生，从而节约不必要的涉讼费用。同时，通过大量有理、有据的书面合同和履约记录，企业可以提出增补工程款项等相关签证，通过有效的索赔，合法、正当地获取应得利益。可见，合同管理能够产生效益，合同中蕴藏着潜在的、有时甚至是巨大的经济效益。

（3）合同变更频繁。由于工程合同周期长，合同价款高，合同不确定因素多，导致合同变更频繁，企业面临大量的签证、索赔和反索赔工作，因此，企业的合同管理必须是动态、及时和全面的，合同的履约管理应根据变更及时调整。

（4）合同管理系统性强。业主、承包商等市场主体往往涉及众多合同，合同种类繁杂多样，合同管理必须处理好技术、经济、财务、法律等各方面关系，通过合理的、系统化的管理模式分门别类地管理合同。

（5）合同管理法律要求高。工程合同管理不仅要求管理者熟悉普通企业所要了解的法律法规，还必须熟知工程建设专业法律法规。由于建设领域的法律、法规、标准、规范和合同文本众多，且在不断更新和增加，要求企业的合同管理人员必须在充分、及时地学习最新法律法规的前提下，结合企业的实际情况开展合同管理工作。

（6）合同管理信息化要求高。工程合同管理涉及大量信息，需要及时收集、整理、处理和利用，必须建立合同管理信息系统，才能开展有效的合同管理。

2. 合同管理阶段和主要内容

合同生命周期从签订之日起到双方权利义务履行完毕而自然终止。而工程合同管理的生命期和项目建设期有关，主要有合同策划、招标采购、合同签订和合同履行等阶段的合同管理，各阶段合同管理主要内容如下：

（1）合同策划阶段

合同策划是在项目实施前对整个项目合同管理方案预先作出科学合理的安排和设计，从合同管理组织、方法、内容、程序和制度等方面预先作出计划的方案，以保证项目所有合同的圆满履行，减少合同争议和纠纷，从而保证整个项目目标的实现。该阶段合同管理内容主要包括以下方面：

1）合同管理组织机构设置及专业合同管理人员配备。

2）合同管理责任及其分解体系。

3）项目采购模式及合同类型选择和确定。

4）项目结构分解体系和合同结构体系设计，包括合同打包、分解或合同标段划分等。

5）招标方案和招标文件设计。

6）合同文件和主要内容设计。

7）主要合同管理流程设计，包括投资控制、进度控制、质量控制、设计变更、支付与结算、竣工验收、合同索赔和争议处理等流程。

（2）招标采购阶段

合同管理并不是在合同签订之后才开始的，招投标过程中形成的文件基本上都是合同文件的组成部分。在招投标阶段应保证合同条件的完整性、准确性、严格性、合理性与可行性。该阶段合同管理的主要内容有：

1）编制合理的招标文件，严格投标人的资格预审，依法组织招标。

2）组织现场踏勘，投标人编制投标方案和投标文件。

3）做好开标、评标和定标工作。

4）合同审查工作。

5）组织合同谈判和签订。

6）履约担保等。

（3）合同履行阶段

合同履行阶段是合同管理的重点阶段，包括履行过程和履行后的合同管理工作，主要内容有：

1）合同总体分析与结构分解。

2）合同管理责任体系及其分解。

3）合同工作分析和合同交底。

4）合同成本控制、进度控制、质量控制及安全、健康、环境管理等。

5）合同变更管理。

6）合同索赔管理。

7）合同争议管理等。

3．合同管理制度

鉴于工程合同管理的特点，工程项目的合同管理必须注重专门化、专业化、协调化和信息化。具体而言就是：企业或项目应设立专门的合同管理机构，统一保存和管理合同；配备专门的专业人员具体负责合同管理工作；强化合同管理过程中企业或项目内外部的分工、协调与合作，逐步建立和完善合同管理体系和制度。合同管理制度主要包括以下方面。

（1）合同会签制度

由于工程合同涉及企业或项目相关部门的工作，为了保证合同签订后得以全面履行，在合同正式签订之前，由办理合同的业务部门会同企业或项目的其他部门共同研究，提出对合同条款的具体意见，进行会签。实行合同会签制度，有利于调动各部门的积极性，发挥各部门管理职能作用，群策群力，集思广益，以保证合同履行的可行性，并促进企业或项目各部门之间的相互衔接和协调，确保合同全面、切实地履行。

（2）合同审查制度

为了保证企业签订的合同合法、有效，必须在签订前履行审查、批准手续。合同审查是指将准备签订的合同在部门会签后，交给企业主管合同的机构或法律顾问进行审查；合同批准是由企业主管或法定代表人签署意见，同意对外正式签订合同。通过严格的审查和批准手续，可以使合同的签订建立在可靠的基础上，尽量防止合同纠纷的发生，维护企业或项目的合法利益。

（3）合同印章管理制度

企业合同专用章是代表企业在经营活动中对外行使权利、承担义务、签订合同的凭证。因此，企业对合同专用章的登记、保管、使用等都要有严格的规定。合同专用章应由合同管理员保管、签印，并实行专章专用。合同专用章只能在规定的业务范围内使用，不能超越范围使用；不得为空白合同文本加盖合同印章；不得为未经审查批准的合同文本加盖合同印章；严禁与合同洽谈人员勾结，利用合同专用章谋取个人利益。出现上述情况，要追究合同专用章管理人员的责任。凡外出签订合同时，应由合同专用章管理人员携章陪同负责办理签约的人员一起前往签约。

（4）合同信息管理制度

由于工程合同在签订和履行中往来函件和资料非常多，故合同管理系统性强，必须实行档案化、信息化管理。首先，应建立文档编码及检索系统，每一份合同、往来函件、会议纪要和图纸变更等文件均应进入计算机系统，并确立特定的文档编码，根据计算机设置的检索系统进行保存和调阅；其次，应建立文档的收集和处理制度，由专人及时收集、整理、归档各种工程信息，严格信息资料的查阅、登记、管理和保密制度，工程全部竣工后，应将全部合同及文件，包括完整的工程竣工资料、竣工图纸、竣工验收、工程结算和决算等，按照国家《档案法》及有关规定，建档保管；最后，应建立行文制度、传送制度和确认制度，合同管理机构应制定标准化的行文格式，对外统一使用，相关文件和信息经过合同管理机构准许后才能对外传送，经由信息化传送方式传达的资料需由收到方以书面的或同样信息化的方式加以确认，确认结果由合同管理机构统一保管。

（5）合同检查和奖励制度

企业应建立合同签订、履行的监督检查制度，通过检查及时发现合同履行管理中的薄弱环节和矛盾，以利提出改进意见，促进企业各部门的协调配合，提高企业的经营管理水平。通过定期的检查和考核，对合同履行管理工作完成好的部门和人员给予表扬鼓励；成绩突出并有重大贡献的人员，给予物质和精神奖励。对于工作差、不负责任的或经常"扯皮"的部门和人员要给予批评教育；对玩忽职守、严重渎职或有违法行为的人员要给予行政处分、经济制裁，情节严重、触及刑律的要追究刑事责任。实行奖惩制度，有利于增强企业各部门和有关人员履行合同的责任心，是保证全面履行合同的有力措施。

（6）合同统计考核制度

合同统计考核制度，是企业整个统计报表制度的重要组成部分。合同统计考核制度，是运用科学方法，利用统计数字，反馈合同订立和履行情况，通过对统计数字的分析，总结经验，找出教训，为企业经营决策提供重要依据。合同考核制度包括统计范围、计算方法、报表格式、填报规定、报送期限和部门等。承包商一般是对中标率、合同谈判成功率、合同签约率、索赔成功率和合同履行率等进行统计考核。

（7）合同管理目标制度

合同管理目标是各项合同管理活动应达到的预期结果和最终目的。合同管理的目的是企业通过自身在合同订立和履行过程中进行的计划、组织、指挥、监督和协调等工作，促使企业或项目内部各部门、各环节互相衔接、密切配合，进而使人、财、物、信息等要素得到合理组织和充分利用，保证企业经营管理活动的顺利进行，提高工程管理水平，增强市场竞争能力。

（8）合同管理质量责任制度

合同管理质量责任制度是承包商的一项基本管理制度，它具体规定企业内部具有合同管理任务的部门和合同管理人员的工作范围、履行合同中应负的责任以及拥有的职权。这一制度有利于企业内部合同管理工作分工协作，责任明确，任务落实，逐级负责，人人负责，从而调动企业合同管理人员以及合同履行中涉及的有关人员的积极性，促进承包商管理工作正常开展，保证合同圆满完成。

（9）合同管理评估制度

合同管理制度是合同管理活动及其运行过程的行为规范，合同管理制度是否健全是合同管理的关键所在。因此，建立一套有效的合同管理评估制度是十分必要的。合同管理评估制度的主要内容有：

1）合法性。指合同管理制度应符合国家有关法律法规的规定。

2）规范性。指合同管理制度具有规范合同行为的作用，对合同管理行为进行评价、指导和预测，对合法行为进行保护奖励，对违法行为进行预防、警示或制裁等。

3）实用性。指合同管理制度能适应合同管理的需求，便于操作和实施。

4）系统性。指各类合同的管理制度互相协调、互相制约，形成一个有机系统，在工程合同管理中能发挥整体效应。

5）科学性。指合同管理制度能够正确反映合同管理的客观规律，能保证利用客观规律进行有效的合同管理。

1.5 本课程教学目标和要求

1. 本课程的教学理念

根据专业培养方案要求、本课程特点以及学生未来职业发展，本课程团队在长期的教学实践中将本课程教学理念归纳为：坚持工程与法律、理论与实践的紧密结合；坚持合同管理专业能力与法律责任的同步提高；坚持最新学术动态与实践成果的及时传播；坚持学生工程合同管理国际化视野和意识的不断扩展。

2. 本课程的教学目标

本课程的总体目标：通过课堂教学、实践教学等培养环节，培养学生掌握房地产合同策划和管理的基本思路、理论和方法，具备编制工程合同文件和进行实际工程合同策划和管理的能力。

房地产合同管理课程是随着房地产业、建筑业的改革发展而逐步建立和完善的。在全国房地产开发与管理专业和物业管理专业培养方案和教学计划中，该课程属于专业主干课程和核心课程，是房地产开发与管理、物业管理专业以及工程管理、工程造价专业学生及房地产项目经理、注册建造师、监理工程师、造价工程师等专业人士知识结构、能力结构和素质结构的重要组成部分。

通过本课程的学习，要求学生掌握合同法的基本理论和相关法律基础，熟悉和掌握招标投标的方法和操作，掌握专业合同（如土地出让、设计、施工、销售、租赁等）的基本内容和实际操作，掌握合同索赔和争议处理的基本理论和方法，提高运用合同手段解决房地产开发和管理实际问题的能力。

各高校房地产开发与管理专业和物业管理等专业可根据自己的教学计划、要求和学时，从本书章节中选择相应的教学内容。

3. 本课程的教学重点、难点及解决办法

（1）课程的重点

1）合同法基本原理及其实际应用。

2）不同项目采购模式合同结构及合同类型优选。

3）国内外工程合同文件构成及重要条款的理解和应用。

4）合同变更管理和流程控制。

5）工期和费用索赔分析方法和计算方法。

（2）课程的难点

房地产合同管理具有综合性强、政策性强、实践性强等特点，并与房地产项目管理、工程造价、工程技术、建设法律等相关课程联系紧密，对学生的综合运用能力要求很高。因此，本课程难点主要有：

1）课程内容枯燥，听得懂、看得懂，但不容易理解和掌握。

2）缺乏实践体验，不知道如何应用所学知识分析和解决实际问题。

3）涉及众多相关课程知识，不容易建立相关课程和教学内容之间的有机联系。

（3）解决方法

主要可通过图形化教学、案例教学、实践教学、专题讲座和课堂专题讨论等方式来解决本课程的重点和难点问题。

1）图形化教学：将大量枯燥、难以理解的条款规定，绘制成操作图、流程图等直观形式，容易理解和便于实际操作。

2）案例教学：通过典型案例分析，增加感性认识，加深对教学内容的理解和应用，同时建立教学案例资源库，目前本课程网站已分类建立了内容丰富的案例库，便于学生课后研习。

3）量化教学：将本课程涉及的有关重要概念、流程等尽量归纳为描述模型、量化模型，结合实际案例，进行算例分析、实证分析，并在课程考试中加以重点体现。

4）专题讲座：邀请房地产界、工程界知名专家学者剖析实际案例，提高分析实际问题能力；课堂专题讨论，针对重点和难点内容，选择问题和案例，学生参与讨论、回答，教师点评，形成师生互动，活跃课堂气氛。

5）采用阶段测试：使学生对所学知识及时进行回顾和总结。

复习思考题

1. 试谈谈您对房地产合同生命周期的理解。
2. 分析房地产开发和管理中存在的合同关系。
3. 房地产合同管理有哪些特点，合同管理各阶段的主要内容是什么？
4. 试分析本课程与房地产开发与管理专业其他专业课程的联系。
5. 结合房地产企业实际，如何建立企业和项目合同管理制度？
6. 结合我国注册工程师制度和个人未来职业发展，谈谈房地产合同管理课程的地位和作用。
7. 您认为本课程学习的重点和难点是什么，您的解决方法和体会有哪些？

合同法基本原理

2.1 合同法概论

2.1.1 合同概念和特征

1. 合同概念

合同是指平等主体的自然人、法人、其他组织之间设立、变更、终止民事权利义务关系的协议。合同的含义非常广泛。广义上的合同是指以确定权利、义务为内容的协议，除了包括民事合同外，还包括行政合同、劳动合同等。民法中的合同即民事合同是指确立、变更、终止民事权利义务关系的协议，它包括债权合同、身份合同等。

债权合同是指确立、变更、终止债权债务关系的合同。法律上的债是指特定当事人之间请求对方作特定行为的法律关系，就权利而言，为债权关系；从义务方面来看，为债务关系。

身份合同是指以设立、变更、终止身份关系为目的，不包含财产内容或者不以财产内容为主要调整对象的合同，如结婚、离婚、收养、监护等协议。身份合同为《中华人民共和国民法总则》（简称《民法总则》）及《中华人民共和国婚姻法》（简称《婚姻法》）等法律中的相关内容所规范；行政合同、劳动合同分别为行政法律法规、劳动法律法规所规范。除了身份合同以外的所有民事合同均为《中华人民共和国合同法》（简称《合同法》）调整的对象。

2. 合同法律特征

（1）合同是一种民事法律行为。民事法律行为是指民事主体实施的能够设立、变更、终止民事权利义务关系的合法行为。民事法律行为以意思表示为核心，并且按照意思表示的内容产生法律后果。作为民事法律行为，合同应当是合法的，即只有合同当事人所作出的意思表示符合法律要求，才能产生法律约束力，受到法律保护。如果当事人的意思表示违法，即使双方已经达成协议，也不能产生当事人预期的法律效果。

（2）合同是两个以上当事人意思表示一致的协议。合同的成立必须有两个以上的当事人相互之间作出意思表示，并达成共识。因此，只有当事人在平等自愿的基础上意思表示完全一致时，合同才能成立。

（3）合同以设立、变更、终止民事权利义务关系为目的。当事人订立合同都有一定的目的，即设立、变更、终止民事权利义务关系。无论当事人订立合同是为了什么目的，只有当事人达成的协议生效以后，才能对当事人产生法律上的约束力。

3. 合同分类

在市场经济活动中，交易的形式千差万别，合同的种类也各不相同。根据性质不同，合同有以下几种分类方法。

（1）按照合同表现形式，合同可以分为书面合同、口头合同及默示合同。

1）书面合同是指当事人以书面文字为表现形式的合同。传统的书面合同的形式为合同书和信件，随着科技的进步和发展，书面合同的形式也越来越多，如传真、电子数据交换以及电子邮件等已成为高效快速的书面合同的形式。书面合同有以下优点：一是它可以作为双方行为的证据，便于检查、管理和监督，有利于双方当事人按约执行，当发生合同纠纷时，有凭有据，举证方便；二是可以使合同内容更加详细、周密，当事人在将其意思表示通过文字表现出来时，往往会更加审慎，对合同内容的约定也更加全面、具体。

2）口头合同是指当事人以口头语言的方式（如当面对话、电话联系等）达成协议而订立的合同。口头合同简便易行，迅速及时，但缺乏证据，当发生合同纠纷时，难以举证。因此，口头合同一般只适用于即时清结的情况。

3）默示合同是指当事人并不直接用口头或者书面形式进行意思表示，而是通过实施某种行为或者以不作为的沉默方式进行意思表示而达成的合同。如房屋租赁合同约定的租赁期满后，双方并未通过口头或者书面形式延长租赁期限，但承租人继续交付租金，出租人依然接受租金，从双方的行为可以推断双方的合同仍然有效。建筑工程合同所涉及的内容特别复杂，合同履行期较长，为便于明确各自的权利和义务，减少履行困难和争议，《合同法》第270条规定："建设工程合同应当采用书面形式。"

（2）按照给付内容和性质的不同，合同可以分为转移财产合同、完成工作合同和提供服务合同。

1）转移财产合同是指以转移财产权利，包括所有权、使用权和收益权为内容的合同。此合同标的为物质。《合同法》规定的买卖合同，供电、水、气、热合同，赠与合同，借款合同，租赁合同和部分技术合同等均属于转移财产合同。

2）完成工作合同是指当事人一方按照约定完成一定的工作并将工作成果交付给对方，另一方接受成果并给付报酬的合同。《合同法》规定的承揽合同、建筑工程合同均属于此类合同。

3）提供服务合同是指依照约定，当事人一方提供一定方式的服务，另一方给付报酬的合同。《合同法》中规定的运输合同、行纪合同、居间合同和部分技术合同均属于此类合同。

（3）按照当事人是否相互负有义务，合同可以分为双务合同和单务合同。

1）双务合同是指当事人双方相互承担对待给付义务的合同。双方的义务具有对等关系，一方的义务即另一方的权利，一方承担义务的目的是为了获取对应的权利。《合同法》中规定的绝大多数合同如买卖合同、建筑工程合同、承揽合同和运输合同等均属于此类合同。

2）单务合同是指只有一方当事人承担给付义务的合同。即双方当事人的权利义务关系并不对等，而是一方享有权利而另一方承担义务，不存在具有对待给付性质的权利义务关系。

（4）按照当事人之间权利义务关系是否存在对价关系，合同可以分为有偿合同和无偿合同。

1）有偿合同是指当事人一方享有合同约定的权利必须向对方当事人支付相应对价的合同。如买卖合同、保险合同等。

2）无偿合同是指当事人一方享有合同约定的权利无需向对方当事人支付相应对价的合同。如赠予合同等。

（5）按照合同的成立是否以递交标的物为必要条件，合同可分为诺成合同和要物合同。

1）诺成合同是指只要当事人双方意思表示达成一致即可成立的合同，它不以标的物的交付为成立的要件。我国《合同法》中规定的绝大多数合同都属于诺成合同。

2）要物合同是指除了要求当事人双方意思表示达成一致外，还必须实际交付标的物以后才能成立的合同。如承揽合同中的来料加工合同在双方达成协议后，还需要由供料方交付原材料或者半成品，合同才能成立。

（6）按照相互之间的从属关系，合同可以分为主合同和从合同。

1）主合同是指不以其他合同的存在为前提而独立存在和独立发生效力的合同，如买卖合同、借贷合同等。

2）从合同又称附属合同，是指不具备独立性，以其他合同的存在为前提而成立并发生效力的合同。如在借贷合同与担保合同中，借贷合同属于主合同，因为它能够单独存在，并不因为担保合同不存在而失去法律效力；而担保合同则属于从合同，它仅仅是为了担保借贷合同的正常履行而存在的，如果借贷合同因为借贷双方履行完合同义务而宣告合同效力解除后，担保合同就因为失去存在条件而失去法律效力。主合同和从合同的关系为：主合同和从合同并存时，两者发生互补作用；主合同无效或者被撤销时，从合同也将失去法律效力；而从合同无效或者被撤销时，一般不影响主合同的法律效力。

（7）按照法律对合同形式是否有特别要求，合同可分为要式合同和不要式合同。

1）要式合同是指法律规定必须采取特定形式的合同。《合同法》中规定："法律、行政法规规定采用书面形式的，应当采用书面形式。"

2）不要式合同是指法律对形式未作出特别规定的合同。合同究竟采用何种形式，完全由双方当事人自己决定，可以采用口头形式，也可以采用书面形式、默示形式。

（8）按照法律是否为某种合同确定一个特定名称，合同可分为有名合同和无名合同。

1）有名合同又称为典型合同，是指法律确定了特定名称和规则的合同。如《合同法》分则中所规定的15种基本合同即为有名合同。

2）无名合同又称非典型合同，是指法律没有确定一定的名称和相应规则的合同。

2.1.2 《合同法》简介

1.《合同法》概念和特点

合同法有两层含义：广义上的合同法是指根据法律的实质内容，调整合同关系的所有的法律法规的总称；另外一种是基于法律的表现形式，即由立法机关制定的，以"合同法"命名的法律，在我国，即1999年3月15日通过的《中华人民共和国合同法》。本书所提及的《合同法》，特指《中华人民共和国合同法》。《合同法》作为我国迄今为止条文最多、内容最丰富的民事合同法律，它具有以下特点：

（1）统一性。《合同法》的颁布和施行，结束了我国过去《经济合同法》《涉外经济合同法》和《技术合同法》三足鼎立的多元合同立法的模式，克服了3个合同法各自规范不同的关系和领域而引起的不一致和不协调的缺陷，形成了统一的合同法律规则。

（2）任意性。合同的本质就是当事人通过自由协商，决定其相互之间的权利义务关系，并根据其意志调整他们之间的关系。《合同法》以调整市场交易关系为其主要内容，而交易习惯则需要尊重当事人的自由选择，因此，《合同法》规范多为任意性规范，即允许当事人对其内容予以变更的法律规范。如当事人可以自由决定是否订立合同，同谁订立合同，订立什么样的合同，合同的内容包括哪些，合同是否需要变更或者解除等。

（3）强制性。为了维护社会主义市场经济秩序，必须对当事人各方的行为进行规范。对于某些严重影响到国家、社会、市场秩序和当事人利益的内容，《合同法》则采用强制性规范或者禁止性规范。如《合同法》中规定："当事人订立、履行合同，应当遵守法律、行政法规，尊重社会公德，不得扰乱社会经济秩序，损害社会公共利益。"

2.《合同法》结构

《合同法》分为两大部分共428条内容。其中，总则分别阐述了包括一般规定、合同的订立、合同的效力、合同的履行、合同的变更和转让、合同的权利义务终止、违约责任和其他规定等共计8章129条规定，主要叙述了《合同法》的基本原理和基本原则。分则部分则对各种不同类型的合同作出专门的规定，分别阐述了买卖合同、供用电水气热力合同、赠予合同、借款合同、租赁合同、融资租赁合同、承揽合同、建设工程合同、运输合同、技术合同、保管合同、仓储合同、委托合同、行纪合同、居间合同等15种包括经济、技术和其他民事等列名合同共计15章298条规定。

3. 合同法基本原则

（1）平等原则。在合同法律关系中，当事人之间的法律地位平等，任何一方都有权独立作出决定，一方不得将自己的意愿强加给另一方。

（2）合同自由原则。即只有双方当事人经过协商，意思表示完全一致，合同才能成立。合同自由包括缔结合同自由、选择合同相对人自由、确定合同内容自由、选择合同形式自由、变更和解除合同自由。

（3）公平原则。即在合同的订立和履行过程中，公平、合理地调整合同当事人之间的权利义务关系。

（4）诚实信用原则。是指在合同的订立和履行过程中，合同当事人应当诚实守信，以善意的方式履行其义务，不得滥用权力及规避法律或合同规定的义务。同时，还应当维护当事人之间的利益及当事人利益与社会利益之间的平衡。

（5）遵守法律、尊重社会公德原则。即当事人订立、履行合同应当遵守法律、行政法规及尊重社会公认的道德规范。

（6）合同严守原则。即依法成立的合同在当事人之间具有相当于法律的效力，当事人必须严格遵守，不得擅自变更和解除合同，不得随意违反合同规定。

（7）鼓励交易原则。即鼓励合法正当的交易。如果当事人之间的合同订立和履行符合法律及行政法规的规定，则当事人各方的行为应当受到鼓励和法律的保护。

2.1.3 合同法律关系

法律关系是指人与人之间的社会关系为法律规范调整时所形成的权利和义务关系，即法律上的社会关系。合同法律关系又称为合同关系，指当事人相互之间在合同中形成的权利义务关系。合同法律关系由主体、内容和客体三个基本要素构成，主体是客体的占有者、支配者和行为的实施者，客体是主体合同债权和合同债务指向的目标，内容是主体和客体之间的连接纽带，三者缺一不可，共同构成合同法律关系。

1. 合同法律关系主体

合同法律关系主体又称为合同当事人，是指在合同关系中享有权利或者承担义务的人，包括债权人和债务人。在合同关系中，债权人有权要求债务人根据法律规定和合同的约定履行义务，而债务人则负有实施一定行为的义务。在实际工作中，债权人和债务人的地位往往是相对的，因为大多数合同都是双务合同，当事人双方互相享有权利、承担义务，因此，双方互为债权人和债务人。合同法律关系主体主要有：

（1）自然人

自然人是指基于出生而成为民事法律关系主体的人。自然人包括具有中华人民共和国国籍的自然人、具有其他国家国籍的自然人和无国籍自然人。但是，作为合同主体，自然人必须具备相应的民事权利能力和民事行为能力。

民事权利能力是指法律赋予民事法律关系主体享有民事权利和承担民事义务的资格。它是民事主体取得具体的民事权利和承担具体民事义务的前提条件，只有具有民事权利能力，才能成为独立的民事主体，参加民事活动。根据《中华人民共和国宪法》(简称《宪法》)和《民法总则》的规定，公民的民事权利能力一律平等，民事权利能力始于出生、终于死亡。

民事行为能力是指民事法律关系主体能够以自己的行为取得民事权利和承担民事义务的能力或资格。它既包括合法的民事行为能力，也包括民事主体对其行为应承担责任的能力，如民事主体因侵权行为而应承担损失赔偿责任等。

民事行为能力是民事权利能力得以实现的保证，民事权利能力必须依赖具有民事行为能力的行为，才能得以实现。公民具有民事行为能力，必须具备两个条件：第一，必须达到法定年龄；第二，必须智力正常，可以理智地辨认自己的行为。我国《民法总则》规定，年满18周岁的公民为完全民事行为能力人；16周岁以上不满18周岁的公民，以自己的劳动收入为主要生活来源的，视为具有完全民事行为能力；10周岁以上的未成年人或不能完全辨认自己行为的精神病人是限制民事行为能力人；不满10周岁的未成年人或不能辨认自己行为的精神病人为无民事行为能力人。

（2）法人

法人是指具有民事权利能力和民事行为能力，依法独立享有民事权利和承担民事义务的组织。我国的法人可分为：

1）企业法人。指以营利为目的，独立从事商品生产和经营活动的法人。

2）机关法人。指国家机关，包括立法机关、行政机关、审判机关和检察机关。这些法人不以营利为目的。

3）事业单位和社会团体法人。一般不以营利为目的，但按照企业法人登记法规登记后可从事营利活动。

作为法人，应具备以下4个法定条件：

4）依法成立。法人必须按照法定程序，向国家主管机关提出申请，经审查合格后，才能取得法人资格。

5）有必要的财产和经费。法人必须具有独立的财产或独立经营管理的财产和活动经费。

6）有自己的名称、组织机构和场所。

7）能够独立承担民事责任。

（3）其他组织

其他组织是指具有有限的民事权利能力和民事行为能力，在一定程度上能够享有民事权利和承担民事义务，但不能独立承担民事责任的不具备法人资格的组织。主要包括以下几种类型：

1）企业法人的分支机构。即由企业法人进行登记并领取营业执照的组织，如分公司、企业派出机构等。

2）依法登记并领取营业执照的私营独资企业、合伙企业。

3）依法登记并领取营业执照的合伙型联营企业。

4）依法登记并领取营业执照但无法人资格的中外合作经营企业、外商独资企业。

5）经核准登记并领取营业执照的乡镇、街道、村办企业。

6）符合上述非法人组织特征的其他经济组织。

2．合同法律关系客体

合同法律关系的客体又称为合同的标的，指在合同法律关系中，合同法律关系的主体的权利义务关系所指向的对象。在合同交往过程中，由于当事人的交易目的和合同内容千差万别，合同客体也各不相同。根据标的物的特点，客体可分为：

（1）行为。是指合同法律关系主体为达到一定的目的而进行的活动，如完成一定的工作或提供一定劳务的行为，如工程监理等。

（2）物。是指民事权利主体能够支配的具有一定经济价值的物质财富，包括自然物和劳动创造物以及充当一般等价物的货币和有价证券等。物是应用最为广泛的合同法律关系客体。

（3）智力成果。也称为无形财产，指脑力劳动的成果，它可以适用于生产，转化为生产力，主要包括商标权、专利权、著作权等。

3．合同法律关系内容

合同法律关系的内容指债权人的权利和债务人的义务，即合同债权和合同债务。合同债权又称为合同权利，是债权人依据法律规定和合同约定而享有的要求债务人为一定给付的权利。合同债务又称为合同义务，是指债务人根据法律规定和合同约定向债权人履行给付及与给付相关的其他行为的义务。合同债权具有以下特点：

（1）合同债权是请求权。即债权人请求对方为一定行为的权利。在债务人给付前，债权人不能直接支配标的，更不允许直接支配债务人的人身，只能通过请求债务人为给付行为，以达到自己的目的。

（2）合同债权是给付受领权。即有效地接受债务人的给付并予以保护。

（3）合同债权是相对权。因为合同只在债权人和债务人之间产生法律约束力，除了在由第三者履行的合同中，合同债权人可有权要求第三人履行合同义务外，债权人只能向合同债务人请求给付，无权向其他人提出要求。

（4）合同债权主要有以下几方面的权能：① 请求债务人履行的权利，即债权人有权要求债务人按照法律的规定和合同的约定履行其义务。② 接受履行的权利，当债务人履行债务时，债权人有权接受并永久保持因履行所得的利益。③ 请求权，又称为请求保护债权的权利，即当债务人不履行或未正确履行债务时，债权人有权请求法院予以保护，强制债务人履行债务或承担违约责任。④ 处分债权的权利，即债权人具备决定债权命运的权利。

2.2 合同主要条款

《合同法》遵循合同自由原则，仅仅列出合同的主要条款，具体合同的内容由当事人约定。主要条款一般包括以下内容：

（1）当事人的名称（或姓名）和场所。合同中记载的当事人的姓名或者名称是确定合同当事人的标志，而住所则在确定合同债务履行地、法院对案件的管辖等方面具有重要的法律意义。

（2）标的。标的即合同法律关系的客体，是指合同当事人权利义务指向的对象。合同中的标的条款应当标明标的的名称，以使其特定化，并能够确定权利义务的范围。合同的标的因合同类型的不同而变化，总体来说，合同标的包括有形财物、行为和智力成果。

（3）数量。合同标的的数量是衡量合同当事人权利义务大小的尺度。因此，合同标的的数量一定要确切，应当采用国家标准或者行业标准中确定的或者当事人共同接受的计量方法和计量单位。

（4）质量。合同标的质量是指检验标的内在素质和外观形态优劣的标准。它和标的数量一样，是确定合同标的的具体条件，是这一标的区别于同类另一标的的具体特征。因此，在确定合同标的的质量标准时，应当采用国家标准或者行业标准。如果当事人对合同标的的质量有特别约定时，在不违反国家标准和行业标准的前提下，可双方约定标的的质量要求。合同中的质量条款包括标的的规格、性能、物理和化学成分、款式和质感。

（5）价款和报酬。价款和报酬是指以物、行为和智力成果为标的的有偿合同中，取得利益的一方当事人作为取得利益的代价而应向对方支付的金钱。价款是取得有形标的物应支付的代价；报酬是获得服务应支付的代价。

（6）履行的期限、地点和方式。履行的期限是指合同当事人履行合同和接受履行的时间。它直接关系到合同义务的完成时间，涉及当事人的期限利益，也是确定违约与否的因素之一。履行地点是指合同当事人履行合同和接受履行的地点。履行地点是确定交付与验收标的地点的依据，有时是确定风险由谁承担的依据以及标的物所有权是否转移的依据。履行方式是合同当事人履行合同和接受履行的方式，包括交货方式、实施行为方式、验收方式、付款方式、结算方式、运输方式等。

（7）违约责任。违约责任是指当事人不履行合同义务或者履行合同义务不符合约定时应当承担的民事责任。违约责任是促使合同当事人履行债务，使守约方免受或者少受损失的法律救济手段，对合同当事人的利益关系重大，合同对此应予明确。

（8）解决争议的方法。解决争议的方法是指合同当事人解决合同纠纷的手段、地点。合同订立、履行中一旦产生争执，合同双方是通过协商、仲裁还是通过诉讼解决其争议，有利于合同争议的管辖和尽快解决，并最终从程序上保障了当事人的实质性权益。

2.3 合同订立

2.3.1 合同订立和成立

合同的订立是指缔约人作出意思表示并达成合意的行为和过程。合同成立是指合同订立过程的完成，即合同当事人经过平等协商对合同基本内容达成一致意见，合同订立阶段宣告结束，它是合同当事人合意的结果。合同作为当事人从建立到终止权利义务关系的一个动态过程，始于合同的订立，终结于适当履行或者承担责任。任何一个合同的签订都需要当事人双方进行一次或者多次的协商，最终达成一致意见，而签订合同则意味着合同的成立。合同成立是合同订立的重要组成部分。合同的成立必须具备以下条件。

1. 订约主体存在双方或者多方当事人

所谓订约主体即缔约人，是指参与合同谈判并且订立合同的人。作为缔约人，他必须具有相应的民事权利能力和民事行为能力，有下列几种情况：

（1）自然人的缔约能力。自然人能否成为缔约人，要根据其民事行为能力来确定。具有完全行为能力的自然人可以订立一切法律允许自然人作为合同当事人的合同。限制行为能力的自然人只能订立一些与自己的年龄、智力、精神状态相适应的合同，其他合同只能由其法定代理人代为订立或者经法定代理人同意后订立。无行为能力的自然人通常不能成为合同当事人，如果要订立合同，一般只能由其法定代理人代为订立。

（2）法人和其他组织的缔约能力。法人和其他组织一般都具有行为能力，但是他们的行为能力是有限制的，因为法律往往对法人和其他组织规定了各自的经营和活动范围。因此，法人和其他组织在订立合同时要考虑到自身的行为能力，超越经营或者活动范围订立的合同，有可能不能产生法律效力。

（3）代理人的缔约能力。当事人除了自己订立合同外，还可以委托他人代订合同。在委托他人代理时，应当向代理人进行委托授权，即出具授权委托书。在委托书中注明代理人的姓名（或名称）、代理事项、代理的权限范围、代理权的有效期限、被代理人的签名盖章等内容。如果代理人超越代理权限或者无权代理，则所订立的合同可能不能产生法律效力。

2. 对主要条款达成合意

合同成立的根本标志在于合同当事人的意思表示一致。但是在实际交易活动中常常因为相距遥远，时间紧迫，不可能就合同的每一项具体条款进行仔细磋商；或者因为当事人缺乏合同知识而造成合同规定的某些条款不明确或者缺少某些具体条款。《合同法》规定，当事人就合同的标的、数量、质量等主要条款协商一致，合同就可以成立。

2.3.2 要约

1. 要约概念

要约也称为发价、发盘、出盘、报价等,是希望和他人订立合同的意思表示。即一方当事人以缔结合同为目的,向对方当事人提出合同条件,希望对方当事人接受的意思表示。构成要约必须具备以下条件:

(1)要约必须是特定人所为的意思表示。要约是要约人向相对人(受约人)所作出的含有合同条件的意思表示,旨在得到对方的承诺并订立合同。只有要约人是具备民事权利能力和民事行为能力的特定的人,受约人才能对他作出承诺。

(2)要约必须向相对人发出。要约必须经过受约人的承诺,合同才能成立,因此,要约必须是要约人向受约人发出的意思表示。受约人一般为特定人,但是,在特殊情况下,对不确定的人作出无碍要约时,受约人可以为不特定人。

(3)要约的内容应当具体确定。要约的内容必须明确,而不应该含糊不清,否则,受约人便不能了解要约的真实含义,难以承诺。同时,要约的内容必须完整,必须具备合同的主要条件或者全部条件,受约人一旦承诺后,合同就能成立。

(4)要约必须具有缔约目的。要约人发出要约的目的是为了订立合同,即在受约人承诺时,要约人即受该意思表示的约束。凡不是以缔结合同为目的而进行的行为,尽管表达了当事人的真实意愿,但不是要约。是否以缔结合同为目的,是区别要约与要约邀请的主要标志。

2. 要约法律效力

要约的法律效力是指要约的生效及对要约人、受约人的约束力。它包括:

(1)对要约人的拘束力。即指要约一经生效,要约人即受到要约的拘束,不得随意撤回、撤销或者对要约加以限制、变更和扩张,从而保护受约人的合法权益,维护交易安全。不过,为了适应市场交易的实际需要,法律允许要约人在一定条件下,即在受约人承诺前有限度地撤回、撤销要约或者变更要约的内容。

(2)对受约人的拘束力。是指受约人在要约生效时即取得承诺的权利,取得依其承诺而成立合同的法律地位。正是因为这种权利,所以受约人可以承诺,也可以不予承诺。这种权利只能由受约人行使,不能随意转让,否则承诺对要约人不产生法律效力。如果要约人在要约中明确规定受约人可以将承诺的资格转让,或者受约人的转让得到要约人的许可,这种转让是有效的。

(3)要约的生效时间。即要约产生法律约束力的时间。《合同法》规定,要约的生效时间为要约到达受约人时开始。

(4)要约的存续期间。要约的存续期间是指要约发生法律效力的期限,也即受约人得以承诺的期间。一般而言,要约的存续期间由要约人确定,受约人必须在此期间内作出承诺,要约才能对要约人产生拘束力。如果要约人没有确定,则根据要约的具体情况,考虑受约人能够收到要约所必需的时间、受约人作出承诺所必需的时间和承诺到达要约人所必需的时间而确定一个合理的期间。

3. 要约邀请

要约邀请又称为要约引诱，是指希望他人向自己发出要约的意思表示，其目的在于邀请对方向自己发出要约。如寄送的价目表、拍卖公告、招标公告、商业广告等为要约邀请。在工程建设中，工程招标即要约邀请，投标报价属于要约，中标函则是承诺。要约邀请是当事人订立合同的预备行为，它既不能因相对人的承诺而成立合同，也不能因自己作出某种承诺而约束要约人。要约与要约邀请两者之间主要有以下区别：

（1）要约是当事人自己主动愿意订立合同的意思表示；而要约邀请则是当事人希望对方向自己提出订立合同的意思表示。

（2）要约中含有当事人表示愿意接受要约约束的意旨，要约人将自己置于一旦对方承诺，合同即宣告成立的无可选择的地位；而要约邀请则不含有当事人表示愿意承担约束的意旨，要约邀请人希望将自己置于一种可以选择是否接受对方要约的地位。

4. 要约撤回与撤销

（1）要约撤回

要约的撤回是指在要约发生法律效力之前，要约人取消要约的行为。根据要约的形式拘束力，任何一项要约都可以撤回，只要撤回的通知先于或者与要约同时到达受约人，都能产生撤回的法律效力。允许要约人撤回要约，是尊重要约人的意志和利益。由于撤回是在要约到达受约人之前作出的，所以此时要约并未生效，撤回要约也不会影响到受约人的利益。

（2）要约撤销

要约的撤销是指在要约生效后，要约人取消要约，使其丧失法律效力的行为。在要约到达后、受约人作出承诺之前，可能会因为各种原因，如要约本身存在缺陷和错误、发生了不可抗力、外部环境发生变化等，促使要约人撤销其要约。允许撤销要约是为了保护要约人的利益，减少不必要的损失和浪费。但是，《合同法》中规定，有下列情况之一的，要约不得撤销：① 要约中确定了承诺期限或者以其他形式明示要约不可撤销。② 受约人有理由认为要约是不可撤销的，并且已经为履行合同做了准备工作。

5. 要约消灭

要约的消灭又称为要约失效，即要约丧失了法律拘束力，不再对要约人和受约人产生约束。要约消灭后，受约人也丧失了承诺的效力，即使向要约人发出承诺，合同也不能成立。《合同法》规定，有下列情况之一的，要约失效：

（1）受约人拒绝要约。

（2）要约人撤回或者撤销要约。

（3）承诺期限届满，承诺人未作出承诺。

（4）承诺对要约的内容作出实质性变更。

2.3.3 承诺

1. 承诺概念

承诺是指受约人同意接受要约的全部条件的意思表示。承诺的法律效力在于，要约一经受约人承诺并送达要约人，合同便宣告成立。承诺必须具备以下条件，才能产生法律效力：

（1）承诺必须是受约人发出。根据要约所具有的法律效力，只有受约人才能取得承诺的资格，因此，承诺只能由受约人发出。如果要约是向一个或者数个特定人发出时，则该特定人具有承诺的资格。受约人以外的任何人向要约人发出的都不是承诺而只能视为要约。如果要约是向不特定人发出时，则该不特定人中的任何人都具有承诺的资格。

（2）承诺必须向要约人发出。承诺是指受约人向要约人表示同意接受要约的全部条件的意思表示。在合同成立后，要约人是合同当事人之一，因此，承诺必须是向特定人即要约人发出的，这样才能达到订立合同的目的。

（3）承诺应当在确定的或者合理的期限内到达要约人。如果要约规定了承诺的期限，则承诺应当在规定的期限内作出；如果要约中没有规定期限，则承诺应当在合理的期限内作出。如果承诺人超过了规定的期限作出承诺，则视为承诺迟到，或者称为逾期承诺。一般来说，逾期承诺被视为新的要约，而不是承诺。

（4）承诺的内容应当与要约的内容一致。因为承诺是受约人愿意按照要约的全部内容与要约人订立合同的意思表示，即承诺是对要约的同意，其同意内容必须与要约内容完全一致，合同才能成立。

（5）承诺必须表明受约人的缔约意图。同要约一样，承诺必须明确表明与要约人订立合同，此时合同才能成立。这就要求受约人作出的承诺必须清楚明确，不能含糊。

（6）承诺的传递方式应当符合要约的要求。如果要约要求承诺采取某种方式作出，则不能采取其他方式。如果要约未对此作出规定，承诺应当以合理的方式作出。

2. 承诺方式

承诺的方式是指受约人通过何种形式将承诺的意思送达给要约人。如果要约中明确规定承诺必须采取何种形式作出，则承诺人必须按照规定发出承诺。如果要约没有对承诺方式作出特别规定，受约人可以采用以下方式作出承诺：

（1）通知。在一般情况下，承诺应当以通知的方式作出，即以口头或者书面的形式将承诺明确告知要约人。要约中有明确规定的，则按照要约的规定作出承诺；如果要约没有作出明确规定，通常采用与要约相同的方式作出承诺。

（2）行为。如果根据交易习惯或者要约明确规定可以通过行为作出承诺的，则可以通过行为进行承诺，即以默示方式作出承诺，包括作为与不作为两种方式。

3. 承诺生效时间

承诺的生效时间是指承诺何时产生法律效力。根据《合同法》规定，承诺在承诺通知到达要约人时生效。但是，承诺必须在承诺期限内作出。分为以下几种情况：

（1）承诺必须在要约确定的期限内作出。

（2）如果要约没有确定承诺期限，承诺应当按照下列规定到达：① 要约以对话方式作出的，应当及时作出承诺的意思表示。② 要约以非对话方式作出的，承诺应当在合理期限内到达要约人。

4. 对要约内容变更的处理

按照承诺成立的条件，承诺的内容必须与要约的内容保持一致，即承诺必须是无条件的承诺，不得限制、扩张或者变更要约的内容。如果对要约内容进行变更，就有可能不能成为承诺。变更分为以下两种情况：

（1）承诺如果对要约的内容进行实质性变更，此时，不能构成承诺而应该视为新的要约。有关合同的标的、数量、质量、价款和酬金、履行期限、履行地点和方式、违约责任和争议解决的方法的变更，是对要约内容的实质性变更。因为这些条款是未来合同内容所必须具备的条款，如果缺少这些条款，未来的合同便不能成立。因此，当这些变更后的承诺到达要约人时，合同并不能成立，必须等到原要约人无条件同意这些经变更后而形成的新的要约，再向新要约人发出承诺时，合同方可成立。

（2）承诺对要约的内容作出非实质性变更时，承诺一般有效。《合同法》规定，如果承诺对要约的内容作出非实质性变更的，除了要约人及时表示反对或者要约明确表示承诺不得对要约的内容作出任何变更的以外，该承诺有效，合同的内容以承诺的内容为准。对要约的非实质性内容的更改包括：

1）对非主要条款作出了改变。

2）承诺人对要约的主要条款未表示异议，然而在对这些主要条款承诺后，又添加了一些建议或者表达了一些愿望。如果在这些建议和意见中并没有提出新的合同成立条件，则认为承诺有效。

3）如果承诺中添加了法律规定的义务，承诺仍然有效。

2.3.4 缔约过失责任

1. 概念

缔约过失责任是一种合同前的责任，指在合同订立过程中，一方当事人违反诚实信用原则的要求，因自己的过失而引起合同不成立、无效或者被撤销而给对方造成损失时所应当承担的损害赔偿责任。

2. 特点

缔约过失责任具有以下特点：

（1）缔约过失责任是发生在订立合同过程中的法律责任。缔约过失责任与违约责任最重要的区别在于发生的时间不同。违约责任是发生在合同成立以后、合同履行过程中的法律责任；而缔约过失责任则是发生在缔约过程中当事人一方因其过失行为而应承担的法律责任。只有在合同还未成立，或者虽然成立、但不能产生法律效力而被确定无效或者被撤销时，有过错的一方才能承担缔约过失责任。

（2）承担缔约过失责任的基础是违背了诚实信用原则。诚实信用原则是《合同法》的基本原则。根据诚实信用原则的要求，在合同订立过程中，应当承担先合同义务，包括使用方法的告知义务、瑕疵告知义务、重要事实告知义务、协作与照顾义务等。我国《合同法》规定，假借订立合同，恶意进行磋商，故意隐瞒与订立合同有关的重要事实或者提供虚假情况，都属于违背诚实信用原则的行为，应承担缔约过失责任。

（3）责任人的过失导致他人信赖利益的损害。缔约过失行为直接破坏了与他人的缔约关系，损害的是他人因为信赖合同成立和有效、但实际上合同是不成立和无效的而遭受的损失。

3. 缔约过失责任的类型

缔约过失责任的类型包括：

（1）擅自撤回要约时的缔约过失责任。
（2）缔约之际未尽通知等项义务给对方造成损失时的缔约过失责任。
（3）缔约之际未尽保护义务侵害对方权利时的缔约过失责任。
（4）合同不成立时的缔约过失责任。
（5）合同无效时的缔约过失责任。
（6）合同被变更或者撤销时的缔约过失责任。
（7）无权代理情况下的缔约过失责任。

2.4 合同效力

2.4.1 合同生效

1. 合同生效概念

合同的成立只是意味着当事人之间已经就合同的内容达成了意思表示一致，但是合同能否产生法律效力还要看它是否符合法律规定。合同的生效是指已经成立的合同因符合法律规定而受到法律保护，并能够产生当事人所预想的法律后果。《合同法》规定，依法成立的合同，自成立时生效。如果合同违反法律规定，即使合同已经成立，而且可能当事人之间还进行了合同的履行，该合同及当事人的履行行为也不会受到法律保护，甚至还可能受到法律的制裁。

2. 合同生效与合同成立的区别

合同生效与合同成立是两个完全不同的概念。合同成立制度主要表现了当事人的意志，体现了合同自由的原则；而合同生效制度则体现了国家对合同关系的认可与否，它反映了国家对合同关系的干预。两者区别如下：

（1）合同不具备成立或生效要件承担的责任不同。合同不具备成立要件承担的责任，即在合同订立过程中，一方当事人违反诚实信用原则的要求，因自己的过失给对方造成损失时所应当承担的损害赔偿责任，其后果仅仅表现为当事人之间的民事赔偿责任；而合同不具备生效要件而产生合同无效的法律后果，除了要承担民事赔偿责任以外，往往还要承担行政责任和刑事责任。

（2）在合同形式方面的不同要求。在法律、行政法规或者当事人约定采用书面形式订立合同而没有采用，而且也没有出现当事人一方已经履行主要义务、对方接受的情况下，则合同不能成立；但是，如果法律、行政法规规定合同只有在办理批准、登记等手续后才能生效，而当事人未办理相关手续，则会导致合同不能生效，但并不影响合同的成立。

（3）国家的干预与否不同。有些合同往往由于其具有非法性，违反了国家的强制性规定或者社会公共利益而成为无效合同，此时，即使当事人不主张合同无效，国家也有权干预；合同不成立仅仅涉及当事人内部的合意问题，国家往往不能直接干预，而应当由当事人自己解决。

3．合同生效时间

根据《合同法》规定，依法成立的合同，自成立时起生效。即依法成立的合同，其生效时间一般与合同的成立时间相同。如果法律、行政法规规定应当办理批准、登记等手续生效的，则在当事人办理了相关手续后合同生效。未办理手续的合同尽管合同成立，但是不能生效。如果当事人约定应当办理公证、鉴证或者登记手续生效的，当事人未办理，并不影响合同的生效，合同仍然自成立时起生效。

2.4.2 无效合同

1．无效合同概念和特征

无效合同是指合同虽然已经成立，但因违反法律、行政法规的强制性规定或者社会公共利益，自始不能产生法律约束力的合同。无效合同具有以下法律特征：

（1）合同已经成立，这是无效合同产生的前提。

（2）合同不能产生法律约束力，即当事人不受合同条款的约束。

（3）合同自始无效。

2．无效合同类型

按照《合同法》规定，以下几种情况，合同无效：

（1）一方以欺诈、胁迫的手段订立合同，损害国家利益。欺诈是指一方当事人故意告之对方虚假情况，或者故意隐瞒真实情况，诱使对方当事人作出错误的意思表示的行为。欺诈行为具有以下构成要件：欺诈方有欺诈的故意；欺诈方实施欺诈的行为；相对人因受到欺诈而作出错误的意思表示。胁迫是指以将来发生的损害或以直接加以损害相威胁，使对方产生恐惧并因此而订立合同。胁迫行为具有以下构成要件：胁迫人具有胁迫的故意；胁迫人实施了胁迫行为；受胁迫人产生了恐惧而作出了不真实的意思表示。

（2）恶意串通，损害国家、集体或者第三人利益。恶意串通的合同是指明知合同违反了法律规定，或者会损害国家、集体或他人利益，合同当事人还是非法串通在一起，共同订立某种合同，造成国家、集体或者第三者利益的损害。

（3）以合法的形式掩盖非法的目的。即采用法律允许的合同类型，掩盖其非法的合同目的。如签订赠予合同以转移非法财产等。这种行为必然导致市场经济秩序混乱，因此是无效合同。

（4）损害社会公共利益。《合同法》规定，当事人订立的合同，不得损害社会公共利益。因此，当事人订立的合同首先必须符合社会公共利益，否则，只能是无效合同。

（5）违反法律、行政法规的强制性规定。所谓法律的强制性规定，是指规范义务性要求十分明确，而且行为人必须履行，不允许以任何方式加以变更或者违反的法律规定。

3.《司法解释》关于合同无效的规定

在工程实践中，由于工程标的大、履行时间长、涉及面广，工程合同是否无效界定较为困难。针对此情况，最高人民法院于2004年10月25日出台了《最高人民法院关于审理建设工程施工合同纠纷案件适用法律问题的解释》（以下简称《司法解释》），并于2005年1月1日起正式施行。《司法解释》对建设工程施工合同的效力、合同的解除以及工程质量的责任等法律问题作出了详细的规定。

（1）《司法解释》第一条规定："建设工程施工合同具有下列情形之一的，应当根据合同法第五十二条第（五）项的规定，认定无效：（一）承包人未取得建筑施工企业资质或者超越资质等级的；（二）没有资质的实际施工人借用有资质的建筑施工企业名义的；（三）建设工程必须进行招标而未招标或者中标无效的。"

（2）《司法解释》第四条规定："承包人非法转包、违法分包建设工程或者没有资质的实际施工人借用有资质的建筑施工企业名义与他人签订建设工程施工合同的行为无效。人民法院可以根据民法通则第一百三十四条规定，收缴当事人已经取得的非法所得。"

（3）《司法解释》第五条规定："承包人超越资质等级许可的业务范围签订建设工程施工合同，在建设工程竣工前取得相应资质等级，当事人请求按照无效合同处理的，不予支持。"

（4）《司法解释》第七条规定："具有劳务作业法定资质的承包人与总承包人、分包人签订的劳务分包合同，当事人以转包建设工程违反法律规定为由请求确认无效的，不予支持。"以保护劳务分包人的合法权益。

4. 免责条款无效的法律规定

免责条款是指合同当事人在合同中预先约定的，旨在限制或免除其未来责任的条款。《合同法》规定，合同中下列免责条款无效：

（1）造成对方人身伤害的。

（2）因故意或者重大过失造成对方财产损失的。

法律之所以规定以上两种情况的免责条款无效，是因为：一是这两种行为都具有一定的社会危害性和法律的谴责性；二是这两种行为都可以构成侵权行为，即使当事人之间没有合同关系，当事人也可以追究对方当事人的侵权行为责任，如果当事人约定这种侵权行为免责的话，等于以合同的方式剥夺了当事人合同以外的法定权利，违反了民法的公平原则。

5. 无效合同的法律后果

无效合同一经确认，即可决定合同的处置方式。但并不说明合同当事人的权利义务关系全部结束。其处置原则为：

（1）制裁有过错方。即对合同无效负有责任的一方或者双方应当承担相应的法律责任。过错方所应当承担的损失赔偿责任必须符合以下条件：被损害人有损害事实；赔偿义务人有过错；接受损失赔偿的一方当事人必须无故意违法而使合同无效的情况；损失与过错之间有因果关系。

（2）无效合同自始没有法律效力。无论确认合同无效的时间是在合同履行前，还是履行过程中，或者是在履行完毕，该合同一律从合同成立之时就不具备法律效力，当事人即使进行了履行行为，也不能取得履行结果。

（3）合同部分无效并不影响其他部分效力，其他部分仍然有效。合同部分无效时会产生两种不同的法律后果：①因无效部分具有独立性，没有影响其他部分的法律效力，此时，其他部分仍然有效；②无效部分内容在合同中处至关重要的地位，从而导致整个合同无效。

（4）合同无效并不影响合同中解决争议条款的法律效力。

（5）以返还财产为原则，折价补偿为例外。无效合同自始就没有法律效力，因此，当事人根据合同取得的财产就应当返还给对方；如果所取得的财产不能返还或者没有必要返还的，则应当折价补偿。

（6）对无效合同，有过错的当事人除了要承担民事责任以外，还可能承担行政责任甚至刑事责任。

6.《司法解释》对无效合同的处理

《司法解释》对于无效合同的处理同样也作出了明确的规定。《司法解释》第3条规定："建设工程施工合同无效，且建设工程经竣工验收不合格的，按照以下情形分别处理：修复后的建设工程经竣工验收合格，发包人请求承包人承担修复费用的，应予支持；修复后的建设工程经竣工验收不合格，承包人请求支付工程价款的，不予支持。因建设工程不合格造成的损失，发包人有过错的，也应承担相应的民事责任。"

为了防止业主、转包人、违法分包人以合同无效为由拖欠实际施工人工程款，《司法解释》第2条规定："建设工程施工合同无效，但建设工程经竣工验收合格，承包人请求参照合同约定支付工程价款的，应予支持。"第二十六条规定："实际施工人以转包人、违法分包人为被告起诉的，人民法院应当依法受理。实际施工人以发包人为被告主张权利的，人民法院可以追加转包人或者违法分包人为本案当事人。发包人只在欠付工程价款范围内对实际施工人承担责任。"可以看出，《司法解释》还是依据《合同法》的立法原意，认定价格条款有效，并不会与合同无效发生矛盾。业主、转包人或违法分包人与实际施工人订立合同的初衷即由实际施工人代为建造一个合格的工程，工程经竣工验收合格即意味其合同目的已经实现，拒付工程款无法律依据而构成不当得利。

2.4.3 可撤销合同

1．可撤销合同概念和特征

可撤销合同是指因当事人在订立合同的过程中意思表示不真实，经过撤销人请求，由人民法院或者仲裁机构变更合同的内容，或者撤销合同，从而使合同自始消灭的合同。可撤销合同具有以下特点：

（1）可撤销合同是当事人意思表示不真实的合同。

（2）可撤销合同在未被撤销之前，仍然是有效合同。

（3）对可撤销合同的撤销，必须由撤销人请求人民法院或者仲裁机构作出。

（4）当事人可以撤销合同，也可以变更合同的内容，甚至可以维持原合同保持不变。

2．可撤销合同的法律规定

《合同法》规定，下列合同，当事人一方有权请求人民法院或者仲裁机构变更或者撤销：

（1）因重大误解订立的。

（2）在订立合同时显失公平的。

一方以欺诈、胁迫的手段或者乘人之危，使对方在违背真实意思的情况下订立的合同，受损害方有权请求人民法院或者仲裁机构变更或者撤销。当事人请求变更的，人民法院或者仲裁机构不得撤销。

3．可撤销合同与无效合同的区别

可撤销合同与无效合同的相同之处在于合同会因被确认无效或者被撤销后而使合同自始不具备法律效力。可撤销合同与无效合同的区别在于：

（1）合同内容的不法性程度不同。可撤销合同是由于当事人意思表示不真实造成的，法律将合同的处置权交给受损害方，由受损害方行使撤销权；而无效合同的内容明显违法，不能由合同当事人决定合同的效力，而应当由法院或者仲裁机构作出，即使合同当事人未主张合同无效，法院也可以主动干预，认定合同无效。

（2）当事人权限不同。可撤销合同在合同未被撤销之前仍然有效，撤销权人享有撤销权和变更权，当事人可以向法院或者仲裁机构申请行使撤销权和变更权，也可以放弃该权利，法律把决定这些合同的权利给了当事人；而无效合同始终不能产生法律效力，合同当事人无权选择处置合同的方式。

（3）期限不同。对于可撤销合同，撤销权人必须在法定期限内行使撤销权，超过法定期限未行使撤销权的，合同即为有效合同，当事人不得再主张撤销合同；无效合同属于法定无效，不会因为超过期限而使合同变为有效合同。

4．撤销权消灭

合同法规定，有下列情况之一的，撤销权消灭：

（1）具有撤销权的当事人自知道或者应当知道撤销事由之日起一年内未行使撤销权。

（2）具有撤销权的当事人知道撤销事由后明确表示或者以自己的行为放弃撤销权。

2.4.4 效力待定合同

1．**效力待定合同概念**

效力待定合同是指合同虽然已经成立，但因其不完全符合合同的生效要件，因此其效力能否发生还不能确定，一般需经权利人确认才能生效的合同。

2．**效力待定合同类型**

（1）限制民事行为能力人依法不能独立订立的合同

根据《民法通则》规定，限制民事行为能力人只能实施某些与其年龄、智力、精神健康状况相适应的民事行为，其他民事活动应当由其法定代理人代理或者在征得其法定代理人同意后实施。《合同法》将其订立的合同分为两种类型：①纯利益合同或者与其年龄、智力、精神健康状况相适应的合同，如获得报酬、奖励、赠予等。这些合同不必经法定代理人同意。②未经法定代理人同意而订立的其他合同。这些合同只能是效力待定合同，必须经过其法定代理人的追认，合同才能产生法律效力。

（2）无民事行为能力人订立的合同

一般来讲，无民事行为能力人只能由其法定代理人代理签订合同，他们不能自己订立合同，否则合同无效。如果他们订立合同，该合同必须经过其法定代理人的追认，合同才能产生法律效力。

（3）无权代理订立的合同

无权代理分为狭义无权代理、表见代理两种情况。狭义无权代理是指行为人没有代理权或超越代理权限而以他人的名义进行民事、经济活动。其表现形式为：

1）无合法授权的代理行为。代理权是代理人进行代理活动的法律依据，未经当事人的授权而以他人的名义进行的代理活动是最主要的无权代理的表现形式。

2）代理人超越代理权限而为的代理行为。在代理关系形成过程中，关于代理人代理权的范围均有所界定，特别是在委托代理中，代理权的权限范围必须明确规定，代理人应依据代理权限进行代理活动，超越此权限的活动即越权代理，这也属于无权代理。

3）代理权终止后的代理行为。代理权终止后，代理人的身份随之消灭，从而无权再以被代理人的名义进行代理活动。

《合同法》明确规定："行为人没有代理权、超越代理权或者代理权终止后，以被代理人名义订立的合同，未经被代理人追认，对被代理人不发生效力，由行为人承担。"由此可见，无权代理将产生下列法律后果：

1）被代理人的追认权。根据《合同法》规定，无权代理一般对被代理人不发生法律效力，但是，在无权代理行为发生后，如果被代理人认为无权代理行为对自己有利，或者出于某种考虑而同意这种行为，则有权作出追认的意思表示。无权代理行为一经被代理人追认，则对被代理人发生法律效力。

2）被代理人的拒绝权。在无权代理行为发生后，被代理人为了维护自身的合法权益，对此行为及由此而产生的法律后果享有拒绝的权利。被代理人没有进行追认或拒绝追认的义务。但是，如果被代理人知道他人以自己的名义实施代理行为而不作出否认表示的，则视为同意。

3）无权代理人的催告权。在无权代理行为发生后，无权代理人可向被代理人催告，要求被代理人对此行为是否有效进行追认，如果被代理人在规定期限内未作出答复，则视为拒绝。

4）无权代理人的撤回权。即向被代理人提出撤回已作出的代理表示的法律行为。但是，如果被代理人已经追认了其无权代理行为，则代理人就不得撤回。如果无权代理人已经行使撤回权，则被代理人就不能行使追认权。

5）相对人的催告权。在无权代理行为发生后，相对人有权催告被代理人在合理的期限内对行为人的无权代理行为予以追认，被代理人在规定期限内未作出追认，视为拒绝追认。

6）善意相对人的撤销权。善意相对人是指不知道或者不应当知道无权代理人没有代理权的相对人。善意相对人在被代理人追认前，享有撤销的权利。

表见代理是指善意相对人有理由相信无权代理人具有代理权，且据此而与无权代理人订立合同。对于表见代理，《合同法》规定，该代理行为有效，即合同订立后，应由被代理人对善意相对人承担合同责任。如果是因为无权代理给被代理人造成损失的，他可以向行为人追偿。构成表见代理的情形包括：

1）被代理人知道他人以自己的名义订立合同而不作否认表示。

2）本人以直接或者间接的意思表示，声明授予他人代理权，但事实上并未授权。

3）将具有代理权证明意义的文件或者印鉴交给他人，或者允许他人作为自己的分支机构以其代理人名义活动。

4）代理权授权不明，相对人有理由相信行为人有代理权。

5）代理权虽然已经消灭，但未告知相对人。

6）行为人与被代理人之间存在某种特定关系。

（4）法定代表人、负责人超越权限订立的合同

《合同法》规定，法人或者其他组织的法定代表人、负责人超越权限订立的合同，除了相对人知道或者应当知道其超越权限的以外，该代表行为有效。

（5）无权处分财产人订立的合同

所谓无权处分财产人订立的合同，是指不享有处分财产权利的人处分他人财产权利而订立的合同。因无权处分行为而订立的合同，如果经权利人追认或者无权处分人在订立合同后取得处分权，则合同有效；否则，该合同无效。如果合同相对人善意且有偿取得财产，则合同相对人能够享有财产所有权，原财产所有权人的损失，由擅自处分人承担赔偿责任。在实践中，无权处分财产的情形主要包括：

1）因其他合同关系占有财产的人擅自处分他人财产。

2）某一共有人未经其他共有人同意擅自处分共有财产。

3）将通过非法手段获得的他人财产进行处分。

4）采用欺诈手段处分他人财产。

2.5 合同履行

2.5.1 合同履行原则

合同订立并生效后，合同便成为约束和规范当事人行为的法律依据。合同当事人必须按照合同约定的条款全面、适当地完成合同义务，如交付标的物、提供服务、支付报酬或者价款、完成工作等。合同的履行是合同当事人订立合同的根本目的，也是实现合同目的的最重要和最关键的环节，直接关系到合同当事人的利益，而履行问题往往最容易出现争议和纠纷。因此，合同的履行成为《合同法》中的核心内容。

1. 合同履行基本原则

为了保证合同当事人依约履行合同义务，必须规定一些基本原则，以指导当事人具体地去履行合同，处理合同履行过程中发生的各种情况。合同履行的基本原则构成了履行合同过程中总的和基本的行为准则，成为合同当事人是否履行合同以及履行是否符合约定的基本判断标准。《合同法》中规定，在合同履行过程中必须遵循两个基本原则：

（1）全面履行原则。全面履行是指合同当事人应当按照合同的约定全面履行自己的义务，不能以单方面的意思改变合同义务或者解除合同。全面履行原

则要求当事人保质、保量、按期履行合同义务，否则即应承担相应的责任。根据全面履行原则可以确定当事人在履行合同中是否有违约行为及违约的程度，对合同当事人应当履行的合同义务予以全面制约，充分保护合同当事人的合法权益。

（2）诚实信用原则。诚实信用原则是指在合同履行过程中，合同当事人讲究信用，恪守信用，以善意的方式履行其合同义务，不得滥用权力及规避法律或者合同规定的义务。合同的履行应当严格遵循诚实信用原则。一方面，要求当事人除了应履行法律和合同规定的义务外，还应当履行依据诚实信用原则所产生的各种附随义务，包括相互协作和照顾义务、瑕疵的告知义务、使用方法的告知义务、重要情事的告知义务、忠实的义务等；另一方面，在法律和合同规定的内容不明确或者欠缺规定的情况下，当事人应当依据诚实信用原则履行义务。

2. 与合同履行有关的其他原则

（1）协作履行原则。协作履行原则要求合同当事人在合同履行过程中相互协作，积极配合，完成合同的履行。当事人适用协作履行原则不仅有利于全面、实际地履行合同，也有利于增强当事人之间彼此相互信赖、相互协作的关系。

（2）效益履行原则。效益履行原则是指履行合同时应当讲求经济效益，尽量以最小的成本，获得最大的效益，以及合同当事人为了谋求更大的效益或者为了避免不必要的损失，变更或解除合同。

（3）情事变更原则。情事变更原则是指在合同订立后，如果发生了订立合同时当事人不能预见并且不能克服的情况，改变了订立合同时的基础，使合同的履行失去意义或者履行合同将使当事人之间的利益发生重大失衡，应当允许当事人变更合同或者解除合同。

2.5.2 合同履行中的义务

（1）通知义务。通知义务是指合同当事人负有将与合同有关的事项通知给对方当事人的义务。包括有关履行标的物到达对方的时间、地点、交货方式的通知，合同提存的有关事项的通知，后履行抗辩权行使时要求对方提供充分担保的通知，情事变更的通知，不可抗力的通知等。

（2）协助义务。协助义务是指合同当事人在履行合同过程中应当相互给予对方必要的和能够的协助和帮助的义务。

（3）保密义务。保密义务是指合同当事人负有为对方的秘密进行保守，使其不为外人知道的义务。如果因为未能为对方保守秘密，使外人知道对方的秘密，给对方造成损害的，应当对此承担责任。

2.5.3 合同履行中约定不明情况的处置

（1）合同生效后，合同的主要内容包括质量、价款或者报酬、履行地点等没有约定或者约定不明确的，当事人可以通过协商确定合同的内容。不能达成补充协议的，按照合同有关条款或者交易习惯确定。

（2）如果合同当事人双方不能达成一致意见，又不能按照合同的有关条款或者交易习惯确定，可以适用下列规定：

1）质量要求不明确的，按照国家标准、行业标准履行；没有国家标准、行业标准的，按照通常标准或者符合合同目的的特定标准履行。所谓的通常标准是指在同类的交易中，产品应当达到的质量标准；符合合同目的的特定标准是指根据合同的目的、产品的性能、产品的用途等因素确定质量标准。

2）价款或者报酬不明确的，按照订立合同时履行地市场价格履行；依法执行政府定价或者政府指导价的，按照规定执行。此处所指的市场价格是指市场中的同类交易的平均价格。对于一些特殊的物品，由国家确定价格的，应当按照国家的定价来确定合同的价款或者报酬。

3）履行地点不明确，给付货币的，在接受货币一方所在地履行；交付不动产的，在不动产所在地履行；其他标的，在履行义务一方所在地履行。

4）履行期限不明确，债务人可以随时履行，债权人也可以随时要求履行，但应当给对方必要的准备时间。

5）履行方式不明确的，按照有利于实现合同目的的方式履行。

6）履行费用的负担不明确的，由履行义务一方负担。

2.5.4 合同中执行政府定价或者指导价的法律规定

在发展社会主义市场经济过程中，政府对经济活动的宏观调控和价格管理十分必要。《合同法》规定：执行政府定价或者政府指导价的，在合同约定的交付期限内政府价格调整时，按照交付时的价格计价。逾期交付标的物的，遇价格上涨时，按照原价格执行；价格下降时，按照新价格执行。逾期提取标的物或者逾期付款的，遇价格上涨时，按照新价格执行；价格下降时，按照原来的价格执行。

从《合同法》中可以看到，执行国家定价的合同当事人，由于逾期不履行合同遇到国家调整物价时，在原价格和新价格中，执行对违约方不利的那种价格，这是对不按期履行合同的一方从价格结算上给予的一种惩罚。这样规定，有利于促进双方按规定履行合同。需要注意的是，这种价格制裁只适用于当事人因主观过错而违约，不适用因不可抗力所造成的情况。

2.5.5 《司法解释》关于垫资的规定

垫资承包是指建设单位未全额支付工程预付款或未按工程进度按月支付工程款（不含合同约定的质量保证金），由建筑业企业垫款施工。建设部、国家发展和改革委员会、财政部、中国人民银行于2006年1月4日联合发出《关于严禁政府投资项目使用带资承包方式进行建设的通知》（建市[2006]6号），通知规定，政府投资项目一律不得以建筑业企业带资承包的方式进行建设，不得将建筑业企业带资承包作为招投标条件；严禁将此类内容写入工程承包合同及补充条款，同时要对政府投资项目实行告知性合同备案制度。

对于非政府投资工程，《司法解释》第六条规定："当事人对垫资和垫资利息有约定，承包人请求按照约定返还垫资及其利息的，应予支持，但是约定的利息计算标准高于中国人民银行发布的同期同类贷款利率的部分除外。当事人对垫资没有约定的，按照工程欠款处理。当事人对垫资利息没有约定，承包人请求支付利息的，不予支持。"

2.5.6 合同履行规则

1. 向第三人履行债务的规则

合同履行过程中，由于客观情况变化，有可能会引起合同中债权人和债务人之间债权债务履行的变更。法律规定，债权人和债务人可以变更债务履行，这并不会影响当事人的合法权益。从一定意义上来讲，债权人与债务人依法约定变更债务履行，有利于债权人实现其债权以及债务人履行其债务。

《合同法》规定，当事人约定由债务人向第三人履行债务的，债务人未向第三人履行债务或履行债务不符合约定，应当向债权人承担违约责任。从《合同法》中可以看出，三方的权利义务关系如下：

（1）债权人。合同的债权人有权按照合同约定要求债务人向第三人履行合同，如果债务人未履行或者未正确履行合同义务，债权人有权追究债务人的违约责任，包括债权人和第三人的损失。

（2）债务人。债务人应当按照约定向第三人履行合同义务。如果合同本身已经因为某种原因无效或者被撤销，债务人可以依此解除自己的义务。如果债务人未经第三人同意或者违反合同约定，直接向债权人履行债务，并不能解除自己的义务。需要说明的是，一般来说，向第三人履行债务原则上不能增加履行的难度及履行费用。

（3）第三人。第三人是合同的受益人，他有以自己的名义直接要求债务人履行合同的权力。但是，如果债务人不履行义务或者履行义务不符合约定，第三人不能请求损害赔偿或者申请法院强制执行，因为债务人只对债权人承担责任。此外，合同的撤销权或解除权只能由合同当事人行使。

2. 由第三人履行债务的规则

《合同法》规定，当事人约定由第三人向债权人履行债务的，第三人不履行债务或履行债务不符合约定，债务人应当向债权人承担违约责任。从中可以看出三者的权利义务关系如下：

（1）第三人。合同约定由第三人代为履行债务，除了必须经债权人同意外，还必须事先征得第三人的同意。同时，在没有事先征得债务人同意的情况下，第三人一般也不能代为履行合同义务，否则，债务人对其行为将不负责任。

（2）债务人。第三人向债权人履行债务，并不等于债务人解除了合同的义务,而只是免除了债务人亲自履行的义务。如果第三人不履行债务或履行债务不符合约定,债务人应当向债权人承担违约责任。

(3) 债权人。当合同约定由第三人履行债务后,债权人应当接受第三人的履行而无权要求债务人自己履行。但是,如果第三人不履行债务或履行债务不符合约定,债权人有权向债务人主张自己的权利。

3. 提前履行规则

《合同法》规定,债权人可以拒绝债务人提前履行债务,但提前履行不损害债权人利益的除外。债务人提前履行债务给债权人增加的费用,由债务人负担。

4. 部分履行规则

《合同法》规定,债权人可以拒绝债务人部分履行债务,但部分履行不损害债权人利益的除外。债务人部分履行债务给债权人增加的费用,由债务人负担。部分履行规则是针对可分标的的履行而言,如果部分履行并不损害债权人的利益,债权人有义务接受债务人的部分履行。债务人部分履行必须遵循诚实信用原则,不能增加债权人的负担,如果因部分履行而增加了债权人的费用,应当由债务人承担。

5. 中止履行规则

《合同法》规定,债权人分立、合并或者变更住所没有通知债务人,致使履行发生困难的,债务人可以中止履行或者将标的物提存。本条规定指明了债权人不明时的履行规则。债权人因自身的情况发生变化,可能对债务履行产生影响的,债权人应负有通知债务人的附随义务。如果债权人分立、合并或者变更住所时没有履行该义务,债务人可以采取中止履行的措施,当阻碍履行的原因消灭以后再继续履行。

6. 债务人同一性规则

《合同法》规定,合同生效后,当事人不得因姓名、名称的变更或者法定代表人、负责人、承办人的变动而不履行合同义务。合同生效后,债务人的情况往往会发生变化,有的债务人以变动为理由拒绝履行原合同,这是错误的,因为这些变化仅仅是合同的外在表现形式的变更而非履行主体的变更,债务人与名称变动前相比具有同一性,不构成合同变更和解除的理由,新的代表人应当代表原债务人履行合同义务,拒绝履行的,应承担违约责任。

2.5.7 合同履行中的抗辩权

1. 抗辩权概念和特点

《合同法》中的抗辩权是指在合同履行过程中,债务人对债权人的履行请求权加以拒绝或者反驳的权利。抗辩权是为了维护合同当事人双方在合同履行过程中的利益平衡而设立的一项权利。作为对债务人的一种有效的保护手段,合同履行中的抗辩权要求对方承担及时履行和提供担保等义务,可以避免自己在履行合同义务后得不到对方履行的风险，从而维护了债务人的合法权益。抗辩权具有以下特点：

（1）抗辩权的被动性。抗辩权是合同债务人针对债权人根据合同约定提出的要求债务人履行合同的请求而作出拒绝或者反驳的权利，如果这种权利经过法律认可，抗辩权便宣告成立。由此可见，抗辩权属于一种被动防护的权利，如果没有请求权，便没有抗辩权。

（2）抗辩权仅仅产生于双务合同中。双务合同双方的权利义务是对等的，双方当事人既是债权人，又是债务人，既享有债权又承担债务，享有债权是以承担债务为条件的，为了实现债权不得不履行各自的债务，造成合同履行的关联性，即要求合同当事人双方履行债务，一方不履行债务或者对方有证据证明他将不能履行债务，另一方原则上也可以停止履行。一方当事人在请求对方履行债务时，如果自己未履行债务或者将不能履行债务，则对方享有抗辩权。

2．同时履行抗辩权

（1）同时履行抗辩权的概念

同时履行抗辩权是针对合同当事人双方的债务履行没有先后顺序的情况下的一种抗辩制度。同时履行抗辩权即指双务合同的当事人一方在对方未为对待给付之前，有权拒绝对方请求自己履行合同要求的权利。如果双方当事人的债务关系没有先后顺序，双方当事人应当同时履行合同义务，一方当事人在请求对方履行合同债务时，如果自己没有履行合同义务，则对方享有暂时不履行自己的债务的抗辩权。同时，履行抗辩权的目的不在于完全消除或者改变自己的债务，而只是延期履行自己的债务。

《合同法》规定，当事人互有债务，没有先后履行顺序的，应当同时履行。一方在对方履行之前，有权拒绝其履行要求。一方在对方履行债务不符合约定时，有权拒绝其相应的履行要求。

（2）同时履行抗辩权的构成条件

1）双方当事人互负对待给付。同时履行抗辩权只适用于双务合同，而且必须是双方当事人基于同一个双务合同互负债务，承担对待给付的义务。如果双方的债务是因两个或者两个以上的合同产生的，则不能适用同时履行抗辩权。

2）双方当事人负有的对待债务没有约定履行顺序。如果合同中明确约定了当事人的履行顺序，就必须按照约定履行，应当先履行债务的一方不能对后履行一方行使同时履行抗辩权。只有在合同中未对双方当事人的履行顺序进行约定的情况下，才发生合同的履行顺序问题。正是由于当事人对合同的履行顺序产生了歧义，所以才应按照一定的方式来确定当事人谁先履行谁后履行，以维护双方当事人的合法权益。

3）对方未履行债务或未完全履行债务。这是一方能行使其同时履行抗辩权的关键条件之一。其适用的前提就是双方当事人均没有履行各自的到期债务。其中一方已经履行其债务的，则不再出现同时履行抗辩权适用的情况，另一方也应当及时对其债务作出履行，对方向其请求履行债务时，不得拒绝。

4）双方当事人的债务已届清偿期。合同的履行以合同履行期已经届满为前提，如果合同的履行期还未到期，则不会产生履行合同义务问题，自然就不会涉及同时履行抗辩权适用问题。

（3）同时履行抗辩权的效力

同时履行抗辩权具有以下效力：

1）阻却违法的效力。阻却违法是指因其存在，使本不属于合法的行为失去其违法的根据，而变为一种合理的为法律所肯定的行为。同时履行抗辩权是法律赋予双务合同的当事人在同时履行合同债务时，保护自己利益的权利。如果对方未履行或者未完全履行债务而拒绝向对方履行债务，该行为不构成违约，而是一种正当行为。

2）对抗效力。同时履行抗辩权是一种延期的抗辩权，可以对抗对方的履行请求，而不必为自己的拒绝履行承担法律责任。因此，它不具有消灭对方请求权的效力，在被拒绝后，不影响对方再次提出履行请求。同时，同时履行抗辩权的目的不在于完全消除或者改变自己的债务，只是延期履行自己的债务。

3．后履行抗辩权

（1）后履行抗辩权的概念

后履行抗辩权是指按照合同约定或者法律规定负有先履行债务的一方当事人，届期未履行债务或履行债务严重不符合约定条件时，相对人为保护自己的到期利益或为保证自己履行债务的条件而中止履行合同的权利。《合同法》规定，当事人互负债务，有先后履行顺序的，先履行一方未履行的，后履行一方有权拒绝其履行要求。先履行一方履行债务不符合约定的，后履行一方有权拒绝其相应的履行要求。

后履行抗辩权属于负有后履行债务一方享有的抗辩权，它的本质是对先期违约的对抗，因此，后履行抗辩权可以称为违约救济权。如果先履行债务方是出于属于免责条款范围内（如发生了不可抗力）的原因而无法履行债务的，该行为不属于先期违约，因此，后履行债务方不能行使后履行抗辩权。

（2）后履行抗辩权构成条件

后履行抗辩权的适用范围与同时履行抗辩权相似，只是在履行顺序上有所不同，具体有：

1）由同一双务合同互负债务，互负的债务之间具有相关性。

2）债务的履行有先后顺序。当事人可以约定履行顺序，也可以由合同的性质或交易习惯决定。

3）先履行一方不履行或者不完全履行债务。

4．不安抗辩权

（1）不安抗辩权的概念

不安抗辩权，又称保证履约抗辩权，是指按照合同约定或者法律规定负有先履行债务的一方当事人，在合同订立之后，履行债务之前或者履行过程中，有充分的证据证明后履行一方将不会履行债务或者不能履行债务时，先履行债务方可以暂时中止履行，通知对方当事人在合理的期限内提供适当担保。如果对方当事人在合理的期限内提供担保，中止方应当恢复履行；如果对方当事人未能在合理期限内提供适当的担保，中止履行一方可以解除合同。

《合同法》规定，应当先履行债务的当事人有确切证据证明对方有下列情况之一的，可以中止履行：经营状况严重恶化；转移财产、抽逃资金以逃避债务；丧失商业信誉；有丧失或者可能丧失履行债务能力的其他情形。

（2）不安抗辩权的适用条件

1）由同一双务合同互负债务并具有先后履行顺序。不安抗辩权同样也产生于双务合同中，与双务合同履行上的关联性有关。互负债务并具有先后履行顺序是不安抗辩权的前提条件。

2）后履行一方有不履行债务或者可能丧失履行债务能力的情形。不安抗辩权设立的目的就是在于保证先履行的一方当事人在履行其债务后，不会因为对方不履行或者不能履行合同债务而受到损失。《合同法》中规定了4种情形，可概括为不履行或者丧失履行能力的情形。如果这些情形出现，就可能危及先履行一方的债权。

3）先履行一方有确切的证据。作为享有的权利，先履行一方在主张不安抗辩时，必须有充分的证据证明对方当事人确实存在不履行或者不能履行其债务的情形。这主要是防止先履行一方滥用不安抗辩权。如果先履行一方无法举出充分证据来证明对方丧失履行能力，则不能行使不安抗辩权，其拒绝履行合同义务的行为即为违约行为，应当承担违约责任。

（3）不安抗辩权的效力

1）中止履行。不安抗辩权能够适用的原因在于由于可归责于对方当事人的事由，可能给先履行的一方造成不能得到对待给付的危险，先履行债务一方最可能的就是暂时不向对方履行债务。所以，中止履行是权利人首先能够采取的手段，而且，这种行为是一种正当行为，不构成违约。

2）要求对方提供适当的担保。不安抗辩权的适用并不消灭先履行一方的债务，只是因特定的情况，暂时中止履行其债务，双方当事人的债权债务关系并未解除。因此，先履行一方可要求对方在合理的期限内提供担保来消除可能给先履行债务一方造成损失的威胁，并以此决定是继续维持还是中止债权债务关系。

3）恢复履行或者解除合同。中止履行只是暂时性的保护措施，并不能彻底保护先履行债务一方的利益。所以，为及早解除双方当事人之间的不确定的法律状态，有两种处理结果：如果对方在合理期限内提供担保，则中止履行一方继续履行其债务；否则，可以解除合同关系。

（4）不安抗辩权的附随义务

1）通知义务。先履行债务一方主张不安抗辩时，应当及时通知对方当事人，以避免对方因此而遭受损失，同时也便于对方获知后及时提供充分保证来消灭抗辩权。

2）举证义务。先履行债务一方主张不安抗辩时，负有举证义务，即必须能够提出充分证据来证明对方将不履行或者丧失履行债务能力的事实。如果提供不出证据或者证据不充分而中止履行的，该行为构成违约，应当承担违约责任。如果后履行一方本可以履行债务，而因对方未举证或者证据错误而导致合同被解除，由此造成的损失由先履行债务一方承担。

2.5.8 合同的保全制度

1．代位权

（1）代位权的概念

代位权是相对于债权人而言，它是指当债务人怠于行使其权利而危害债权人的债权时，债权人可以取代债务人的地位，行使债务人的权利。代位权的核心是以自己的名义行使债务人对第三人的债权。

（2）代位权的成立条件

1）债务人对第三人享有债权。债务人对第三人享有的债权是代位权的标的，它应当是合法有效的债权。

2）债务人怠于行使其到期债权。怠于行使债权是指债务人在债权可能行使并且应该行使的情况下消极地不行使。债务人消极地不行使权利，就可能产生债权因时效届满而丧失诉权等不利后果，可能会给债权人的债权造成损害，所以，才有行使代位权的必要。

3）债务人不行使债权，有造成债权消灭或者丧失的危险。债务人如果暂时消极地不行使债权，对其债权存在的法律效力没有任何影响的，因而没有构成对债务人的债权消灭或者丧失的危险，就没有由债权人代为行使债权的必要，债权人的代位权也就没有适用的余地。

4）债务人的行为对债权人造成损害。债务人怠于行使债权的行为已经对债权人的债权造成现实的损害，是指因为债务人不行使其债权，造成债务人应当增加的财产没有增加，导致债权人的债权到期时，会因此而不能全部清偿。

（3）代位权的效力

代位权的效力包括对债权人、债务人和第三人三方的效力：

1）债权人。债权人行使代位权胜诉时，可以代位受领债务人的债权，因而可以抵消自己对债务人的债权，让自己的债权受偿。

2）债务人。代位权的行使结果由债务人自己承担，债权人行使代位权的费用应当由债务人承担。

3）第三人。对第三人来说，无论是债务人亲自行使其债权，还是债权人代位行使债务人的债权，均不影响其利益。如果由于债权人行使代位权而造成第三人履行费用增加的，第三人有权要求债务人承担增加的费用。

2．撤销权

（1）撤销权的概念

撤销权是相对于债权人而言，它是指债权人在债务人实施减少其财产而危及债权人债权的积极行为时，请求法院予以撤销的权利。

（2）撤销权的成立条件

1）债务人实施了处分财产的法定行为。包括放弃到期债权、无偿转让财产的行为或者以明显不合理的低价转让财产的行为。这些会对债权人的债权产生不利的影响，因此，债权人可以行使撤销权以保护自己的债权。如果债务人没有产生上述行为，对债权人的债权未造成不利影响，债权人无权行使撤销权。

2）债务人的行为已经产生法律效力。对于没有产生法律效力的行为，因为在法律上不产生任何意义，对债权人的债权不产生现实影响，所以债权人不能对此行使撤销权。

3）债务人的行为是法律行为，具有可撤销性。债务人的行为必须是可以撤销的，否则，如果财产的消灭是不可以回转的，债权人行使撤销权也于事无补，此时就没有必要行使撤销权。

4）债务人的行为已经或者将要严重危害到债权人的债权。只有在债务人的行为对债权人债权的实现产生现实的危害时，债权人才能行使撤销权，以消除因债务人的行为带来的危害。

（3）撤销权的法律效力

1）债权人。债权人有权代债务人要求第三人向债务人履行或者返还财产，并在符合条件的情况下将受领的履行或财产与对债务人的债权作抵消。如果不符合抵消条件，则应当将收取的利益加入债务人的责任财产，作为全体债权的一般担保。

2）债务人。债务人的行为被撤销后，行为将自始无效，不发生行为的效果，意图免除的债务或转移的财产仍为债务人的责任财产，应当以此清偿债权。同时，应当承担债权人行使撤销权的必要费用和向第三人返还因有偿行为获得的利益。

3）第三人。如果第三人对债务人负有债务，则免除债务的行为不产生法律效力，第三人应当继续履行。如果第三人已经受领了债务人转让的财产，应当返还财产。原物不能返还的，应折价赔偿。但第三人有权要求债务人偿还因有偿行为而得到的利益。

（4）撤销权的行使期限

《合同法》规定，债权人自知撤销事由之日起1年内或者债务人的行为发生之日起5年内没有行使撤销权的，该撤销权消灭。债权人在知道有撤销事由时起，应当在1年内行使撤销权，否则，撤销权消灭。如果在5年内，撤销权人未行使其撤销权，5年期满后，撤销权消灭。此处的5年期限起始点是从撤销事由产生之日起开始计算，无论撤销权人是否知道其撤销权都将在5年后消灭。

2.6 合同变更、转让和终止

2.6.1 合同变更

1. 合同变更概念

合同变更有两层含义,广义的合同变更包括合同三个构成要素的变更:合同主体的变更、合同客体的变更以及合同内容的变更。但是,考虑到合同的连贯性,合同的主体不能与合同的客体及内容同时变更,否则,变化前后的合同就没有联系的基础,就不能称之为合同的变更,而是一个旧合同的消灭与一个新合同的订立。

根据《合同法》规定,合同当事人的变化为合同的转让。因此,狭义的合同变更专指合同成立以后履行之前或者在合同履行开始之后尚未履行完之前,当事人不变而合同的内容、客体发生变化的情形。合同的变更通常分为协议变更和法定变更两种。协议变更又称为合意变更,是指合同双方当事人以协议的方式对合同进行变更。我国《合同法》中所指的合同变更即指协议变更合同。

2. 合同变更的条件

(1) 当事人之间原已经存在合同关系。合同的变更是新合同对旧合同的替代,所以必然在变更前就存在合同关系。如果没有这一作为变更基础的现存合同,就不存在合同变更,只是单纯订立了新合同,发生新的债务。另外,原合同必须是有效合同,如果原合同无效或者被撤销,则合同自始就没有法律效力,不发生变更问题。

(2) 合同变更必须有当事人的变更协议。当事人达成的变更合同的协议也是一种民事合同,因此也应符合《合同法》有关合同的订立与生效的一般规定。合同变更应当是双方当事人的自愿与真实的意思表示。

(3) 原合同内容发生变化。合同变更按照《合同法》的规定仅为合同内容的变更,所以合同的变更应当能起到使合同的内容发生改变的效果,否则不能认为是合同的变更。合同的变更包括:合同性质的变更、合同标的物的变更、履行条款的变更、合同担保的变更、合同所附条件的变更等。

(4) 合同变更必须按照法定的方式。合同当事人协议变更合同,应当遵循自愿互利原则,给合同当事人以充分的合同自由。国家对合同当事人协议变更合同应当加以保护,但也必须从法律上实行有条件的约束,以保证当事人对合同的变更不至于危及他人、国家和社会利益。

3. 合同变更的效力

双方当事人应当按照变更后的合同履行。合同变更后有下列效力:

(1) 变更后的合同部分,原有的合同失去效力,当事人应当按照变更后的合同履行。合同的变更就是在保持原合同统一性的前提下,使合同有所变化。合同变更的实质是以变更后的合同取代原有的合同关系。

（2）合同的变更只对合同未履行部分有效，不对合同中已经履行部分产生效力，除了当事人约定以外，已经履行部分不因合同的变更而失去法律依据。即合同的变更不产生追溯力，合同当事人不得以合同发生变更而要求已经履行的部分归于无效。

（3）合同的变更不影响当事人请求损害赔偿的权利。合同变更以前，一方因可归责于自己的原因而给对方造成损害的，另一方有权要求责任方承担赔偿责任，并不因合同变更而受到影响。但是合同的变更协议已经对受害人的损害给予处理的除外。合同的变更本身给一方当事人造成损害的，另一方当事人也应当对此承担赔偿责任，不得以合同的变更是双方当事人协商一致的结果为由而不承担赔偿责任。

4. 合同变更内容约定不明的法律规定

合同变更内容约定不明是指当事人对合同变更的内容约定含义不清，令人难以判断约定的新内容与原合同内容的本质区别。《合同法》规定，当事人对合同变更的内容约定不明确的，推定为未变更。有效的合同变更，必须有明确的合同内容的变更，即在保持原合同的基础上，通过对原合同作出明显的改变，而成为一个与原合同有明显区别的合同。否则，就不能认为原合同进行了变更。

2.6.2 合同转让

1. 合同转让概念

合同转让是指合同成立后，当事人依法可以将合同中的全部或部分权利（或者义务）转让或者转移给第三人的法律行为。也就是说合同的主体发生了变化，由新的合同当事人代替了原合同当事人，而合同的内容没有改变。合同转让有两种基本形式：债权让与和债务承担。

2. 债权让与

（1）债权让与的概念及法律特征

债权让与即合同权利转让，是指合同的债权人通过协议将其债权全部或者部分转移给第三人的行为。债权的转让是合同主体变更的一种形式，它是在不改变合同内容的情况下，合同债权人的变更。债权转让的法律特征有：

1）合同权利的转让是在不改变合同权利内容的基础上，由原合同的债权人将合同权利转移给第三人。

2）合同债权的转让只能是合同权利，不应包括合同义务。

3）合同债权的转让可以是全部转让也可以是部分转让。

4）转让的合同债权必须是依法可以转让的债权，否则不得进行转让，转让不得进行转让的合同债权协议无效。

（2）债权让与的构成条件

根据《合同法》规定，债权让与成立与生效的条件包括：

1）让与人与受让人达成协议。债权让与实际上就是让与人与受让人之间订立了一个合同，让与人按照约定将债权转让给受让人。合同当事人包括债权人与第三人，不包括债务人。该合同的成立、履行及法律效力必须符合法律规定，否则不能产生法律效力，转让合同无效。合同一旦生效，债权即转移给受让人，债务人对债权让与同意与否，并不影响债权让与的成立与生效。

2）原债权有效存在。转让的债权必须具有法律上的效力，任何人都不能将不存在的权利让与他人。所以，转让的债权应当是为法律所认可的具有法律约束力的债权。对于不存在或者无效的合同债权的转让协议是无效的，如果因此而造成受让人利益损失，让与人应当承担赔偿责任。

3）让与的债权具有可转让性。并非所有的债权都可以转让，必须根据合同的性质，遵循诚实信用原则以及具体情况判断是否可以转让。其标准为是否改变了合同的性质、是否改变了合同的内容、增加了债务人的负担等。

4）履行必需的程序。《合同法》规定，法律、行政法规规定转让权利或者转移义务应当办理批准、登记等手续的，依照其规定办理。

（3）债权让与的限制

不得进行转让的合同债权主要包括：

1）根据合同性质不得转让的合同债权。主要有：合同的标的与当事人的人身关系相关的合同债权、不作为的合同债权以及与第三人利益有关的合同债权。

2）按照当事人的约定不得转让的债权。即债权人与债务人对债权的转让作出了禁止性约定，只要不违反法律的强制性规定或者公共利益，这种约定都是有效的，债权人不得将债权进行转让。

3）依照法律规定不得转让的债权。是指法律明文规定不得让与或者必须经合同债务人同意才能让与的债权。如《中华人民共和国担保法》（简称《担保法》）中规定，最高额抵押的主合同债权不得转让。

（4）债权让与的效力

1）债权让与的内部效力。合同债权转让协议一旦达成，债权就发生了转移。如果合同债权进行了全部转让，则受让人取代了让与人而成为新的债权人；如果是部分转让，则受让人加入了债的关系，按照债的份额或者连带地与让与人共同享有债权。同时，受让人还享有与债权有关的从权利。所谓合同的从权利是指与合同的主债权相联系，但自身并不能独立存在的合同权利。大部分是由主合同的从合同所规定的，也有本身就是主合同内容的一部分。如被担保的权利就是主权利，担保权则为从权利。常见的从权利除了保证债权、抵押权、质押权、留置权、定金债权等外，还有违约金债权、损害赔偿请求权、合同的解除权、债权人的撤销权以及代位权等属于主合同的规定或者依照法律规定所产生的债权人的从权利。《合同法》规定，债权人转让债权的，受让人取得与债权有关的从权利，但该从权利专属于债权人自身的除外。

2）债权让与的外部效力。债权让与通知债务人后即对债务人产生效力，包括让与人与债务人之间以及受让人与债务人之间的效力。对让与人与债务人来说，就债权转让部分，债务人不再对让与人负有任何债务，如果债务人向让与人履行债务，债务人并不能因债权清偿而解除对受让人的债务；让与人也无权要求债务人向自己履行债务，如果让与人接受了债务人的债务履行，应负返还义务。对受让人与债务人来说，就债权转让部分，债务人应当承担让与人转让给受让人的债务，如果债务人不履行其债务，应当承担违约责任。

（5）债权让与时让与人的义务

让与人必须对受让人承担下列义务：

1）将债权证明文件交付受让人。让与人对债权凭证保有利益的，由受让人自付费用取得与原债权证明文件有同等证据效力的副本。

2）将占有的质物交付受让人。

3）告知受让人行使债权的一切必要情况。

4）应受让人的请求做成让与证书，其费用由受让人承担。

5）承担因债权让与而增加的债务人履行费用。

6）提供其他为受让人行使债权所必需的合作。

同时，让与人应当将债权让与情况及时通知债务人，从而使债权让与对债务人产生法律效力。如果让与人未将其转让行为通知债务人，该转让对债务人不发生法律效力。债权让与的通知应当以到达债务人时产生法律效力，产生法律效力后，让与人不得再行撤销，只有在受让人同意撤销转让以后，债权让与的协议才失去效力。

（6）债权抵消

债权抵消是指当双方互负债务时，各以其债权以充当债务的清偿，而使其债务与对方的债务在相同数额内相互消灭，不再履行。《合同法》规定，债务人接到债权转让通知时，债务人对让与人享有债权，并且债务人的债权先于转让的债权到期或者同时到期的，债务人可以向受让人主张抵消。由此可见，债务人对受让人主张抵消必须符合以下条件：

1）债务人在接到债权让与通知之前对让与人享有债权。

2）该债权已经到期。

3）接到了债权让与通知。

4）符合债权抵消的其他条件。

3．债务承担

（1）债务承担的概念

债务承担又称为合同义务的转移，是指经债权人同意，债务人将债务转移给第三人的行为。债务的转移可分为全部转移和部分转移。全部转移，是指由新的债务人取代原债务人，即合同的主体发生变化，而合同内容保持不变；债务的部分转移则是指债务人将其合同义务的一部分转交给第三人，由第三人对债权人承担一部分债务，原债务人并没有退出合同关系，而是又加入了一个债务人，该债务人就其接受转让的债务部分承担责任。

《合同法》第272条规定，工程建设中，总承包人或者勘察、设计、施工承包人经发包人同意，可以将自己承包的部分工作交由第三人完成。承包人不得将其承包的全部建设工程转包给第三人或者将其承包的全部建设工程肢解以后以分包的名义分别转包给第三人。由此可见，在建设工程中，法律明确规定，承包商的债务转移只能是部分转移。

（2）债务承担的构成条件

债务承担生效与成立的条件包括：

1）承担人与债务人订立债务承担合同。

2）存在有效债务。

3）拟转移的债务具有可转移性。即性质上不能进行转让，或者法律、行政法规禁止转让的债务，不得进行转让。

4）合同债务的转移必须取得债权人的同意。

其中，转移必须经债权人同意既是债务承担生效条件，也是债务承担与债权让与最大的不同。因为债务承担直接影响到债权人的利益。债务人的信用、资历是债权人利益得以实现的保障，如果债务人不经债权人同意而将债务转移，则债权人的利益将难以确定，有可能会因为第三人履行债务能力差而使债权人的利益受损。所以，为了保护债权人的利益，债务承担必须事先征得债权人的同意。

（3）债务承担的效力

债务承担的效力主要表现在以下几方面：

1）承担人代替了原债务人承担债务，原债务人免除债务。由于实行了债务转让，转移后的债务应当由第三人承担，债权人只能要求承担人履行债务且不得拒绝承担人的履行。同时，承担人以自己的名义向债权人履行债务并承担未履行或者不适当履行债务的违约责任，原债务人对承担人的履行不承担任何责任。需要说明的是，此处所说的债务是指经债权人同意后转让的债务，否则不能产生法律效力；同时，该债务仅仅限于转让部分，对部分转让的，原债务人不能免除未转移部分的债务。

2）承担人可以主张原债务人对债权人的抗辩。既然承担人经过债务转让而处于债务人的地位，所有与所承担的债务有关的抗辩，都应当同时转让给承担人并由其向债权人提出。承担人拥有的抗辩权包括法定的抗辩事由，如不可抗力，在实际订立合同以后发生的债务人可以加以对抗债权人的一切事由。但这种抗辩必须符合两方面条件：一是该行为必须有效；二是承担人履行的时间应当在转让债务得到债权人的同意之后，如果抗辩事由发生在债务转移之前，则为债务人自己对债权人的抗辩。

3）承担人同时负担从债务。对于附属于主债务的从债务，在原债务人转移债务后，无论在转让协议中是否约定，承担人应当一并对从债务进行承担。但是，从债务专属于原债务人的，承担人不予承担，仍然由原债务人负担，债权人无权要求承担人履行这些债务。

4. 债权债务的概括转移

（1）债权债务的概括转移概念

债权债务的概括转移是指由原合同的当事人一方将其债权债务一并转移给第三人，由第三人概括地继受这些权利和义务。债权债务的概括转移一般由合同当事人一方与合同以外的第三人通过签订转让协议，约定由第三人取代合同转让人的地位，享有合同中转让人的一切权利并承担转让人在合同中的一切义务。

（2）债权债务的概括转移成立条件

1）转让人与承受人达成合同转让协议。这是债权债务的概括转移的关键。

2）原合同必须有效。原合同无效的不能产生法律效力，更不能转让。

3）原合同为双务合同。只有双务合同才可能将债权债务一并转移，否则只能为债权让与或者是债务承担。

4）必须经原合同对方当事人的同意。

（3）债权债务的概括转移发生条件

1）债权债务因合并而发生概括转移。当事人的合并是指合同当事人与其他的民事主体合成一个民事主体。合并有两种形式：一是新设合并，即由原来的两个以上的民事主体合并成为一个新的民事主体；二是吸收合并，即两个以上的民事主体，由其中的一个加入到另一个中去。《合同法》规定，合同当事人与其他民事主体发生合并的，合并后的民事主体承担原合同中的债务，同时享有原合同当事人的权利。

2）债权债务因分立而发生概括转移。当事人的分立是指当事人由一个分成为两个或者两个以上的民事主体。分立也分为两种情况：一是由原来的主体分出另外一个民事主体而原主体并不消灭；二是消灭原主体而形成两个新的民事主体。《合同法》规定，当事人订立合同后分立的，除了债权人与债务人另有约定的以外，由分立的法人或者其他组织对合同的权利义务享有连带债权，承担连带债务。

2.6.3 合同终止

1. 合同终止的基本内容

（1）合同终止的概念

合同终止，又称为合同的消灭，是指合同关系不再存在，合同当事人之间的债权债务关系终止，当事人不再受合同关系的约束。合同的终止也就是合同效力的完全终结。

（2）合同终止的条件

根据《合同法》规定，有下列情形之一的，合同终止：

1）债务已经按照约定履行。

2）合同被解除。

3）债务相互抵消。
4）债务人依法将标的物提存。
5）债权人免除债务。
6）债权债务归于一人。
7）法律规定或者当事人约定终止的其他情形。

（3）合同终止的效力

合同终止因终止原因的不同而发生不同的效力。根据《合同法》规定，除上述的第2）项和第7）项终止条件以外，在消灭因合同而产生的债权债务的同时，也产生了下列效力：

1）消灭从权利。债权的担保及其他从属的权利，随合同终止而同时消灭，如为担保债权而设定的保证、抵押权或者质权，事先在合同中约定的利息或者违约金因此而消灭。

2）返还负债字据。负债字据又称为债权证书，是债务人负债的书面凭证。合同终止后，债权人应当将负债字据返还给债务人。如果因遗失、毁损等原因不能返还的，债权人应当向债务人出具债务消灭的字据，以证明债务的了结。

根据《合同法》规定，因上述的第2）、7）项规定的情形合同终止的，将消灭当事人之间的合同关系及合同规定的权利义务，但并不完全消灭相互间的债务关系，对此，将适用下列条款：

1）结算与清理。《合同法》第98条规定，合同的权利义务终止，不影响合同中结算与清理条款的效力。由此可见，合同终止后，尽管消灭了合同，如果当事人在事前对合同中所涉及的金钱或者其他财产约定了清理或结算的方法，则应当以此方法作为合同终止后的处理依据，以彻底解决当事人之间的债务关系。

2）争议的解决。《合同法》第57条规定，合同无效、被撤销或者终止的，不影响合同中独立存在的有关解决争议方法的条款的效力。这表明了争议条款的相对独立性，即使合同的其他条款因无效、被撤销或者终止而失去法律效力，但是争议条款的效力仍然存在。这充分尊重了当事人在争议解决问题上的自主权，有利于争议的解决。

（4）合同终止后的义务

后合同义务又称后契约义务，是指在合同关系因一定的事由终止以后，出于对当事人利益保护的需要，合同双方当事人依据诚实信用原则所负有的通知、协助、保密等义务。后契约义务产生于合同关系终止以后，它是与合同的履行中所规定的附随义务一样，也是一种附随义务。

2．合同的解除

（1）合同解除的概念

合同的解除是指合同的一方当事人按照法律规定或者双方当事人约定的解除条件使合同不再对双方当事人具有法律约束力的行为，或者合同各方当事人经协商消灭合同的行为。合同的解除是合同终止的一种特殊的方式。

合同解除有两种方式：一种称为约定解除，是双方当事人协议解除，即合同双方当事人通过达成协议，约定原有的合同不再对双方当事人产生约束力，使合同归于终止；另一种方式称为法定解除，即在合同有效成立以后，由于产生法定事由，当事人依据法律规定行使解除权而解除合同。

（2）合同解除的要件

1）存在有效合同并且尚未完全履行。合同解除是合同终止的一种异常情况，即在合同有效成立以后、履行完毕之前的期间内发生了异常情况，或者因一方当事人违约，以及发生了影响合同履行的客观情况，致使合同当事人可以提前终止合同。

2）具备了合同解除的条件。合同有效成立后，如果出现了符合法律规定或者合同当事人之间约定的解除条件的事由，则当事人可以行使解除权而解除合同。

3）有解除合同的行为。解除合同需要一方当事人行使解除权，合同才能解除。

4）解除产生消灭合同关系的效果。合同解除将使合同效力消灭。如果合同并不消灭，则不是合同解除而是合同变更或者合同中止。

（3）约定解除

按照达成协议时间的不同，约定解除可以分为两种形式：

1）约定解除。即在合同订立时，当事人在合同中约定合同解除的条件，在合同生效后履行完毕之前，一旦这些条件成立，当事人则享有合同解除权，从而可以以自己的意思表示通知对方而终止合同关系。

2）协议解除。即在合同订立以后，且在合同未履行或者尚未完全履行之前，合同双方当事人在原合同之外，又订立了一个以解除原合同为内容的协议，使原合同被解除。这不是单方行使解除权而是双方都同意解除合同。

（4）法定解除

法定解除就是直接根据法律规定的解除权解除合同，它是合同解除制度中最核心、最重要的问题。《合同法》第94条规定，有下列情形之一的，当事人可以解除合同：因不可抗力致使不能实现合同目的；在履行期限届满之前，当事人一方明确表示或者以自己的行为表明不履行主要债务；当事人一方迟延履行主要债务，经催告后在合理期限内仍未履行；当事人一方迟延履行债务或者有其他违约行为致使不能实现合同目的；法律规定的其他情况。由此可见，法定解除可以分为三种情况：

1）不可抗力解除权。不可抗力是指不能预见、不可避免并不能克服的客观情况。发生不可抗力，就可能造成合同不能履行。这可以分为三种情况：① 如果不可抗力造成全部义务不能履行，发生解除权。② 如果造成部分义务不能履行，且部分义务履行对债权人无意义的，发生解除权。③ 如果造成履行迟延，且迟延履行对债权人无意义的，发生解除权。对不可抗力造成全部义务不能履行的，合同双方当事人均具有解除权；其他情况，只有相对人拥有解除权。

2）违约解除权。当一方当事人违约，相对人在自己的债权得不到履行的情况下，依照《合同法》第94条规定，可以行使解除权而单方解除合同，同时对因对方当事人未履行其债务而给自身造成的损失由违约方承担违约责任。所以，解除合同常常作为违约的一种救济方法。

3）其他解除权。其他解除权是指除上述情形以外，法律规定的其他解除权。如在合同履行时，一方当事人行使不安抗辩权，而对方未在合理期限内提供保证的，抗辩方可以行使解除权而将合同归于无效。在《合同法》分则中就具体合同对合同解除也作出了特别规定。对于有特别规定的解除权，应当适用特别规定而不适用上述规定。

（5）解除权的行使

1）解除权行使的方式。解除合同原则上只要符合合同解除条件，一方当事人只需向对方当事人发出解除合同的通知，通知到达对方时即发生解除合同的效力。如果法律、行政法规规定解除合同应当办理批准、登记手续的，还必须按照规定办理。如果使用通知的方式解除合同而对方有异议的，应当通过法院或者仲裁机构确认解除的效力。

2）解除权行使的期限。《合同法》规定，法律规定或者当事人约定解除权行使期限，期限届满当事人不行使的，该权利消灭；法律没有规定或者当事人没有约定解除权行使期限，经对方催告后在合理期限内不行使的，该权利消灭。这条规定主要是为了维护债务人的合法权益。解除权人迟迟不行使解除权对债务人十分不利，因为债务人的义务此时处于不确定的状态，如果继续履行，一旦对方解除合同，就会给自己造成损失；如果不履行，可合同又没有解除，他此时仍然有履行的义务。所以，解除权要尽快行使，尽量缩短合同的不确定状态。

（6）合同解除后的法律后果

合同解除后，将产生终止合同的权利义务、消灭合同的效力。效力消灭分为以下三种情况：

1）合同尚未履行的，中止履行。尚未履行合同的状态与合同订立前的状态基本相同，因而解除合同仅仅只是终止了合同的权利义务。但是，除非合同解除是因不可归责于双方当事人的事由或者不可抗力所造成的，否则，对合同解除有过错的一方，应当对另一方承担相应的损害赔偿责任。

2）合同已经履行的，要求恢复原状。恢复原状是指恢复到订立合同以前的状态，它是合同解除具有溯及力的标志和后果。恢复原状一般包括如下内容：返还原物；受领的标的物为金钱的，应当同时返还自受领时起的利息；受领的标的物生有孳息的，应当一并返还；就应当返还之物支出了必要的或者有益的费用，可以在对方得到返还时和所得利益限度内，请求返还；应当返还之物因毁损、灭失或者其他原因不能返还的，应当按照该物的价值以金钱返还。

3）合同已经履行的，采取其他补救措施。这种情形的发生，可能有三方面原因：合同的性质决定了不可能恢复原状、合同的履行情况不适合恢复原状（如建筑工程合同）以及当事人对清理问题经协商达成协议。这里所说的补救措施主要是指要求对方付款、减少价款的支付或者请求返还不当得利等。

（7）合同解除后的损失赔偿

如果合同解除是由于一方当事人违反规定或者构成违约而造成的，对方在解除合同的同时，可以要求损害赔偿，赔偿范围包括：

1）债务不履行的损害赔偿。包括履行利益和信赖利益。

2）因合同解除而产生的损害赔偿。包括：①债权人订立合同所支出的必要费用。②债权人因相信合同能够履行而作准备所支出的必要费用。③债权人因失去同他人订立合同的机会所造成的损失。④债权人已经履行合同义务，债务人因拒不履行返还给付物的义务而给债权人造成的损失。⑤债权人已经受领债务人的给付物时，因返还该物而支出的必要费用。

（8）《司法解释》关于合同解除的规定

1）《司法解释》第8条规定："承包人具有下列情形之一，发包人请求解除建设工程施工合同的，应予支持：明确表示或者以行为表明不履行合同主要义务的；合同约定的期限内没有完工，且在发包人催告的合理期限内仍未完工的；已经完成的建设工程质量不合格，并拒绝修复的；将承包的建设工程非法转包、违法分包的。"

2）《司法解释》第9条规定："发包人具有下列情形之一，致使承包人无法施工，且在催告的合理期限内仍未履行相应义务，承包人请求解除建设工程施工合同的，应予支持：未按约定支付工程价款的；提供的主要建筑材料、建筑构配件和设备不符合强制性标准的；不履行合同约定的协助义务的。"

3）《司法解释》第10条规定："建设工程施工合同解除后，已经完成的建设工程质量合格的，发包人应当按照约定支付相应的工程价款；已经完成的建设工程质量不合格的，参照本解释第三条规定处理。因一方违约导致合同解除的，违约方应当赔偿因此而给对方造成的损失。"

3．抵消

（1）法定抵消的概念

法定抵消是指合同双方当事人互为债权人和债务人时，按照法律规定，各自以自己的债权充抵对方债权的清偿，而在对方的债权范围内相互消灭。

（2）法定抵消的要件

1）双方当事人互享债权互负债务。这是抵消的首要条件。

2）互负的债权的种类要相同。即合同的给付在性质上以及品质上是相同的。

3）互负债权必须为到期债权。即双方当事人各自的债权均已经到了清偿期，只有这样，双方才负有清偿债务的义务。

4）不属于不能抵消的债权。不能抵消的债权包括：①按照法律规定不得抵消。又分为禁止强制执行的债务、因故意侵权行为所发生的债务、约定应当向第三人给付的债务、为第三人利益的债务。② 依合同的性质不得抵消。③ 当事人特别约定不得抵消的。

（3）法定抵消的行使与效力

《合同法》规定，当事人主张抵消的，应当通知对方，通知自到达对方时生效。抵消不得附条件或者附期限。

4. 提存

（1）提存的概念

提存是指由于债权人的原因而使得债务人无法向其交付合同的标的物时，债务人将该标的物提交提存机关而消灭债务的制度。

（2）提存的条件

1）提存人具有行为能力，意思表示真实。

2）提存的债务真实、合法。

3）存在提存的原因。包括债权人无正当理由拒绝受领、债权人下落不明、债权人失踪或死亡未确定继承人或者丧失民事行为能力未确定监护人，以及法律规定的其他情形。

4）存在适宜提存的标的物。

5）提存的物与债的标的物相符。

（3）提存的方法与效力

提存人应当首先向提存机关申请提存，提存机关收到申请以后，需要按照法定条件对申请进行审查，符合条件的，提存机关应当接受提存标的物并采取必要的措施加以保管。标的物提存后，除了债权人下落不明外，债务人应当及时通知债权人或者债权人的继承人、监护人。无论债权人是否受领提存物，提存都将消灭债务，解除担保人的责任，债权人只能向提存机关收取提存物，不能再向债务人请求清偿。在提存期间，发生的一切提存物的毁损、灭失的风险由债权人承担。同时，提存的费用也由债权人承担。

5. 债权人免除债务

（1）免除债务的概念

免除债务是指债权人以消灭债务人的债务为目的而抛弃或者放弃债权的行为。

（2）免除债务的条件

1）免除人应当对免除的债权拥有处分权并且不损害第三人的利益。

2）免除应当由债权人向债务人作出抛弃债权的意思表示。

3）免除应当是无偿的。

（3）免除的效力

免除债务发生后，债权债务关系消灭。免除部分债务的，部分债务消灭；免除全部债务的，全部债务消灭，与债务相对应的债权也消灭。因债务消灭的结果，债务的从债务也同时归于消灭。

6．债权债务混同

（1）债权债务混同的概念

债权债务混同是指因债权债务同归于一人而引起合同终止的法律行为。

（2）混同的效力

混同是债的主体变为同一人而使合同全部终止，消灭因合同而产生的债的关系。但是，在法律另有规定或者合同的标的涉及第三人的利益时，混同不发生债权债务消灭的效力。

2.7 违反合同的责任

2.7.1 合同违约责任的特点

违约责任是指合同当事人因违反合同约定而不履行债务所应当承担的责任。违约责任和其他民事责任相比较，有以下一些特点。

1．是一种单纯的民事责任

民事责任分为侵权责任和违约责任两种。尽管违约行为可能导致当事人必须承担一定的行政责任或者刑事责任，但违约责任仅仅限于民事责任。违约责任的后果承担形式有继续履行、采取补救措施、赔偿损失、支付违约金、定金罚则等。

2．是当事人违反合同义务产生的责任

违约责任是合同当事人不履行合同义务或者履行合同义务不符合约定而产生的法律责任，它以合同的存在为基础。这就要求合同本身必须有效，这样合同的权利义务才能受到法律的保护。对合同不成立、无效合同、被撤销合同都不可能产生违约责任。

3．具有相对性

违约责任的相对性体现在：

（1）违约责任仅仅产生于合同当事人之间，一方违约的，由违约方向另一方承担违约责任；双方都违约，各自就违约部分向对方承担违约责任。违约方不得将责任推卸给他人。

（2）在因第三人的原因造成债务人不能履行合同义务或者履行合同义务不符合约定的情况下，债务人仍然应当向债权人承担违约责任，而不是由第三人直接承担违约责任。

（3）违约责任不涉及合同以外的第三人，违约方只向债权人承担违约责任，而不向国家或者第三人承担责任。

4．具有法定性和任意性双重特征

违约责任的任意性体现在合同当事人可以在法律规定的范围内，通过协议对双方当事人的违约责任事先作出规定，其他人对此不得进行干预。违约责任的法定性表现在：

（1）在合同当事人事先没有在合同中约定违约责任条款的情况下，在合同履行过程中，如果当事人不履行或者履行不符合约定时，违约方并不能因合同中没有违约责任条款而免除责任。《合同法》规定，当事人一方不履行合同义务或者履行合同义务不符合约定的，应当承担继续履行、采取补救措施或者赔偿损失等违约责任。

（2）当事人约定的违约责任条款作为合同内容的一部分，也必须符合法律关于合同的成立与生效要件的规定，如果事先约定的违约责任条款不符合法律规定，则这些条款将被认定为无效或者被撤销。

5．有补偿性和惩罚性双重属性

违约责任的补偿性是指违约责任的主要目的在于弥补或者补偿非违约方因对方违约行为而遭受的损失，违约方通过承担损失的赔偿责任，弥补违约行为给对方当事人造成的损害后果。

违约责任的惩罚性体现在如果合同中约定了违约金或者法律直接规定了违约金的，当合同当事人一方违约时，即使并没有给相对方造成实际损失，或者造成的损失没有超过违约金的，违约方也应当按照约定或者法律规定支付违约金，这完全体现了违约金的惩罚性；如果造成的损失超过违约金的，违约方还应当对超过的部分进行补偿，这体现了补偿性。

2.7.2 违约责任的构成要件

违约责任的构成要件是确定合同当事人是否应当承担违约责任、承担何种违约责任的依据，这对于保护合同双方当事人的合法权益有着重要意义。违约责任的构成要件包括：

1．一般构成要件

合同当事人必须有违约行为。违约责任实行严格责任制度，违约行为是违约责任的首要条件，只要合同当事人有不履行合同义务或者履行合同义务不符合约定的事实存在，除了发生符合法定的免责条件的情形外，无论他主观是否有过错，都应当承担违约责任。

2．特殊构成要件

除了一般构成要件以外，对于不同的违约责任形式还必须具备一定的特定条件。违约责任的特殊构成要件因违约责任形式的不同而不同。

（1）损害赔偿责任的特殊构成要件

1）有因违约行为而导致损害的事实。一方面，损害必须是实际发生的损害，对于尚未发生的损害，不能赔偿；另一方面，损害是可以确定的，受损方可以通过举证加以确定。

2）违约行为与损害事实之间必须有因果关系。违约方在实施违约行为时必然会引起某些事实结果发生，如果这些结果中包括对方当事人因违约方的违约行为而遭受损失，则违约方必须对此承担损失赔偿责任以补偿对方的损失。如果违约行为与损害事实之间并没有因果关系，则违约方不需要对该损害承担赔偿责任。

（2）违约金责任形式的特殊构成要件

1）当事人在合同中事先约定了违约金，或者法律对违约金作出了规定。

2）当事人对违约金的约定符合法律规定，违约金是有效的。

（3）强制实际履行的特殊构成要件

1）非违约方在合理的期限内要求违约方继续履行合同义务。非违约方必须在合理的期限内通知对方，要求对方继续履行。否则超过了期限规定，违约方不能以继续履行来承担违约责任。

2）违约方有继续履行的能力。如果违约方因客观原因而失去了继续履行能力，非违约方也不得强迫违约方实际履行。

3）合同债务可以继续履行。《合同法》规定，如果法律上或者事实上不能继续履行的，或者债务的标的不适于强制履行或者履行费用过高的，违约方可以不以继续履行来承担违约责任。

2.7.3 违约行为的种类

违约行为是违约责任产生的根本原因，没有违约行为，合同当事人一方就不应当承担违约责任。而不同的违约行为所产生的后果又各不相同，从而导致违约责任的形式也有所不同。按照我国《合同法》规定，违约行为可分为预期违约和实际违约两种形式。预期违约又可分为明示毁约和默示毁约；实际违约可分为不履行合同义务和履行合同义务不符合约定。

1. 预期违约

（1）预期违约的概念

预期违约又称为先期违约，是指在合同履行期限届满之前，一方当事人无正当理由而明确地向对方表示，或者以自己的行为表明将来不履行合同义务的行为。预期违约可分为明示毁约和默示毁约两种形式，明确地向对方表示不履行的为明示毁约，以自己的行为表明不履行的为默示毁约。

（2）预期违约的构成要件

1）在合同履行期限届满之前有将不履行合同义务的行为。在明示毁约的情况下，违约方必须明确作出将不履行合同义务的意思表示。在默示毁约情况下，违约方的行为必须能够使对方当事人预料到在合同履行期限届满时违约方将不履行合同义务。

2）毁约行为必须发生在合同生效后履行期限届满之前。预期违约是针对违约方在合同履行期限届满之前的毁约行为，如果在合同有效成立之前发生，则合同不会成立；如果是在合同履行期限届满之后发生，则为实际违约。

3）毁约必须是对合同中实质性义务的违反。如果当事人预期违约的行为仅仅是不履行合同中的非实质性义务，则该行为不会造成合同的根本目的不能实现，而仅仅是实现的目标出现了偏差，这样的行为不属于预期违约。

4）违约方不履行合同义务无正当理由。如果债务人有正当理由拒绝履行合同义务的，如诉讼时效届满、发生不可抗力等，则他的行为不属于预期违约。

（3）预期违约的法律后果

1）解除合同。当合同一方当事人以明示或者默示的方式表明他将在合同的履行期限届满时不履行或者不能履行合同义务，另一方当事人即享有法定的解除权，他可以单方面解除合同，同时要求对方承担违约责任。但是，解除合同的意思表示必须以明示的方式作出，在该意思表示到达违约方时即产生合同解除的效力。

2）债权人有权在合同的履行期限届满之前要求预期违约责任方承担违约责任。在预期违约情况下，为了使自己尽快从已经不能履行的合同中解脱出来，债权人有权要求违约方承担违约责任。《合同法》规定，当事人一方明确表示或者以自己的行为表明不履行合同义务的，对方可以在履行期限届满之前要求其承担违约责任。

3）履行期限届满后要求对方承担违约责任。预期违约是在合同履行期限届满之前的行为，这并不代表违约方在履行期限届满时就一定不会履行合同义务，他仍然有履行合同义务的可能性。所以，债权人也可以出于某种考虑，等到履行期限届满后，对方的预期违约行为变为实际违约时再要求违约方承担违约责任。

2．实际违约

（1）不履行合同义务

不履行合同义务是指在合同生效后，当事人根本不按照约定履行合同义务。可分为履行不能、拒绝履行两种情况。履行不能是指合同当事人一方出于某些特定的事由而不履行或者不能履行合同义务。这些事由分为客观事由与主观事由。如果不履行或者不能履行是由于不可归责于债务人的事由产生的，则可以就履行不能的范围免除债务人的违约责任。拒绝履行是指在履行期限届满后，债务人能够履行却在无抗辩事由的情形下拒不履行合同义务的行为。这是一种比较严重的违约行为，是对债权的积极损害。

1）拒绝履行的构成要件

存在合法有效的债权债务关系。

债务人向债权人拒不履行合同义务。

拒绝履行合同义务无正当理由。

拒绝履行是在履行期限届满后作出。

2）拒绝履行的法律后果

如果违约方拒绝履行合同义务，则他必须承担以下法律后果：

实际履行。如果违约方不履行合同义务，无论他是否已经承担损害赔偿责任或者违约金责任，都必须根据相对方的要求，并在能够履行的情况下，按照约定继续履行合同义务。

解除合同。违约方拒绝履行合同义务，表明了他不愿意继续受合同的约束，此时，相对方也有权选择解除合同的方式，同时可以向违约方主张要求其承担损失赔偿责任或者违约金责任。

赔偿损失或者支付违约金、承担定金罚则。违约方拒绝履行合同义务，相对方根据实际情况可以选择强制实际履行或者解除合同后，相对人仍然有因违约方违约而遭受损害时，相对人有权要求违约方继续履行损失赔偿责任。也可以根据约定，要求违约方按照约定向相对人支付违约金或者定金罚则。

（2）履行合同义务不符合约定

履行合同义务不符合约定又称不适当履行或者不完全履行，是指虽然当事人一方有履行合同义务的行为，但是其履行违反了合同约定或者法律规定。按照其特点，不适当履行又分为以下几种：

1）迟延履行。即违约方在履行期限届满之后才作出的履行行为，或者履行未能在约定的履行期限内完成。

2）瑕疵给付。指债务人没有完全按照合同的约定履行合同义务。

3）提前履行。指债务人在约定的履行期限尚未届满时就履行完合同义务。

对于以上这些不适当履行，债务人都应当承担违约责任，但对提前履行，法律另有规定或者当事人另有约定的除外。

2.7.4 违约责任的承担形式

当合同当事人一方在合同履行过程中出现违约行为，在一般情况下他必须承担违约责任。违约责任的形式有以下几种。

1. 继续履行

（1）继续履行的概念

如果违约方不履行合同义务，无论他是否已经承担损害赔偿责任或者违约金责任，都必须根据相对方的要求，并在能够履行的情况下，按照约定继续履行合同义务。继续履行又称强制继续履行，即如果违约方出现违约行为，非违约方可以借助于国家的强制力使其继续按照约定履行合同义务。要求违约方继续履行是《合同法》赋予债权人的一种权利，其目的主要是为了维护债权人的合法权益，保证债权人在违约方违约的情况下，还可以实现订立合同的目的。

（2）继续履行的构成要件

1）违约方在履行合同义务过程中有违约行为。

2）非违约方在合理期限内要求违约方继续履行合同义务。

3）违约方能够继续履行合同义务。一方面，违约方有履行合同义务的能力；另一方面，合同义务是可以继续履行的。

（3）继续履行的例外

由于合同的性质等原因，有些债务主要是非金钱债务，当违约方出现违约行

为后,该债务不适合继续履行。对此,《合同法》作出了专门的规定,包括:

1)法律上或者事实上不能履行。

2)债务的标的不适于强制履行或者履行费用过高。

3)债权人未在合理期限内要求违约方继续履行合同义务。

2．采取补救措施

(1)采取补救措施的含义

补救措施是指在发生违约行为后,为防止损失的发生或者进一步扩大,违约方按照法律规定或者约定以及双方当事人的协商,采取修理、更换、重作、退货、减少价款或者报酬、补充数量、物资处置等手段,弥补或者减少非违约方的损失的一种违约责任形式。

采取补救措施有两层含义:一是违约方通过对已经作出的履行予以补救,如修理、更换、维修标的物等使履行符合约定;二是采取措施避免或者减少债权人的违约损失。

(2)采取补救措施的条件

1)违约方已经完成履行行为但履行质量不符合约定。

2)采取补救措施必须具有可能性。

3)补救对于债权人来讲是可行的,即采取补救措施并不影响债权人订立合同的根本目的。

4)补救行为必须符合法律规定、约定或者经债权人同意。

3．赔偿损失

(1)赔偿损失的含义

赔偿损失是指违约方不履行合同义务或者履行合同义务不符合约定而给对方造成损失时,按照法律规定或者合同约定,违约方应当承担受损害方的违约损失的一种违约责任形式。

(2)损害赔偿的适用条件

1)违约方在履行合同义务过程中发生违约行为。

2)债权人有损害的事实。

3)违约行为与损害事实之间必须有因果关系。

(3)损害赔偿的基本原则

1)完全赔偿原则。完全赔偿原则是指违约方应当对其违约行为所造成的全部损失承担赔偿责任。设置完全赔偿原则的目的是补偿债权人因债务人违约所造成的损失,所以,损害的赔偿范围除了包括该违约行为给债权人所造成的直接损害外,还包括该违约行为给债权人的可得利益的损害。

2)合理限制原则。完全赔偿原则是为了保护债权人免于遭受违约损失,因此是完全站在债权人的立场上。根据公平合理原则,债权人也不能擅自夸大损害事实而给违约方造成额外损失。对此,《合同法》也对债权人要求赔偿的范围进行了限制性规定,包括:①应当预见规则。《合同法》规定,当事人一方不履行合同义务或者履行合同义务不符合约定给对方造成损失的，损失赔偿额应当相当于因违约造成的损失，包括合同履行后可以获得的利益，但不得超过违反合同一方订立合同时预见到或者应当预见到的因违反合同可能造成的损失。②减轻损害规则。《合同法》规定，当事人一方违约后，对方应当采取适当措施防止损失的扩大；没有采取适当措施致使损失扩大的，不得就扩大的部分要求赔偿。当事人因防止扩大而支出的合理费用，由违约方承担。③损益相抵规则。损益相抵规则是指受违约损失方基于违约行为而发生违约损失的同时，又由于违约行为而获得一定的利益或者减少了一定的支出，受损方应当在其应得的损害赔偿额中，扣除其所得的利益部分。

（4）损害赔偿的计算

1）法定损害赔偿。即法律直接规定违约方应当向受损方赔偿损失时损害赔偿额的计算方法。如上文中所说的应当预见规则、减轻损害规则以及损益相抵规则都属于《合同法》对于损害赔偿的直接规定。

2）约定损害赔偿。即合同当事人双方在订立合同时预先约定违约金或者损害赔偿金额的计算方法。《合同法》规定，当事人可以约定一方违约时应当根据违约情况向对方支付一定数额的违约金，也可以约定因违约产生的损失赔偿额的计算方法。

4．违约金

（1）违约金的概念

违约金是指当事人在合同中或订立合同后约定的，或者法律直接规定的，违约方发生违约行为时向另一方当事人支付一定数额的货币。

（2）违约金的特点

1）违约金具有约定性。对于约定违约金来说，是双方当事人协商一致的结果，是否约定违约金、违约金的具体数额都是由当事人双方协商确定的。对于法定违约金来说，法律仅仅规定了违约金的支付条件及违约金的大小范围，至于违约金的具体数额还是由双方当事人另行商定。

2）违约金具有预定性。约定违约金的数额是合同当事人预先在订立合同时确定的，法定违约金也是由法律直接规定了违约金上下浮动的范围。一方面，由于当事人知道违约金的情况，这样在合同履行过程中，违约金可以对当事人起着督促作用；另一方面，一旦违约行为发生，双方对违约责任的处理明确简单。

3）违约金是独立于履行行为以外的给付。违约金是违约方不履行合同义务或者履行合同义务不符合约定时向债权人支付的一定数额的货币，它并不是主债务，而是一种独立于合同义务以外的从债务。如果违约行为发生后，债权人仍然要求违约方履行合同义务而且违约方具有继续履行的可能性，违约方不得以支付违约金为由而免除继续履行合同义务的责任。

4）违约金具有补偿性和担保性双重作用。违约金可以分为赔偿性违约金和惩罚性违约金。赔偿性违约金的目的是为了补偿债权人因债务人违约而造成的损失,这表现了违约金的补偿性;惩罚性违约金的目的是为了对违约行为进行惩罚和制裁,与违约造成的实际损失没有必然联系,违约金的支付是以当事人有违约行为为前提,而不必证明债权人的实际损失究竟有多大,这体现了违约金具有明显的惩罚性。这是违约金不同于一般的损失赔偿金的最显著的地方,也正是违约金担保作用的具体体现。

(3)约定违约金的构成要件

1)违约方存在违约行为。

2)有违约金的约定。

3)约定的违约金条款或者补充协议必须有效。

4)约定违约金的数额不得与违约造成的实际损失有着悬殊的差别。

《合同法》规定,约定的违约金低于造成的损失时,当事人可以请求人民法院或者仲裁机构予以增加;约定的违约金过分高于造成的损失的,当事人可以请求人民法院或者仲裁机构予以适当减少。《最高人民法院关于适用〈中华人民共和国合同法〉若干问题的解释(二)》第29条进而规定:"当事人约定的违约金超过造成损失的百分之三十的,一般可以认定为合同法第114条第2款规定的'过分高于造成的损失'。"

5. 定金

(1)定金的概念

定金是指合同双方当事人约定的,为担保合同的顺利履行,在订立合同时,或者订立后履行前,按照合同标的的一定比例,由一方当事人向对方给付一定数额的货币或者其他替代物。定金的数额应当符合法律规定。《担保法》第91条规定:"定金的数额由当事人约定,但不得超过主合同标的额的百分之二十。"

(2)定金的特点

1)定金属于金钱担保。

2)定金的标的物为金钱或其他替代物。

3)定金是预先交付的。

4)定金同时也是违约责任的一种形式。

(3)定金与工程预付款的区别

定金与预付款都是当事人双方约定的,在合同履行期限届满之前由一方当事人向对方给付的一定数额的金钱,合同履行结束后可以抵作合同价款。两者的本质区别为:

1)定金的作用是担保;而预付款的主要作用是为对方顺利履行合同义务在资金上提供帮助。

2)交付定金的合同是从合同;而预付款的协议是合同内容的组成部分。

3)定金合同只有在交付定金时才能成立;预付款主要在合同中约定,合同生效时即可成立。

4)定金合同的双方当事人在不履行合同义务时适用定金罚则;预付款交付

后，不履行合同不会发生被没收或者双倍返还的效力。

5）定金适用于以金钱或者其他替代物履行义务的合同；预付款只适用于以金钱履行合同义务的合同。

6）定金一般为一次性给付；预付款可以分期支付。

7）定金有最高限额，《担保法》规定，定金不得超过主合同标的额的20%；而预付款除了不得超过合同标的总额以外，没有最高限额的规定。

（4）定金的种类

1）立约定金。即当事人为保证以后订立合同而专门设立的定金，如工程招投标中的投标保证金。

2）成约定金。即以定金的交付作为主合同成立要件的定金。

3）证约定金。即以定金作为订立合同的证据，证明当事人之间存在合同关系而设立的定金。

4）违约定金。即定金交付后，当事人一方不履行主合同义务时按照定金罚则承担违约责任。

5）解约定金。即当事人为保留单方面解除合同的权利而交付的定金。

（5）定金的构成要件

1）相应的主合同及定金合同有效存在。定金合同是担保合同，其目的在于保证主债合同能够实现。所以定金合同是一种从合同，是以主债合同的存在为存在的前提，并随着主合同的消灭而消灭。同时，定金必须是当事人双方完全一致的意思表示，并且定金合同必须采用书面形式。

2）有定金的支付。定金具有先行支付性，定金的支付一定早于合同的履行期限，这是定金能够具备担保作用的前提条件。

3）一方当事人有违约行为。当违约方的违约行为构成拒绝履行或者预期违约的，适用定金罚则。对于履行不符合约定的，只有在违约行为构成根本违约的情况下，才能适用定金罚则。

4）不履行合同一方不存在不可归责的事由。如果不履行合同义务是由于不可抗力或者其他法定的免责事由而造成的，不履行一方不承担定金责任。

5）定金数额不得超过规定。《担保法》中规定，定金的数额不得超过主合同标的的20%。

（6）定金的效力

1）所有权的转移。定金一旦给付，即发生所有权的转移。收受定金一方取得定金的所有权是定金给付的首要效力，也是定金具备预付款性质的前提。

2）抵作权。在合同完全履行以后，定金可以抵作价款或者收回。

3）没收权。如果支付定金一方因发生可归责于其的事由而不履行合同义务时，则适用定金罚则，收受定金一方不再负返还义务。

4）双倍返还权。如果收受定金一方因发生可归责于其的事由而不履行合同义务时，则适用定金罚则，收受定金一方必须承担双倍返还定金的义务。

6. 价格制裁

价格制裁是指执行政府定价或者政府指导价的合同当事人，由于逾期履行合同义务而遇到价格调整时，在原价格和新价格中执行对违约方不利的价格。《合同法》规定，逾期交付标的物的，遇价格上涨时，按照原价格执行；价格下降时，按照新价格执行。逾期提取标的物或者逾期付款的，遇价格上涨时，按照新价格执行；遇价格下降时，按照原价格执行。由此可见，价格制裁对违约方来说，是一种惩罚，对债权人来说，是一种补偿其因违约所遭受损失的措施。

7. 违约责任各种形式相互之间的适用情况

（1）继续履行与采取补救措施

继续履行与采取补救措施是两种相互独立的违约责任承担方式，在实际操作中，一般不被同时适用。强制继续履行是以最终保证合同的全部权利得到实现、全部义务得到履行为目的的，适用于债务人不履行合同义务的情形。

采取补救措施主要是通过补救措施，使被履行而不符合约定的合同义务能够完全得到或者基本得到履行。采取补救措施主要适用于债务人履行合同义务不符合约定的情形，尤其是质量达不到约定的情况。

（2）继续履行、采取补救措施与解除合同

无论是继续履行还是采取补救措施，其目的都是要使合同的权利义务最终得到实现，它们都属于积极的承担违约责任的形式。而解除合同是属于一种消极的违约责任承担方式，一般适用于违约方的违约行为导致合同的权利义务已经不可能实现或者实现合同目的已经没有实际意义的情况。因此，继续履行及采取补救措施与解除合同之间属于两种相互矛盾的违约责任形式，两者不能被同时适用。

（3）继续履行（或采取补救措施）与赔偿损失（违约金或定金）

违约金的基本特征与赔偿损失一样，体现在它的补偿性，主要适用于当违约方的违约行为给非违约方造成损害时而提供的一种救济手段，这与继续履行（或采取补救措施）并不矛盾。所以，在承担违约责任时，赔偿损失（或违约金）可以与继续履行（或采取补救措施）同时采用。

违约金在特殊情况下与定金一样，体现在它的惩罚性，这是对违约方违约行为的一种制裁手段。但无论是继续履行还是采取补救措施都不具备这一功能，而且两者之间并不矛盾。所以，在承担违约责任时，定金（或违约金）可以与继续履行（或采取补救措施）同时采用。

需要说明的是，如果违约金是可以替代履行的，即当违约方按照约定交付违约金后即可以免除违约方的合同履行责任，则违约金与继续履行或者采取补救措施不能同时并存；同样，如果定金是解约定金，则定金同样与继续履行或者采取补救措施不能同时并存。

（4）赔偿损失与违约金

在违约金的性质体现赔偿性的情况下，违约金被视为是损害赔偿额的预定标准，其目的在于补偿债权人因债务人的违约行为所造成的损失。因此，违约金可以替代损失赔偿金，当债务人支付违约金以后，债权人不得要求债务人再承担支付损失赔偿金的责任。所以，违约金与损害赔偿不能同时并用。

（5）定金与违约金

当定金属于违约定金时，其性质与违约金相同。因此，两者不能同时并用。当定金属于解约定金时，其目的是解除合同，而违约金不具备此功能。因此，解约定金与违约金可以同时使用。当定金属于证约定金或成约定金时，与违约金的目的、性质和功能上俱不相同，所以两者可以同时使用。

（6）定金与损害赔偿

定金可以与损害赔偿同时使用，并可以独立计算。但在实际操作中，可能会出现定金与损害赔偿的并用超过合同总价的情况，因此必须对定金的数额进行适当限制。

2.7.5 《合同法》及《司法解释》关于工程承包违约行为的责任承担

1.《合同法》关于工程承包违约行为的责任承担

《合同法》第280条规定："勘察、设计的质量不符合要求或者未按照期限提交勘察、设计文件拖延工期，造成发包人损失的，勘察人、设计人应当继续完善勘察、设计，减收或者免收勘察、设计费并赔偿损失。"

《合同法》第281条规定："因施工人的原因致使建设工程质量不符合约定的，发包人有权要求施工人在合理期限内无偿修理或者返工、改建。经过修理或者返工、改建后，造成逾期交付的，施工人应当承担违约责任。"

《合同法》第282条规定："因承包人的原因致使建设工程在合理使用期限内造成人身和财产损害的，承包人应当承担损害赔偿责任。"

《合同法》第283条规定："发包人未按照约定的时间和要求提供原材料、设备、场地、资金、技术资料的，承包人可以顺延工程日期，并有权要求赔偿停工、窝工等损失。"

《合同法》第284条规定："因发包人的原因致使工程中途停建、缓建的，发包人应当采取措施弥补或者减少损失，赔偿承包人因此造成的停工、窝工、倒运、机械设备调迁、材料和构件积压等损失和实际费用。"

《合同法》第285条规定："因发包人变更计划，提供的资料不准确，或者未按照期限提供必需的勘察、设计工作条件而造成勘察、设计的返工、停工或者修改设计，发包人应当按照勘察人、设计人实际消耗的工作量增付费用。"

《合同法》第286条规定："发包人未按照约定支付价款的，承包人可以催告发包人在合理期限内支付价款。发包人逾期不支付的，除按照建设工程的性质不宜折价、拍卖的以外，承包人可以与发包人协议将该工程折价，也可以申请人民法院将该工程依法拍卖。建设工程的价款就该工程折价或者拍卖的价款优先受偿。"

2.《司法解释》关于工程承包违约行为的责任承担

《司法解释》第11条规定："因承包人的过错造成建设工程质量不符合约定，

承包人拒绝修理、返工或者改建，发包人请求减少支付工程价款的，应予支持。"

《司法解释》第12条规定："发包人具有下列情形之一，造成建设工程质量缺陷，应当承担过错责任：提供的设计有缺陷；提供或者指定购买的建筑材料、建筑构配件、设备不符合强制性标准；直接指定分包人分包专业工程。承包人有过错的，也应当承担相应的过错责任。"

《司法解释》第27条规定："因保修人未及时履行保修义务，导致建筑物毁损或者造成人身、财产损害的，保修人应当承担赔偿责任。保修人与建筑物所有人或者发包人对建筑物毁损均有过错的，各自承担相应的责任。"

需要注意的是，对《合同法》第286条的规定，最高人民法院于2002年6月作出司法解释，认定建设工程承包人的优先受偿权优于抵押权和其他债权。但是，对于商品房，如果消费者交付购买商品房的全部或者大部分款项后，承包人就该商品房享有的工程价款优先受偿权不得对抗买房人。同时，建设工程承包人行使优先权的期限为六个月，自建设工程竣工之日或者建设工程合同约定的竣工之日起计算。

同时，《合同法》及《司法解释》对建设工程竣工验收及交付使用也作出相应的规定。《合同法》第279条规定："建设工程竣工后，发包人应当根据施工图纸及说明书、国家颁发的施工验收规范和质量检验标准及时进行验收。验收合格的，发包人应当按照约定支付价款，并接收该建设工程。建设工程竣工经验收合格后，方可交付使用；未经验收或者验收不合格的，不得交付使用。"《司法解释》第13条规定："建设工程未经竣工验收，发包人擅自使用后，又以使用部分质量不符合约定为由主张权利的，不予支持；但是承包人应当在建设工程的合理使用寿命内对地基基础工程和主体结构质量承担民事责任。"

2.8　合同纠纷的解决

2.8.1　当事人对合同文件的解释

合同应当是合同当事人双方完全一致的意思表示。但是，在实际操作中，由于各方面的原因，如当事人的经验不足、素质不高、出于疏忽或是故意，对合同应当包括的条款未作明确规定，或者对有关条款用词不够准确，从而导致合同内容表达不清楚。表现在：合同中出现错误、矛盾以及两义性解释；合同中未作出明确解释，但在合同履行过程中发生了事先未考虑到的事；合同履行过程中出现超出合同范围的事件，使得合同全部或者部分归于无效等。

一旦在合同履行过程中产生上述问题，合同当事人双方往往就可能会对合同文件的理解出现偏差，从而导致合同争议。因此，如何对内容表达不清楚的合同进行正确的解释就显得尤为重要。

《合同法》第125条规定："当事人对合同条款的理解有争议的，应当按照合同所使用的词句、合同的有关条款、合同的目的、交易习惯以及诚实信用原则，确定该条款的真实意思。合同文本采用两种以上文字订立并约定具有同等效力的，对各文本使用的词句推定具有相同含义。各文本使用的词句不一致的，应当根据合同的目的予以解释。"由此可见，合同的解释方法主要有以下几种。

1. 词句解释

即首先应当确定当事人双方的共同意图，据此确定合同条款的含义。如果仍然不能作出明确解释，就应当根据与当事人具有同等地位的人处于相同情况下可能作出的理解来进行解释。其规则有：

（1）排他规则。如果合同中明确提及属于某一特定事项的某些部分而未提及该事项的其他部分，则可以推定为其他部分已经被排除在外。例如，某承包商与业主就某酒楼的装修工程达成协议。该酒楼包括2个大厅、20个包厢和1个歌舞厅。在签订的合同中没有对该酒楼是全部装修还是部分装修作出具体规定，在招标文件的工程量表中仅仅开列了包括大厅和包厢在内的工程的装修要求，对歌舞厅未作要求。在工程实施过程中双方产生争议。根据上述规则，应当认为该装修合同中未包含歌舞厅的装修在内。

（2）对合同条款起草人不利规则。虽然合同是经过双方当事人平等协商而作出的一致的意思表示，但是在实际操作过程中，合同往往是由当事人一方提供的，提供方可以根据自己的意愿对合同提出要求。这样，他对合同条款的理解应该更为全面。如果因合同的词义而产生争议，则起草人应当承担由于选用词句的含义不清而带来的风险。

（3）主张合同有效的解释优先规则。双方当事人订立合同的根本目的就是为了正确完整地享有合同权利，履行合同义务，即希望合同最终能够得以实现。如果在合同履行过程中双方产生争议，其中有一种解释可以从中推断出若按照此解释合同仍然可以继续履行，而从其他各种对合同的解释中可以推断出合同将归于无效而不能履行，此时，应当按照主张合同仍然有效的方法来对合同进行解释。

2. 整体解释

即当双方当事人对合同产生争议后，应当从合同整体出发，联系合同条款上下文，从总体上对合同条款进行解释，而不能断章取义，割裂合同条款之间的联系来进行片面解释。整体解释原则包括：

（1）同类相容规则。即如果有两项以上的条款都包含同样的语句，而前面的条款又对此赋予特定的含义，则可以推断其他条款所表达的含义和前面一样。

（2）非格式条款优先于格式条款规则。即当格式合同与非格式合同并存时，如果格式合同中的某些条款与非格式合同相互矛盾时，应当按照非格式条款的规定执行。

3. 合同目的解释

即肯定符合合同目的的解释，排除不符合合同目的的解释。例如，在某装修工程合同中没有对材料的防火阻燃等要求进行事先约定，在施工过程中，承包商采用了易燃材料，业主对此产生异议。在此案例中，虽然业主未对材料的防火性能作出明确规定，但是，根据合同目的，装修好的工程必须符合《中华人民共和国消防法》（简称《消防法》）的规定。所以，承包商应当采用防火阻燃材料进行装修。

4．交易习惯解释

即按照该国家、该地区、该行业所采用的惯例进行解释。

5．诚实信用原则解释

诚实信用原则是合同订立和合同履行的最根本的原则，因此，无论对合同的争议采用何种方法进行解释，都不能违反诚实信用原则。

2.8.2 《司法解释》关于合同争议的规定

《司法解释》第14条规定："当事人对建设工程实际竣工日期有争议的，按照以下情形分别处理：建设工程经竣工验收合格的，以竣工验收合格之日为竣工日期；承包人已经提交竣工验收报告，发包人拖延验收的，以承包人提交验收报告之日为竣工日期；建设工程未经竣工验收，发包人擅自使用的，以转移占有建设工程之日为竣工日期。"

《司法解释》第15条规定："建设工程竣工前，当事人对工程质量发生争议，工程质量经鉴定合格的，鉴定期间为顺延工期期间。"

《司法解释》第16条规定："当事人对建设工程的计价标准或者计价方法有约定的，按照约定结算工程价款。因设计变更导致建设工程的工程量或者质量标准发生变化，当事人对该部分工程价款不能协商一致的，可以参照签订建设工程施工合同时当地建设行政主管部门发布的计价方法或者计价标准结算工程价款。建设工程施工合同有效，但建设工程经竣工验收不合格的，工程价款结算参照本解释第三条规定处理。"

《司法解释》第17条规定："当事人对欠付工程价款利息计付标准有约定的，按照约定处理；没有约定的，按照中国人民银行发布的同期同类贷款利率计息。"

《司法解释》第18条规定："利息从应付工程价款之日计付。当事人对付款时间没有约定或者约定不明的，下列时间视为应付款时间：建设工程已实际交付的，为交付之日；建设工程没有交付的，为提交竣工结算文件之日；建设工程未交付，工程价款也未结算的，为当事人起诉之日。"

《司法解释》第19条规定："当事人对工程量有争议的，按照施工过程中形成的签证等书面文件确认。承包人能够证明发包人同意其施工，但未能提供签证文件证明工程量发生的，可以按照当事人提供的其他证据确认实际发生的工程量。"

《司法解释》第20条规定："当事人约定，发包人收到竣工结算文件后，在约定期限内不予答复，视为认可竣工结算文件的，按照约定处理。承包人请求按照竣工结算文件结算工程价款的，应予支持。"

《司法解释》第21条规定："当事人就同一建设工程另行订立的建设工程施工

合同与经过备案的中标合同实质性内容不一致的，应当以备案的中标合同作为结算工程价款的根据。"

《司法解释》第22条规定："当事人约定按照固定价结算工程价款，一方当事人请求对建设工程造价进行鉴定的，不予支持。"

2.8.3 合同争执的解决方法

当双方当事人在合同履行过程中发生争执后，首先应当按照公平合理和诚实信用原则由双方当事人依据上述合同的解释方法自愿协商解决争端，或者通过调解解决争端。如果仍然不能解决争端的，则可以寻求司法途径解决。

司法途径可分为仲裁和诉讼两种方式。当事人如果采用仲裁方式解决争端，应当是双方协商一致，达成仲裁协议。没有仲裁协议，一方提出申请仲裁，仲裁机关不予受理。

合同争端产生后，如果双方有仲裁协议的，不应当向法院起诉，而应当通过仲裁方式解决，即使向法院起诉，法院也不应当受理。当事人没有仲裁协议或仲裁协议无效的情况下，当事人的任何一方都可以向法院起诉。

《司法解释》第23条规定："当事人对部分案件事实有争议的，仅对有争议的事实进行鉴定，但争议事实范围不能确定，或者双方当事人请求对全部事实鉴定的除外。"第24条规定："建设工程施工合同纠纷以施工行为地为合同履行地。"第25条规定："因建设工程质量发生争议的，发包人可以以总承包人、分包人和实际施工人为共同被告提起诉讼。"第26条规定："实际施工人以转包人、违法分包人为被告起诉的，人民法院应当依法受理。实际施工人以发包人为被告主张权利的，人民法院可以追加转包人或者违法分包人为本案当事人。发包人只在欠付工程价款范围内对实际施工人承担责任。"

复习思考题

1. 《合同法》的适用范围和基本原则有哪些?
2. 订立合同可以采用哪些形式,合同有哪些主要条款?
3. 什么是要约和承诺,其构成要件有哪些?
4. 试用合同的要约承诺理论分析建设工程招标投标过程。
5. 什么是效力待定合同、无效合同和可撤销合同,相互之间有哪些区别?
6. 试述合同无效的种类和法律后果。
7. 合同的履行原则有哪些?
8. 合同履行中有哪些抗辩权,其构成要件及效力有哪些,在施工合同中如何应用?
9. 合同内容约定不明时应当如何处理?
10. 当事人变更合同应当注意哪些问题?
11. 合同转让有哪些形式,其构成要件和效力有哪些?
12. 合同终止和解除的条件与法律后果如何?
13. 代位权、撤销权成立的条件和法律效力有哪些?
14. 什么是违约行为,违约责任承担形式有哪些?
15. 违约责任与缔约过失责任有哪些区别?
16. 试述定金与预付款的异同。
17. 合同争议条款的解释原则有哪些?
18. 发生了合同争议应通过哪些途径加以解决?

3

房地产合同形成方式

房地产合同的形成主要通过协商、招标、拍卖和挂牌等方式，其中招标、拍卖和挂牌是特殊的房地产合同形成方式，需要按照相关的法律法规要求和程序进行合同签订，如房地产项目涉及的工程、货物和服务等采购可以通过招标方式，形成工程合同；土地使用权获取可以通过招标、拍卖和挂牌等方式，形成土地出让合同。本章主要介绍工程项目合同形成的招标投标方式以及土地出让合同形成的招标、拍卖和挂牌方式。

3.1 工程项目招标投标

《中华人民共和国招标投标法》（简称《招标投标法》）所称工程建设项目，是指工程以及与工程建设有关的货物、服务。工程采购主要是指建设工程，包括建筑物和构筑物的新建、改建、扩建及其相关的装修、拆除、修缮等；货物采购是指构成工程不可分割的组成部分，且为实现工程基本功能所必需的设备、材料等；服务采购主要是指为完成工程所需的勘察、设计、监理等服务。房地产项目招标采购合同是招标人依法通过招标方式采购工程、货物或服务，并与中标人签订的明确相互权利义务关系的协议，由此形成工程采购合同、货物采购合同或服务采购合同。

工程项目招标投标是市场经济条件下进行工程建设发包与承接过程中所采用的一种交易方式，是建设市场中一对相互依存的经济活动。招标投标实质上是一种市场竞争行为。招标人通过招标活动在众投标人中选定报价合理、方案优秀、工期较短、信誉良好的承包商来完成工程建设任务。而投标人则通过有选择的投标，竞争承接资信可靠的业主的建设工程项目，以取得预期的利润。

招标是指招标人通过公共媒体或直接邀请潜在的投标人，根据招标文件所设定的包括功能、质量、数量、期限及技术要求等主要内容的标的，提出实施方案及报价，经过开标、评标、决标等环节，招标人择优选定中标人的一种经济活动。投标是指具有合法资格和能力的投标人根据招标文件要求，提出实施方案和报价，在规定的期限内提交标书，并参加开标，中标后与招标人签订工程建设协议的经济活动。

3.1.1 招标投标基本制度

1. 招标投标基本原则

我国《招标投标法》规定招标投标活动必须遵循公开、公平、公正和诚实信用的原则。

（1）公开。招标投标活动中所遵循的公开原则是指招标活动信息公开、开标活动公开、评标标准公开及定标结果公开。

（2）公平。招标人应给所有的投标人以平等的竞争机会，这包括给所有投标人同等的信息量、同等的投标资格要求；不设倾向性的评标条件，不得违法限制或者排斥本地区、本系统以外的法人或者其他组织参加投标，也不能以某一投标人的产品技术指标作为标的要求等。招标文件中所列合同条件的权利和义务要对等，要体现承发包双方作为民事主体的平等地位。投标人不得串通投标打压别的投标人，更不能串通起来抬高报价损害招标人的利益。

（3）公正。招标人在执行开标、评标及定标程序，评标委员会在执行评标标准时，要严格照章办事，持相同尺度，不能厚此薄彼，尤其是处理迟到标、废标、无效标以及质疑过程中更要体现公正。

（4）诚实信用。诚实信用是民事活动的基本原则。招标投标的双方都要诚实守信，不得有欺骗、背信的行为。招标人不得搞内定承包人的虚假招标，也不能在招标中设圈套损害承包人的利益。投标文件中所有各项都要真实，投标人不能用虚假资质、虚假业绩投标。合同签订后，任何一方都要严格、认真地履行。

2．工程项目招标范围

（1）法定必须招标的工程项目

依照我国《招标投标法》及《必须招标的工程项目规定》（国家发展和改革委员会令第16号）的规定，在我国境内建设的关系社会公共利益、公众安全的大型基础设施项目、公用事业项目，以及全部或部分使用国有资金投资、国家融资的项目以及使用国际组织或者外国政府贷款、援助资金的项目，都必须通过招标投标选择承包人。

以上项目的勘察、设计、施工、监理以及与工程建设有关的重要设备、材料等的采购达到下列标准之一的，必须招标：

1）施工单项合同估算价在4400万元人民币以上；

2）重要设备、材料等货物的采购，单项合同估算价在200万元人民币以上；

3）勘察、设计、监理等服务的采购，单项合同估算价在100万元人民币以上。

同一项目中可以合并进行的勘察、设计、施工、监理以及与工程建设有关的重要设备、材料等的采购，合同估算价合计达到上述规定标准的，必须招标。

（2）可以不进行招标的项目

依照我国《招标投标法》及有关规定，在我国境内建设的以下项目可以不需通过招标投标来确定承包人：

1）涉及国家安全、国家机密、抢险救灾或者属于利用扶贫资金实行以工代赈，需要使用农民工等特殊情况，不适宜进行招标的项目。

2）建设项目的勘察设计，采用特定专利或者专有技术的，或者其建筑艺术造型有特殊要求的，经项目主管部门批准，可以不进行招标。

此外，《中华人民共和国招标投标法实施条例》（简称《招标投标法实施条例》）第9条规定，有下列情形之一的，可以不进行招标：

1）需要采用不可替代的专利或者专有技术。

2）采购人依法能够自行建设、生产或者提供。

3）已通过招标方式选定的特许经营项目投资人依法能够自行建设、生产或者提供。

4）需要向原中标人采购工程、货物或者服务，否则将影响施工或者功能配套要求。

5）国家规定的其他特殊情形。

3．工程项目招标方式

我国《招标投标法》规定，工程项目招标可采取公开招标或邀请招标方式。

（1）公开招标

公开招标是指招标人以招标公告的方式邀请不特定的法人或者其他组织投标。招标的公告必须在国家指定的报刊、信息网络或者其他媒介上发布。招标公告应当载明招标人的名称、地址，招标项目的性质、数量、实施地点和时间，投标人的资格以及获得招标文件的办法和投标截止日期等事项。如果要进行投标资格预审的，则在招标公告中还应载明资格预审的主要内容及申请投标资格预审的办法。招标人应当保证招标公告内容的真实、准确和完整。

拟发布的招标公告文本应当由招标人或其委托的招标代理机构的主要负责人签名并加盖公章；招标人或其委托的招标代理机构委托媒介发布招标公告时，应当向发布公告的媒介出示营业执照（或法人证书）、项目批准文件等证明文件，并提交复印件。

公开招标的最大特点是一切有资格的潜在的投标人均可报名参加投标竞争，都有同等的机会。公开招标的优点是招标人有较大的选择范围，可在众多的投标人中选到报价较低、工期较短、技术可靠、资信良好的中标人。但是，公开招标中的投标资格审查及评标的工作量大、耗时长、费用高，且有可能因资格审查不严，导致发生鱼目混珠的现象，这是需要特别警惕的。

招标人选用了公开招标方式，就不得限制或者排斥本地区、本系统以外的法人或者其他组织参加投标，不得对潜在投标人实行歧视待遇。我国规定，依法必须进行招标的项目，全部或者部分使用国有资金投资或者国有资金投资占控股或主导地位的，都应采取公开招标。

（2）邀请招标

邀请招标是指招标人以投标邀请书的方式邀请3个以上具备承担招标项目的能力且资信良好的法人或者其他组织投标。投标邀请书上同样应载明招标人的名称、地址，招标项目性质、数量、实施地点和时间，获取招标文件的办法以及投标截止日期等内容。

邀请招标一般邀请的都是招标人所熟悉的或在本地区、本系统拥有良好业绩、建立了良好形象的投标人，所以较之公开招标的投标人资格审查，工作量就要少得多，招标周期就可缩短，招标费用也可以减少，同时还可减少合同履行过程中承包人违约的风险。因此，除了法定必须公开招标的建设工程招标，邀请招标是采用得较多的招标方式。

邀请招标虽然能保证潜在的承包人具有可靠的资信和完成任务的能力，保证合同的履行，但由于招标人受自身条件所限，不可能对所有的潜在投标人都了解，有些技术上、报价上都很有竞争力的潜在投标人可能会没有被邀请到。

4. 工程招投标程序

工程项目招投标一般要经历招标准备、招标邀请、发售招标文件、现场勘察、标前答疑、投标、开标、评标、定标、签约等过程。与邀请招标相比，公开招标程序在招标准备阶段增加了招标公告、资格预审等内容。图3-1为公开招投标的程序。

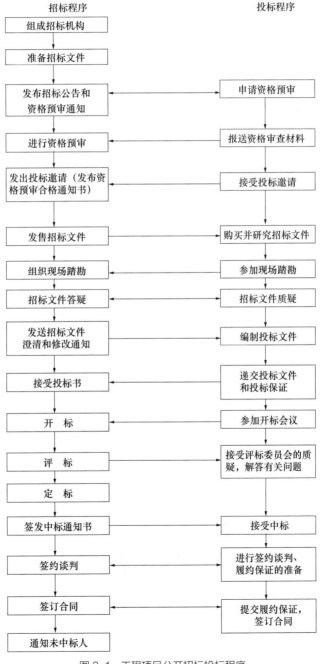

图3-1 工程项目公开招标投标程序

（1）招标准备

招标准备包括招标组织准备、招标条件准备和招标文件准备。

1）招标组织准备。招标人自行办理招标事宜的，应当具有编制招标文件和组织评标的能力，并报住房城乡建设行政监督部门备案。自行办理招标的条件包括：有专门的招标组织机构；有与工程规模、复杂程度相适应并具有同类工程施工招标经验、熟悉有关工程建设招标法律法规的工程技术、概预算及工程管理的专业人员。招标人不具备上述条件的，应当选择具有相应资格的工程招标代理机构，与其签订招标委托合同，委托其代为办理招标事宜。所谓工程建设项目招标代理机构是指具有从事招标代理业务的营业场所和相应的资金，具备法人资格，有健全的组织机构和内部管理的规章制度，拥有编制招标文件和组织评标的相应专业力量，具有可以作为评标委员会成员人选的技术、经济等方面的专家库，经国务院或者省、自治区、直辖市人民政府住房城乡建设行政主管部门认定的甲级、乙级或暂定级招标代理资质的社会中介组织，在其资格许可的范围内接受招标人的委托，从事工程的勘察、设计、施工、监理以及与工程建设有关的重要设备（进口机电设备除外）、材料采购招标的代理业务。无论是自行办理招标事宜还是委托招标代理机构办理，招标人都要组织招标领导班子，如招标委员会、招标领导小组等，以便能够对招标中的诸如确定评标办法、投标人、中标人等重大问题进行决策。

2）招标条件的准备。招标项目如果按照国家有关规定需要履行项目审批手续的，应当先履行审批手续。同时，项目的现场条件、基础资料及资金等也要能满足招标的要求。

3）招标的文件准备。公开招标用的文件一般包括招标公告、资格预审（或后审）文件、投标邀请（投标资格预审合格通知书）、招标文件、标底（如果采取有标底招标）以及中标通知书等在内的全部文件，而邀请招标用的文件中就不含招标公告、投标资格审查等文件。招标的文件准备并不要求全部同时完成，可以随招标工作的进展而跟进。招标用的核心文件是发售给投标人作为投标依据的招标文件。招标文件编制得好坏，直接关系到招标的成败，要予以特别的重视，最好由具备丰富招投标经验的工程技术专家、经济专家及法律专家合作编制。国家发展和改革委员会等九部委联合发布了适用于一定规模以上，且设计和施工不是由同一承包商承担的工程施工招标《标准施工招标资格预审文件》和《标准施工招标文件》（2007年版），自2008年5月1日起在政府投资项目中试行。为进一步完善标准文件编制规则，构建覆盖主要采购对象、多种合同类型、不同项目规模的标准文件体系，提高招标文件编制质量，促进招标投标活动的公开、公平和公正，营造良好市场竞争环境，2017年9月4号国家发展和改革委员会等九部委印发了《标准设备采购招标文件》等五个标准招标文件的通知（发改法规〔2017〕1606号），编制了标准设备、材料、勘察、设计、监理等五个采购招标标准文件。该系列《标准文件》适用于依法必须招标的与工程建设有关的设备、材料等货物项目和勘察、设计、监理等服务项目。机电产品国际招标项目，应当使用商务部编制的机电产品国际招标标准文本（中英文）。国务院有关行业主管部门可根据本行业招标特点和管理需要，对《标准文件》中的"专用合同条款""发包人或委托人要求"，作出具体规定。

（2）招标邀请

招标方式不同，邀请的程序也不同。公开招标一般要经过招标公告、资格预审、投标邀请等环节；而邀请招标则可直接发出投标邀请书。

1）招标公告。招标公告由招标人通过国家指定的报刊、信息网络或者其他媒介发布。招标公告应当载明招标人的名称和地址，招标项目的性质、数量、实施地点和时间，投标截止日期以及获取招标文件的办法等事项。如果要进行资格预审的，公告中应载明资格预审的条件、标准以及申请资格预审的方法。在不经资格预审程序而直接发售招标文件的情况下，招标公告就是没有特定潜在投标人的投标邀请书。如果存在工程建设招标投标的有形市场（如建设工程交易中心、建设工程招标投标市场等），建设项目的招标还应在工程建设招投标有形市场内发布信息。按规定有备案程序的，招标公告应先报招标投标有权管理部门备案，然后才能对外公布。

2）投标资格预审。招标人可以自行组织力量对投标申请人进行资格预审，也可以委托工程招标代理机构对投标申请人进行资格预审。资格预审文件一般应当包括资格预审申请书格式、申请人须知以及需要投标申请人提供的企业资质、业绩、技术装备、财务状况和拟派出的项目经理与主要技术人员的简历、业绩等证明材料。通过招标公告获得招标信息并有意参加投标竞争者，按照招标公告中的要求向招标人申请资格预审，领取资格预审文件，并按资格预审文件要求的时间、地点及内容提交全套资格报审材料。招标人在对资格材料审查并进行必要的实地考察后，对潜在投标人的履约能力及资信作出综合评价，从中择优选出若干个潜在的投标人，正式邀请其参加投标。

资格预审的主要内容包括投标人签约资格和履约能力。签约资格是指投标人按国家有关规定承接招标项目必须具备的相应条件，如投标人是否是合法的企业或其他组织；有无与招标内容相适应的资质；是否正处于被责令停业或财产被接管、冻结或暂停参加投标的处罚期；最近三年内有无骗取中标和严重违约及重大工程质量问题。履约能力是指投标人完成招标项目任务的能力，如投标人的财务状况、商业信誉、业绩表现、技术资格和能力、管理水平、人员与设备条件、完成类似工程项目的经验、履行中的合同数量等。

资格预审程序包括编制资格预审文件（包括资格预审通知、资格预审须知、资格预审表、资格预审评分细则等）、发布投标资格预审通知、发售资格预审文件、申请人递交资格预审申请文件、审查与评议、通知资格预审结果等。

（3）发出投标邀请

无论是公开招标还是邀请招标，被邀请参加投标的法人或者其他组织都不能少于3家，被邀请人的履约能力及资信都是得到招标人认可的。公开招标的投标邀请书是在投标资格预审合格后发出的，所以也可用投标资格预审合格通知书的形式代替。采用邀请招标的，被邀请人是通过投标邀请书了解招标项目的，所以投标邀请书对项目的描述要详细、准确，以利于被邀请人决定是否购买招标文件、参加投标竞争。投标人收到投标邀请书后要以书面形式回复是否参加投标。

（4）发售招标文件

招标文件是投标人编制投标文件、进行报价的主要依据，所以招标文件应当根据招标项目的特点和需要编制。招标文件应当包括投标须知、招标项目的技术要求、对投标人资格审查的标准（适用于资格后审的情况）、投标报价要求和评标标准等所有实质性要求和条件以及拟签订合同的主要条款。但不同的招标对象其具体内容也不一样，如施工招标，则应包括图纸及工程量清单等。对于实质性要求和条件，应用醒目的方式标明。国家对招标项目的技术要求和标准有规定的，招标人应当按照规定在招标文件中提出相应要求。潜在投标人收到招标文件，核对无误后要以书面形式确认。潜在投标人要认真研究招标文件，若有疑问或不清楚的地方，应在规定的时间内以书面形式要求招标人澄清解释。招标人对已发出的招标文件进行必要的澄清或者修改的，应当在招标文件要求提交投标文件截止时间至少15天前，以书面形式通知所有招标文件收受人。该澄清或者修改的内容为招标文件的组成部分。

（5）组织现场勘察

现场勘察是潜在投标人到现场进行实地考察。潜在投标人通过对招标工程建设现场的踏勘，可以了解场地及其周围环境的情况，获取其认为有用的信息；核对招标文件中的有关资料和数据并加深对招标文件的理解，以便对招标项目作出正确的判断，选择正确的投标策略、确定正确的投标报价。踏勘人员一般应由投标决策人员、拟派到项目的负责人以及投标报价人员组成。现场考察的主要内容包括交通运输条件、自然环境与社会环境条件、当地的市场行情等。招标人根据招标项目的具体情况，可以组织潜在投标人踏勘项目现场，向其介绍工程场地和相关环境的有关情况。潜在投标人依据招标人介绍的情况作出的判断和决策，由投标人自行负责。招标人不得单独或者分别组织任何一个投标人进行现场踏勘。

（6）书面质疑

投标人研究招标文件和现场考察后有问题需要解答，应以书面形式提出质疑。招标人应及时给予书面解答，且同时发给每一个获得招标文件的潜在投标人，以保证招标的公平和公正。对问题的答复不需说明问题的来源。招标文件的修改或补充以及答疑函件均构成招标文件的补充文件，是招标文件的组成部分，与招标文件具有同等的法律效力。当补充文件与招标文件的规定不一致时，以补充文件为准。为了使投标单位能充分研究和消化招标单位对招标文件的修改或补充，有足够的时间修改投标书，招标单位可根据情况决定适当延长投标截止时间。

（7）投标人投标

1）投标响应。投标人在获得招标文件后，要组织力量认真研究招标文件的内容，并对招标项目的实施条件进行调查。在此基础上结合投标人的实际，按照招标文件的要求编制投标文件。投标文件应当对招标文件提出的实质性要求和条件作出响应。招标项目属于建设施工的，投标文件的内容除应包括报价、拟派出的项目负责人与主要技术人员的简历、业绩外，还应有施工组织设计内容。

2）联合体投标。两个以上法人或者其他组织可以组成一个联合体，以一个投标人的身份共同投标。联合体各方均应具备承担招标项目的相应能力。国家或者招标文件对投标人资格条件有规定的，联合体各方均应当具备规定的相应资格条件。由同一专业的单位组成的联合体，按照资质等级较低的单位核定其资质等级。联合体各方应当签订共同投标协议，明确约定各方拟承担的工作和责任，并将共同投标协议连同投标文件一并提交招标人。联合体各方的法定代表人应签署授权书，授权其共同指定的牵头人代表联合体投标及合同履行期间的主办与协调工作。联合体中标的，联合体各方应当共同与招标人签订合同，就中标项目向招标人承担连带责任。

3）投标文件的补充和修改。投标人应当在招标文件要求提交投标文件的截止时间前，将投标文件送达招标文件规定的投标地点。逾期送达或未送达指定地点的标书以及未按招标文件要求密封的标书，招标人应当拒收。投标人在招标文件要求提交投标文件的截止时间前，可以补充、修改或者撤回已提交的投标文件，并书面通知招标人。补充、修改的内容同为投标文件的组成部分。

4）投标保证金。招标人可以在招标文件中要求投标人提交投标担保，投标担保可以采用投标保函或者投标保证金的方式。投标保证金可以使用支票、银行汇票等，一般不得超过投标总价的2%，最高不得超过80万元。投标保证金有效期应超出投标有效期30天。

5）投标有效期。为保证招标人有足够的时间完成评标和与中标人签订合同，招标文件应当规定一个适当的投标有效期。投标有效期从投标人提交投标文件截止之日起计算。若在原投标有效期结束前发生特殊情况，招标人可以书面形式要求所有投标人延长投标有效期。投标人同意延长的，不得要求或被允许修改其投标文件的实质性内容，但应当相应延长其投标保证金的有效期；投标人拒绝延长的，其投标失效，但投标人有权收回其投标保证金。因延长投标有效期造成投标人损失的，招标人应当给予补偿，但因不可抗力需要延长投标有效期的除外。

6）投标人数目。递交有效投标文件的投标人少于3个的，招标人必须重新组织招标。重新招标后投标人仍少于3个的，属于必须审批的建设项目，报经原审批部门批准后可以不再进行招标；其他工程项目，招标人可以自行决定不再进行招标。

（8）开标

开标是同时公开各投标人报送的投标文件的过程。开标使投标人知道其他竞争对手的要约情况，也限定了招标人员只能在这个开标结果的基础上进行评标、定标。这是招标投标公开性、公平性原则的重要体现。

开标应当在招标文件中确定的递交投标文件截止时间的同一时间公开进行。开标地点应当为招标文件中预先确定的地点。所有投标人均应参加开标会议，并可邀请公证机关、工程建设项目有关主管部门、相关银行的代表出席。政府的招标投标管理机构可派人监督开标活动。开标时，由投标人或其推选的代表检验投标文件的密封情况，也可由招标人委托的公证机构检查并公证，确认无误后，由工作人员当众拆封，宣读投标人名称、投标价格和投标文件的其他主要内容；所有在投标致函中提出的附加条件、补充声明、优惠条件、替代方案等均应宣读；如果设有标底，也应同时公布。开标过程应当记录并存档备查。开标后，任何人都不允许更改投标书的内容和报价，也不允许再增加优惠条件。有下列情形之一的投标文件，招标人将不予受理：①逾期送达的或者未送达指定地点的；②未按招标文件要求密封的。

（9）评标

评标由招标人依照《评标委员会和评标方法暂行规定》组建的评标委员会负责。评标委员会由招标人的代表和有关技术、经济等方面的专家组成，人数为5人以上单数，其中从专家库中抽取的技术、经济等方面的专家不得少于成员总数的2/3。评标委员会成员的名单在中标结果确定之前应当保密。

评标一般要经过评标准备、初步评审和详细评审等3个阶段。

1）评标准备。评标准备是组织评标委员学习招标文件，了解招标项目和招标目标，熟悉评标标准和方法，必要时还要对一些特别的问题进行讨论，以统一评标尺度，使评标更公正、更科学。当前，很多地区都开发了专门的电子清标软件作为电子辅助评标工具。在正式评标前，利用清标软件对投标人的单价、合价及总价进行复核，并对子项的异常偏差进行分析，为评委评标提供参考。

2）初步评审。初步评审重点在投标书的符合性审查。主要是审查投标书是否实质上响应了招标文件的要求。审查内容包括投标文件的签署情况、投标文件的完整性、与招标文件有无显著的差异和保留、投标资格是否符合要求（适用于采取资格后审招标的评标）。如果投标文件实质上不响应招标文件的要求，将作无效标处理，不允许投标人通过修改或撤销其不符合要求的差异或保留，使之成为实质性响应招标文件的投标书。评标委员会可以书面方式要求投标人对投标文件中含义不明确、对同类问题表述不一致或者有明显文字和计算错误的内容作必要的澄清、说明或者补正。澄清、说明或者补正应以书面方式进行，且不得超出投标文件的范围或者改变投标文件的实质性内容。评标委员会不得向投标人提出带有暗示或诱导性的问题，或向其明确投标文件中的遗漏和错误。没有通过初步评审的投标书不得进入下一阶段的评审。

3）详细评审。经初步评审合格的投标文件，评标委员会根据招标文件确定的评标标准和方法，对其进行技术评审和商务评审。对于大型的，尤其是技术复杂的招标项目，技术评审和商务评审往往是分开进行的。我国《招标投标法》规定，评标可采用经评审的最低投标价法和综合评估法以及法律与行政法规允许的其他评标方法。

① 经评审的最低投标价法。能够满足招标文件的实质性要求，并且经评审的投标价格最低；但是投标价格低于成本的除外。经评审的最低投标价法一般适用于具有通用技术性能标准或者招标人对技术、性能没有特殊要求的招标项目。评标委员会只需根据招标文件中规定的评标价格调整方法，对所有投标人的投标报价以及投标文件的商务部分作必要的价格调整，而无需对投标文件的技术部分进行折价，但投标文件的技术标应当符合招标文件规定的技术要求和标准。

② 综合评估法。不宜采用经评审的最低投标价法的招标项目，一般应采用综合评估法进行评审。综合评估法不仅要评价商务标，而且要评价技术标。一些技术难度大的项目，对技术标的关注程度甚至要超过报价。对于技术标的评审主要是对投标书的技术方案、技术措施、技术手段、技术装备、人员配置、组织方法和进度计划的先进性、合理性、可靠性、安全性、经济性进行分析评价。如果招标文件要求投标人派拟任项目负责人参加答辩，评标委员会应组织他们答辩，没有通过技术评审的标书不能得标。商务标包括投标报价和投标人资信等内容，但评标的重点是对投标报价的构成、计价方式、计算方法、支付条件、取费标准、价格调整、税费、保险及优惠条件等进行评审。在国际工程招标文件中，报关、汇率、支付方式等也是重要的评审内容。商务标评审的核心是评价报价的合理性以及投标人在履约过程中可能给招标人带来的风险。设有标底的招标，商务评标时要参考标底，但不得作为评标的唯一依据。

衡量投标文件是否最大限度地满足招标文件中规定的各项评价标准，可以采取折算货币法、评分法或其他方法，但需要量化的因素及其权重必须在招标文件中明确。

折算货币法是指评审过程中以报价为基础，将报价之外需要评定的要素按招标文件规定的折算办法换算成货币价值，根据对招标人有利或不利的影响及其大小，在投标报价基础上扣减或增加一定金额，最终构成评标价格，评标价低的标书为优，推荐为中标候选人。

评分法（打分法）是指按招标文件规定，将评审内容分类后分别赋予不同权重，评标委员依据评分标准对各类细分的子项进行相应的打分，最后计算的累计分值反映投标人及其投标的综合水平，以得分最高的投标书为最优，推荐为中标候选人。

详细评审完成后，评标委员会应向招标人提交评标报告，作为招标人最后选择中标人的决策依据。评标报告的内容一般包括评标过程、评标标准、评审方法、评审结论、标价比较一览表或综合评估比较一览表、推荐的中标候选人、与中标候选人签约前应处理的事宜、投标人澄清（说明、补正）事项的纪要及评委之间存在的主要分歧点等。

采用经评审的最低价法的，应提交标价比较一览表，表中载明各投标人的投标报价、商务偏差调整、经评审的最终投标价。采用综合评估价法的，应提交综合评估比较表，表中载明投标人的投标报价、所作的任何修正、对商务偏差的调整、对技术偏差的调整、对各评审因素的评估以及对每一投标的最终评审结果。

评标报告由评标委员会全体成员签字。对评标结论持有异议的评标委员会成员可以书面方式阐述其不同意见和理由。评标委员会成员拒绝在评标报告上签字且不陈述其不同意见和理由的，视为同意评标结论，评标委员会应当将此记录在案。评标的过程要保密。评标委员会成员和评标有关的工作人员不得私下接触投标人，不得透露评审、比较标书的情况，不得透露推荐中标候选人的情况以及其他与评标有关的情况。评标委员会成员应当客观、公正地履行职责，遵守职业道德，对所提出的评审意见承担个人责任。

（10）定标

定标是招标人享有的选择中标人的最终决定权、决策权。招标人一般应当在评标委员会提出书面评标报告后15日内确定中标人，但最迟应当在投标有效期结束日30个工作日前确定。在确定中标人之前，招标人不得与投标人就投标价格、投标方案等实质性内容进行谈判。

招标人根据评标委员会提出的书面评标报告和推荐的中标候选人，结合自己的实际，权衡利弊，选定中标人。对于特大型、特复杂且标价很高的招标项目，也可委托咨询机构对评标结果作出评估，然后再作决策。这样做有助于提高定标的正确性，减少风险，但也带来定标需要的时间长、费用大等问题。

当评委会在评标定标中无明显的失误和不当行为时，招标人应尊重评标委员会的选择。招标人可以授权评标委员会直接确定中标人，而自己行使定标审批权和中标通知书的签发权。招标人不得在评标委员会依法推荐的中标候选人以外确定中标人，也不得在所有投标书被评标委员会依法否决后自行确定中标人。

（11）签发中标通知

依法必须进行招标的项目，招标人应当给排名第一的中标候选人签发中标通知书。只有当排名第一的中标候选人放弃中标或未能按规定提交履约保证金时，方可确定排名第二的中标候选人为中标人，依此类推。中标通知书的主要内容有中标人名称、中标价、商签合同时间与地点、提交履约保证的方式和时间等。投标人在收到中标通知书后要出具书面回执，证实已经收到中标通知书。

中标通知书对招标人和中标人具有法律效力。中标通知书发出后，招标人改变中标结果的，或者中标人放弃中标项目的，应当依法承担法律责任。依法必须进行施工招标的工程，招标人应当自发出中标通知书之日起的15天内，向工程所在地县级以上地方人民政府住房城乡建设行政主管部门提交招标投标情况的书面报告。书面报告至少包括招标范围；招标方式和发布招标公告的媒介；招标文件中投标人须知、技术条款、评标标准和方法、合同主要条款等内容；评标委员会的组成和评标报告；中标结果。

（12）提交履约担保，订立书面合同

招标人和中标人应当自中标通知书发出之日起30天内，按照招标文件和中标人的投标文件订立书面合同。招标人不得向中标人提出压低报价、增加工作量、缩短工期或其他违背中标人意愿的要求，以此作为签订合同的条件，也不得再行订立背离合同实质性内容的其他协议。

招标文件要求中标人提交履约保证的，中标人应当在合同签字前或合同生效前提交。履约担保是中标人通过经济形式保证按照合同约定履行义务、完成项目，同时保证不将项目主体或关键性的部分分包他人，不将中标项目转让他人或肢解后以分包的名义分别转包给他人。中标人向招标人提交的履约担保可由在中国注册的银行出具银行保函，也可由具有独立法人资格的企业出具履约担保书。如果中标人不按规定执行，不肯提交履约担保、拒签合同，招标人将废除授标，并没收其投标保证金。

3.1.2　工程施工招标投标

1．施工标段划分

如果工程项目的全部施工任务作为一个标发包，则招标人仅与一个中标人签订合同，施工过程中管理工作比较简单，但有能力参与竞争的投标人较少。如果招标人有足够的管理能力，也可以将全部施工内容分解成若干个标段分别发包，一则可以发挥不同投标人的专业特长，增强投标的竞争性；二则每个独立合同比总承包合同更容易落实，即使出现问题也是局部的，易于纠正或补救。但发包的数量多少要适当，标段太多会给招标工作和施工阶段的管理协调带来困难。标段划分要有利于吸引更多的投标者来参加投标，以发挥各个承包商的特长，降低工程造价，保证工程质量，加快工程进度，同时又要考虑到便于工程管理、减少施工干扰，使工程能有条不紊地进行。划分标段应考虑的主要因素：

（1）工程特点。准备招标的工程如果场地比较集中、工程量不大、技术上不是特别复杂，一般不用分标。而当工作场面分散、工程量较大或有特殊的工程技术要求时，则可以考虑分标，如高速公路、灌溉工程等大多是分段发包的。

（2）造价影响。一般来说，一个工程由一家承包商施工，不但干扰少、便于管理，而且由于临时设施少，人力、机械设备可以统一调配使用，可以获得比较低的工程报价。但是，如果是一个大型的、复杂的工程项目（如核电站工程），则对承包商的施工经验、施工能力、施工设备等方面都要求很高，在这种情况下，如果不分标就可能使有能力参加此项目投标的承包商数大大减少，投标竞争对手的减少，很容易导致报价的上涨，不能获得合理的报价。

（3）专业化问题。尽可能按专业划分标段，以利于发挥承包商的特长，增加对承包商的吸引力。

（4）工地施工管理。在分标时要考虑工地施工管理中的两个问题：一是工程进度的衔接；二是工地现场的布置、作业面的划分。工程进度的衔接很重要，特别是对"关键线路"上的项目，一定要选择施工水平高、能力强、信誉好的承包商，以保证能按期或提前完成任务，防止影响其他承包商的工程进度，以至于引起不必要的索赔。从现场布置角度看，则承包商越少越好。分标时一定要考虑施工现场的布置，不能有过大的干扰。对各个承包商的施工作业面、堆场、加工场、生活区、交通运输、甚至弃渣场地等的安排都应在事先有所考虑。

（5）其他因素。影响工程分标的因素还有很多，如资金问题，当资金筹措不足时，只有实行分标，先部分工程招标。

总之，分标时对上述因素要综合考虑，可以拟订几个分标方案，进行综合比较后确定，但对工程技术上紧密相连、不可分割的单位工程不得分割标段。

2．施工招标应具备的条件

（1）按照国家有关规定需要履行项目审批手续的，已经履行审批手续。

（2）完成建设用地的征用和拆迁。

（3）有能够满足施工需要的设计图纸和技术资料。

（4）建设资金的来源已落实。

（5）施工现场的前期准备工作如果不包括在承包范围内，应满足"三通一平"的开工条件。

3．施工投标的主要工作

（1）研究招标文件

投标单位报名参加或接受邀请参加某一工程的投标，通过了资格审查，取得招标文件之后，首要的工作就是认真仔细地研究招标文件，充分了解其内容和要求，以便有针对性地开展投标工作。研究招标文件，重点应放在投标者须知、工程范围、合同条款、设计图纸以及工程量清单上。当然，对技术规范要求等也要弄清有无特殊要求。

对于工程量清单，即使招标文件不要求投标人核对，只要时间许可，投标人应予核对，以便采取合适的报价策略以及子项单价。如发现工程量清单有重大出入，特别是重大漏项，应告知招标人，由招标人书面更正，这对于固定总价合同尤为重要。

（2）调查投标环境

所谓投标环境，就是招标工程施工的自然、经济和社会条件等，这些条件都是工程施工的制约因素，直接影响到工程进度和成本，是投标单位报价时必须考虑的，如：

1）工程的性质及其与其他工程之间的关系。

2）工地地形、地貌、地质、气候、交通、电力、水源等情况，有无障碍物等。

3）工地附近有无可利用的条件，如料场开采条件、其他加工条件、设备维修条件等。

4）工地所在地的社会治安情况等。

（3）制定施工方案

施工方案是投标报价的一个前提条件，也是招标单位评标时要考虑的因素之一。施工方案应由投标单位的技术负责人主持制定，主要应考虑施工方法、施工机具的配置，各工种劳动力的安排及现场施工人员的平衡，施工进度的安排，质量安全措施等。施工方案的制定应在技术和工期两方面对招标单位有吸引力，同时又有助于降低施工成本。

1）选择和确定施工方法。根据工程类型，研究可以采用的施工方法。对于一般的土方工程、混凝土工程、房建工程、灌溉工程等比较简单的工程，则结合已有施工机构及工人技术水平来选定施工方法，努力做到节省开支、加快进度。对于大型复杂工程，则要考虑几种施工方案，综合比较。如水利工程中的施工导流方式，对工程造价及工期均有很大影响，承包商应结合施工进度计划及施工机械设备能力来研究确定；又如地下开挖工程、开挖隧洞或洞室，则要进行地质资料分析，确定开挖方法（用掘进机，还是用钻孔爆破法等）以及支洞、斜井数量、位置、出渣方法、通风等。

2）选择施工设备和施工设施。选择施工设备和施工设施一般与研究施工方法同时进行。在工程估价过程中还要进行施工设备和施工设施的比较，如是修理旧设备还是购置新设备、是国内采购还是国际采购、是租赁还是自备。

3）编制施工进度计划。编制施工进度计划应紧密结合施工方法和施工设备的选定。施工进度计划中应提出各时段内应完成的工程量及限定日期。施工进度计划可用网络图表示，也可用横道图表示。

4）确定投标策略。正确的投标策略对提高中标率并获得较高的利润有重要作用。常用的投标策略有以信誉取胜、以低价取胜、以缩短工期取胜、以改进设计取胜，同时也可采取以退为进的策略、以长远发展为目标的策略等。应综合考虑企业目标、竞争对手情况等来确定投标策略。

4．投标报价计算

报价计算是投标单位对承建招标工程所要发生的各种费用的计算。作为投标计算的必要条件，应预先确定施工方案和施工进度。此外，报价计算还必须与采用的合同形式相协调。报价是投标的关键性工作，报价是否合理直接关系到投标的成败。

（1）标价的组成

投标单位在工程项目投标中最关键的工作就是计算标价。根据我国《标准施工招标文件》（2007版）规定，工程量清单中的每一子目需填入单价或价格，且只允许有一个报价；工程量清单中标价的单价或金额，应包括所需人工费、施工机械使用费、材料费、其他（运杂费、质检费、安装费、缺陷修复费、保险费，以及合同明示或暗示的风险、责任和义务等），以及管理费、利润等；工程量清单中投标人没有填入单价或价格的子目，其费用视为已分摊在工程量清单中其他相关子目的单价或价格之中。

（2）标价的计算依据

1）招标文件中的工程量清单和要求以及书面答疑材料；

2）工程设计图纸及有关的技术说明书等；

3）施工现场的实际情况；

4）自行制定的施工方案；

5）招标人供应工程材料、设备的情况；

6）企业定额或工程所在地住房城乡建设行政主管部门发布的现行消耗量定额；

7）工程所在地工程造价管理机构发布的市场价格信息；

8）施工过程中的各种应由承包人承担的风险因素。

（3）标价的计算过程

计算标价之前，应充分熟悉招标文件和施工图纸，了解设计意图、工程全貌，同时还要了解并掌握工程现场情况，对招标单位提供的工程量清单进行复核，然后，进行标价的计算，即计算完成一个规定计价单位工程所需的全部费用，包括人工费、材料费、机械费、管理费、利润、规费、税金等费用组成，综合单价应考虑风险因素。

1）确定分部分项工程单价和合价。工程量清单中的每一子目需填入单价或价格，计算合价，并汇总得到分部分项工程费，分部分项工程费＝∑清单工程量×综合单价。汇总分部分项工程费即得单位工程费。工程量清单中标价的单价或金额，应包括所需人工费、施工机械使用费、材料费、其他（运杂费、质检费、安装费、缺陷修复费、保险费，以及合同明示或暗示的风险、责任和义务等），以及管理费、利润等。确定清单单价时，一定要注意分析工程量清单所列的"项目特征"和"工程内容"。

2）计算措施项目费。施工企业为完成工程项目施工，应发生于该工程施工前和施工过程中技术、生活、安全等非工程实体项目而必须付出的费用。

3）计算其他项目费。其他项目清单分为招标人部分和投标人部分，其中"招标人部分"的内容和金额应由招标人给定；"投标人部分"的内容和金额由投标人确定。其他项目清单费用是指预留金、材料购置费（仅指由招标人购置的材料费）、总承包服务费、零星工程项目费等估算金额的总和，包括人工费、材料费、机械费、管理费、利润以及风险费。其中，零星工作费是应招标人要求，完成工程量清单以外的工作所需要支付的费用。

4）规费。规费是指政府有关部门规定必须缴纳的费用，属于行政费用。规费一般包括：工程排污费、养老保险费、失业保险费、医疗保险费、住房公积金等。采用综合单价法编制标底和报价时，规费不包含在清单项目的综合单价内，而是以单位工程为单位，按下列公式计算：

$$规费=（分部分项工程费+措施项目费+其他项目费）\times 规费的费率$$

5）税金。税金是指国家税法规定的应计入工程造价的营业税、城市维护建设税及教育费附加。

$$税金=（分部分项工程费+措施项目费+其他项目费\\+规费+安全文明施工措施费）\times 税率$$

6）单位工程费汇总。单位工程费汇总的金额应由分部分项工程量清单计价表、措施项目清单计价表和其他项目清单计价表的合计金额和按有关规定计算的规费、税金组成。

$$单位工程费=分部分项工程费+措施项目费+其他项目费+规费+税金$$

7）工程总价。如果一个工程项目有多个单项工程，单项工程又由多个单位工程组成，则应将分部分项工程费按单位工程汇总；将单位工程费按单项工程汇总；再由单项工程费汇总成招标项目的工程总价。

8）确定报价。投标报价是投标人在计算的工程总价基础上，结合自身的情况、投标竞争态势、履约环境、项目风险综合权衡，进行调整后报出的价格。

5．投标报价技巧

（1）不平衡报价

不平衡报价，指在总价基本确定的前提下，合理调整项目的各个子项的报价，既不影响总报价水平，又在中标后获取较好的经济效益。通常采用的不平衡报价有下列几种情况：

1）对能早期结账收回工程款的项目（如土方、基础等）的单价可报以较高价，以利于资金周转；对后期项目（如装饰、电气安装等）单价可适当降低。

2）估计依据工程量可能增加的项目，其单价可提高；而工程量可能减少的项目，其单价应降低。

3）图纸内容不明确或有错误，估计修改后工程量要增加的，其单价可提高。

4）没有工程量而只需填报单价的项目（如疏浚工程中的开挖淤泥工作等），其单价宜高，这样既不影响总的投标价，又可多获利。

5）对于暂定项目，其实施的可能性大的可定高价，估计该工程不一定实施的则可定低价。

（2）多方案报价法

若业主拟订的合同条件要求过于苛刻，为使业主修改合同要求，可准备"两个报价"，并阐明按原合同要求规定，投标报价为某一数值，倘若合同要求作某些修改，则投标报价为另一数值，即比前一数值的报价低一定百分点，以此吸引对方修改合同条件。

另一种情况是自己的技术和设备满足不了原设计的要求，但在修改设计以适应自己的施工能力的前提下仍有希望中标，于是可以报一个原设计施工的投标报价（高报价）；另一个则按修改设计施工的方案，比原设计施工的标价低得多的投标报价，以诱导业主采用合理的报价或修改设计。但是，这种修改设计，必须符合设计的基本要求。

（3）区别对待报价法

可适当提高报价的情况：施工条件差的，如场地狭窄，地处闹市的工程；专业要求高的技术密集型工程，而本公司这方面有专长；总价低的小工程以及自己不愿意做而被邀请投标的工程；特殊的工程，如港口码头工程、地下开挖工程等；业主对工期要求急的；投标竞争对手少的；支付条件不理想的。

应适当降低报价的情况：施工条件好的工程；工作简单、工程量大，一般公司都能做的工程，一般房建工程；本公司急于打入某一市场、某一地区；公司任务不足，尤其是机械设备等无工地转移时；本公司在投标项目附近有工程，可以共享一些资源时；投标对手多，竞争激烈时；支付条件好的，如现汇支付工程。

6．投标策略与决策

投标策略是指承包商在投标竞争中的指导思想与系统工作部署及其参与投标竞争的方式和手段。投标策略作为投标取胜的方式、手段和艺术，贯穿于投标竞争的始终，内容十分丰富。在投标与否、投标项目的选择、投标报价等方面，无不包含投标策略。常见的投标策略有以下几种：

（1）增加建议方案

有时招标文件中规定，可以提建议方案，即可以修改原设计方案，提出投标者的方案。投标者应抓住这样的机会，组织一批有经验的设计和施工工程师，对原招标文件的设计和施工方案仔细研究，提出更为合理的方案以吸引业主，促成自己的方案中标。这种新建议方案有或是降低总造价，或是缩短工期，或是改善工程的功能。建议方案不要写得太具体，要保留方案的技术关键，防止业主将此方案交给其他承包商。同时要强调的是，建议方案一定要比较成熟，有很好的操作性。另外，在编制建议方案的同时，还应组织好对原招标方案的报价。

（2）突然袭击法

由于投标竞争激烈，为迷惑对方，有意泄露一点假情报，如制造不打算参加投标、准备投高价标或因无利可图不想干的假象。然而，到投标截止之前，突然前往投标，并压低投标价，从而使对手措手不及而败北。

（3）无利润算标

缺乏竞争优势的承包商，在不得已的情况下，只能在算标中不考虑利润去夺标。这种办法一般是处于以下条件时采用：

1）有可能在得标后将大部分工程分包给索价较低的分包商。

2）对于分期建设的项目，先以低价获得首期工程，目标是创造后期工程的竞争优势，提高中标的可能性。

3）较长时期内承包商没有在建的工程项目，如果再不得标，就难以维持生存。因此，即使本工程无利可图，只要能维持公司的日常运转，保住队伍不散，就可承接，以图东山再起。

（4）低价夺标法

这是一种非常手段。如企业大量窝工、为减少亏损，或为打入某一建筑市场，或为挤走竞争对手保住自己的地盘，于是制定亏损标，力争夺标。但必须防止被评委判为低于成本价竞标。

所谓投标决策主要包括四个方面的内容：其一，决定是否投标；其二，决定采用怎样的投标策略；其三，投标报价；其四，中标后的应对策略。投标决策的正确与否，关系到能否中标和中标后的效益问题，关系到信誉和发展前景，所以必须高度重视。

投标决策的核心是决策者在期望的利润和承担的风险之间进行权衡，作出选择。这就要求"决策"者广泛深入地对项目和项目业主、项目的自然环境和社会环境、项目工程监理及施工投标的竞争对手进行调研，收集信息，做到知己知彼，才能保证投标决策的正确性。

7. 投标文件的编制

（1）投标文件的内容

投标文件应严格按照招标文件的各项要求来编制，一般包括下列内容：

1）投标函及投标函附录；

2）法定代表人身份证明或附有法定代表人身份证明的授权委托书；

3）联合体协议书（如果联合投标）；

4）投标保证金；

5）已标价工程量清单；

6）施工组织设计；

7）项目管理机构；

8）拟分包项目情况表；

9）资格审查资料；

10）投标人须知前附表规定的其他材料。

（2）投标文件编制的要点

1）要将招标文件研究透彻，重点是投标须知、合同条件、技术规范、工程量清单及图纸。

2）为编制好投标文件和投标报价，应收集工程所在地住房城乡建设行政主管部门发布的现行消耗量定额以及工程造价管理机构发布的市场价格信息、相关取费标准及各类标准图集，收集、掌握政策性调价文件以及材料和设备价格情况。

3）投标人首先应依据招标文件和工程技术规范要求，并结合施工现场情况编制施工方案或施工组织设计。

4）按照招标文件中规定的各种条件和依据计算报价，并仔细核对，确保准确，在此基础上正确运用报价技巧和策略，采用科学方法作出报价决策。

5）认真填写招标文件所附的各种投标表格，尤其是需要签章的，一定要按要求完成，否则有可能会因此而导致废标。

6）投标文件的封装。投标文件编写完成后要按招标文件要求的方式进行分装、贴封、签章。

8. 施工招标的评标

（1）施工招标评标指标设置

1）报价。报价是评价投标人投标书的基础，评标价是经过修正处理的报价。在评标中，报价的权重一般都占50%以上，但什么样的评标价该得最高分却是个难题。有以标底为基准的，有以标底和投标报价平均值加权平均值为基准的，有以低于投标报价平均值的若干百分点为基准的，也有以最低标的评标价为基准的，还有以次低标的评标价为基准的等。

2）施工方案或施工组织设计。评标的内容包括施工方法是否先进、合理，进度计划及措施是否可行，质量与安全保证措施是否可靠，现场平面布置及文明施工措施是否合理，主要施工机具及劳动力配备能否满足施工需要，项目主要管理人员及工程技术人员的数量和资历是否满足施工项目的要求，施工组织设计是否完整等。

3）质量。工程质量应达到国家施工验收规范合格标准，同时必须响应招标文件要求。

4）工期。工期必须满足招标文件的要求。

5）项目经理。项目经理是招标项目施工的组织者，他的经验和能力直接关系到施工合同的履行。所以，在评价指标中要考虑项目经理的年龄、学历、专业技术职称等基本条件，但重要的是其施工经历、工程经验及其创优质工程的能力。

6）信誉和业绩。重点应考虑近年施工承包的工程情况和履约情况；有无承担过招标项目类似的工程施工任务；近期被评为市级以上等级优良工程的数量，施工项目或企业近年获得过的表彰和奖励；企业的经营作风和施工管理水平以及企业的信誉等。

（2）施工招标评标方法

1）综合评估法。采用综合评估法的，应当对投标文件提出的工程质量、施工工期、投标价格、施工组织设计或者施工方案、投标人及项目经理业绩等，能否最大限度地满足招标文件中规定的各项要求和评价标准进行评审和比较。

2）最低投标价法。采用经评审的最低投标价法的，应当在投标文件能够满足招标文件实质性要求的投标人中，评审出投标价格最低的投标人，但投标价格低于其企业成本的除外。

（3）法定招标项目以外的施工招标

不在法定招标范围内的项目，招标人除了可以采用综合评估法、经评审的最低投标价法外，还可以采用其他方法，如评议法、评分法、评标价法等。

1）评议法。评议法不用量化评价指标，只要通过对投标单位的能力、业绩、财务状况、信誉、投标价格、工期质量、施工方案（或施工组织设计）等内容进行定性分析和比较，经评议后，选择投标单位中各项指标都较优者为中标单位，也可以用表决的方式确定中标单位。这种方法是定性的评价方法，由于没有对各投标书的量化比较，评标的科学性较差。其优点是简单易行，在较短的时间内即可完成，一般适用于小型工程或规模较小的改建扩建项目的招标。

2）综合评分法。这种方法是将评审各指标和评标标准在招标文件内规定，由评委根据评分标准对各投标单位的标书进行评分，最后以总得分最高的投标单位为中标单位。

3）评标价法。评标委员会首先通过对各投标书的审查，淘汰技术方案不满足基本要求的投标书，然后对基本合格的标书按招标文件规定的方法将一些评审要素折算为价格，加到该标书的报价上形成评标价，以评标价最低（不是投标报价最低）的标书为最优。评标价仅作为评标时衡量投标人能力高低的量化指标，在与中标人签订合同时仍以投标价格为准。可以折算成价格的评审要素一般包括：

① 工期。若工期提前，将给项目带来超前收益的情况下，将提前的工期按招标文件确定的计算规则折算成相应的货币值，从该投标人的报价内扣减。

② 一定条件下的优惠（如世界银行贷款项目对借款国国内投标人有7.5%的评标优惠）。

③ 投标书内提出的优惠条件将使招标人受益，应按一定的方法折算后，在投标价中扣减。如招标文件中规定同时投多个标段，连中两个以上的标时准予合同价优惠（一般在4%左右）。

④ 招标投标文件中的漏项，实施过程中必须发生且招标人必须承担的费用，应在投标价中增加。

⑤ 对其他可以折算为价格的要素，按规定折算后，根据对招标人有利或不利的影响，在投标报价中扣减或增加。但评标委员会无需对投标文件的技术部分进行价格折算。

3.2 土地出让的招标、拍卖和挂牌

3.2.1 土地使用权出让概述

1. 土地使用权出让概念

土地使用权出让是指国家以土地所有者的身份将土地使用权在一定年限内让

与土地使用者,并由土地使用者向国家支付土地使用权出让金的行为。1990年国务院发布的《中华人民共和国城镇国有土地使用权出让和转让暂行条例》(简称《城镇国有土地使用权出让和转让暂行条例》)第八条明确规定,土地使用权出让应当签订出让合同。《中华人民共和国城市房地产管理法》(简称《城市房地产管理法》)第15条也规定:"土地使用权出让,应当签订书面出让合同。土地使用权出让合同由市、县人民政府管理部门与土地使用者签订。"土地使用权转让是指土地使用者将土地使用权转让的行为,包括出售、交换和赠与。未按土地使用权出让合同规定的期限和条件投资开发、利用土地的,土地使用权不得转让。《中华人民共和国物权法》(简称《物权法》)第137条规定,设立建设用地使用权,可以采取出让或者划拨等方式。工业、商业、旅游、娱乐和商品住宅等经营性用地以及同一土地有两个以上意向用地者的,应当采取招标、拍卖等公开竞价的方式出让。严格限制以划拨方式设立建设用地使用权。采取划拨方式的,应当遵守法律、行政法规关于土地用途的规定。《物权法》第138条规定,采取招标、拍卖、协议等出让方式设立建设用地使用权的,当事人应当采取书面形式订立建设用地使用权出让合同。《城市房地产管理法》第13条规定:"土地使用权出让,可以采取拍卖、招标或者双方协议的方式。商业、旅游、娱乐和豪华住宅用地,有条件的,必须采取拍卖、招标方式;没有条件,不能采取拍卖、招标方式的,可以采取双方协议的方式。"

建设用地使用权人有权将建设用地使用权转让、互换、出资、赠与或者抵押,但法律另有规定的除外。建设用地使用权转让、互换、出资、赠与或者抵押的,当事人应当采取书面形式订立相应的合同。使用期限由当事人约定,但不得超过建设用地使用权的剩余期限。

2. 土地使用权出让方式

我国土地所有权分为国家土地所有权和集体土地所有权,自然人不能成为土地所有权的主体。城市市区的土地属于国家所有。农村和城市郊区的土地,除由法律规定属于国家所有的以外,属于集体所有;宅基地和自留地、自留山,也属于集体所有。

土地使用权的出让方式是指国家将国有土地使用权出让给土地使用者时所采取的方式或程序。关于土地使用权的出让方式,根据法律规定,国有土地使用权设立有划拨和出让两种方式,其中以出让方式出让土地使用权的,可以采取拍卖、招标、挂牌或者协议的方式。因此,我国现行国有建设用地使用权的出让方式包括拍卖、招标、挂牌和协议出让四种。

(1)拍卖出让

拍卖出让国有土地使用权,是指出让人发布拍卖公告,由竞买人在指定时间、地点进行公开竞价,根据出价结果确定土地使用者的行为。拍卖出让方式引进了竞争机制,排除了人为干扰,政府也可获得最高收益,较大幅度地增加财政收入。这种方式主要适用于投资环境好、盈利大、竞争性强的商业、金融业、旅游业和娱乐业用地，特别是大中城市的黄金地段。

（2）招标出让

招标出让国有土地使用权，是指市、县人民政府土地行政主管部门（以下简称出让人）发布招标公告，邀请特定或者不特定的公民、法人和其他组织参加国有土地使用权投标，根据投标结果确定土地使用者的行为。在规定的期限内由符合受让条件的单位或者个人（受让方）根据出让方提出的条件，以密封书面投标形式竞报某地块的使用权，由招标小组经过开标、评标，最后择优确定中标者。投标内容由招标小组确定，可仅规定出标价，也可既规定出标价，又提出一个规划设计方案，开标、评标、决标必须经公证机关公证。招标出让的方式主要适用于一些大型或关键性的发展计划与投资项目。

（3）挂牌出让

挂牌出让国有土地使用权，是指出让人发布挂牌公告，按公告规定的期限将拟出让宗地的交易条件在指定的土地交易场所挂牌公布，接受竞买人的报价申请并更新挂牌价格，根据挂牌期限截止时的出价结果确定土地使用者的行为。挂牌出让具有招标、拍卖不具备的优势：一是挂牌时间长，且允许多次报价，有利于特许经营者理性决策和竞争；二是操作简便，便于开展；三是有利于土地有形市场的形成和运作。

（4）协议出让

协议出让国有土地使用权，是指国家以协议方式将国有土地使用权在一定年限内出让给土地使用者，由土地使用者向国家支付土地使用权出让金的行为。市、县人民政府自然资源行政主管部门应当根据经济社会发展计划、国家产业政策、土地利用总体规划、土地利用年度计划、城市规划和土地市场状况，编制国有土地使用权出让计划。国有土地使用权出让计划公布后，需要使用土地的单位和个人可以根据国有土地使用权出让计划，在市、县人民政府自然资源行政主管部门公布的时限内，向市、县人民政府自然资源行政主管部门提出意向用地申请。在公布的地段上，同一地块只有一个意向用地者的，市、县人民政府自然资源行政主管部门方可按照规定采取协议方式出让；但商业、旅游、娱乐和商品住宅等经营性用地除外。

以协议方式出让国有土地使用权的出让金不得低于按国家规定所确定的最低价。协议出让最低价不得低于新增建设用地的土地有偿使用费、征地（拆迁）补偿费用以及按照国家规定应当缴纳的有关税费之和；有基准地价的地区，协议出让最低价不得低于出让地块所在级别基准地价的70%。市、县人民政府自然资源行政主管部门应当根据协议结果，与意向用地者签订《国有土地使用权出让合同》。

（5）招标、拍卖、挂牌方式区别

招标、拍卖、挂牌三种土地出让方式适用范围不同，但三者相同点在于均为国有土地有偿出让中具有竞争性、市场性的出让方式，过程具有公开化、透明化的特点，受让方具有事前未定性。三者主要区别如下（表3-1）。

土地招标、拍卖、挂牌出让方式的主要区别　　　　　　表3-1

	挂牌	拍卖	招标
底价是否公开	公开	不公开	不公开
底价由谁确定	委托人	拍卖委员会	招标委员会
报价方式	电脑报价终端报价	现场举牌	填写投标书
报价次数	可多次报价	可多次报价	一次报价机会
竞买（投）人数	无	不少于3家	不少于3家
竞价规则	规定截止时间内价高者得	价高者得	价高者得或综合满意度最佳
公告发布地点	一般在交易中心和互联网发布，并在指定报刊刊登		
公告期限	不少于30日		
公告发布方	由委托方发布		

1）竞争的核心内容。招标和拍卖必须具备三家或三家以上具有资格的竞买方时才可以进行，挂牌出让则没有数目限制。拍卖和挂牌两种方式均以"价高者得"为胜出的标准，各申请人竞争的核心是出价能力和价格水平。而招标则通常有"价高者得"和"综合满意度最佳"两种评定标准，即竞争的核心可以是价格，也可以是包括价格在内的多种因素的综合水平。

2）公开程度和竞争程度。对拍卖和挂牌而言，竞争各方的出价均被实时或"准实时"地公之于众，且同一竞争者可以多次出价，形成多轮竞价。招标中，各申请人竞争条件的公开则具较大时滞，即发标方收到各家标书后，必须保密，在约定的统一时间开标、宣读主要内容。在招标中，标书一经投出，不得修改，因此申请人提出价格和其他条件的机会只有一次。从竞争程度来看，拍卖最具竞争性，竞争的程度随着现场情况而变幅较大，竞买方之间具有一定互动性，属于激烈竞争。招标则属于温和竞争，既没有各竞买方之间的"短兵相接"，也没有多轮竞争（不包括因综合条件相同而转入现场竞价的情况）。挂牌中的竞争则是不定竞争，既可能因竞买者众多而出现多轮竞价甚至转为现场竞价，也可能因只有一家报价而无"对手"。

3）竞买方的思维特征。在拍卖和挂牌中，竞争的核心是价格，竞买方在竞争过程中，主要考虑的也是如何在价格上"击败"对手，特别是在现场竞价的过程中，现场气氛、心理因素等都会对竞买方的决策产生一定的外部影响。招标中，特别是采取综合评标的情况下，竞争方往往要精心设计方案、编写标书，全面考虑资金、技术、效益等各项因素的综合作用，提交自己认为最满意的方案。

3. 土地使用权出让的依据

通过土地招标、拍卖、挂牌活动，土地权利发生的出让和转让等移转行为，是土地产权设定和完善的基本方式，体现了土地资源市场化配置的基本特征。国家法律法规政策、部门规章以及规范性文件对土地招标、拍卖、挂牌进行了明确规定，成为从事土地招标、拍卖、挂牌工作的法律政策依据。

（1）法律和行政法规

土地使用权出让所依据的法律和行政法规主要包括：《中华人民共和国物权法》《中华人民共和国土地管理法》（简称《土地管理法》）《中华人民共和国城市房地产管理法》《中华人民共和国城乡规划法》《中华人民共和国行政许可法》《中华人民共和国合同法》《中华人民共和国城镇国有土地使用权出让和转让暂行条例》、地方性法规等。

（2）国务院和中央纪委文件

土地使用权出让所依据的国务院和中央纪委文件主要包括：《国务院关于加强国有土地资产管理的通知》（国发〔2001〕15号）、《国务院关于深化改革严格土地管理的决定》（国发〔2004〕28号）、《国务院关于加强土地调控有关问题的通知》（国发〔2006〕31号）、《国务院关于促进节约集约用地的通知》（国发〔2008〕3号）、《中共中央纪委监察部关于领导干部利用职权违反规定干预和插手建设工程招标投标、经营性土地使用权出让、房地产开发与经营等市场经济活动，为个人和亲友谋取私利的处理规定》（中纪发〔2004〕3号）、《违反土地管理规定行为处分办法》（监察部、人力资源和社会保障部、国土资源部令第15号）等。

（3）部门规章和规范性文件

土地使用权出让所依据的部门规章和规范性文件主要包括：《招标拍卖挂牌出让国有建设用地使用权规定》（国土资源部令第39号）、《招标拍卖挂牌出让国有土地使用权规定》（国土资源部令第39号）、《招标拍卖挂牌出让国有土地使用权规范》（国土资发〔2006〕114号）、《国土资源部监察部关于落实工业用地招标拍卖挂牌出让制度有关问题的通知》（国土资发〔2007〕78号）、《国土资源部财政部解放军总后勤部关于加强军队空余土地转让管理有关问题的通知》（国土资发〔2007〕29号）、地方出台的规范性文件等。

（4）技术标准和文件

土地招标、拍卖、挂牌是一项程序性、技术性较强的工作，在操作中需要使用大量的技术标准和规范。目前，已经公布、并在国有建设用地使用权招标、拍卖、挂牌出让中适用的标准和规范主要有：《城镇土地估价规程》GB/T 18508-2014、《土地利用现状分类》GB/T 21010-2017、《国有建设用地使用权出让合同》示范文本（国土资发〔2008〕86号）、《全国工业用地出让最低价标准》（国土资发〔2006〕307号）、《土地分类》（国土资发〔2001〕255号）、《工业项目建设用地控制指标》（国土资发〔2008〕24号）。由于所有标准和文件都会被修订，也会增加新的标准，因此，在土地招标、拍卖、挂牌工作中，应当使用届时有效的标准和文件。

4. 土地使用权招标、拍卖、挂牌出让范围

建设用地使用权有不同的类型和不同的转让形式。政府供应国有建设用地、原划拨土地使用权改变用途、原划拨使用权转让、出让土地使用权改变用途等，均有可能涉及土地招标、拍卖、挂牌问题，因此，国有建设用地的使用和管理十分复杂，在开展国有建设用地使用权出让活动中，要依据相应的法律政策，来确定土地出让是采取协议方式还是采取招标、拍卖、挂牌方式。就国有建设用地供应来说，确定招标、拍卖、挂牌供应范围应从实体和程序两方面明确。

（1）法律法规规定必须采取招标、拍卖、挂牌方式

法律法规规定必须采取招标、拍卖、挂牌出让的五种情形：

1）政府供应的工业、商业、旅游、娱乐和商品住宅等各类经营性用地，必须采取招标、拍卖、挂牌方式。2007年发布实施的《物权法》明确规定："工业、商业、旅游、娱乐和商品住宅等经营性用地以及同一土地有两个以上意向用地者的，应当采取招标拍卖挂牌等公开竞价的方式出让。"为落实《物权法》，2007年国土资源部对2002年发布实施的《招标拍卖挂牌出让国有土地使用权规定》（国土资源部11号令）进行了修订完善，发布实施《招标拍卖挂牌出让国有建设用地使用权规定》（国土资源部39号令），39号令第4条对招标、拍卖、挂牌出让的范围进行了明确规定："工业、商业、旅游、娱乐和商品住宅等经营性用地以及同一宗地有两个以上意向用地者的，应当以招标、拍卖或者挂牌方式出让。工业用地包括仓储用地，但不包括采矿用地。"

2）政府供应不属于上述五类用途的国有建设用地时存在竞争情形的，必须采取招标、拍卖、挂牌方式。同一宗地有两个以上意向用地者，就产生了竞争。因此，属于政府供应的建设用地，尽管不是工业、商业、旅游、娱乐和商品住宅用途，但如果出现两个以上意向用地者的竞争时，不能以协议方式确定土地使用权人，而必须采取招标、拍卖、挂牌方式。

3）原划拨土地使用权改变用途有明确规定应当收回土地使用权的，必须采取招标、拍卖、挂牌方式供应。《土地管理法》规定，划拨土地使用权人确需改变土地使用权划拨批准文件规定的土地建设用途的，应当经市、县人民政府土地行政主管部门同意，报原批准用地的人民政府批准，在城市规划区内的，在报批前，应当经城市规划行政主管部门同意。经批准改变土地用途的，应当依法重新办理用地手续。《国务院关于深化改革严格土地管理的决定》（国发〔2004〕28号）第16条规定，今后供地时要将土地用途、容积率等使用条件的约定写入土地使用合同，土地使用权人不按照约定条件使用土地的，要承担相应的违约责任。因此，建设用地使用权人以划拨方式取得建设用地使用权后，应当按照《国有建设用地划拨决定书》规定的土地用途开发利用，不得擅自改变土地用途。经批准改变划拨土地用途，改变后的土地用途符合《划拨用地目录》的，经批准，可以继续以划拨方式使用，办理相应的划拨用地手续，换发新的《国有建设用地划拨决定书》。改变后的土地用途不再符合《划拨用地目录》的，应当依法办理有偿用地手续。地方法规或行政规定明确划拨土地改变用途应当收回土地使用权的，或者《国有建设用地划拨决定书》明确改变用途应当收回土地使用权的，应当由

市、县人民政府收回划拨土地使用权,依法有偿供应,属于工业、商业、旅游、娱乐、商品住宅等经营性用地的,应当依法以招标、拍卖、挂牌方式供应。

4)划拨土地使用权转让有明确规定应当收回土地使用权的,必须采取招标、拍卖、挂牌方式供应。《城市房地产管理法》规定,划拨土地使用权转让,应当报有批准权的人民政府批准。有批准权的人民政府准予转让的,应当由受让方与市、县人民政府土地行政主管部门办理土地使用手续。转让后土地用途符合《划拨用地目录》的,办理相应的划拨用地手续,颁发新的《国有建设用地划拨决定书》。转让后土地用途不符合《划拨用地目录》的,应当由受让方办理出让等土地有偿使用手续。地方法规、行政规定明确划拨土地转让应当收回土地使用权的,或者《国有土地划拨决定书》明确划拨土地转让应当收回土地使用权的,应当由市、县人民政府对划拨土地使用权人给予相应补偿后,收回原划拨土地使用权人——转让人——的划拨土地使用权,依法有偿供应,属于工业、商业、旅游、娱乐、商品住宅等经营性用地的,应当依法以招标、拍卖、挂牌方式供应。

5)出让土地使用权改变用途,明确应当收回土地使用权的,必须采取招标、拍卖、挂牌方式供应。《城市房地产管理法》规定,土地使用者需要改变土地使用权出让合同约定的土地用途的,必须取得出让方市、县人民政府城市规划行政主管部门的同意,签订土地使用权出让合同变更协议或者重新签订土地使用权出让合同,相应调整土地使用权出让金。《国务院关于深化改革严格土地管理的决定》(国发〔2004〕28号)第16条规定,供地时要将土地用途、容积率等使用条件的约定写入土地使用合同,土地使用权人不按照约定条件使用土地的,要承担相应的违约责任。因此,在2008年国土资源部和国家工商行政管理总局联合发布实施的《国有建设用地使用权出让合同》示范文本中,明确规定:受让人应当按照出让合同约定的土地用途、容积率利用土地,不得擅自改变。在出让期限内,需要改变本合同约定的土地用途的,既可以约定由出让人有偿收回建设用地使用权,也可以约定由受让方依法办理改变土地用途批准手续,签订国有建设用地使用权出让合同变更协议或者重新签订国有建设用地使用权出让合同,补缴国有建设用地使用权出让价款,办理土地变更登记。在实际操作中,出让土地使用权改变用途是否实行招标、拍卖、挂牌供应,分为两种情况:一是,国有建设用地使用权出让合同约定和法律、法规、行政规定等明确应当收回土地使用权的,履行土地使用权收回手续后,实行招标、拍卖、挂牌出让;二是,国有建设用地使用权出让合同约定和法律、法规、行政规定等未明确收回土地使用权的,不实行招标、拍卖、挂牌出让。

(2)协调决策机构集体认定必须采取招标、拍卖、挂牌方式

在2006年国土资源部发布实施的《招标拍卖挂牌出让国有土地使用权规范》中,确立了国有土地出让的集体认定机制。这一集体认定机制的基本原理是,对国有建设用地出让过程中遇到的复杂问题,通过公开程序,集体决策,形成解决方案并付诸实施。就具体宗地出让而言,一般情况下,根据确定的规划条件和土

地使用条件，可以明确界定是否属于招标、拍卖、挂牌出让的范围。但在特殊情况下，对具体出让宗地不能确定是否符合协议或招标、拍卖、挂牌方式的，就由国有土地使用权出让协调决策机构集体认定出让的具体方式。因此，对不能确定是否符合上述招标、拍卖、挂牌出让范围五种情形的出让宗地，经国有土地使用权出让协调决策机构集体认定应当采取招标、拍卖、挂牌方式的，必须采取招标、拍卖、挂牌方式出让。

5. 土地使用权出让的基本原则

土地招标、拍卖、挂牌，必须坚持公开、公平、公正和诚实信用原则，简称"三公一诚"原则。在招标、拍卖、挂牌出让国有建设用地使用权的相关政策中，对该原则进行了明确规定。《招标拍卖挂牌出让国有土地使用权规定》提出：招标、拍卖、挂牌出让国有土地使用权应当遵循公开、公平、公正和诚实信用的原则。《招标拍卖挂牌出让国有建设用地使用权规定》对这一原则再次作了重申：招标拍卖挂牌出让国有建设用地使用权，应当遵循公开、公平、公正和诚信的原则。

（1）公开原则

公开原则是指国有建设用地使用权招标、拍卖、挂牌活动应当公开进行，整个过程要公开、透明。在公开、公平、公正三个原则中，公开原则是首要的、第一位的，如果没有充分的公开，就谈不上公平，也实现不了公正。就国有建设用地使用权招标、拍卖、挂牌出让活动来说，体现公开原则，就是要实行公开出让计划、公开宗地信息、公开出让程序、公开集体决策、公开竞价、公开出让结果等"六公开"。

（2）公平原则

公平原则是指在招标、拍卖、挂牌出让活动中，各方当事人之间的法律关系平等，即出让方与受让方、委托方与受托方、竞买（投）人与招标拍卖挂牌主持人等招标拍卖挂牌活动中的各方当事人，在招标、拍卖、挂牌出让活动中民事权利义务平等，民事法律关系平等，保证招标、拍卖、挂牌活动自始至终公平进行。就国有建设用地使用权招标、拍卖、挂牌出让活动来说，坚持公平原则，就是要制定平等的竞买、竞投规则，公平对待所有参加土地招标、拍卖、挂牌出让活动的竞买人。

（3）公正原则

公正原则是指在招标、拍卖、挂牌活动中，各方当事人应当依据公正、正义的观念，行为公正，保证招标、拍卖、挂牌活动自始至终公正进行。在国有建设用地使用权招标、拍卖、挂牌出让活动中，坚持公正原则，就要求作为出让方的自然资源管理部门，公正对待所有竞买人，不得袒护一方，损害他方；不得滥用行政权力，损害国家利益和当事人利益。在招标、拍卖、挂牌活动中，当事人提供虚假文件、隐瞒事实、行贿、恶意串通等行为，都属于影响公正原则的违法违规行为。

（4）诚实信用原则

诚实信用原则是民事法律的基本原则。运用于土地招标、拍卖、挂牌活动中，该原则是指参与招标、拍卖、挂牌活动的所有当事人，在整个招标、拍卖、挂牌活动中，都要诚实，讲信用，以诚实、善意的方式行使权利，以自觉、守信的方式履行义务。

6. 土地使用权招标、拍卖、挂牌出让的一般程序

土地使用权招标、拍卖、挂牌出让程序一般包括：

（1）公布出让计划、确定供地方式

1）公布出让计划。市、县自然资源管理部门应当将经批准的国有土地使用权出让计划向社会公布。有条件的地方可以根据供地进度安排，分阶段将国有土地使用权出让计划细化落实到地段、地块，并将相关信息及时向社会公布。国有土地使用权出让计划以及细化的地段、地块信息应当同时在中国土地市场网（www.landchina.com）上公布。市、县自然资源管理部门公布国有土地使用权出让计划、细化的地段、地块信息，应当同时明确用地者申请用地的途径和方式，公开接受用地申请。

2）用地预申请。为充分了解市场需求情况，科学合理安排供地规模和进度，有条件的地方，可以建立用地预申请制度。单位和个人对列入招标、拍卖、挂牌出让计划内的具体地块有使用意向的，可以提出用地预申请，并承诺愿意支付的土地价格。市、县自然资源管理部门认为其承诺的土地价格和条件可以接受的，应当根据土地出让计划和土地市场情况，适时组织实施招标、拍卖、挂牌出让活动，并通知提出该宗地用地预申请的单位或个人参加。提出用地预申请的单位、个人，应当参加该宗地竞投或竞买，且报价不得低于其承诺的土地价格。

3）确定供地方式。根据招标、拍卖、挂牌出让国有土地使用权范围，明确土地出让方式，或由国有土地使用权出让协调决策机构集体认定。对具有综合目标或特定社会公益建设条件、开发建设要求较高、仅有少数单位和个人可能有受让意向的土地使用权出让，可以采取招标方式，按照综合条件最佳者得的原则确定受让人；其他的土地使用权出让，应当采取招标、拍卖或挂牌方式，按照价高者得的原则确定受让人。采用招标方式出让国有土地使用权的，应当采取公开招标方式。对土地使用者有严格的限制和特别要求的，可以采用邀请招标方式。

（2）编制、确定出让方案

1）编制招标、拍卖、挂牌出让方案。市、县自然资源管理部门应当会同城乡规划管理等有关部门，依据国有土地使用权出让计划、城市规划等，编制国有土地使用权招标、拍卖、挂牌出让方案。出让方案应当包括：拟出让地块的具体位置、四至、用途、面积、年限、土地使用条件、供地时间、供地方式、建设时间等。属于综合用地的，应明确各类具体用途、所占面积及其各自的出让年限，对于各用途不动产之间可以分割，最终使用者为不同单位、个人的，应当按照综合用地所包含的具体土地用途分别确定出让年限；对于多种用途很难分割、最终使用者唯一的，也可以统一按照综合用地最高出让年限50年确定出让年限。

2）招标、拍卖、挂牌出让方案报批。国有土地使用权招标、拍卖、挂牌出让方案应按规定报市、县人民政府批准。

（3）地价评估、确定出让底价

1）地价评估。市、县自然资源管理部门应当根据拟出让地块的条件和土地市场情况，依据《城镇土地估价规程》，组织对拟出让地块的正常土地市场价格进行评估。地价评估由市、县自然资源管理部门或其所属事业单位组织进行，根据需要也可以委托具有土地估价资质的土地或不动产评估机构进行。

2）确定底价。有底价出让的，市、县自然资源管理部门或国有土地使用权出让协调决策机构应当根据土地估价结果、产业政策和土地市场情况等，集体决策，综合确定出让底价和投标、竞买保证金。招标出让的，应当同时确定标底；拍卖和挂牌出让的，应当同时确定起叫价、起始价等。标底、底价确定后，在出让活动结束之前应当保密，任何单位和个人不得泄露。

（4）编制出让文件

市、县自然资源管理部门应当根据经批准的招标、拍卖、挂牌出让方案，组织编制国有土地使用权招标、拍卖、挂牌出让文件。

1）招标出让文件。一般包括：招标出让公告或投标邀请书、招标出让须知、标书、投标申请书、宗地界址图、宗地规划指标要求、中标通知书、国有土地使用权出让合同、其他相关文件。

2）拍卖出让文件。一般包括：拍卖出让公告、拍卖出让须知、竞买申请书、宗地界址图、宗地规划指标要求、成交确认书、国有土地使用权出让合同、其他相关文件。

3）挂牌出让文件。一般包括：挂牌出让公告、挂牌出让须知、竞买申请书、挂牌竞买报价单、宗地界址图、宗地规划指标要求、成交确认书、国有土地使用权出让合同、其他相关文件。

（5）发布出让公告

国有土地使用权招标、拍卖、挂牌出让公告应当由市、县自然资源管理部门发布。出让公告应当通过中国土地市场网和当地土地有形市场发布，也可同时通过报刊、电视台等媒体公开发布。出让公告应当至少在招标、拍卖、挂牌活动开始前20日发布，以首次发布的时间为起始日。出让公告可以是单宗地的公告，也可以是多宗地的联合公告。公告期间，出让公告内容发生变化的，市、县自然资源管理部门应当按原公告发布渠道及时发布补充公告。涉及土地使用条件变更等影响土地价格的重大变动，补充公告发布时间距招标、拍卖、挂牌活动开始时间少于20日的，招标、拍卖、挂牌活动相应顺延。发布补充公告的，市、县自然资源管理部门应当书面通知已报名的申请人。

1）招标出让公告。一般包括：出让人的名称、地址、联系电话等，授权或指定下属事业单位以及委托代理机构进行招标的，还应注明其机构的名称、地址和联系电话等；招标地块的位置、面积、用途、开发程度、规划指标要求、土地使用年限和建设时间等；投标人的资格要求及申请取得投标资格的办法；获取招标文件的时间、地点及方式；招标活动实施时间、地点，投标期限、地点和方式等；确定中标人的标准和方法；支付投标保证金的数额、方式和期限；其他需要公告的事项。

2）拍卖出让公告。一般包括：出让人的名称、地址、联系电话等，授权或指定下属事业单位以及委托代理机构进行拍卖的，还应注明其名称、地址和联系电话等；拍卖地块的位置、面积、用途、开发程度、规划指标要求、土地使用年限和建设时间等；竞买人的资格要求及申请取得竞买资格的办法；获取拍卖文件的时间、地点及方式；拍卖会的地点、时间和竞价方式；支付竞买保证金的数额、方式和期限；其他需要公告的事项。

3）挂牌出让公告。一般包括：出让人的名称、地址、联系电话等，授权或指定下属事业单位以及委托代理机构进行挂牌的，还应注明其机构名称、地址和联系电话等；挂牌地块的位置、面积、用途、开发程度、规划指标要求、土地使用年限和建设时间等；竞买人的资格要求及申请取得竞买资格的办法；获取挂牌文件的时间、地点及方式；挂牌地点和起止时间；支付竞买保证金的数额、方式和期限；其他需要公告的事项。

（6）申请和资格审查

1）申请人及申请。国有土地使用权招标、拍卖、挂牌出让的申请人，可以是中华人民共和国境内外的法人、自然人和其他组织，但法律法规对申请人另有限制的除外。申请人可以单独申请，也可以联合申请。申请人应在公告规定期限内交纳出让公告规定的投标、竞买保证金，并根据申请人类型，持相应文件向出让人提出竞买、竞投申请。

法人申请的，应提交下列文件：申请书；法人单位有效证明文件；法定代表人的有效身份证明文件；申请人委托他人办理的，应提交授权委托书及委托代理人的有效身份证明文件；保证金交纳凭证；招标、拍卖、挂牌文件规定需要提交的其他文件。

自然人申请的，应提交下列文件：申请书；申请人有效身份证明文件；申请人委托他人办理的，应提交授权委托书及委托代理人的身份证明文件；保证金交纳凭证；招标、拍卖、挂牌文件规定需要提交的其他文件。

其他组织申请的，应提交下列文件：申请书；表明该组织合法存在的文件或有效证明；表明该组织负责人身份的有效证明文件；申请人委托他人办理的，应提交授权委托书及委托代理人的身份证明文件；保证金交纳凭证；招标、拍卖、挂牌文件规定需要提交的其他文件。

境外申请人申请的，应提交下列文件：申请书；境外法人、自然人、其他组织的有效身份证明文件；申请人委托他人办理的，应提交授权委托书及委托代理人的有效身份证明文件；保证金交纳凭证；招标、拍卖、挂牌文件规定需要提交的其他文件。

联合申请的，应提交下列文件：联合申请各方共同签署的申请书；联合申请各方的有效身份证明文件；联合竞买、竞投协议，协议要规定联合各方的权利、义务，包括联合各方的出资比例，并明确签订《国有建设用地使用权出让合同》时的受让人；申请人委托他人办理的，应提交授权委托书及委托代理人的有效身份证明文件；保证金交纳凭证；招标、拍卖、挂牌文件规定需要提交的其他文件。

申请人竞得土地后，拟成立新公司进行开发建设的，应在申请书中明确新公司的出资构成、成立时间等内容。出让人可以根据招标、拍卖、挂牌出让结果，先与竞得人签订《国有建设用地使用权出让合同》，在竞得人按约定办理完新公司注册登记手续后，再与新公司签订《国有建设用地使用权出让合同变更协议》；也可按约定直接与新公司签订《国有建设用地使用权出让合同》。

2）受理申请及资格审查。出让人应当对出让公告规定的时间内收到的申请进行审查。经审查，有下列情形之一的，为无效申请：申请人不具备竞买资格的；未按规定交纳保证金的；申请文件不齐全或不符合规定的；委托他人代理但委托文件不齐全或不符合规定的；法律法规规定的其他情形。

经审查，符合规定条件的，应当确认申请人的投标或竞买资格，并通知其参加招标、拍卖、挂牌活动。采用招标或拍卖方式的，取得投标或竞买资格者不得少于3个。申请人对招标、拍卖、挂牌文件有疑问的，可以书面或者口头方式向出让人咨询，出让人应当为申请人咨询以及查询出让地块有关情况提供便利。根据需要，出让人可以组织申请人对拟出让地块进行现场踏勘。

（7）招标、拍卖、挂牌活动实施

土地出让人和申请人分别按照招标、拍卖、挂牌的特点和要求，具体实施相应的土地出让行为。具体参见本章3.2.2、3.2.3、3.2.4。

（8）签订出让合同、公布出让结果

1）签订出让合同。招标、拍卖、挂牌出让活动结束后，中标人、竞得人应按照《中标通知书》或《成交确认书》的约定，与出让人签订《国有建设用地使用权出让合同》。中标人、竞得人支付的投标、竞买保证金在中标或竞得后转作受让地块的定金。其他投标人、竞买人交纳的投标、竞买保证金，出让人应在招标、拍卖、挂牌活动结束后5个工作日内予以退还，不计利息。

2）公布出让结果。招标、拍卖、挂牌活动结束后10个工作日内，出让人应当将招标、拍卖、挂牌出让结果通过中国土地市场网以及土地有形市场等指定场所向社会公布。公布出让结果应当包括土地位置、面积、用途、开发程度、土地级别、容积率、出让年限、供地方式、受让人、成交价格和成交时间等内容。出让人公布出让结果，不得向受让人收取费用。

（9）核发《建设用地批准书》、交付土地

市、县自然资源管理部门向受让人核发《建设用地批准书》，并按照《国有建设用地使用权出让合同》《建设用地批准书》确定的时间和条件将出让土地交付给受让人。

（10）办理土地登记

受让人按照《国有建设用地使用权出让合同》约定付清全部国有土地使用权出让金，依法申请办理土地登记，领取《国有土地使用证》，取得国有土地使用权。

（11）资料归档

出让手续全部办结后，市、县自然资源管理部门应当对宗地出让过程中的用地申请、审批、招标拍卖挂牌活动、签订合同等各环节相关资料、文件进行整理，并按规定归档。应归档的宗地出让资料包括：申请人的申请材料；宗地条件及相关资料；宗地评估资料；宗地出让底价及集体决策记录；宗地招标、拍卖、挂牌出让方案；宗地出让方案批复文件；招标、拍卖、挂牌出让文件；招标、拍卖、挂牌活动实施过程的记录资料；《中标通知书》或《成交确认书》；《国有建设用地使用权出让合同》及出让结果公布资料；其他应归档的材料。

3.2.2 土地使用权招标活动实施

1. 投标

市、县自然资源管理部门应当按照出让公告规定的时间、地点组织招标投标活动。招标活动应当由土地招标、拍卖、挂牌主持人主持进行。投标开始前，招标主持人应当现场组织开启标箱，检查标箱情况后加封。投标人应当在规定的时间将标书及其他文件送达指定的投标地点，经招标人登记后，将标书投入标箱。招标公告允许邮寄投标文件的，投标人可以邮寄，但以招标人在投标截止时间前收到的方为有效。招标人登记后，负责在投标截止时间前将标书投入标箱。

投标人投标后，不可撤回投标文件，并对投标文件和有关书面承诺承担责任。投标人可以对已提交的投标文件进行补充说明，但应在招标文件要求提交投标文件的截止时间前书面通知招标人并将补充文件送达投标地点。

2. 开标

招标人按照招标出让公告规定的时间、地点开标，邀请所有投标人参加。开标应当由土地招标、拍卖、挂牌主持人主持进行。招标主持人邀请投标人或其推选的代表检查标箱的密封情况，当众开启标箱。标箱开启后，招标主持人应当组织逐一检查标箱内的投标文件，经确认无误后，由工作人员当众拆封，宣读投标人名称、投标价格和投标文件的其他主要内容。开标过程应当记录。

3. 评标

按照价高者得的原则确定中标人的，可以不成立评标小组。按照综合条件最佳者得的原则确定中标人的，招标人应当成立评标小组进行评标。评标小组由出让人、有关专家组成，成员人数为5人以上的单数。有条件的地方，可建立土地评标专家库，每次评标前随机从专家库中抽取评标小组专家成员。招标人应当采取必要的措施，保证评标在严格保密的情况下进行。评标小组可以要求投标人对投标文件中含义不明确的内容作出必要的澄清或者说明，但澄清或者说明不得超出投标文件的范围或者改变投标文件的实质性内容。

评标小组对投标文件进行有效性审查。有下列情形之一的，为无效投标文件：

（1）投标文件未密封的。

（2）投标文件未加盖投标人印鉴，也未经法定代表人签署的。

（3）投标文件不齐备、内容不全或不符合规定的。

（4）投标人对同一个标的有两个或两个以上报价的。

（5）委托投标但委托文件不齐全或不符合规定的。

（6）评标小组认为投标文件无效的其他情形。

评标小组应当按照招标文件确定的评标标准和方法，对投标文件进行综合评分，根据综合评分结果确定中标候选人。评标小组应当根据评标结果，按照综合评分高低确定中标候选人排序，但低于底价或标底者除外。同时有两个或两个以上申请人的综合评分相同的，按报价高低排名，报价也相同的，可以由综合评分相同的申请人通过现场竞价确定排名顺序。投标人的投标价均低于底价或投标条件均不能够满足标底要求的，投标活动终止。

4．定标

招标人应当根据评标小组推荐的中标候选人确定中标人。招标人也可以授权评标小组直接确定中标人。按照价高者得的原则确定中标人的，由招标主持人根据开标结果，直接宣布报价最高且不低于底价者为中标人。有两个或两个以上申请人的报价相同且同为最高报价的，可以由相同报价的申请人在限定时间内再行报价，或者采取现场竞价方式确定中标人。

5．发出《中标通知书》

确定中标人后，招标人应当向中标人发出《中标通知书》，并同时将中标结果通知其他投标人。《中标通知书》应包括招标人与中标人的名称，出让标的，成交时间、地点、价款，以及双方签订《国有建设用地使用权出让合同》的时间、地点等内容。《中标通知书》对招标人和中标人具有法律效力，招标人改变中标结果，或者中标人不按约定签订《国有建设用地使用权出让合同》、放弃中标宗地的，应当承担法律责任。

3.2.3 土地使用权拍卖活动实施

1．拍卖主持

市、县自然资源管理部门应当按照出让公告规定的时间、地点组织拍卖活动。拍卖活动应当由土地招标、拍卖、挂牌主持人主持进行。

2．拍卖程序

拍卖会按下列程序进行：

（1）拍卖主持人宣布拍卖会开始。

（2）拍卖主持人宣布竞买人到场情况。设有底价的，出让人应当现场将密封的拍卖底价交给拍卖主持人，拍卖主持人现场开启密封件。

（3）拍卖主持人介绍拍卖地块的位置、面积、用途、使用年限、规划指标要求、建设时间等。

（4）拍卖主持人宣布竞价规则；拍卖主持人宣布拍卖宗地的起叫价、增价规则和增价幅度，并明确提示是否设有底价。在拍卖过程中，拍卖主持人可根据现场情况调整增价幅度。

（5）拍卖主持人报出起叫价，宣布竞价开始。

（6）竞买人举牌应价或者报价。

（7）拍卖主持人确认该竞买人应价或者报价后继续竞价。

（8）拍卖主持人连续三次宣布同一应价或报价而没有人再应价或出价，且该价格不低于底价的，拍卖主持人落槌表示拍卖成交，拍卖主持人宣布最高应价者为竞得人。成交结果对拍卖人、竞得人和出让人均具有法律效力。最高应价或报价低于底价的，拍卖主持人宣布拍卖终止。

3．签订《成交确认书》

确定竞得人后，拍卖人与竞得人当场签订《成交确认书》。拍卖人或竞得人不按规定签订《成交确认书》的，应当承担法律责任。竞得人拒绝签订《成交确认书》也不能对抗拍卖成交结果的法律效力。《成交确认书》应包括拍卖人与竞得人的名称，出让标的，成交时间、地点、价款，以及双方签订《国有建设用地使用权出让合同》的时间、地点等内容。《成交确认书》对拍卖人和竞得人具有法律效力，拍卖人改变拍卖结果的，或者竞得人不按约定签订《国有建设用地使用权出让合同》、放弃竞得宗地的，应当承担法律责任。拍卖过程应当制作拍卖笔录。

3.2.4　土地使用权挂牌活动实施

市、县自然资源管理部门应当按照出让公告规定的时间、地点组织挂牌活动。挂牌活动应当由土地招标、拍卖、挂牌主持人主持进行。

1．公布挂牌信息

在挂牌公告规定的挂牌起始日，挂牌人将挂牌宗地的位置、面积、用途、使用年限、规划指标要求、起始价、增价规则及增价幅度等，在挂牌公告规定的土地交易地点挂牌公布。挂牌时间不得少于10个工作日。

2．竞买人报价

符合条件的竞买人应当填写报价单报价。有条件的地方，可以采用计算机系统报价。竞买人报价有下列情形之一的，为无效报价：

（1）报价单未在挂牌期限内收到的。

（2）不按规定填写报价单的。

（3）报价单填写人与竞买申请文件不符的。
（4）报价不符合报价规则的。
（5）报价不符合挂牌文件规定的其他情形。

3．确认报价

挂牌主持人确认该报价后，更新显示挂牌价格，继续接受新的报价。有两个或两个以上竞买人报价相同的，先提交报价单者为该挂牌价格的出价人。

4．挂牌截止

挂牌截止应当由挂牌主持人主持确定。设有底价的，出让人应当在挂牌截止前将密封的挂牌底价交给挂牌主持人，挂牌主持人现场打开密封件。在公告规定的挂牌截止时间，竞买人应当出席挂牌现场，挂牌主持人宣布最高报价及其报价者，并询问竞买人是否愿意继续竞价。挂牌主持人连续三次报出最高挂牌价格，没有竞买人表示愿意继续竞价的，挂牌主持人宣布挂牌活动结束，并按下列规定确定挂牌结果：

（1）最高挂牌价格不低于底价的，挂牌主持人宣布挂牌出让成交，最高挂牌价格的出价人为竞得人。

（2）最高挂牌价格低于底价的，挂牌主持人宣布挂牌出让不成交。

有竞买人表示愿意继续竞价的，即属于挂牌截止时有两个或两个以上竞买人要求报价的情形，挂牌主持人应当宣布挂牌出让转入现场竞价，并宣布现场竞价的时间和地点，通过现场竞价确定竞得人。

5．现场竞价

现场竞价应当由土地招标、拍卖、挂牌主持人主持进行，取得该宗地挂牌竞买资格的竞买人均可参加现场竞价。现场竞价按下列程序举行：

（1）挂牌主持人应当宣布现场竞价的起始价、竞价规则和增价幅度，并宣布现场竞价开始。现场竞价的起始价为挂牌活动截止时的最高报价增加一个加价幅度后的价格。

（2）参加现场竞价的竞买人按照竞价规则应价或报价。

（3）挂牌主持人确认该竞买人应价或者报价后继续竞价。

（4）挂牌主持人连续三次宣布同一应价或报价而没有人再应价或出价，且该价格不低于底价的，挂牌主持人落槌表示现场竞价成交，宣布最高应价或报价者为竞得人。成交结果对竞得人和出让人均具有法律效力。最高应价或报价低于底价的，挂牌主持人宣布现场竞价终止。

在现场竞价中无人参加竞买或无人应价或出价的，以挂牌截止时出价最高者为竞得人，但低于挂牌出让底价者除外。

6．签订《成交确认书》

确定竞得人后，挂牌人与竞得人当场签订《成交确认书》。挂牌人或竞得人不按规定签订《成交确认书》的，应当承担法律责任。竞得人拒绝签订《成交确认书》也不能对抗挂牌成交结果的法律效力。《成交确认书》应包括挂牌人与竞得人的名称，出让标的，成交时间、地点、价款，以及双方签订《国有建设用地使用权出让合同》的时间、地点等内容。《成交确认书》对挂牌人和竞得人具有法律效力，挂牌人改变挂牌结果的，或者竞得人不按规定签订《国有建设用地使用权出让合同》、放弃竞得宗地的，应当承担法律责任。挂牌过程应当制作挂牌笔录。

复习思考题

1. 简述招标投标的原则及我国招标投标的方式。
2. 简述工程建设招标的分类。
3. 简述招标投标的程序。
4. 投标资格预审内容有哪些？
5. 招标文件有哪些主要内容？
6. 投标文件有哪些主要内容？
7. 简述修改招标文件及投标文件的基本要求。
8. 工程量清单计价对工程施工招标有何积极意义？
9. 我国《招标投标法》规定的评标办法主要有哪几种？
10. 简述评标委员会的构成。
11. 试述标底编制的原则与考虑的因素。
12. 试述施工组织设计与投标报价的关系。
13. 《标准施工招标文件》适用于哪些工程的施工招标？
14. 我国继《招标投标法》后颁布的与工程招标投标有关的法律和行政法规有哪些？

4

房地产项目前期阶段合同管理

房地产项目前期阶段主要包括市场调研、编制项目建议书、编制可行性研究报告、获取土地、项目立项、获取开发资金等工作，本章讨论的合同主要有土地使用权出让合同、房屋征收与补偿协议、房地产贷款合同。

4.1 国有土地使用权出让合同及管理

4.1.1 国有土地使用权出让合同概述

1. 国有土地使用权出让合同概念

国有土地使用权出让合同是指市、县人民政府土地管理部门作为出让方将国有土地使用权在一定年限内让与受让方，受让方支付国有土地使用权出让金的协议。国有土地使用权出让，必须通过合同形式予以明确。我国现行国有建设用地使用权的出让方式包括四种：拍卖、招标、挂牌和协议出让。

2. 国有土地使用权出让合同特点

国有土地使用权出让合同具有以下特点：

（1）出让合同的目的在于转移不动产物权

建设用地使用权是用益物权中的一项重要权利。出让人通过设立建设用地使用权，使建设用地使用权人对国家所有的土地享有了占有、使用和收益的权利，建设用地使用权人可以利用该土地建造建筑物、构筑物及其附属设施。受让人签订出让合同是为了取得对特定的土地占有、使用和收益的权利。政府签订出让合同是为了使国家土地所有权的权能发生分离，由受让人在支付出让金的前提下，获得部分土地所有权权能，实现用益目的。《城镇国有土地使用权出让和转让暂行条例》第16条规定："土地使用者在支付全部国有土地使用权出让金后，应当依照规定办理登记，领取土地使用证，取得土地使用权。"因此，只有在按规定办理登记，领取土地使用证后才发生国有土地使用权转移的效力。

（2）出让合同应采用书面形式订立

国有土地使用权出让，应当签订书面出让合同，同时向县级以上地方人民政府土地管理部门申请登记。如果未签订书面出让合同并未办理国有土地使用权登记的，则国有土地使用权出让行为无效。

（3）出让合同主体具有特定性

由于国家是国有土地的所有权人，因此国有土地使用权出让的一方只能是国家。根据《城市房地产管理法》第15条第2款的规定，土地使用权出让合同由市、县人民政府土地管理部门与土地使用者签订，表明市、县人民政府有权作为国有土地所有者的代表出让国有土地使用权。根据《最高人民法院关于审理涉及国有土地使用权合同纠纷案件适用法律问题的解释》规定，开发区管理委员会不能作为国有土地使用权出让合同的出让方主体，开发区管理委员会与受让方订立的国有土地使用权出让合同，应当认定无效。

国有土地使用权出让中的受让方是指土地使用者。《城镇国有土地使用权出让和转让暂行条例》第3条规定："中华人民共和国境内外的公司、企业、其他组织和个人，除法律另有规定者外，均可依照本条例的规定取得国有土地使用权，进行土地开发、利用、经营。"由此规定可见，除法律另有规定外，受让方一般不受限制。

（4）出让双方的权利与义务具有法定性

我国法律中明确规定了国有土地使用权出让合同双方当事人的权利义务。《城市房地产管理法》第16条和第17条分别规定了国有土地使用权出让双方的基本权利与义务。第16条规定："土地使用者必须按照出让合同约定，支付土地使用权出让金；未按照出让合同约定支付土地使用权出让金的，土地管理部门有权解除合同，并可以请求违约赔偿。"第17条规定："土地使用者按照出让合同约定支付土地使用权出让金的，市、县人民政府土地管理部门必须按照出让合同约定，提供出让的土地；未按照出让合同约定提供出让的土地的，土地使用者有权解除合同，由土地管理部门返还土地使用权出让金，土地使用者并可以请求违约赔偿。"而《土地管理法》第5条明确规定："国务院土地行政主管部门统一负责全国土地的管理和监督工作。县级以上地方人民政府土地行政主管部门的设置及其职责，由省、自治区、直辖市人民政府根据国务院有关规定确定。"土地行政主管部门作为土地出让方，在签订和履行土地出让合同时都可以行使行政权力。土地使用者按照合同约定支付全部国有土地使用权出让金后，作为行政相对人向出让人申请办理土地登记，领取《国有土地使用权证》，取得出让的国有土地使用权。因此，国有土地使用权出让合同具有行政合同的法律性质。

（5）出让合同标的是国有土地使用权

国有土地使用权出让合同的标的是国有土地使用权，而不是国有土地所有权。根据我国《宪法》第10条的规定，我国实行土地公有制，只有两种土地所有权形式，国有土地所有权、农村集体土地所有权，任何组织和个人不得侵占、买卖或者以其他形式非法转让土地。但国有土地使用权可以依照法律的规定转让。需要说明的是，出让国有土地使用权的范围不包括该幅出让土地的地下资源、埋藏物和市政公用设施。

（6）出让年限特定性

出让国有土地使用权的最高使用年限，就是法律规定的一次签约出让国有土地使用权的最高年限。国有土地使用权年限届满时，土地使用者可以申请续期，具体由出让方和受让方在签订合同时确定，但不能高于法律规定的最高年限。考虑到我国国民经济和社会发展过程中的一系列变化的因素，《城市房地产管理法》对国有土地使用权出让最高年限仅作了授权性的规定："国有土地使用权出让最高年限由国务院规定。"

据此，《国有土地使用权出让和转让暂行条例》第12条按照出让土地的不同用途规定了各类用地使用权出让的最高年限：①居住用地70年；②工业用地50年；

③教育、科技、文化、卫生、体育用地50年；④商业、旅游、娱乐用地40年；⑤综合或者其他用地50年。

4.1.2 国有土地使用权出让合同重点条款

2008年4月29日，国土资源部和国家工商行政管理总局联合发布《国有建设用地使用权出让合同》示范文本，自2008年7月1日起执行。2008年国务院发布的《国务院关于促进节约集约用地的通知》明确规定："土地出让合同和划拨决定书要严格约定建设项目投资额、开竣工时间、规划条件、价款、违约责任等内容。"因此，国有土地使用权出让合同应具有以下条款：

1. 出让人和受让人

国有土地使用权的出让人，是市、县人民政府自然资源行政主管部门。对于以招标、拍卖、挂牌出让国有土地使用权的，受让人是竞买人，是特定或者不特定的自然人；对于以协议方式出让国有土地使用权的，受让人是特定的主体。

2. 出让方的权利义务

出让方享有的权利主要有两项：①受让方在签订国有土地使用权出让合同后，未在规定期限内支付全部国有土地使用权出让金的，出让方有权解除合同，并可请求违约赔偿；②受让方未按国有土地使用权出让合同规定的期限和条件开发、利用土地的，土地管理部门有权予以纠正，并根据情节轻重给予警告、罚款，直至无偿收回国有土地使用权的处罚。

出让方应履行的义务主要有：①按照国有土地使用权出让合同的规定提供出让的国有土地使用权；②向受让方提供有关资料和使用该土地的规定。

3. 受让方应履行的义务

受让方应履行的义务主要有以下三项：①在签订国有土地使用权出让合同以后的规定期限内支付全部国有土地使用权出让金，在支付全部国有土地使用权出让金后，依规定办理登记手续，领取土地使用证；②依国有土地使用权出让合同的规定和城市规划的要求开发、利用、经营土地；③需要改变国有土地使用权出让合同规定的土地用途的，应该征得出让方同意并经土地管理部门和城市规划部门批准，依照规定重新签订国有土地使用权出让合同，调整国有土地使用权出让金并办理登记。

4. 出让土地的空间范围

国有土地使用权出让时应当确定出让的范围。《物权法》第136条规定，建设用地使用权可以在土地的地表、地上或者地下分别设立。因此，建设用地使用权的设立不是一个平面的二维概念，而是一个空间的三维立体概念。

既然建设用地使用权是一个空间范围，那么就可以依法分层出让。在具体的出让实践中，市、县自然资源部门既可以出让地上建设用地使用权，也可以出让地下建设用地使用权，如地下商场、车库等。为准确标示出让建设用地使用权的权利范围，保证合同约定的标的物的唯一性，在出让合同中不仅要约定出让合同的平面界址，还要同时约定宗地的上下高程。

为此，国有土地使用权出让合同应明确，在签订出让合同时，要填写宗地的平面界线和竖向界线。出让宗地的平面界线按宗地的界址点坐标填写；出让宗地的竖向界线，可以按照1985年国家高程系统为起算基点填写，也可以按照各地高程系统为起算基点填写。高差是竖直方向从起算面到终止面的距离。

5. 出让土地用途

土地用途是出让合同的重要内容。在土地用途的认定和填写上，必须把握以下方面：

（1）出让合同的土地用途并不是由出让方和受让方签订合同时临时约定的内容，而是在土地出让前由城市规划管理部门出具的规划条件确定的。包括土地用途、容积率等在内的规划条件，是宗地出让的前置条件，也是确定土地出让价款的基础。市、县自然资源管理部门根据规划条件拟订出让方案，报经市、县人民政府批准后，才能实施出让。合同签订作为出让过程的最后一个环节，目的是将出让行为实施过程中所明确的权利义务以书面的形式固定下来。因此，出让方和受让方必须按照经批准的土地用途填写，未经批准土地用途不得改变。

（2）合同中的土地用途虽不是合同双方当事人约定，但双方当事人必须共同遵守。也就是说，出让宗地的用途首先是依法确定，然后写入出让合同并作为合同的重要内容。

（3）市、县自然资源管理部门出让土地时，是按宗地设定规划条件、按宗地确定出让方案、按宗地实施出让的。因此，出让合同中也应按宗地填写土地用途。2017年11月，国家发布了新的《土地利用现状分类》GB/T 21010—2017，双方当事人应按该分类标准规定的土地类别填写。同一宗地中包含两种或两种以上不同用途的，应当写明各类土地具体用途的出让年期及各类具体用途土地占宗地的面积比例和空间范围。

6. 出让合同标的物交付

出让合同的标的指向出让地块，出让土地的交付，是双方当事人关于出让合同标的物，即建设用地使用权的转移。根据《合同法》的基本原理，因交付产生的合同履行行为可以是一次性的，也可以是分次的；既可以是在一定时期内的，也可以是分期的。就出让土地来说，实践中各地方规定的交付时间包括：①合同签订之日交地；②发放《建设用地批准书》之日起交地；③合同约定将来的某个时点前交地。交付的土地应具备的条件在实际出让中也有差异，既有生地出让，也有熟地出让，熟地出让中土地的开发程度也不一样，有"三通""七通""十通"等做法。因此，国家规定，有条件的地区完成拆迁安置和基础设施配套后再实施出让，符合土地的最大化利用。因此，国有土地使用权出让合同应明确土地交付的时间和交付时应达到的土地条件。

7. 土地出让价款缴纳

出让价款的缴纳是出让合同的主要条款，是合同履行的关键。合同价款的履行期限涉及当事人的期限利益，也是确定合同如期履行还是迟延履行的客观依据。按照合同的一般原理，合同可以即期履行，也可以定期履行；可以在一定期限内履行，也可以分期履行；期限可以是非常精确的，也可以是不十分确定的。在土地使用权出让合同中应明确约定土地出让价款缴纳的时间和方式。

8. 出让宗地的规划条件

《城市房地产管理法》和《土地管理法实施条例》明确规定，国有土地使用权出让由市、县自然资源管理部门会同城市规划等部门拟订方案，报同级人民政府批准后，由市、县自然资源管理部门实施。2008年实施的《城乡规划法》也规定，在城市、镇规划区内以出让方式提供国有土地使用权的，在国有土地使用权出让前，城市、县人民政府城乡规划主管部门应当根据控制性详细规划，提出出让地块的位置、使用性质、开发强度等规划条件，作为国有土地使用权出让合同的组成部分。未确定规划条件的地块，不得出让国有土地使用权。规划条件未纳入国有土地使用权出让合同的，该国有土地使用权出让合同无效。市、县规划部门不得在建设用地规划许可证中擅自改变作为出让合同组成部分的规划条件。

根据上述规定，签订国有建设用地使用权出让合同与规划条件确定之间的关系是：规划部门出具规划条件是国有建设用地使用权出让的前提条件，自然资源管理部门需根据所出具的规划条件出让土地。在出让土地时，将规划条件依法写入出让合同，由出让人、受让人、规划部门依法共同遵守。

规划条件依法确定并依法写入出让合同，在出让合同履行的整个过程中，无论是出让人、受让人还是规划部门，均不得改变法定规划条件。擅自改变规划条件的行为，首先是违法行为，同时也是违约行为。

9. 建设项目的开竣工时间

《国务院关于促进节约集约用地的通知》明确规定，土地出让合同要严格约定建设项目开竣工时间等内容。2008年《国有建设用地使用权出让合同》示范文本第16条对建设项目的开竣工时间进行了规定，要求填写建设项目的开工时间和竣工时间。

10. 关于不能按合同约定支付出让价款的违约处理

《城市房地产管理法》第16条规定，土地使用者未按照出让合同约定支付土地使用权出让金的，土地管理部门有权解除合同，并可以请求违约赔偿。《国务院办公厅关于规范国有土地使用权出让收支管理的通知》（国办发〔2006〕100号）规定，土地出让合同、征地协议等应约定对土地使用者不按时足额缴纳土地出让收入的，按日加收违约金额1‰的违约金。根据上述法律政策规定，2008年《国有建设用地使用权出让合同》示范文本第30条约定，受让人应当按照本合同约定，按时支付国有建设用地使用权出让价款。受让人不能按时支付国有建设用地使用权出让价款的，自滞纳之日起，向出让人缴纳违约金，延期付款超过60日，经出让人催缴后仍不能支付国有建设用地使用权出让价款的，出让人有权解除合同，受让人无权要求返还定金，出让人并可请求受让人赔偿损失。

11. 关于出让人合同违约的规定

国有建设用地使用权出让合同由出让人和受让人共同签订，要求双方共同履行合同。出让人应当按照合同约定的时间和合同约定的土地条件交付土地。出让人未按照合同约定按时交付土地、不能交付土地或交付的土地不符合合同约定的，均属于违约，要承担违约责任。为此，2008年《国有建设用地使用权出让合同》示范文本第37条规定，由于出让人未按时提供出让土地而致使受让人本合同项下宗地占有延期的，每延期一日，出让人应当按受让人已经支付的国有建设用地使用权出让价款的一定比例向受让人给付违约金，土地使用年限自实际交付土地之日起算。出让人延期交付土地超过60日，经受让人催交后仍不能交付土地的，受让人有权解除合同，出让人应当双倍返还定金，并退还已经支付国有建设用地使用权出让价款的其余部分，受让人可请求出让人赔偿损失。2008年《国有建设用地使用权出让合同》示范文本第38条规定，出让人未能按期交付土地或交付的土地未能达到本合同约定的土地条件或单方改变土地使用条件的，受让人有权要求出让人按照规定的条件履行义务，并且赔偿延误履行而给受让人造成的直接损失。土地使用年期自达到约定的土地条件之日起算。

12. 关于合同争议处理方式的规定

2011年2月18日《最高人民法院关于修改〈民事案件案由规定〉的决定》（法〔2011〕41号），对2007年10月29日最高人民法院审判委员会第1438次会议讨论通过的《民事案件案由规定》第一次修正，明确将国有土地出让合同纠纷列入民事案件案由中，要求根据《中华人民共和国民法通则》《中华人民共和国物权法》《中华人民共和国合同法》《中华人民共和国侵权责任法》和《中华人民共和国民事诉讼法》等法律规定，解决出让合同纠纷。因此，对于出让合同纠纷，出让人与受让人当然也可以选择向人民法院起诉，通过诉讼方式来解决。所以，2008年《国有建设用地使用权出让合同》示范文本第40条规定了合同争议解决的三种方式：首先由争议双方协商解决，协商不成的，双方可以选择仲裁，也可以选择向人民法院起诉。

13. 关于合同生效时间的规定

根据现行法律政策规定，出让方案未经市、县人民政府批准，市、县自然资源管理部门不得签订出让合同，更不能出让土地。2008年《国有建设用地使用权出让合同》示范文本第41条规定，出让合同自出让人和受让人双方签订之日起生效。

4.1.3 国有土地使用权出让合同管理要点

国有土地使用权出让合同管理要点主要包括招拍挂条件评估管理、签约后合同履行管理以及国有土地使用权证管理。

1. 招、拍、挂条件评估管理

受让人应当对项目地块的招、拍、挂条件进行评估，在有可能的情况下，对潜在竞争对手进行合理商业分析，以便于对获取项目地块的可能性进行评估。

2. 签约后合同履行管理

国有土地使用权出让合同签订后，受让人应当严格按照合同履约，特别需要重点关注如下合同履约行为：按照合同约定及时缴纳土地出让金，避免承担逾期付款违约责任；按照土地出让合同中的规划条件进行建设，若受让人擅自改变规划条件的，最终无法办理竣工验收手续，建筑物也将被认定为违章建筑；按照合同约定时间开竣工，避免土地闲置等。

2008年《国有建设用地使用权出让合同》示范文本对建设项目的开竣工时间进行了明确约定，且根据《闲置土地处置办法》第14条对闲置土地处理进行了明确规定："除本办法第八条规定情形外，闲置土地按照下列方式处理：（一）未动工开发满一年的，由市、县国土资源主管部门报经本级人民政府批准后，向国有建设用地使用权人下达《征缴土地闲置费决定书》，按照土地出让或者划拨价款的百分之二十征缴土地闲置费。土地闲置费不得列入生产成本。（二）未动工开发满两年的，由市、县国土资源主管部门按照《土地管理法》第三十七条和《城市房地产管理法》第二十六条的规定，报经有批准权的人民政府批准后，向国有建设用地使用权人下达《收回国有建设用地使用权决定书》，无偿收回国有建设用地使用权。闲置土地设有抵押权的，同时抄送相关土地抵押权人。"因此，受让方应当合理规划，按照国有土地使用权出让合同约定，合理安排土地开发计划。

3. 国有土地使用权证管理

受让方按约缴纳土地出让金，将取得项目地块的国有土地使用权证。鉴于国有土地使用权证对项目融资及后续手续的办理具有重要作用，受让方应当安排专人妥善保管国有土地使用权证。

4.2 房屋征收与补偿协议及管理

4.2.1 房屋征收与补偿协议概述

1. 房屋征收与补偿的概念

房屋征收是指为了保障国家安全、促进国民经济和社会发展等公共利益的需要，由房屋征收部门对国有土地上单位、个人房屋的土地使用权的有偿回收。《国有土地上房屋征收与补偿条例》第2条规定：为了公共利益的需要，征收国有土地上单位、个人的房屋，应当对被征收房屋所有权人（称被征收人）给予公平补偿。市、县级人民政府确定的房屋征收部门（称房屋征收部门）组织实施本行政区域的房屋征收与补偿工作。房屋征收部门可以委托房屋征收实施单位，承担房屋征收与补偿的具体工作。房屋征收实施单位不得以营利为目的。房屋征收部门对房屋征收实施单位在委托范围内实施的房屋征收与补偿行为负责监督，并对其行为后果承担法律责任。房屋征收与补偿应当遵循决策民主、程序正当、结果公开的原则。

2．房屋征收法定条件

为了公共利益的需要，有下列情形之一，确需征收国有土地上单位、个人的房屋，由市、县级人民政府作出房屋征收决定：

（1）国防和外交的需要；

（2）由政府组织实施的能源、交通、水利等基础设施建设的需要；

（3）由政府组织实施的科技、教育、文化、卫生、体育、环境和资源保护、防灾减灾、文物保护、社会福利、市政公用等公共事业的需要；

（4）由政府组织实施的保障性安居工程建设的需要；

（5）由政府依照《城乡规划法》有关规定组织实施的对危房集中、基础设施落后等地段进行旧城区改建的需要；

（6）法律、行政法规规定的其他公共利益的需要。

《国有土地上房屋征收与补偿条例》第9条规定：确需征收房屋的各项建设活动，应当符合国民经济和社会发展规划、土地利用总体规划、城乡规划和专项规划。保障性安居工程建设、旧城区改建，应当纳入市、县级国民经济和社会发展年度计划。制定国民经济和社会发展规划、土地利用总体规划、城乡规划和专项规划，应当广泛征求社会公众意见，经过科学论证。

3．房屋征收具体流程

房屋征收具体流程一般包括：

（1）进行项目征收立项，并做好项目前期调查摸底。

（2）房屋征收部门拟订征收补偿方案并报县区政府。

（3）对拟征收房屋进行调查登记并公布调查情况。

（4）有关部门对未经登记的建筑进行调查、认定和处理。

（5）政府部门组织补偿方案论证并公布征求公众意见，征求意见期限不得少于30日。（旧城改造项目组织被征收人和公众代表听证会）。

（6）县区政府公布征求意见情况、听证会情况和根据公众意见及听证会情况修改情况，并对征收补偿方案重新修订公布，同时做好社会稳定风险评估。

（7）县区政府作出房屋征收决定，涉及被征收人数量较多的，经县区政府常务会议讨论决定；

（8）公布房屋征收决定，做好房屋征收决定宣传解释工作；

（9）由被征收人选择征收评估机构；

（10）房屋征收部门与被征收人签订补偿协议，在规定期限内达不成协议的，由房屋征收部门报请作出征收决定的人民政府作出补偿决定，依法送达被征收人并在房屋征收范围内公告；

（11）被征收人对补偿决定不服的，可以依法申请行政复议或提起行政诉讼；

（12）对于在法定期限内不执行补偿决定也不申请行政复议或不提起行政诉讼的，由作出房屋征收决定的人民政府依法申请人民法院强制执行。

4. 房屋征收补偿

房屋征收补偿是指房屋征收部门对被拆除房屋的所有人，依照《国有土地上房屋征收与补偿条例》的规定给予的补偿。被征收人可以选择货币补偿，也可以选择房屋产权调换。被征收人选择房屋产权调换的，市、县级人民政府应当提供用于产权调换的房屋，并与被征收人计算、结清被征收房屋价值与用于产权调换房屋价值的差价。因旧城区改建征收个人住宅，被征收人选择在改建地段进行房屋产权调换的，作出房屋征收决定的市、县级人民政府应当提供改建地段或者就近地段的房屋。对被征收人给予的补偿包括：

（1）被征收房屋价值的补偿；
（2）因征收房屋造成的搬迁、临时安置的补偿；
（3）因征收房屋造成的停产停业损失的补偿。

市、县级人民政府应当制定补助和奖励办法，对被征收人给予补助和奖励。

4.2.2 房屋征收与补偿协议及管理

1. 房屋征收与补偿协议

房屋征收与补偿协议是指房屋征收部门与被征收人之间关于房屋征收与补偿签订的协议。《国有土地上房屋征收与补偿条例》第25条规定：房屋征收部门与被征收人依照本条例规定，就补偿方式、补偿金额和支付期限、用于产权调换房屋的地点和面积、搬迁费、临时安置费或者周转用房、停产停业损失、搬迁期限、过渡方式和过渡期限等事项，订立补偿协议。补偿协议订立后，一方当事人不履行补偿协议约定的义务的，另一方当事人可以依法提起诉讼。

2. 达不成补偿协议的处理

房屋征收部门与被征收人在征收补偿方案确定的签约期限内达不成补偿协议，或者被征收房屋所有权人不明确的，由房屋征收部门报请作出房屋征收决定的市、县级人民政府依照《国有土地上房屋征收与补偿条例》的规定，按照征收补偿方案作出补偿决定，并在房屋征收范围内予以公告。补偿决定应当公平，包括《国有土地上房屋征收与补偿条例》第25条规定的有关补偿协议的事项。

被征收人对补偿决定不服的，可以依法申请行政复议，也可以依法提起行政诉讼。

3. 补偿与搬迁

实施房屋征收应当先补偿、后搬迁。作出房屋征收决定的市、县级人民政府对被征收人给予补偿后，被征收人应当在补偿协议约定或者补偿决定确定的搬迁期限内完成搬迁。

任何单位和个人不得采取暴力、威胁或者违反规定中断供水、供热、供气、供电和道路通行等非法方式迫使被征收人搬迁。禁止建设单位参与搬迁活动。

4. 强制执行

被征收人在法定期限内不申请行政复议或者不提起行政诉讼，在补偿决定规定的期限内又不搬迁的，由作出房屋征收决定的市、县级人民政府依法申请人民法院强制执行。

强制执行申请书应当附具补偿金额和专户存储账号、产权调换房屋和周转用房的地点和面积等材料。

4.3 房地产贷款合同及管理

贷款合同是当事人约定一方将一定种类和数额的货币转移给另一方，另一方于一定期间后返还同种类同数额货币并支付约定利息的合同。其中，提供货币的一方叫做贷款人，接受货币的一方叫做借款人。《合同法》第196条规定："借款合同是借款人向贷款人借款，到期返还借款并支付利息的合同。"房地产项目涉及的贷款包括银行发放给房地产开发企业的开发贷款、发放给建筑施工等企业的贷款以及发放给个人的住房按揭贷款等。

1. 贷款合同的特征与分类

贷款合同具有区别于其他类型合同的明显特征：一是贷款合同当事人一方特定，即贷款人必须是经中国人民银行批准可以经营贷款业务的金融机构；二是贷款合同的标的只能是货币，包括人民币和外币；三是贷款合同一般是有偿合同。贷款合同有多种不同的种类，下面是几种最常见的分类。

（1）信用借款合同与担保借款合同

以贷款的发放有无担保，贷款合同可分为信用贷款合同和担保贷款合同。

信用贷款合同是指贷款人以借款人的信誉发放贷款而与之签订的借款合同。信用贷款不需要借款人提供担保。银行发放信用贷款考虑的条件一般包括：企业客户信用等级；企业经营收入、利润总额、资产负债率；企业承诺征得贷款银行同意前不以其有效经营资产向他人设定抵（质）押或对外提供保证；企业经营管理规范，无逃债、欠息等不良信用记录。

担保贷款合同是指贷款人根据借款人提供的担保发放贷款而与借款人签订的贷款合同。根据担保方式的不同，担保贷款合同又可分为：保证贷款合同、抵押贷款合同、质押贷款合同。

一般来说，贷款人发放贷款，借款人应当提供担保。贷款人应当对保证人的偿还能力，抵押物、质押物的权属和价值以及实现抵押权和质押权的可能性进行严格审查。经贷款人审查、评估，确认借款人资信良好，确能偿还借款的，可以不提供担保，对借款人发放信用贷款。

（2）固定资产贷款合同与流动资金贷款合同

按照贷款用途的不同，可将贷款合同划分为固定资产贷款合同与流动资金贷款合同。固定资产贷款合同是指贷款人向借款人发放的专用于固定资产购建、改造等方面的贷款而与之签订的贷款合同。流动资金贷款合同是指贷款人发放的专用于满足借款人流动资金需要的贷款而与之签订的贷款合同。

借款人不得将获得的流动资金贷款用于固定资产方面的支出，也不得将固定资产贷款改作流动资金之用。根据《合同法》的规定，借款人未按照约定的借款用途使用借款的，贷款人可以停止发放贷款、提前收回借款或者解除合同。

（3）企业贷款合同与个人贷款合同

按照借款人的不同，贷款合同划分为企业贷款合同和个人贷款合同。企业贷款合同是指贷款人以企业为借款人发放贷款而与之签订的贷款合同。个人贷款合同是指贷款人以个人（自然人）为借款人发放贷款而与之签订的贷款合同。

2. 贷款合同主要条款

（1）贷款种类

贷款种类是贷款合同不可缺少的重要条款，必须明确清晰。贷款种类是根据借款人的行业属性、借款用途以及资金的来源和运用方式等进行划分的。划分的目的在于，对不同种类的贷款发放所掌握的政策界限和原则有所不同。

根据借款人的行业属性，贷款种类分为农业、工业、基建借款等。根据借款的用途，贷款种类分为固定资产贷款、流动资金贷款或者生产性贷款、消费性贷款等。根据资金的来源和运用方式，贷款种类分为自营贷款、委托贷款、特定贷款等。

（2）贷款币种

贷款币种是指是人民币借款还是外币借款，如果为外币借款，要写明是何种外币，如美元、欧元、日元等。

（3）贷款用途

贷款用途是指借款人使用借款的特定范围，是贷款方决定是否贷款、贷款数量、期限长短、利率高低的重要依据，借款人必须如实填写，并且借款人只能按照借款合同约定的借款用途使用借款，不能移作他用。

（4）贷款数额

贷款数额是指借款货币的数量，它是指借款人可以取得的最高借款额限。依实际情况，借款由贷款人一次或分次发给。

（5）贷款利率

贷款利率是指借款人在一定时期内应收利息的数额与所贷资金的比率，是借贷当事人双方计算利息的主要依据，因此，是贷款合同的必备条款。贷款利率从结构上划分，可以分为基准利率、法定利率、优惠利率、差别利率、加息、贴息借款利率等几种主要形式。

我国现行的贷款利率管理体制实行贷款基准利率和法定利率，由中国人民银行统一规定和管理。中国人民银行依据国家有关贷款政策对各类金融机构的贷款利率进行管理。各金融机构可以在中国人民银行规定的贷款利率浮动范围内以法定利率为浮动基础，自行确定各类、各档次的贷款利率。因此，一份贷款合同究竟采用何种利率，应根据具体贷款的种类、用途、期限的不同来确定。

我国的法律、法规对民间借款利率没有硬性规定，目前执行的是2015年8月6

日发布的《最高人民法院关于审理民间借贷案件适用法律若干问题的规定》的有关规定。该意见规定民间借贷的利率可能适当高于银行的利率，但最高不得超过银行同类贷款利率的4倍（包含利率本数）。超出此限度的超出部分的利息不予保护。签订民间借款合同时，采用利率应根据上述意见规定及具体贷款各类、期限的不同来确定。

（6）贷款期限

贷款期限是指借贷双方依照有关规定，在合同中约定的借款使用期限，包括有效期限和履行期限。有效期限是指对当事人双方均有约束力的时间范围，借款方从贷款方取得第一笔贷款到还清全部贷款所占用的时间。履行期限是指当事人一方履行合同义务，另一方接受履行，合同当事人双方实现权利、履行义务的时间界限。借款期限应根据借款种类、借款性质、借款用途来确定。在借款合同中，当事人订立借款期限条款必须详细、具体、全面、明确，以确保合同的顺利履行，防止产生合同纠纷。

（7）还款的资金来源和还款方式

还款的资金来源是指借款方可以用于归还贷款的资金取得渠道，按照有关信贷管理办法的规定，固定资产投资贷款还款的资金来源主要有：项目投产后所得税前的新增利润，新增折旧基金，基本建设收入，基建投资包干结余分成和经税务机关批准减免的税收以及其他自有资金。签订借款合同时按照有关信贷管理办法对不同种类的借款写明其还款的资金来源。

还款方式是指借款方采用什么结算方式将借款归还给贷款方，还款人是一次还是分次还清借款，是采用电汇还是信汇或者其他方式还清借款，必须在合同中写明；并且应写明每次履行的具体时间，如果有法律规定的还款方式，应依法定方式还款。

（8）保证条款

保证条款是借款合同保障贷款人实现债权的重要约定。对借款合同担保的方式有保证、抵押、质押，因此，担保贷款的种类有保证贷款、抵押贷款和质押贷款。借款合同的担保，当事人既可以采用由借、贷、担保三方当事人共同协商签订担保借款合同的形式，也可采用由担保人在借款合同中签字，并同时向贷款方出具书面还款保证书的形式。

（9）当事人双方的权利与义务

根据实际需要，可在合同中约定当事人双方的义务。借款合同当事人双方有以下权利与义务。

贷款人的主要权利包括：①有权按照国家规定的利率或者按照与借款人约定的利率收取利息；②有权按照约定检查、监督借款的使用情况，要求借款人定期提供有关财务会计报表等资料，但公民之间借款另有约定的除外；③借款人无力归还贷款时，贷款人有权依法处理借款人作为贷款担保的抵押物或者质押物，并优先受偿。

贷款人的主要义务包括：①按合同约定的日期、数额提供借款；②对政策性贷款的使用情况进行监督检查。

借款人的主要权利包括：①有权按照约定的日期、数额取得贷款；②有权按照约定的借款用途使用借款，并依法取得收益。

借款人的主要义务包括：①按照贷款人的要求提供与借款有关的业务活动和财务状况的真实情况；②按照约定的日期、数额提取借款，借款人未按时提款，应当支付逾期提款的利息；③按照约定的借款用途使用借款，借款人如将借款挪作他用，贷款人可以停止发放借款、提前收回借款或者解除合同；④向贷款人支付利息，但公民之间借款另有约定的除外；⑤按照约定的期限返还借款、支付利息。

（10）违约责任

贷款合同依法成立便具有法律约束力，违反合同者应当承担一定的法律责任，因此，借贷合同必须明确规定违约责任条款。

除上述主要合同条款外，贷款合同当事人还可以约定合同的变更与解除条款、争议的解决方式以及当事人双方商订的其他条款等。

3．**房地产开发贷款合同及管理**

（1）房地产开发贷款

房地产开发贷款的种类主要包括住房开发贷款、商业用房开发贷款、其他房地产开发贷款。住房开发贷款是指银行向房地产开发企业发放的用于开发建造向市场销售住房的贷款。商业用房开发贷款是指银行向房地产开发企业发放的用于开发建造向市场销售、主要用于商业行为而非家庭居住用房的贷款。其他房地产开发贷款是指住房和商业用房开发贷款以外的土地开发和楼宇装饰、修缮等房地产贷款。

保障性住房开发贷款是指贷款人用信贷资金向借款人发放的用于支持保障性住房开发建设的贷款。

（2）房地产开发贷款的借款人和贷款人

房地产开发贷款的借款人为在工商行政管理部门注册登记，并取得企业法人营业执照及由行业主管部门核发的房地产开发企业资质证书的各类房地产开发企业。房地产开发贷款的贷款人为中国人民银行批准设立的国有独资商业银行和住房储蓄银行。申请房地产开发贷款，借款人一般应具备以下条件：

1）经营管理制度健全，有良好的经营管理层，财务状况良好；

2）企业信用良好，具有偿还贷款本息的能力；

3）持有贷款证，在贷款人处开立基本结算账户或一般存款账户；

4）项目已纳入国家或地方建设开发计划，且已经取得《国有土地使用证》《建设用地规划许可证》《建设工程规划许可证》《建设工程开工许可证》《房屋销售许可证》，并完成各项立项手续，全部立项文件完整、真实、有效；

5）贷款项目实际用途与项目规划相符，符合当地市场的需求；

6）项目工程预算报告合理真实，具有一定比例的自有资金（一般应达到项目预算投资总额的30%），并能够在贷款之前投入项目建设；

7）有贷款人认可的有效担保；

8）贷款人规定的其他条件。

（3）房地产开发贷款合同签订程序

1）借款申请。借款人申请贷款应提交贷款申请书，主要内容包括：借款项目名称、金额、用途、期限、用款计划和还款来源等。借款人还应向贷款人提交下列文件、证明和材料：借款人营业执照、章程、资质证书副本和资信证明材料；经主管部门或会计（审计）事务所核准的近三年及最近一个月的财务报表；贷款项目开发方案或可行性研究报告；开发项目立项文件、工程设计和批准文件；土地使用权使用证书、土地使用权转让合同和施工合同；企业董事会或相应决策机构关于借款和抵（质）押、担保的决议和授权书；开发项目资金落实文件；开发项目的现金流量预测表及销售和预售对象、销售价格和计划；抵（质）押财产（有价证券除外）的资产评估报告书、鉴定书、保险单和抵（质）押物清单、权属证明、抵（质）押人同意抵（质）押的承诺函、保证人的资信证明材料；贷款人要求提供的其他材料。

2）受理、审批。贷款人收到借款人提交的借款申请和有关文件、资料后，贷款人应对提交的材料进行审查，并进行贷前调查和评估，调查借款人是否符合贷款条件，核实抵押物、质押物、保证人情况，对工程项目的可行性和概预算情况进行评估，测定贷款的风险度。调查、评估后，按有关贷款审批程序进行审批。

3）借款合同的签订与管理。符合借款发放条件的，贷款人应及时通知借款人签订贷款合同，并根据采取的担保方式签订相应的担保合同。房地产开发贷款一般均为担保贷款。

以在建工程作为抵押的，贷款人可以要求借款人在合同签订前办理在建工程保险。是否办理在建工程保险，由借贷双方根据项目实际情况，协商确定。在建工程保险的第一受益人为贷款人。以房屋作为贷款抵押的，借款人在偿还全部贷款本息之前，应当向保险公司办理房屋意外灾害保险。投保金额不得低于贷款本息金额。保险合同中应明确贷款人为保险的第一受益人。在保险期间，保险单交由贷款人保管。

借款人根据贷款人核准的用款计划和贷款人规定的借款支用程序办理用款手续。贷款发放以后，贷款人要经常对借款人执行借款合同情况、贷款使用情况及借款人的经营情况进行监督和检查。借款人应定期向贷款人提供项目进度、贷款使用情况以及财务会计报表等有关资料，并为贷款人定期检查、了解、监督其贷款使用或项目经营管理情况提供便利条件。

（4）房地产开发贷款合同主要条款

房地产开发贷款合同包括以下主要条款：借款金额、借款期限、借款用途、借款利率、借款支用、还本付息方式、借款担保、保险、双方权利义务、违约责任等。

房地产开发贷款合同的借款期限一般不超过三年，最长不超过五年。房地产开发贷款的利率，执行中国人民银行公布的有关贷款利率。申请房地产开发贷款的借款人，应在签订借款合同之前提供贷款人认可的财产抵（质）押或第三方连带责任保证。贷款的抵押物、质押物应当符合《中华人民共和国担保法》的有关规定。

借款人不能提供足额抵押（质押）的，应由贷款人认可的第三方提供承担连带责任的保证。保证贷款应当由保证人与贷款人签订保证合同或保证人在借款合同上载明与贷款人协商一致的保证条款，加盖保证人的法人公章，并由保证人的法定代表人或其授权代理人签署姓名。抵押贷款、质押贷款应当由抵押人、出质人与贷款人签订抵押合同、质押合同，需要办理登记的，应依法办理登记。保证合同、抵押合同和质押合同的有关内容及事项，按《中华人民共和国担保法》的规定执行。

以在建工程作抵押的，借款人对在建工程的自有投资应达到项目总投资的30%以上。作为抵押物的在建工程必须到当地房屋和土地管理部门办理登记，并有房屋和土地管理部门出具的合法证明。

房地产项目实施阶段合同管理

房地产项目实施阶段主要包括房地产项目的规划、设计、施工、材料设备采购、竣工验收等工作内容。本章内容主要包括工程采购模式和合同类型选择、工程合同（如工程施工合同）、货物合同（如工程材料设备采购合同）、服务合同（如工程勘察设计合同、工程监理合同）等。

5.1 项目采购模式和合同类型选择

5.1.1 项目采购模式

1. 项目采购模式的基本内涵

项目采购方式（Project Procurement Method，PPM）是指建筑市场买卖双方的交易方式或者业主购买建筑产品或服务所采用的方法。在英国以及英联邦国家和地区，项目采购模式一般称为"Procurement Method"或者"Procurement System"。在美国以及受美国建筑业影响比较大的国家，项目采购模式一般称为"Delivery Method"或者"Delivery System"。英国的"Procurement Method（System）"和美国的"Delivery Method（System）"从概念上讲是完全相同的。Procurement的意思是采购，是从购买方（业主）的角度来讲的。Delivery的意思是交付，是从供货方（设计者、承包商、咨询管理者等）的角度来讲的。项目采购模式本质上就是指工程项目的交易模式。

2. 项目采购模式的基本形式

（1）设计—招标—建造模式（Design Bid Build，DBB模式）

DBB采购模式是传统的、国际上通用的项目采购模式，这种模式最突出的特点是强调工程项目的实施必须按照设计—招标—建造的顺序进行，只有一个阶段结束后另一个阶段才能开始。采用这种方法时，业主与设计商（建筑师/工程师）签订专业服务合同，建筑师/工程师负责提供项目的设计和合同文件。在设计商的协助下，通过竞争性招标将工程施工任务交给报价和质量都满足要求且（或）最具资质的投标人（承包商）来完成。在施工阶段，设计专业人员通常担任重要的监督角色，并且是业主与承包商沟通的桥梁。在施工合同管理方面，业主与承包商为合同双方当事人，工程师处于特殊的合同管理地位，对工程项目的实施进行监督管理。各方合同关系和协调关系如图5-1所示。

DBB模式具有如下优点：

1）参与项目的业主、设计商（建筑师/工程师）和承包商三方的权、责、利分配明确，避免相互之间的干扰。

2）由于受利益驱使以及市场经济的竞争，业主更愿意寻找信誉良好、技术过硬的设计咨询机构，这样具有一定实力的设计咨询公司应运而生。

3）由于该模式长期、广泛地在世界各地采用，因而管理方法成熟，合同各方都对管理程序和内容熟悉。

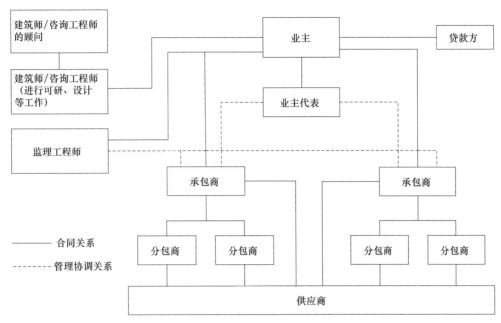

图 5-1　DBB 模式中各方合同关系和协调关系

4）业主可自由选择设计咨询人员，对设计要求可进行控制；业主可自由选择监理机构实施工程监理。

DBB模式具有如下缺点：

1）该模式在项目管理方面的技术基础是按照线性顺序进行设计、招标、施工的管理，建设周期长，投资或成本容易失控，业主方管理的成本相对较高，设计师与承包商之间协调比较困难。

2）由于承包商无法参与设计工作，可能造成设计的"可施工性"差，设计变更频繁，导致设计与施工协调困难，设计商和承包商之间可能发生责任推诿，使业主利益受损。

3）按该模式运作的项目周期长，业主管理成本较高，前期投入较大，工程变更时容易引起较多的索赔。

（2）设计—建造模式（Design-Build，DB模式）

DB模式又称设计和施工（Design-Construction）、交钥匙工程（Turn key）或者是一揽子工程（Package Deal）。通常的做法是，在项目的初始阶段业主邀请一家或者几家有资格的承包商（或具备资格的设计咨询公司），根据业主的要求或者设计大纲，由承包商或会同自己委托的设计咨询公司提出初步设计和成本概算。根据不同类型的工程项目，业主也可能委托自己的顾问工程师准备更详细的设计纲要和招标文件，中标的承包商将负责该项目的设计和施工。DB模式中各方关系如图 5-2 所示。DB模式的缺点是业主无法参与建筑师/工程师的选择，工程设计可能会受施工者的利益影响等。这种模式主要有两个特点：

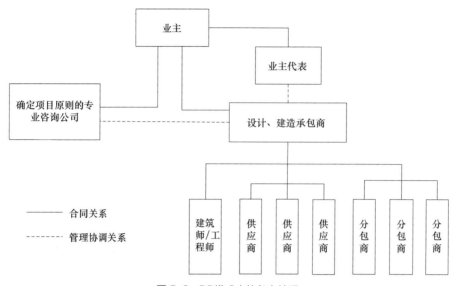

图 5-2 DB模式中的各方关系

1）具有高效率性。DB合约签订以后，承包商就可进行施工图设计，如果承包商本身拥有设计能力，会促使承包商积极提高设计质量，通过合理和精心地设计创造经济效益，往往达到事半功倍的效果。如果承包商本身不具备设计能力和资质，就需要委托一家或几家专业的咨询公司来做设计和咨询，承包商进行设计管理和协调，使得设计既符合业主的意图，又有利于工程施工和成本节约，使设计更加合理和实用，避免了设计与施工之间的矛盾。

2）责任的单一性。DB承包商对于项目建设的全过程负有全部的责任，这种责任的单一性避免了工程建设中各方相互矛盾和扯皮，也促使承包商不断提高自己的管理水平，通过科学地管理创造效益。相对于传统模式来说，承包商拥有了更大的权利，它不仅可以选择分包商和材料供应商，而且还有权选择设计咨询公司，但需要得到业主的认可。

（3）建设管理模式（Construction Management，CM模式）

CM模式是从项目开始阶段业主就雇用具有施工经验的CM单位参与到项目实施过程，为设计师提供施工方面的建议，并且随后负责管理施工过程。这种模式改变了过去全部设计完成后才进行招标的传统模式，采取分阶段招标，由业主、CM单位和设计商组成联合小组，共同负责组织和管理工程的规划、设计和施工。CM单位负责工程的监督、协调及管理工作，在施工阶段定期与承包商交流，对成本、质量和进度进行监督，并预测和监控成本、进度的变化。CM模式又称为分阶段发包方式，它打破过去那种等待设计图纸全部完成后，才进行招标施工的生产方式，只要完成一部分分项（单项）工程设计后，即可对该分项（单项）工程进行招标施工，由业主与各承包商分别签订每个单项工程合同。

CM模式具有如下优点：

1）建设周期短。这是CM模式的最大优点。在组织实施项目时，打破了传统的设计、招标、施工的线性关系，代之以非线性的阶段施工法（Phased Construction）。CM模式的基本思想就是缩短工程从规划、设计、施工到交付使用的周期，即采用Fast Track方法，设计一部分，招标一部分，施工一部分，实现有条件的"边设计、边施工"。在这种方法中，设计与施工之间的界限不复存在，二者在时间上产生了搭接，从而提高了项目的实施速度、缩短了项目的施工周期，参见图5-3。

2）CM经理的早期介入。CM模式改变了传统模式项目各方依靠合同调解的做法，代之以依赖建筑师和（或）工程师、CM经理和承包商在项目实施中的合作。业主在项目的初期就选定了建筑师和（或）工程师、CM经理和承包商，由他们组成具有合作精神的项目组，完成项目的投资控制、进度计划与质量控制和设计工作，这种方法被称为项目组法。CM经理与设计商是相互协调关系，CM单位可以通过合理化建议来影响设计。

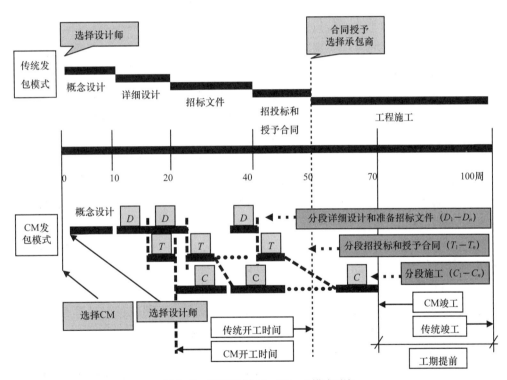

图5-3 传统模式与Fast Track模式对比

CM模式的缺点主要包括：对CM经理的要求较高，CM单位的资质和信誉都应该比较高，而且具备高素质的从业人员。分项招标可能导致承包费用较高。

CM模式可以适用于：设计变更可能性较大的工程项目；时间因素最为重要的工程项目；因总体工作范围和规模不确定而无法准确定价的工程项目。

（4）设计—采购—建设模式（Engineering Procurement Construction，EPC模式）

在EPC模式中，Engineering不仅包括具体的设计工作，而且可能包括整个建设工程的总体策划以及整个建设工程组织管理的策划和具体工作；Procurement也不是一般意义上的建筑设备、材料采购，而更多的是指专业成套设备、材料的采购；Construction应译为"建设"，其内容包括施工、安装、试车、技术培训等。EPC模式的合同结构参见图5-4。

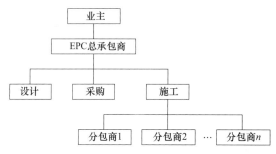

图5-4 EPC模式的合同结构示意图

EPC模式具有以下主要特点：

1）业主把工程的设计、采购、施工和竣工后试运行服务工作全部委托给总承包商负责组织实施，业主只负责整体的、原则的、目标的管理和控制。业主只与总承包商签订总承包合同。设计、采购、施工的实施是统一策划、统一组织、统一指挥、统一协调和全过程控制的。总承包商可以把部分工作委托给分包商完成，分包商的全部工作由总承包商对业主负责。

2）业主可以自行组建管理机构，也可以委托专业项目管理公司代表业主对工程进行整体的、原则的、目标的管理和控制。业主介入具体项目组织实施的程度较低，总承包商更能发挥主观能动性，运用其管理经验，为业主和承包商自身创造更多的效益。

3）业主把管理风险转移给总承包商，因而总承包商在经济和工期方面要承担更多的责任和风险，同时承包商也拥有更多的获利机会。

4）EPC模式还有一个明显的特点，就是合约中没有咨询工程师这个专业监控角色和独立的第三方。EPC模式一般适用于规模较大、工期较长，且具有相当技术复杂性的工程，如化工厂、发电厂、石油开发等项目。

（5）项目管理模式（Project Management，PM模式）

PM模式是指项目业主聘请一家专业公司代表业主进行整个项目过程的管理，这家公司被称为"项目管理承包商"（Project Management Contractor，简称为PMC）。PMC受业主的委托，从项目的策划、定义、设计、施工到竣工投产全过程为业主提供项目管理服务。业主仅需保留很小部分的项目管理力量对一些关键问题进行决策，而绝大部分的项目管理工作都由PMC来承担。PMC具有对项目从立项到竣工投产进行统筹安排和综合管理的能力，能有效地弥补业主项目管理知识与经验的不足。PMC作为业主的代表或业主的延伸，帮助业主进行项目前期策划、可行性研究、项目定义、计划、融资方案，以及在设计、采购、施工、试运行等整个实施过程中有效地控制工程质量、进度和费用，保证项目的成功实施，达到项目全寿命周期的技术和经济指标最优化。PM模式各方关系如图 5-5 所示。PM模式具有以下主要特点：

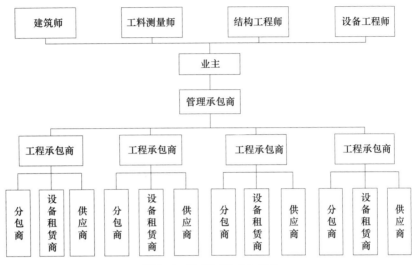

图 5-5　PM模式的各方关系

1）通过优化设计实现项目全寿命周期成本最低。PMC会根据项目所在地的实际条件，运用自身的技术优势，对整个项目进行全方位的技术经济分析与比较，本着功能完善、技术先进、经济合理的原则对整个设计进行优化。

2）在完成基本设计之后通过一定的合同策略，选用合适的合同方式进行招标。PMC会根据不同工作包的设计深度、技术复杂程度、工期长短、工程量大小等因素综合考虑采取何种合同形式，从整体上为业主节约投资。

3）通过PMC的多项目采购协议及统一的项目采购策略降低投资。多项目采购协议是业主就某种商品（设备、材料）与制造商签订的供货协议。与业主签订该协议的制造商是该项目这种商品（设备、材料）的唯一供应商。业主通过此协议获得价格、日常运行维护等方面的优惠。各个承包商必须按照业主所提供的协议去采购相应的材料、设备。多项目采购协议是PM项目采购策略中的一个重要部分。在项目中，要适量地选择商品的类别，以免对承包商限制过多，直接影响积极性。PMC还应负责促进承包商之间的合作，以符合业主降低项目总投资的目标，包括最优化项目内容和全面符合计划等要求。

4）PMC的现金管理及现金流量优化。PMC可通过其丰富的项目融资和财务管理经验，并结合工程实际情况，对整个项目的现金流进行优化。

（6）建造—运营—移交模式（Build Operate Transfer，BOT模式）

BOT模式的基本思路是：由项目所在国政府或所属机构为项目的建设和经营提供一种特许权协议作为项目融资的基础，由本国公司或者外国公司作为项目的投资者和经营者安排融资，承担风险，开发建设项目，并在有限的时间内经营项目获取商业利润,最后根据协议将该项目转让给相应的政府机构。BOT方式是20世纪80年代在国外兴起的基础设施建设项目依靠私人资本的一种融资、建造的项目管理方式,或者说是基础设施国有项目民营化。政府开放本国基础设施建设和运营市场,授权项目公司负责筹资和组织建设,建成后负责运营及偿还贷款,规定的特许期满后,再无偿移交给政府。BOT模式的各方关系如图5-6所示。

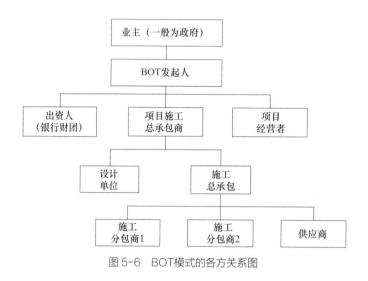

图5-6 BOT模式的各方关系图

BOT模式具有如下优点:

1)降低政府财政负担。通过采取民间资本筹措、建设、经营的方式,吸引各种资金参与道路、码头、机场、铁路、桥梁等基础设施项目建设,以便政府集中资金用于其他公共物品的投资。项目融资的所有责任都转移给私人企业,减少了政府主权借债和还本付息的责任。

2)政府可以避免大量的项目风险。实行该种方式融资,使政府的投资风险由投资者、贷款者及相关当事人等共同分担,其中投资者承担了绝大部分风险。

3)有利于提高项目的运作效率。项目资金投入大、周期长,由于有民间资本参加,贷款机构对项目的审查、监督就比政府直接投资方式更加严格。同时,民间资本为了降低风险,获得较多的收益,客观上就更要加强管理,控制造价,这从客观上为项目建设和运营提供了约束机制和有利的外部环境。

4)BOT项目通常都由外国的公司来承包,这会给项目所在国带来先进的技术和管理经验,既给本国的承包商带来较多的发展机会,也促进了国际经济的融合。

BOT模式具有如下缺点:

1)公共部门和私人企业往往都需要经过一个长期的调查了解、谈判和磋商过程,以致项目前期过长,投标费用过高。

2)投资方和贷款人风险过大,没有退路,使融资举步维艰。

3）参与项目各方存在某些利益冲突，对融资造成障碍。

4）机制不灵活，降低私人企业引进先进技术和管理经验的积极性。

5）在特许期内，政府对项目失去控制权。

除了以上几种项目采购模式外，还有合伙模式（Partnering，起源于美国20世纪90年代）、PC——项目总控模式（Project Controlling，起源于德国20世纪90年代）、PFI——私人主动融资模式（Private Finance Initiative，起源于英国20世纪90年代）以及新近兴起的PPP——公私合营模式（Private Public Partnership）等。不同项目采购模式的承包范围参见图5-7。

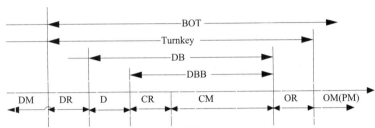

DM（Development Management）：开发管理
DR（Design Ready）：设计准备
D（Design）：设计
CR（Construction Ready）：建设准备
CM（Construction Management）：建设管理
OR（Operation Ready）：运营准备
OM（Operation Management）：运营管理
PM（Property Management）：设施管理
DBB（Design Bid Build）：设计招标建造（传统采购方式）
DB（Design Build）：设计建造
Turnkey：交钥匙工程
BOT（Build Operate Transfer）：设计建造移交

图5-7　不同项目采购模式的承包范围

5.1.2　合同类型选择

土木工程本身的复杂性决定了工程合同的多样性，不同的合同类型对招投标文件、合同价格确定及合同管理工作也有不同的要求。按照计价方式不同分类有：总价合同、单价合同和成本加酬金合同。

1. 总价合同

总价合同（Lump Sum Contract），是指业主付给承包商的款额在合同中是一个规定的金额，即总价。显然，用这种合同时，对承发包工程的详细内容及其各种技术经济指标都必须一清二楚，否则承发包双方都有蒙受一定经济损失的风险。总价合同有固定总价合同、调值总价合同、固定工程量总价合同和管理费总价合同等不同形式。

（1）固定总价合同

固定总价合同（Fixed Lump Sum）的价格计算是以图纸及规定、规范为基础，合同总价是固定的。承包商在报价时对一切费用的上升因素都已作了估计,并已将其包含在合同价格之中。使用这种合同时,在图纸和规定、规范中应对工程作出详尽的描述。如果设计和工程范围有变更,合同总价也必须相应地进行变更。

固定总价合同适用于工期较短(一般不超过1年)而且对最终产品的要求又非常明确的工程项目。根据这种合同,承包商将承担一切风险责任。除非承包商能事先预测可能遭到的全部风险,否则他将为许多不可预见的因素付出代价。因此,这类合同对承包商而言,其报价一般都较高。

(2)调值总价合同

调值总价合同(Escalation Lump Sum)的总价一般是以图纸及规定、规范为基础,按时价(Current Price)进行计算。它是一种相对固定的价格,在合同执行过程中,由于通货膨胀而使其所使用的工、料成本增加达到某一限度时,其合同总价也应作相应的调整。在调值总价合同中,发包人承担了通货膨胀这一不可预见的费用因素的风险,而承包人只承担施工中的有关时间和成本等因素的风险。调值总价合同适用于工程内容和技术经济指标规定得很明确的项目。但由于合同中列有调值条款,所以工期在1年以上的项目可以采用这种合同形式。

应用得较普遍的调价方法有文件证明法和调价公式法。通俗地讲,文件证明法就是凭正式发票向业主结算价差。为了避免因承包商对降低成本不感兴趣而引起的副作用,合同文件中应规定业主和监理工程师有权指令承包商选择价廉的供应来源。调价公式法常用的计算公式为:

$$C = C_0 (\alpha_0 + \alpha_1 \frac{M}{M_0} + \alpha_2 \frac{L}{L_0} + \alpha_3 \frac{T}{T_0} + \cdots + \alpha_n \frac{K}{K_0})$$

式中　　　　　　　C——调整后的合同价;

C_0——原签订合同中的价格;

α_0——固定价格的加权系数,合同价格中不允许调整的固定部分的系数,包括管理费用、利润以及没有受到价格浮动影响的预计承包人以不变价格开支部分;

$M, L, T, \cdots, K$——受到价格浮动影响的材料设备、劳动工资、运费等价格,带有下角标"0"的项为原合同价,没有下角标的项为付款时的价格;

$\alpha_1, \alpha_2, \cdots, \alpha_n$——相应于各有关项的加权系数,一般通过对工程概算进行分解测算得到,各项加权系数之和相应等于1,即:

$\alpha_0 + \alpha_1 + \alpha_2 + \cdots + \alpha_n = 1$。

(3)固定工程量总价合同

固定工程量总价合同(Lump Sum on Firm Bill of Quantities)是指由发包人或其咨询单位将发包工程按图纸和规定、规范分解成若干分部分项工程量,由承包人据以标出分项工程单价,然后将分项工程单价与分项工程量相乘,得出分项工程总价,再将各个分项工程总价相加,即构成合同总价。由于发包单位详细划定了分部分项工程，这就有利于所有投标人在统一的基础上计价报价，从而也有利于评价时进行对比分析。同时，这个分项工程量也可作为在工程实施期间由于工程变更而调整价格的一个固定基础。

在固定工程量总价合同中，承包商不需测算工程量而只需计算在实际施工中工程量的变更。因此，只要实际工程量变动不大，这种形式的合同管理起来是比较容易的。其缺点是由于准备划分和计算分部分项工程量将会占用很多的时间，从而也就延长了设计周期，拖长了招标准备时间。

（4）管理费总价合同

管理费总价合同（Management Fee Lump Sum）是业主雇用某承包公司（或服务公司）的管理专家对发包工程项目的施工进行管理和协调的合同，并由业主向承包公司支付一笔总的管理费用，这种合同就是管理费总价合同。采用这种合同的重要环节是明确具体的管理工作范围，只有做到这一点才适于采用这种合同形式。

2. 单价合同

当准备发包的工程项目内容、技术经济指标尚不能像采用总价合同时那样明确、具体地规定时，或是工程量可能出入较大，则以采用单价合同（Unit-Price Contracts）形式为宜。单价合同中，承包商承担单价变化的风险，而业主则承担工程量增减的风险，符合风险管理原理且公平合理。但在工程实施过程中，业主需要投入较多的管理力量，对完成的工程进行计量或计量复核，对与工程价格相关的物价进行核实。FIDIC土木工程施工合同和我国的建设工程施工合同文本都采用单价合同。工程单价合同有估计工程量单价合同、纯单价合同和单价与包干混合式合同三种形式。

（1）估计工程量单价合同

估计工程量单价合同（Bill of Approximate Quantities Contract）是以工程量表为基础、以工程单价表为依据来计算合同价格。例如，当计算每米管线的安装价格时，除了分项工程单价表（Schedule of Rates）之外，还必须有一个管线安装的总工程量计算表作为计价基础。这个总工程量估算表就是常说的工程量概算表或暂估工程量清单。

业主在准备此类合同的招标文件时，委托咨询单位按分部分项工程列出工程量表并填入估算的工程量，承包商投标时在工程量表中填入各项的单价，据之计算出总价作为投标报价之用。但在每月结账时，以实际完成的工程量结算。在工程全部完成时以竣工图最终结算工程的总价格。

（2）纯单价合同

在设计商还来不及提供施工详图，或虽有施工图但由于某些原因不能准确地计算工程量时，可采用纯单价合同（Straight Unit Rate Contract）。招标文件只向投标人给出各分项工程内的工作项目一览表、工程范围及必要的说明，而不提供工程量。承包商只要给出表中各项目的单价即可，将来施工时按实际工程量计算。

（3）单价与包干混合式合同

以单价合同为基础，但对其中某些不易计算工程量的分项工程（如开办项目）采用包干办法。对于能计算工程量的项目，均要求填报单价，业主将来按实际完成的工程量及合同中的单价支付价款。

3. 成本加酬金合同

成本加酬金合同（Cost-plus-Fee Contracts，CPF），也称成本补偿合同，是以实际成本加上双方商定的酬金来确定合同总价，即业主向承包商支付实际工程成本中的直接费，按事先协议好的某一种方式支付管理费及利润的一种合同方式。这种合同形式与总价合同截然相反，在签订合同时合同价格不能确定，必须等到工程实施完成后，由实际的工程成本来决定。工程费用实报实销，业主承担着工程量和价格的双重风险；而承包商要承担的风险与前两类合同类型相比要小得多。成本加酬金合同形式主要有以下几种。

（1）成本加固定费用合同

成本加固定费用合同（Cost-plus Fixed Fee）是指业主对承包商支付的人工、材料和设备台班费等直接成本全部予以补偿，同时还增加一笔管理费。所谓固定费用是指杂项费用和利润相加之和。这笔费用总额是固定的，只有当工程范围发生变更而超出招标文件时才允许变动。所谓超出规定的范围，是指成本、工时、工期或其他可测定项目方面的变更已超出招标文件规定的数量（如±10%）。这种合同形式通常应用于设计及项目管理合同方面。计算公式为：

$$C=C_d+F$$

式中　C——总造价；

　　　C_d——实际发生的直接费；

　　　F——给承包商数额固定不变的酬金，通常按估算成本的一定百分比确定。

（2）成本加定比费用合同

成本加定比费用合同（Cost-plus Percentage Fee）与上述第（1）种相似，不同的只不过是所增加的费用不是一笔固定金额而是相当于成本的一定百分比。计算公式为：

$$C=C_d(1+p)$$

式中　p——双方事先商定的酬金固定百分数。

从公式中可看出，承包商获得的酬金将随着直接费的增大而增加，使得工程总造价无法控制。这种合同形式不能鼓励承包商关心缩短工期和降低成本，因而对业主是不利的。

（3）成本加浮动酬金合同

成本加浮动酬金合同（Cost-plus Incentive Fee）中的酬金是根据报价书中的成本概算指标制定的。概算指标可以是总工程量的工时数的形式，也可以是人工和材料成本的货币形式。合同中对这个指标规定了一个底点（Floor，约为工程成本概算的60%～75%）和一个顶点（Ceiling，约为工程成本概算的110%～135%），承包商在概算指标的顶点之下完成工程时可以得到酬金。酬金的额度通常根据低于指标顶点的情况而定。当酬金加上报价书中的成本概算总额达到顶点时则不再发给酬金。如果承包商的工时或工料成本超出指标顶点时，应对超出部分进行罚款，直至总费用降到顶点时为止，参见图5-8。

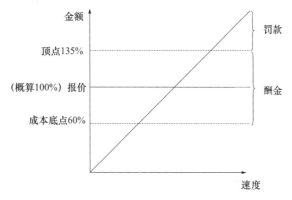

图5-8 成本加浮动酬金合同分析

成本加浮动酬金合同形式有它自身的特点。当招标前所编制的图纸和规定、规范尚不充分，不能据以确定合同价格；但尚能为承包商制定一个概算指标时，使用成本加酬金的合同形式还是可取的。计算公式为：

如果　$C_d = C_0$；则$C = C_d + F$；

　　　$C_d < C_0$；则$C = C_d + F + \Delta F$；

　　　$C_d > C_0$；则$C = C_d + F - \Delta F$。

式中　C_0——预期成本；

　　　ΔF——酬金增减部分，可以是一个百分数，也可以是一个固定的绝对数。

（4）目标成本加奖励合同

在仅有初步设计和工程说明书就迫切要求开发的情况下，可根据粗略计算的工程量和适当的单价表编制概算作为目标成本。随着详细设计逐步具体化，工程量和目标成本可加以调整，另外规定一个百分数作为酬金。最后结算时，如果实际成本高于目标成本并超过事先商定的界限（例如5%），则减少酬金；如果实际成本低于目标成本（也有一个幅度界限），则增加酬金。用公式表示为：

$$C = C_d + p_1 C_0 + p_2 (C_0 - C_d)$$

式中　C_0——目标成本；

　　　p_1——基本酬金百分数；

　　　p_2——奖励酬金百分数。

（5）成本加固定最大酬金合同

在成本加固定最大酬金合同（Cost-plus Upset Maximum）中，承包商可以从下列三方面得到支付：包括人工、材料、机械台班费以及管理费在内的全部成本；占全部人工成本的一定百分比的增加费（即杂项开支费）；可调的增加费（即酬金）。

在这种形式的合同中通常设有3笔成本总额：第1笔（也是主要的1笔）称为报价指标成本；第2笔称为最高成本总额；第3笔称为最低成本总额。

如果承包商在完成工程中所花费的工程成本总额没有超过最低成本总额时，他所花费的全部成本费用、杂项费用以及应得酬金等都可得到发包单位的支付；如果花费的总额低于最低成本总额时，还可与发包单位分享节约额。如果承包商所花费的工程成本总额在最低成本总额与报价指标成本之间时，则只有成本和杂项费用可以得到支付。如果工程成本总额在报价指标成本与最高成本总额之间时，则只有全部成本可以得到支付；超过顶点则发包单位不予支付。以上分析见图5-9。

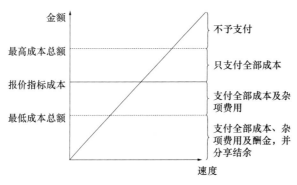

图 5-9　成本加固定最大酬金合同分析

5.2　工程勘察设计合同及管理

5.2.1　建设工程勘察设计合同概述

1．工程勘察的主要内容

建设工程勘察是根据建设工程本身的特点，在查明建设工程场地范围内的地质、地理环境特征基础上，对地形、地质和水文等要素作出分析、评价和建议，并编制建设工程勘察文件的活动。工程勘察可分为通用工程勘察和专业工程勘察。通用工程勘察包括工程测量、岩土工程勘察、岩土工程设计与检测监测、水文地质勘察、工程水文气象勘察、工程物探、室内试验等；专业工程勘察包括煤炭、水利水电、电力、长输管道、铁路、公路、通信、海洋等工程的勘察。工程勘察为地基处理、地基基础设计和施工提供详细的地基土质构成与分布、各土层的物理力学性质、持力层及承载力、变形模量等岩土设计参数，针对不良地质现象的分布设计防治措施，以达到确保工程建设顺利进行以及建成后能安全和正常使用的目的。

2．工程设计的主要内容

建设工程设计是在进行可行性研究并经过初步技术经济论证后，根据建设项目总体需求及地质勘察报告，对工程的外形和内在实体进行筹划、研究、构思、设计和描绘，形成设计说明书和图纸等相关文件。建设工程设计一般分为房屋建设工程设计和专业建设工程设计。房屋建设工程设计一般分为方案设计、初步设计和施工图设计三个阶段。专业建设工程设计一般分为初步设计和施工图设计两个阶段。

（1）房屋建筑工程设计的主要内容。房屋建筑工程设计是指建设用地规划许可证范围内的建筑物构筑物设计、室外工程设计、民用建筑修建的地下工程设计及住宅小区、工厂厂前区、工厂生活区、小区规划设计及单体设计等，以及所包含的相关专业的设计内容（总平面布置、竖向设计、各类管网管线设计、景观设计、室内外环境设计及建筑装饰、道路、消防、智能、安保、通信、防雷、人防、供配电、照明、废水治理、空调设施、抗震加固等）等工程设计活动。

（2）专业建设工程设计的主要内容。房屋建筑工程以外的各行业建设工程统称为专业建设工程，具体包括煤炭、化工石化医药、石油天然气（海洋石油）、电力、冶金、军工、机械、商物粮、核工业、电子通信广电、轻纺、建材、铁道、公路、水运、民航、市政、农林、水利、海洋等工程。专业建设工程设计是指房屋建筑工程以外各行业建设工程项目的主体工程和配套工程（含厂/矿区内的自备电站、道路、专用铁路、通信、各种管网管线和配套的建筑物等全部配套工程）以及与主体工程、配套工程相关的工艺、土木、建筑、环境保护、水土保持、消防、安全、卫生、节能、防雷、抗震、照明工程等工程设计活动。

3．建设工程勘察设计合同示范文本

根据《中华人民共和国合同法》和《建设工程勘察设计合同条例》，住房城乡建设部和国家工商行政管理总局制定了《建设工程勘察合同》和《建设工程设计合同》文本。《建设工程勘察合同（示范文本）》GF-2016-0203适用于岩土工程勘察、岩土工程设计、岩土工程物探/测试/检测/监测、水文地质勘察及工程测量等工程勘察活动。岩土工程设计也可使用《建设工程设计合同示范文本（专业建设工程）》GF-2015-0210。《建设工程勘察合同（示范文本）》GF-2016-0203由合同协议书、通用合同条款和专用合同条款三部分组成。合同协议书集中约定了合同当事人基本的合同权利义务。通用合同条款是对合同当事人就工程勘察的实施及相关事项的权利义务作出的原则性约定。专用合同条款是对通用合同条款原则性约定的细化、完善、补充、修改或另行约定的条款。合同当事人可以根据不同建设工程的特点及具体情况，通过双方的谈判、协商对相应的专用合同条款进行修改补充。

建设工程设计合同示范文本分两类：一类是房屋建筑工程的设计合同GF-2015-0209，主要适用于建设用地规划许可证范围内的建筑物构筑物设计、室外工程设计、民用建筑修建的地下工程设计及住宅小区、工厂厂前区、工厂生活区、小区规划设计及单体设计等，以及所包含的相关专业的设计内容（总平面布置、竖向设计、各类管网管线设计、景观设计、室内外环境设计及建筑装饰、道路、消防、智能、安保、通信、防雷、人防、供配电、照明、废水治理、空调设施、抗震加固等）等工程设计活动。另一类是专业建设工程的设计合同GF-2015-0210，主要适用于房屋建筑工程以外各行业建设工程项目的主体工程和配套工程（含厂/矿区内的自备电站、道路、专用铁路、通信、各种管网管线和配套的建筑物等全部配套工程）以及与主体工程、配套工程相关的工艺、土木、建筑、环境保护、水土保持、消防、安全、卫生、节能、防雷、抗震、照明工程等工程设计活动。

《建设工程设计合同示范文本（房屋建筑工程）》GF-2015-0209、《建设工程设计合同示范文本（专业建设工程）》GF-2015-0210由合同协议书、通用合同条款和专用合同条款三部分组成。

2017年9月4日，国家发展和改革委员会等九部委联合印发了《标准设计招标文件》等五个标准招标文件的通知（发改法规［2017］1606号），编制了《标准勘察招标文件》《标准设计招标文件》等五个标准文件。该《标准文件》适用于依法必须招标的与工程建设有关的设备、材料等货物项目和勘察、设计、监理等服务项目。《标准设计招标文件》中的第四章包含了合同条款及格式，由通用合同条款、专用合同条款和合同附件格式三部分组成。

5.2.2　建设工程勘察合同的主要内容

以下根据《建设工程勘察合同（示范文本）》GF-2016-0203通用合同条款，说明勘察合同的主要内容。

1. **勘察合同文件及优先解释顺序**

合同文件应能相互解释，互为说明。除专用合同条款另有约定外，组成本合同的文件及优先解释顺序如下：

（1）合同协议书。

（2）专用合同条款及其附件。

（3）通用合同条款。

（4）中标通知书（如果有）。

（5）投标文件及其附件（如果有）。

（6）技术标准和要求。

（7）图纸。

（8）其他合同文件。

上述合同文件包括合同当事人就该项合同文件所作出的补充和修改，属于同一类内容的文件，应以最新签署的为准。

2. **发包人权利和义务**

发包人权利主要包括：

（1）对勘察人的勘察工作有权依照合同约定实施监督，并对勘察成果予以验收。

（2）对勘察人无法胜任工程勘察工作的人员有权提出更换。

（3）拥有勘察人为其项目编制的所有文件资料的使用权，包括投标文件、成果资料和数据等。

发包人义务主要包括：

（1）应以书面形式向勘察人明确勘察任务及技术要求。

（2）应提供开展工程勘察工作所需要的图纸及技术资料，包括总平面图、地形图、已有水准点和坐标控制点等，若上述资料由勘察人负责搜集时，发包人应承担相关费用。

（3）应提供工程勘察作业所需的批准及许可文件，包括立项批复、占用和挖掘道路许可等。

（4）应为勘察人提供具备条件的作业场地及进场通道（包括土地征用、障碍物清除、场地平整、提供水电接口和青苗赔偿等）并承担相关费用。

（5）应为勘察人提供作业场地内地下埋藏物（包括地下管线、地下构筑物等）的资料、图纸，没有资料、图纸的地区，发包人应委托专业机构查清地下埋藏物。若因发包人未提供上述资料、图纸，或提供的资料、图纸不实，致使勘察人在工程勘察工作过程中发生人身伤害或造成经济损失时，由发包人承担赔偿责任。

（6）应按照法律法规规定为勘察人安全生产提供条件并支付安全生产防护费用，发包人不得要求勘察人违反安全生产管理规定进行作业。

（7）若勘察现场需要看守，特别是在有毒、有害等危险现场作业时，发包人应派人负责安全保卫工作；按国家有关规定，对从事危险作业的现场人员进行保健防护，并承担费用。发包人对安全文明施工有特殊要求时，应在专用合同条款中另行约定。

（8）应对勘察人满足质量标准的已完工作，按照合同约定及时支付相应的工程勘察合同价款及费用。

3．勘察人权利和义务

勘察人权利主要包括：

（1）在工程勘察期间，根据项目条件和技术标准、法律法规规定等方面的变化，有权向发包人提出增减合同工作量或修改技术方案的建议。

（2）除建设工程主体部分的勘察外，根据合同约定或经发包人同意，勘察人可以将建设工程其他部分的勘察分包给其他具有相应资质等级的建设工程勘察单位。发包人对分包的特殊要求应在专用合同条款中另行约定。

（3）勘察人对其编制的所有文件资料，包括投标文件、成果资料、数据和专利技术等拥有知识产权。

勘察人义务主要包括：

（1）应按勘察任务书和技术要求并依据有关技术标准进行工程勘察工作。

（2）应建立质量保证体系，按本合同约定的时间提交质量合格的成果资料，并对其质量负责。

（3）在提交成果资料后，应为发包人继续提供后期服务。

（4）在工程勘察期间遇到地下文物时，应及时向发包人和文物主管部门报告并妥善保护。

（5）开展工程勘察活动时应遵守有关职业健康及安全生产方面的各项法律法规的规定，采取安全防护措施，确保人员、设备和设施的安全。

（6）在燃气管道、热力管道、动力设备、输水管道、输电线路、临街交通要道及地下通道（地下隧道）附近等风险性较大的地点，以及在易燃易爆地段及放射、有毒环境中进行工程勘察作业时，应编制安全防护方案并制定应急预案。

（7）应在勘察方案中列明环境保护的具体措施，并在合同履行期间采取合理措施保护作业现场环境。

4. 工期及延误

勘察人应按合同约定的工期进行工程勘察工作，并接受发包人对工程勘察工作进度的监督、检查。因发包人原因不能按照合同约定的日期开工，发包人应以书面形式通知勘察人，推迟开工日期并相应顺延工期。

（1）发包人造成的工期延误

因以下情形造成工期延误，勘察人有权要求发包人延长工期、增加合同价款和（或）补偿费用：

1）发包人未能按合同约定提供图纸及开工条件。

2）发包人未能按合同约定及时支付定金、预付款和（或）进度款。

3）变更导致合同工作量增加。

4）发包人增加合同工作内容。

5）发包人改变工程勘察技术要求。

6）发包人导致工期延误的其他情形。

由于恶劣气候条件影响现场作业，导致现场作业难以进行，造成工期延误的，勘察人有权要求发包人延长工期。

（2）勘察人造成的工期延误

勘察人因以下情形不能按照合同约定的日期或双方同意顺延的工期提交成果资料的，勘察人承担违约责任：

1）勘察人未按合同约定开工日期开展工作造成工期延误的。

2）勘察人管理不善、组织不力造成工期延误的。

3）因弥补勘察人自身原因导致的质量缺陷而造成工期延误的。

4）因勘察人成果资料不合格返工造成工期延误的。

5）勘察人导致工期延误的其他情形。

5. 合同价款与支付

（1）合同类型

合同当事人可任选下列一种合同价款的形式，双方可在专用合同条款中约定：

1）总价合同。双方在专用合同条款中约定合同价款包含的风险范围和风险费用的计算方法，在约定的风险范围内合同价款不再调整。风险范围以外的合同价款调整因素和方法，应在专用合同条款中约定。

2）单价合同。合同价款根据工作量的变化而调整，合同单价在风险范围内一般不予调整，双方可在专用合同条款中约定合同单价调整因素和方法。

3）其他合同价款形式。合同当事人可在专用合同条款中约定其他合同价格形式。

（2）定金或预付款

实行定金或预付款的，双方应在专用合同条款中约定发包人向勘察人支付定金或预付款数额，支付时间应不迟于约定的开工日期前7天。发包人不按约定支付，勘察人向发包人发出要求支付的通知，发包人收到通知后仍不能按要求支付，勘察人可在发出通知后推迟开工日期，并由发包人承担违约责任。定金或预付款在进度款中抵扣，抵扣办法可在专用合同条款中约定。

（3）进度款支付

发包人应按照专用合同条款约定的进度款支付方式、支付条件和支付时间进行支付。按照合同规定确定调整的合同价款及其他条款中约定的追加或减少的合同价款，应与进度款同期调整支付。发包人超过约定的支付时间不支付进度款，勘察人可向发包人发出要求付款的通知，发包人收到勘察人通知后仍不能按要求付款，可与勘察人协商签订延期付款协议，经勘察人同意后可延期支付。发包人不按合同约定支付进度款，双方又未达成延期付款协议，勘察人可停止工程勘察作业和后期服务，由发包人承担违约责任。

（4）合同价款结算

除专用合同条款另有约定外，发包人应在勘察人提交成果资料后28天内，依据【合同价款与调整】条款和【变更合同价款确定】条款的约定进行最终合同价款确定，并予以全额支付。

6．变更与调整

（1）变更范围

本合同变更是指在合同签订日后发生的以下变更：

1）法律法规及技术标准的变化引起的变更；

2）规划方案或设计条件的变化引起的变更；

3）不利物质条件引起的变更；

4）发包人的要求变化引起的变更；

5）因政府临时禁令引起的变更；

6）其他专用合同条款中约定的变更。

（2）变更确认

当引起变更的情形出现，除专用合同条款对期限另有约定外，勘察人应在7天内就调整后的技术方案以书面形式向发包人提出变更要求，发包人应在收到报告后7天内予以确认，逾期不予确认也不提出修改意见，视为同意变更。

（3）变更合同价款确定

变更合同价款按下列方法确定：

1）合同中已有适用于变更工程的价格，按合同已有的价格变更合同价款。

2）合同中只有类似于变更工程的价格，可以参照类似价格变更合同价款。

3）合同中没有适用或类似于变更工程的价格，由勘察人提出适当的变更价格，经发包人确认后执行。

除专用合同条款对期限另有约定外，一方应在双方确定变更事项后14天内向对方提出变更合同价款报告，否则视为该项变更不涉及合同价款的变更。一方应在收到对方提交的变更合同价款报告之日起14天内予以确认。逾期无正当理由不予确认的，则视为该项变更合同价款报告已被确认。因勘察人自身原因导致的变更，勘察人无权要求追加合同价款。

7. 知识产权

（1）发包人的知识产权

除专用合同条款另有约定外，发包人提供给勘察人的图纸、发包人为实施工程自行编制或委托编制的反映发包人要求或其他类似性质的文件的著作权属于发包人，勘察人可以为实现本合同目的而复制、使用此类文件，但不能用于与本合同无关的其他事项。未经发包人书面同意，勘察人不得为了本合同以外的目的而复制、使用上述文件或将之提供给任何第三方。

（2）勘察人的知识产权

除专用合同条款另有约定外，勘察人为实施工程所编制的成果文件的著作权属于勘察人，发包人可因本工程的需要而复制、使用此类文件，但不能擅自修改或用于与本合同无关的其他事项。未经勘察人书面同意，发包人不得为了本合同以外的目的而复制、使用上述文件或将之提供给任何第三方。

合同当事人保证在履行本合同过程中不侵犯对方及第三方的知识产权。勘察人在工程勘察时，因侵犯他人的专利权或其他知识产权所引起的责任，由勘察人承担；因发包人提供的基础资料导致侵权的，由发包人承担责任。在不损害对方利益情况下，合同当事人双方均有权在申报奖项、制作宣传印刷品及出版物时使用有关项目的文字和图片材料。除专用合同条款另有约定外，勘察人在合同签订前和签订时已确定采用的专利、专有技术、技术秘密的使用费已包含在合同价款中。

8. 不可抗力

（1）不可抗力的确认

不可抗力是在订立合同时不可合理预见、在履行合同中不可避免且不能克服的自然灾害和社会突发事件，如地震、海啸、瘟疫、洪水、骚乱、暴动、战争以及专用条款约定的其他自然灾害和社会突发事件。不可抗力发生后，发包人和勘察人应收集不可抗力发生及造成损失的证据。

（2）不可抗力的通知

遇有不可抗力发生时，发包人和勘察人应立即通知对方，双方应共同采取措施减少损失。除专用合同条款对期限另有约定外，不可抗力持续发生，勘察人应每隔7天向发包人报告一次受害损失情况。除专用合同条款对期限另有约定外，不可抗力结束后2天内，勘察人向发包人通报受害损失情况及预计清理和修复的费用；不可抗力结束后14天内，勘察人向发包人提交清理和修复费用的正式报告及有关资料。

（3）不可抗力后果的承担

因不可抗力发生的费用及延误的工期由双方按以下方法分别承担：

1）发包人和勘察人人员伤亡由合同当事人双方自行负责，并承担相应费用。

2）勘察人机械设备损坏及停工损失，由勘察人承担。

3）停工期间，勘察人应发包人要求留在作业场地的管理人员及保卫人员的费用由发包人承担。

4）作业场地发生的清理、修复费用由发包人承担。

5）延误的工期相应顺延。

因合同一方迟延履行合同后发生不可抗力的，不能免除迟延履行方的相应责任。

9．合同生效与终止

双方在合同协议书中约定合同生效方式。发包人、勘察人履行合同全部义务，合同价款支付完毕，本合同即告终止。合同的权利义务终止后，合同当事人应遵循诚实信用原则，履行通知、协助和保密等义务。

10．合同解除

有下列情形之一的，发包人、勘察人可以解除合同：

（1）因不可抗力致使合同无法履行。

（2）发包人未按合同约定按时支付合同价款，停止作业超过28天，勘察人有权解除合同，由发包人承担违约责任。

（3）勘察人将其承包的全部工程转包给他人或者肢解以后以分包的名义分别转包给他人，发包人有权解除合同，由勘察人承担违约责任。

（4）发包人和勘察人协商一致可以解除合同的其他情形。

一方要求解除合同的，应以书面形式向对方发出解除合同的通知，并在发出通知前不少于14天告知对方，通知到达对方时合同解除。对解除合同有争议的，按争议解决条款的约定处理。

因不可抗力致使合同无法履行时，发包人应按合同约定向勘察人支付已完工作量相对应比例的合同价款后解除合同。合同解除后，勘察人应按发包人要求将自有设备和人员撤出作业场地，发包人应为勘察人撤出提供必要条件。

11．责任与保险

勘察人应运用一切合理的专业技术和经验，按照公认的职业标准尽其全部职责和谨慎、勤勉地履行其在本合同项下的责任和义务。合同当事人可按照法律法规的要求在专用合同条款中约定履行本合同所需要的工程勘察责任保险，并使其于合同责任期内保持有效。勘察人应依照法律法规的规定为勘察作业人员参加工伤保险、人身意外伤害险和其他保险。

12．违约

（1）发包人违约

发包人违约情形包括：合同生效后，发包人无故要求终止或解除合同；发包人未按约定按时支付定金或预付款；发包人未按约定按时支付进度款；发包人不履行合同义务或不按合同约定履行义务的其他情形。

发包人违约责任包括：

1）合同生效后，发包人无故要求终止或解除合同，勘察人未开始勘察工作的，不退还发包人已付的定金或发包人按照专用合同条款约定向勘察人支付违约金；勘察人已开始勘察工作的，若完成计划工作量不足50%的，发包人应支付勘察人合同价款的50%；完成计划工作量超过50%的，发包人应支付勘察人合同价款的100%。

2）发包人发生其他违约情形时，发包人应承担由此增加的费用和工期延误损失，并给予勘察人合理赔偿。双方可在专用合同条款内约定发包人赔偿勘察人损失的计算方法或者发包人应支付违约金的数额或计算方法。

（2）勘察人违约

勘察人违约情形包括：合同生效后，勘察人因自身原因要求终止或解除合同；因勘察人原因不能按照合同约定的日期或合同当事人同意顺延的工期提交成果资料；因勘察人原因造成成果资料质量达不到合同约定的质量标准；勘察人不履行合同义务或未按约定履行合同义务的其他情形。

勘察人违约责任包括：

1）合同生效后，勘察人因自身原因要求终止或解除合同，勘察人应双倍返还发包人已支付的定金或勘察人按照专用合同条款约定向发包人支付违约金。

2）因勘察人原因造成工期延误的，应按专用合同条款约定向发包人支付违约金。

3）因勘察人原因造成成果资料质量达不到合同约定的质量标准，勘察人应负责无偿给予补充完善使其达到质量合格。因勘察人原因导致工程质量安全事故或其他事故时，勘察人除负责采取补救措施外，应通过所投工程勘察责任保险向发包人承担赔偿责任或根据直接经济损失程度按专用合同条款约定向发包人支付赔偿金。

4）勘察人发生其他违约情形时，勘察人应承担违约责任并赔偿因其违约给发包人造成的损失，双方可在专用合同条款内约定勘察人赔偿发包人损失的计算方法和赔偿金额。

13．**索赔**

（1）发包人索赔

勘察人未按合同约定履行义务或发生错误以及应由勘察人承担责任的其他情形，造成工期延误及发包人的经济损失，除专用合同条款另有约定外，发包人可按下列程序以书面形式向勘察人索赔：

1）违约事件发生后7天内，向勘察人发出索赔意向通知。

2）发出索赔意向通知后14天内，向勘察人提出经济损失的索赔报告及有关资料。

3）勘察人在收到发包人送交的索赔报告和有关资料或补充索赔理由、证据后，于28天内给予答复。

4）勘察人在收到发包人送交的索赔报告和有关资料后28天内未予答复或未对发包人作进一步要求，视为该项索赔已被认可。

5）当该违约事件持续进行时，发包人应阶段性向勘察人发出索赔意向，在违约事件终了后21天内，向勘察人送交索赔的有关资料和最终索赔报告。索赔答复程序与本款第3）、4）项约定相同。

（2）勘察人索赔

发包人未按合同约定履行义务或发生错误以及应由发包人承担责任的其他情形，造成工期延误和（或）勘察人不能及时得到合同价款及勘察人的经济损失，除专用合同条款另有约定外，勘察人可按下列程序以书面形式向发包人索赔：

1）违约事件发生后7天内，勘察人可向发包人发出要求其采取有效措施纠正违约行为的通知；发包人收到通知14天内仍不履行合同义务，勘察人有权停止作业，并向发包人发出索赔意向通知。

2）发出索赔意向通知后14天内，向发包人提出延长工期和（或）补偿经济损失的索赔报告及有关资料。

3）发包人在收到勘察人送交的索赔报告和有关资料或补充索赔理由、证据后，于28天内给予答复。

4）发包人在收到勘察人送交的索赔报告和有关资料后28天内未予答复或未对勘察人作进一步要求，视为该项索赔已被认可。

5）当该索赔事件持续进行时，勘察人应阶段性向发包人发出索赔意向，在索赔事件终了后21天内，向发包人送交索赔的有关资料和最终索赔报告。索赔答复程序与本款第3）、4）项约定相同。

14．**争议解决**

（1）和解。因本合同以及与本合同有关事项发生争议的，双方可以就争议自行和解。自行和解达成协议的，经签字并盖章后作为合同补充文件，双方均应遵照执行。

（2）调解。因本合同以及与本合同有关事项发生争议的，双方可以就争议请求行政主管部门、行业协会或其他第三方进行调解。调解达成协议的，经签字并盖章后作为合同补充文件，双方均应遵照执行。

（3）仲裁或诉讼。因本合同以及与本合同有关事项发生争议的，当事人不愿和解、调解或者和解、调解不成的，双方可以在专用合同条款内约定以下一种方式解决争议：

1）双方达成仲裁协议，向约定的仲裁委员会申请仲裁。

2）向有管辖权的人民法院起诉。

5.2.3 建设工程设计合同的主要内容

以下主要依据《建设工程勘察设计管理条例》以及《建设工程设计合同示范文本（房屋建筑工程）》GF-2015-0209、《建设工程设计合同示范文本（专业建设工程）》GF-2015-0210，并结合建设工程设计的实践，介绍设计合同的主要内容。

1. 设计依据

设计依据是设计人按合同开展设计工作的依据，也是发包人验收设计成果的依据。《建设工程勘察设计管理条例》中列出了以下几个最基本的设计依据。

（1）项目批准文件

项目批准文件是指政府有关部门批准的建设项目成立的项目建议书、可行性研究报告或者其他准予立项文件。项目批准文件确定了该工程项目建设的总原则、总要求，是编制设计文件的主要依据。在编制建设工程设计文件中，不得擅自改变或者违背项目批准文件确定的总原则、总要求，如果确需调整变更时，必须报原审批部门重新批准。项目批准文件由发包人负责提供给设计人，变更项目批准也由发包人负责，对此双方应当在设计合同中予以约定。

（2）城乡规划

根据《城乡规划法》的规定，新建、扩建和改建建筑物、构筑物、道路、管线和其他工程设施，必须提出申请，由城乡规划行政部门根据城乡规划提出的规划设计要求，核发建设工程规划许可证件。编制建设工程设计文件应当以这些要求和许可证作为依据，使建设项目符合所在地的城乡规划的要求。编制建设工程设计文件所需的城乡规划资料以及有关许可证件，一般由发包人负责申领，并提供给设计人。如需设计人提供代办及相应服务的，应当在合同中专门约定。

（3）工程建设强制性标准

我国工程建设标准体制将工程建设标准分为强制性标准和推荐性标准两类。前者是指工程建设标准中直接涉及工程质量、安全、卫生及环境保护等方面的工程建设标准强制性条文，在建设工程勘察、设计中必须严格执行的强制性条款。工程建设强制性标准是编制建设工程设计文件最重要的依据。《建设工程质量管理条例》第19条规定："勘察、设计单位必须按照工程建设强制性标准勘察、设计，并对其勘察、设计的质量负责。"同时，对违反工程建设强制性标准行为规定了相应的罚则。

（4）国家规定的建设工程设计深度要求

建设工程设计文件编制深度的规定包括设计文件的内容、要求、格式等具体规定，它既是编制设计文件的依据和标准，也是衡量设计文件质量的依据和标准。国家规定的建设工程设计文件的深度要求，由国务院各有关部门组织制定，电力、水利、石油、化工、冶金、机械、建筑等不同类型建设项目的建设工程设计，分别执行本专业设计编制深度规定。设计合同中可约定按国家的建设工程设计深度规定执行，如建筑工程设计应当执行住房城乡建设部组织制定的《建筑工程设计文件编制深度规定》（建质函［2016］247号）以及《民用建筑设计通则》GB 50352-2005。发包人对编制建设工程设计文件深度有特殊要求的，也可以在合同中专门约定。

2. 合同所涉及的设计项目内容

合同中确定的设计项目的内容，一般包括设计项目的名称、规模、设计的阶段、投资及设计费等。通常，在设计合同中以表格形式明确列出设计项目内容。各行业项目建设有各自的特点，在设计内容上有所不同，在合同签订过程中可根据行业的特点进行确定。

（1）方案设计内容

方案设计内容包括：①按照批准的立项文件要求，对建设项目进行总体部署和安排，使设计构思和设计意图具体化；②细化总平面布局、功能分区、总体布置、空间组合、交通组织等；③细化总用地面积、总建筑面积等各项技术经济指标。方案设计的内容与深度应当满足编制初步设计和总概算的需要。

（2）初步设计内容

建筑工程的初步设计内容是对方案设计的深化，专业建设工程的初步设计内容是对批准的可行性研究报告的深化。初步设计要具体阐明设计原则，细化设计方案，解决关键技术问题，计算各种技术经济指标，编制总概算等。初步设计的内容和深度要满足设计方案比选、主要设备材料订货、征用土地、控制投资、编制施工图、编制施工组织设计、进行施工准备和生产准备等的要求。对于初步设计批准后就要进行施工招标的工作，初步设计文件还应当满足编制施工招标文件的需要。

（3）施工图设计内容

施工图设计内容是按照初步设计确定的具体设计原则、设计方案和主要设备订货情况进行编制，要求绘制出各部分的施工详图和设备、管线安装图等。施工图文件编制的内容和深度应当满足设备材料的安排和非标准设备制作、编制施工图预算以及进行施工等的要求。

3. 设计合同文件构成及优先顺序

组成合同的各项文件应互相解释，互为说明。除专用合同条款另有约定外，解释合同文件的优先顺序如下：

（1）合同协议书。
（2）专用合同条款及其附件。
（3）通用合同条款。
（4）中标通知书（如果有）。
（5）投标函及其附录（如果有）。
（6）发包人要求（或称设计任务书）。
（7）技术标准。
（8）发包人提供的上一阶段图纸（如果有）。
（9）其他合同文件。

上述各项合同文件包括合同当事人就该项合同文件所作出的补充和修改，属于同一类内容的文件，应以最新签署的为准。在合同履行过程中形成的与合同有关的文件均构成合同文件组成部分，并根据其性质确定优先解释顺序。

4. 发包人及其主要工作

（1）发包人一般义务

发包人应遵守法律，并办理法律规定由其办理的许可、核准或备案，包括但不限于建设用地规划许可证、建设工程规划许可证等许可、核准或备案。

发包人负责项目各阶段设计文件向有关管理部门的送审报批工作，并负责将报批结果书面通知设计人。因发包人原因未能及时办理完毕前述许可、核准或备案手续，导致设计工作量增加和（或）设计周期延长时，由发包人承担由此增加的设计费用和（或）延长的设计周期。

发包人应当负责工程设计的所有外部关系的协调（包括但不限于当地政府主管部门等），为设计人履行合同提供必要的外部条件，以及专用合同条款约定的其他义务。

（2）任命发包人代表

发包人应在专用合同条款中明确其负责工程设计的发包人代表的姓名、职务、联系方式及授权范围等事项。发包人代表在发包人的授权范围内，负责处理合同履行过程中与发包人有关的具体事宜。发包人代表在授权范围内的行为由发包人承担法律责任。发包人更换发包人代表的，应在专用合同条款约定的期限内提前书面通知设计人。发包人代表不能按照合同约定履行其职责及义务，并导致合同无法继续正常履行的，设计人可以要求发包人撤换发包人代表。

（3）提供资料

发包人应按专用合同条款约定的时间向设计人提供工程设计所必需的工程设计资料。

（4）发包人决定

发包人在法律允许的范围内有权对设计人的设计工作、设计项目和（或）设计文件作出处理决定，设计人应按照发包人的决定执行，涉及设计周期或设计费用等问题按通用合同条款【工程设计变更与索赔】的约定处理。发包人应在专用合同条款约定的期限内对设计人书面提出的事项作出书面决定，如发包人不在确定时间内作出书面决定，设计人的设计周期相应延长。

（5）支付合同价款

发包人应按合同约定向设计人及时足额支付合同价款。

（6）接收设计文件

发包人应按合同约定及时接收设计人提交的工程设计文件。

5．设计人及其主要工作

（1）设计人一般义务

设计人应遵守法律和有关技术标准的强制性规定，完成合同约定范围内的专业建设工程初步设计、施工图设计，提供符合技术标准及合同要求的工程设计文件，提供施工配合服务。

设计人应当按照专用合同条款约定配合发包人办理有关许可、核准或备案手续的，因设计人原因造成发包人未能及时办理许可、核准或备案手续，导致设计工作量增加和（或）设计周期延长时，由设计人自行承担由此增加的设计费用和（或）设计周期延长的责任。

设计人应当完成合同约定的工程设计其他服务，以及专用合同条款约定的其他义务。

（2）任命项目负责人

项目负责人应为合同当事人所确认的人选，并在专用合同条款中明确项目负责人的姓名、执业资格及等级与注册执业证书编号或职称、联系方式及授权范围等事项，项目负责人经设计人授权后代表设计人负责履行合同。

设计人需要更换项目负责人的，应在专用合同条款约定的期限内提前书面通知发包人，并征得发包人书面同意。未经发包人书面同意，设计人不得擅自更换项目负责人。设计人擅自更换项目负责人的，应按照专用合同条款的约定承担违约责任。

发包人有权书面通知设计人更换其认为不称职的项目负责人，通知中应当载明要求更换的理由。对于发包人有理由的更换要求，设计人应在收到书面更换通知后在专用合同条款约定的期限内进行更换。设计人无正当理由拒绝更换项目负责人的，应按照专用合同条款的约定承担违约责任。

（3）设计人人员

设计人应在接到开始设计通知后7天内，向发包人提交设计人项目管理机构及人员安排的报告，其内容应包括工艺、土建、设备等专业负责人名单及其岗位、注册执业资格或职称等。

设计人委派到工程设计中的设计人员应相对稳定。设计过程中如有变动，设计人应及时向发包人提交工程设计人员变动情况的报告。设计人更换专业负责人时，应提前7天书面通知发包人。

发包人对于设计人主要设计人员的资格或能力有异议的，设计人应提供资料证明被质疑人员有能力完成其岗位工作或不存在发包人所质疑的情形。发包人要求撤换不能按照合同约定履行职责及义务的主要设计人员的,设计人认为发包人有理由的,应当撤换。设计人无正当理由拒绝撤换的,应按照专用合同条款的约定承担违约责任。

(4)设计分包

设计人不得将其承包的全部工程设计转包给第三人,或将其承包的全部工程设计肢解后以分包的名义转包给第三人。设计人不得将工程主体结构、关键性工作及专用合同条款中禁止分包的工程设计分包给第三人,工程主体结构、关键性工作的范围由合同当事人按照法律规定在专用合同条款中予以明确。设计人不得进行违法分包。

设计人应按专用合同条款的约定或经过发包人书面同意后进行分包,确定分包人。按照合同约定或经过发包人书面同意后进行分包的,设计人应确保分包人具有相应的资质和能力。设计人应按照专用合同条款的约定向发包人提交分包人的主要工程设计人员名单、注册执业资格或职称及执业经历等。工程设计分包不减轻或免除设计人的责任和义务,设计人和分包人就分包工程设计向发包人承担连带责任。

(5)联合体设计

联合体各方应共同与发包人签订合同协议书,联合体各方应为履行合同向发包人承担连带责任。联合体各方应签订联合体协议,约定联合体各成员工作分工,经发包人确认后作为合同附件。在履行合同过程中,未经发包人同意,不得修改联合体协议。联合体牵头人负责与发包人联系,并接受指示,负责组织联合体各成员全面履行合同。

6. 发包人提供资料和设计人提交设计文件

(1)发包人提供资料

发包人提供必需的工程设计资料是设计人开展设计工作的依据之一,发包人提交资料的时间和质量直接影响设计人的工作成果和进度。发包人应当在工程设计前或专用合同条款约定的时间向设计人提供工程设计所必需的工程设计资料,并对所提供资料的真实性、准确性和完整性负责。按照法律规定确需在工程设计开始后方能提供的设计资料,发包人应及时地在相应工程设计文件提交给发包人前的合理期限内提供,合理期限应以不影响设计人的正常设计为限。

发包人提交上述文件和资料超过约定期限的,超过约定期限15天以内,设计人按本合同约定的交付工程设计文件时间相应顺延;超过约定期限15天以外时,设计人有权重新确定提交工程设计文件的时间。工程设计资料逾期提供导致增加了设计工作量的,设计人可以要求发包人另行支付相应设计费用,并相应延长设计周期。

(2)设计人提交设计文件

在建设项目确立以后,工程设计就成为工程建设最关键的环节,建设工程设计文件是设备材料采购、非标准设备制作和工程施工的主要依据，设计文件提交的时间将决定项目实施后续工作的开展，决定了项目整体建设周期的长短。因此，在设计合同中应按照项目整个建设进度的安排、合理的设计周期及各专业设计之间的逻辑关系等，规定分批或分类的工程设计文件提交的名称、份数、时间和地点等。通常，在设计合同专用条款中可用表格的形式对设计人提交的设计文件予以约定。

7. 工程设计文件审查

（1）设计文件的审查期间

设计人的工程设计文件应报发包人审查同意。除专用合同条款对期限另有约定外，自发包人收到设计人的工程设计文件以及设计人的通知之日起，发包人对设计人的工程设计文件审查期不超过15天。发包人不同意工程设计文件的，应以书面形式通知设计人，并说明不符合合同要求的具体内容。设计人应根据发包人的书面说明，对工程设计文件进行修改后重新报送发包人审查，审查期重新起算。合同约定的审查期满，发包人没有作出审查结论也没有提出异议的，视为设计人的工程设计文件已获发包人同意。

（2）发包人对设计文件的审查

设计人的工程设计文件不需要政府有关部门审查或批准的，设计人应当严格按照经发包人审查同意的工程设计文件进行修改，如果发包人的修改意见超出或更改了发包人要求，发包人应当根据合同【工程设计变更与索赔】的约定，向设计人另行支付费用。

（3）政府有关部门对设计文件的审查

工程设计文件需政府有关部门审查或批准的，发包人应在审查同意设计人的工程设计文件后在专用合同条款约定的期限内，向政府有关部门报送工程设计文件，设计人应予以协助。对于政府有关部门的审查意见，不需要修改发包人要求的，设计人需按该审查意见修改设计人的工程设计文件；需要修改发包人要求的，发包人应重新提出发包人要求，设计人应根据新提出的发包人要求修改设计人的工程设计文件，发包人应当根据合同【工程设计变更与索赔】的约定，向设计人另行支付费用。

（4）组织审查会议对工程设计文件进行审查

发包人需要组织审查会议对工程设计文件进行审查的，审查会议的审查形式和时间安排，在专用合同条款中约定。发包人负责组织工程设计文件审查会议，并承担会议费用及发包人的上级单位、政府有关部门参加的审查会议的费用。设计人有义务参加发包人组织的设计审查会议，向审查者介绍、解答、解释其工程设计文件，并提供有关补充资料。设计人有义务按照相关设计审查会议批准的文件和纪要，并依据合同约定及相关技术标准，对工程设计文件进行修改、补充和完善。

工程设计文件的审查，不减轻或免除设计人依据法律应当承担的责任。

8. 设计合同价款与支付

（1）设计合同价款

合同价格又称设计费，是指发包人用于支付设计人按照合同约定完成工程设计范围内全部工作的金额，包括合同履行过程中按合同约定发生的价格变化。签约合同价是指发包人和设计人在合同协议书中确定的总金额。

发包人和设计人应当在专用合同条款中明确约定合同价款各组成部分的具体数额，主要包括：工程设计基本服务费用、工程设计其他服务费用，以及在未签订合同前发包人已经同意或接受或已经使用的设计人为发包人所做的各项工作的相应费用等。

（2）合同价格形式

发包人和设计人应在合同协议书中选择下列一种合同价格形式：

1）单价合同。单价合同是指合同当事人约定以建筑面积（包括地上建筑面积和地下建筑面积）每平方米单价或实际投资总额的一定比例等进行合同价格计算、调整和确认的建设工程设计合同，在约定的范围内合同单价不作调整。合同当事人应在专用合同条款中约定单价包含的风险范围和风险费用的计算方法，并约定风险范围以外的合同价格的调整方法。

2）总价合同。总价合同是指合同当事人约定以发包人提供的上一阶段工程设计文件及有关条件进行合同价格计算、调整和确认的建设工程设计合同，在约定的范围内合同总价不作调整。合同当事人应在专用合同条款中约定总价包含的风险范围和风险费用的计算方法，并约定风险范围以外的合同价格的调整方法。

3）其他价格形式。合同当事人可在专用合同条款中约定其他合同价格形式。

（3）定金或预付款

定金的比例不应超过合同总价款的20%。预付款的比例由发包人与设计人协商确定，一般不低于合同总价款的20%。

定金或预付款的支付按照专用合同条款约定执行。发包人逾期支付定金或预付款超过专用合同条款约定的期限的，设计人有权向发包人发出要求支付定金或预付款的催告通知，发包人收到通知后7天内仍未支付的，设计人有权不开始设计工作或暂停设计工作。

（4）进度款支付

发包人应当按照专用合同条款约定的付款条件及时向设计人支付进度款。在对已付进度款进行汇总和复核中发现错误、遗漏或重复的，发包人和设计人均有权提出修正申请。经发包人和设计人同意的修正，应在下期进度付款中支付或扣除。

（5）合同价款的结算与支付

对于采取固定总价形式的合同，发包人应当按照专用合同条款的约定及时支付尾款。对于采取固定单价形式的合同，发包人与设计人应当按照专用合同条款约定的结算方式及时结清工程设计费，并将结清未支付的款项一次性支付给设计人。对于采取其他价格形式的，也应按专用合同条款的约定及时结算和支付。

9．工程设计变更与索赔

发包人变更工程设计的内容、规模、功能、条件等，应当向设计人提供书面要求，设计人在不违反法律规定以及技术标准强制性规定的前提下应当按照发包人要求变更工程设计。发包人变更工程设计的内容、规模、功能、条件或因提交的设计资料存在错误或作较大修改时，发包人应按设计人所耗工作量向设计人增付设计费，设计人可按合同约定，与发包人协商对合同价格和（或）完工时间作可共同接受的修改。

如果由于发包人要求更改而造成的项目复杂性的变更或性质的变更使得设计人的设计工作减少，发包人可按合同约定，与设计人协商对合同价格和（或）完工时间作可共同接受的修改。

基准日期后，与工程设计服务有关的法律、技术标准的强制性规定的颁布及修改，由此增加的设计费用和（或）延长的设计周期由发包人承担。

如果发生设计人认为有理由提出增加合同价款或延长设计周期要求的事项，除专用合同条款对期限另有约定外，设计人应于该事项发生后5天内书面通知发包人。除专用合同条款对期限另有约定外，在该事项发生后10天内，设计人应向发包人提供证明设计人要求的书面声明，其中包括设计人关于因该事项引起的合同价款和设计周期的变化的详细计算。除专用合同条款对期限另有约定外，发包人应在接到设计人书面声明后的5天内，予以书面答复。逾期未答复的，视为发包人同意设计人关于增加合同价款或延长设计周期的要求。

10．专业责任与保险

设计人应运用一切合理的专业技术和经验知识，按照公认的职业标准尽其全部职责和谨慎、勤勉地履行其在本合同项下的责任和义务。除专用合同条款另有约定外，设计人应具有发包人认可的、履行本合同所需要的工程设计责任保险并使其于合同责任期内保持有效。工程设计责任保险应承担由于设计人的疏忽或过失而引发的工程质量事故所造成的建设工程本身的物质损失以及第三者人身伤亡、财产损失或费用的赔偿责任。

11．双方违约责任

（1）发包人违约责任

1）合同生效后，发包人因非设计人原因要求终止或解除合同，设计人未开始设计工作的，不退还发包人已付的定金或发包人按照专用合同条款的约定向设计人支付违约金；已开始设计工作的，发包人应按照设计人已完成的实际工作量计算设计费，完成工作量不足一半时，按该阶段设计费的一半支付设计费；超过一半时，按该阶段设计费的全部支付设计费。

2）发包人未按专用合同条款约定的金额和期限向设计人支付设计费的，应按专用合同条款约定向设计人支付违约金。逾期超过15天时，设计人有权书面通知发包人中止设计工作。自中止设计工作之日起15天内发包人支付相应费用的，设计人应及时根据发包人要求恢复设计工作；自中止设计工作之日起超过15天后发包人支付相应费用的，设计人有权确定重新恢复设计工作的时间，且设计周期相应延长。

3）发包人的上级或设计审批部门对设计文件不进行审批或本合同工程停建、缓建，发包人应在事件发生之日起15天内按通用合同条款【合同解除】的约定向设计人结算并支付设计费。

4）发包人擅自将设计人的设计文件用于本工程以外的工程或交第三方使用时，应承担相应法律责任，并应赔偿设计人因此遭受的损失。

（2）设计人违约责任

1）合同生效后，设计人因自身原因要求终止或解除合同，设计人应按发包人已支付的定金金额双倍返还给发包人或设计人按照专用合同条款的约定向发包人支付违约金。

2）由于设计人原因，未按专用合同条款约定的时间交付工程设计文件的，应按专用合同条款的约定向发包人支付违约金，前述违约金经双方确认后可在发包人应付设计费中扣减。

3）设计人对工程设计文件出现的遗漏或错误负责修改或补充。由于设计人原因产生的设计问题造成工程质量事故或其他事故时，设计人除负责采取补救措施外，应当通过所投建设工程设计责任保险向发包人承担赔偿责任或者根据直接经济损失程度按专用合同条款约定向发包人支付赔偿金。

4）设计人未经发包人同意擅自对工程设计进行分包的，发包人有权要求设计人解除未经发包人同意的设计分包合同，设计人应当按照专用合同条款的约定承担违约责任。

5.2.4 建设工程勘察设计合同管理

1．勘察设计合同的签订程序

勘察设计合同的当事人双方进行协商，就合同的各项条款取得一致意见。合同双方法人代表或其指定的代理人在合同文本上签字，并加盖各自单位法人公章，合同生效。

根据《建设工程勘察设计管理条例》第12条规定，建设工程勘察设计发包依法实行招标发包或直接发包。按照《招标投标法》第3条规定，在中华人民共和国境内进行下列工程建设项目的勘察设计必须进行招标：①大型基础设施、公用事业等关系社会公共利益、公众安全的项目；②全部或者部分使用国有资金投资或者国家融资的项目；③使用国际组织或者外国政府贷款、援助资金的项目。《必须招标的工程项目规定》进一步明确，勘察、设计服务的采购必须招标的项目，是上述三类项目中合同估算价在100万元人民币以上的项目。

2．勘察设计过程中的合同管理

勘察设计合同的双方当事人都应重视合同管理工作，应建立自己的合同管理专门机构，负责勘察设计合同的起草、协商和签订工作，同时在每个勘察设计项目中指定合同管理人员参加设计项目管理班子，专门负责勘察设计合同的实施控制和管理。

招标人员也应该跟踪勘察设计合同的履行过程，了解实施过程中因招标投标工作而导致的问题、矛盾和纠纷，及时总结经验，提高勘察设计的招标工作水平和质量。

（1）合同资料文档管理

合同资料文档管理是合同管理的一个基本业务。勘察设计中主要合同资料包括：

1）勘察设计招标投标文件（如果有的话）。

2）中标通知书（如果有的话）。

3）勘察设计合同及附件，包括：委托设计任务书、工程设计收费表、补充协议书等。

4）发包人的各种指令、签证，双方的往来书信和电函，会谈纪要等。

5）各种变更指令、变更申请和变更记录等。

6）各种检测、试验和鉴定报告等。

7）勘察设计文件。

8）勘察设计工作的各种报表、报告等。

9）政府部门和上级机构的各种批文、文件和签证等。

（2）设计进度管理

1）工程设计进度计划

设计人应按照专用合同条款约定提交工程设计进度计划，经发包人批准后实施。工程设计进度计划是控制工程设计进度的依据，发包人有权按照工程设计进度计划中列明的关键性控制节点检查工程设计进度情况。工程设计进度计划中的设计周期应由发包人与设计人协商确定，明确约定各阶段设计任务的完成时间区间。

工程设计进度计划不符合合同要求或与工程设计的实际进度不一致的，设计人应向发包人提交修订的工程设计进度计划，并附具有关措施和相关资料。除专用合同条款对期限另有约定外，发包人应在收到修订的工程设计进度计划后及时完成审核和批准或提出修改意见，否则视为发包人同意设计人提交的修订的工程设计进度计划。

2）工程设计开始

发包人应按照法律规定获得工程设计所需的许可。发包人发出的开始设计通知应符合法律规定，一般应在计划开始设计日期7天前向设计人发出开始工程设计工作通知，工程设计周期自开始设计通知中载明的开始设计的日期起算。

设计人应当在收到发包人提供的工程设计资料及专用合同条款约定的定金或预付款后，开始工程设计工作。各设计阶段的开始时间均以设计人收到的发包人发出开始设计工作书面通知书中载明的开始设计的日期起算。

3）工程设计进度延误

发包人导致工程设计进度延误的情形主要有：

① 发包人未能按合同约定提供工程设计资料或所提供的工程设计资料不符合合同约定或存在错误或疏漏的。

② 发包人未能按合同约定日期足额支付定金或预付款、进度款的。

③ 发包人提出影响设计周期的设计变更要求的。

④ 专用合同条款中约定的其他情形。

发包人上述工程设计进度延误情形导致增加了设计工作量的，发包人应当另行支付相应设计费用。

因设计人原因导致工程设计进度延误的，设计人应当按照合同条款约定承担违约责任。设计人支付逾期完成工程设计违约金后，不免除设计人继续完成工程设计的义务。

4）暂停设计

① 发包人原因引起的暂停设计。因发包人原因引起暂停设计的，发包人应及时下达暂停设计指示。因发包人原因引起的暂停设计，发包人应承担由此增加的设计费用和（或）延长的设计周期。

② 设计人原因引起的暂停设计。因设计人原因引起的暂停设计，设计人应当尽快向发包人发出书面通知并按合同约定承担责任，且设计人在收到发包人复工指示后15天内仍未复工的，视为设计人无法继续履行合同的情形，设计人应按合同约定解除合同并承担责任。

③ 其他原因引起的暂停设计。当出现非设计人原因造成的暂停设计，设计人应当尽快向发包人发出书面通知。设计人的设计周期应当相应延长，导致设计人增加设计工作量的，发包人应当另行支付相应设计费用。

④ 暂停设计后的复工。暂停设计后，发包人和设计人应采取有效措施积极消除暂停设计的影响。当工程具备复工条件时，发包人向设计人发出复工通知，设计人应按照复工通知要求复工。

5）提前交付工程设计文件

发包人要求设计人提前交付工程设计文件的，发包人应向设计人下达提前交付工程设计文件指示，设计人应向发包人提交提前交付工程设计文件建议书，提前交付工程设计文件建议书应包括实施的方案、缩短的时间、增加的合同价格等内容。发包人接受该提前交付工程设计文件建议书的，发包人和设计人协商采取加快工程设计进度的措施，并修订工程设计进度计划，由此增加的设计费用由发包人承担。设计人认为提前交付工程设计文件的指示无法执行的，应向发包人提出书面异议，发包人应在收到异议后7天内予以答复。任何情况下，发包人不得压缩合理设计周期。

发包人要求设计人提前交付工程设计文件，或设计人提出提前交付工程设计文件的建议能够给发包人带来效益的，合同当事人可以在专用合同条款中约定提前交付工程设计文件的奖励。

（3）合同实施的跟踪与监督

在发包人方面，合同的跟踪与监督就是掌握勘察人（设计人）勘察设计工作的进程，监督其是否按合同进度和合同规定的质量标准进行，发现拖延应立即督促勘察人（设计人）进行弥补，以保证勘察设计工作能够按期按质完成。同时，也应及时将本方的合同变更指令通知对方。

在勘察人（设计人）方面，合同的跟踪与监督就是对合同实施情况进行跟踪，将实际情况和合同资料进行对比分析，发现偏差。合同管理人员应及时将合同的偏差信息及原因分析结果和建议提供给勘察设计项目的负责人，以便及早采取措施，调整偏差。同时，合同管理人员应及时将发包人的变更指令传达到本方勘察设计项目负责人或直接传达给各专业勘察设计部门和人员。

（4）合同变更管理

勘察设计合同的变更表现为设计图纸和说明的非勘察设计错误的修改、勘察设计进度计划的变动、勘察设计规范的改变、增减合同中约定的勘察设计工作量等。这些变更导致了合同双方的责任变化。例如，由于发包人产生了新的想法，要求设计人对按合同进度计划已完的设计图纸进行返工修改，这就增加了设计人的合同责任及费用开支，并拖延了设计进度。对此，发包人应给予设计人应得的补偿，这往往又是引起双方合同纠纷的原因。在合同变更管理中要注意以下几个方面：

1）应尽快提出或下达变更要求或指令。因为时间拖得越长，造成的损失越多，双方的争执越大。

2）应迅速而全面地落实和执行变更指令。对于勘察人（设计人）来说，迅速地执行发包人的变更指令，调整工作部署，可以减少费用和时间的浪费。这种浪费往往被认为是勘察人（设计人）管理失误造成的，难以得到补偿。

3）应严格遵守变更程序。即变更指令应以书面形式下达，如果是口头指令，勘察人（设计人）应在指令执行后立即得到发包人的书面认可。若非紧急情况，双方应首先签署变更协议，对变更的内容、变更后的费用与工期的补偿达成一致意见后，再下达变更指令。

5.3 工程监理合同及管理

5.3.1 监理合同概述

1. 监理合同概念和特点

工程监理委托合同是工程建设单位（委托方）与监理单位（受托人）为完成特定建设工程项目的监理任务，明确相互权利和义务关系的协议。在监理工中，监理人员以其专业知识、经验、技能受业主委托为其所签订的其他合同的履行实施监督和管理，监理人员为委托人提供监理服务，监理合同的法律性质为委托合同。监理合同的标的是发包人委托监理人处理的事务。

《建筑法》第30条规定，国家推行建筑工程监理制度。国务院可以规定实行强制监理的建筑工程的范围。按照法律行政法规规定，必须实行监理的五类建设工程项目包含：国家重点建设工程；大中型公用事业工程；成片开发建设的住宅小区工程；利用外国政府或者国际组织贷款、援助资金的工程；国家规定必须实行监理的其他工程。

工程监理单位应当在其资质等级许可的监理范围内，承担工程监理业务。工程监理单位与被监理工程的承包单位以及建筑材料、建筑构配件和设备供应单位不得有隶属关系或者其他利害关系，且工程监理单位不得转让工程监理业务。

监理人应当代表发包人依法对建设工程的设计要求和施工质量、工期和资金等方面进行监督。根据《建设工程质量管理条例》规定，工程监理单位应当选派具备相应资格的总监理工程师和监理工程师进驻施工现场。未经监理工程师签字，建筑材料、建筑构配件和设备不得在工程上使用或者安装，施工单位不得进行下一道工序的施工。未经总监理工程师签字，建设单位不拨付工程款，不进行竣工验收。

2．监理合同示范文本

2012年3月27日，住房城乡建设部与国家工商行政管理总局联合发布了《建设工程监理合同（示范文本）》GF-2012-0202，适用于包括房屋建筑、市政工程等14个专业工程类别的建设工程项目。根据《建设工程监理合同（示范文本）》GF-2012-0202规定，监理合同文件一般由协议书、中标通知书（适用于招标工程）或委托书（适用于非招标工程）、投标文件（适用于招标工程）或监理与相关服务建议书（适用于非招标工程）、专用条件、通用条件和附录等六部分组成。

（1）监理投标书。这里的工程监理投标书是指中标人的投标书。工程监理投标书中的投标函及监理大纲是整个投标文件中具有实质性意义的内容。投标函是监理取费的要约和对监理招标文件的响应；而投标监理大纲则是投标人履行监理合同、开展监理工作的具体方法、措施以及人员装备的计划，是投标人为了取得监理报酬而承诺的付出和义务。

（2）中标通知书。监理中标通知书是招标人对监理中标人在投标书中所作要约的全盘接受，是对中标人要约的承诺。中标通知书一旦送达中标人，就和中标人的投标书一同构成了对双方都有法律约束力的文件。直到正式的监理合同签订，中标通知书和投标书都是维系和制约监理招投标双方的文件。

（3）监理合同协议书。监理合同协议书是确定合同关系的总括性文件，定义了监理委托人和监理人，界定了监理项目及监理合同文件构成，原则性地约定了双方的义务，规定了合同的履行期。最后由双方法定代表人或其代理人签章并盖法人章后合同正式成立。

2017年9月4日，国家发展和改革委员会等九部委联合印发了《标准监理招标文件》等五个标准招标文件的通知（发改法规［2017］1606号），编制了《标准监理招标文件》等五个标准文件。该《标准文件》适用于依法必须招标的与工程建设有关的设备、材料等货物项目和勘察、设计、监理等服务项目。《标准监理招标文件》中的第四章包含了合同条款及格式，由通用合同条款、专用合同条款和合同附件格式三部分组成。

5.3.2 监理合同的主要内容

以下按照《建设工程监理合同（示范文本）》GF-2012-0202的通用条款，以及结合建设工程监理的实践，介绍监理合同的主要内容。

1. 监理人的义务

（1）监理的范围和工作内容

监理人应认真、勤奋工作，完成监理合同约定的监理范围内的工作内容。相关服务的范围和内容在附录A中约定。除专用条件另有约定外，监理工作内容包括：

1）收到工程设计文件后编制监理规划，并在第一次工地会议7天前报委托人。根据有关规定和监理工作需要，编制监理实施细则。

2）熟悉工程设计文件，并参加由委托人主持的图纸会审和设计交底会议。

3）参加由委托人主持的第一次工地会议；主持监理例会并根据工程需要主持或参加专题会议。

4）审查施工承包人提交的施工组织设计，重点审查其中的质量安全技术措施、专项施工方案与工程建设强制性标准的符合性。

5）检查施工承包人工程质量、安全生产管理制度及组织机构和人员资格。

6）检查施工承包人专职安全生产管理人员的配备情况。

7）审查施工承包人提交的施工进度计划，核查承包人对施工进度计划的调整。

8）检查施工承包人的试验室。

9）审核施工分包人资质条件。

10）查验施工承包人的施工测量放线成果。

11）审查工程开工条件，对条件具备的签发开工令。

12）审查施工承包人报送的工程材料、构配件、设备质量证明文件的有效性和符合性，并按规定对用于工程的材料采取平行检验或见证取样方式进行抽检。

13）审核施工承包人提交的工程款支付申请，签发或出具工程款支付证书，并报委托人审核、批准。

14）在巡视、旁站和检验过程中，发现工程质量、施工安全存在事故隐患的，要求施工承包人整改并报委托人。

15）经委托人同意，签发工程暂停令和复工令。

16）审查施工承包人提交的采用新材料、新工艺、新技术、新设备的论证材料及相关验收标准。

17）验收隐蔽工程、分部分项工程。

18）审查施工承包人提交的工程变更申请，协调处理施工进度调整、费用索赔、合同争议等事项。

19）审查施工承包人提交的竣工验收申请，编写工程质量评估报告。

20）参加工程竣工验收，签署竣工验收意见。

21）审查施工承包人提交的竣工结算申请并报委托人。

22）编制、整理工程监理归档文件并报委托人。

（2）监理与相关服务依据

监理依据包括：

1）适用的法律、行政法规及部门规章。

2）与工程有关的标准。

3）工程设计及有关文件。

4）本合同及委托人与第三方签订的与实施工程有关的其他合同。

双方应根据工程的行业和地域特点，在专用条件中具体约定监理依据。相关服务依据在专用条件中约定。

（3）项目监理机构和人员

监理人应组建满足工作需要的项目监理机构，配备必要的检测设备。项目监理机构的主要人员应具有相应的资格条件。本合同履行过程中，总监理工程师及重要岗位监理人员应保持相对稳定，以保证监理工作正常进行。

监理人可根据工程进展和工作需要调整项目监理机构人员。监理人更换总监理工程师时，应提前7天向委托人书面报告，经委托人同意后方可更换；监理人更换项目监理机构其他监理人员，应以相当资格与能力的人员替换，并通知委托人。监理人应及时更换有下列情形之一的监理人员：

1）严重过失行为的。

2）有违法行为不能履行职责的。

3）涉嫌犯罪的。

4）不能胜任岗位职责的。

5）严重违反职业道德的。

6）专用条件约定的其他情形。

委托人可要求监理人更换不能胜任本职工作的项目监理机构人员。

（4）履行职责

监理人应遵循职业道德准则和行为规范，严格按照法律法规、工程建设有关标准及本合同履行职责。在监理与相关服务范围内，委托人和承包人提出的意见和要求，监理人应及时提出处置意见。当委托人与承包人之间发生合同争议时，监理人应协助委托人、承包人协商解决。当委托人与承包人之间的合同争议提交仲裁机构仲裁或人民法院审理时,监理人应提供必要的证明资料。

监理人应在专用条件约定的授权范围内,处理委托人与承包人所签订合同的变更事宜。如果变更超过授权范围,应以书面形式报委托人批准。在紧急情况下,为了保护财产和人身安全,监理人所发出的指令未能事先报委托人批准时,应在发出指令后的24小时内以书面形式报委托人。

除专用条件另有约定外,监理人发现承包人的人员不能胜任本职工作的,有权要求承包人予以调换。

(5)提交报告

监理人应按专用条件约定的种类(包括监理规划、监理月报及约定的专项报告等)、时间和份数向委托人提交监理与相关服务的报告。

(6)文件资料

在本合同履行期内,监理人应在现场保留工作所用的图纸、报告及记录监理工作的相关文件。工程竣工后,应当按照档案管理规定将监理有关文件归档。

(7)使用委托人的财产

监理人无偿使用附录B中由委托人派遣的人员和提供的房屋、资料、设备。除专用条件另有约定外,委托人提供的房屋、设备属于委托人的财产,监理人应妥善使用和保管,在本合同终止时将这些房屋、设备的清单提交委托人,并按专用条件约定的时间和方式移交。

2. 委托人的义务

(1)告知

委托人应在委托人与承包人签订的合同中明确监理人、总监理工程师和授予项目监理机构的权限。如有变更,应及时通知承包人。

(2)提供资料

委托人应按照附录B约定,无偿向监理人提供工程有关的资料。在本合同履行过程中,委托人应及时向监理人提供最新的与工程有关的资料。

(3)提供工作条件

委托人应为监理人完成监理与相关服务提供必要的条件。委托人应按照附录B约定,派遣相应的人员,提供房屋、设备,供监理人无偿使用。委托人应负责协调工程建设中所有外部关系,为监理人履行本合同提供必要的外部条件。

(4)委托人代表

委托人应授权一名熟悉工程情况的代表,负责与监理人联系。委托人应在双方签订本合同后7天内,将委托人代表的姓名和职责书面告知监理人。当委托人更换委托人代表时,应提前7天通知监理人。

(5)委托人意见或要求

在本合同约定的监理与相关服务工作范围内,委托人对承包人的任何意见或要求应通知监理人,由监理人向承包人发出相应指令。

（6）答复

委托人应在专用条件约定的时间内，对监理人以书面形式提交并要求作出决定的事宜，给予书面答复。逾期未答复的，视为委托人认可。

（7）支付

委托人应按本合同约定，向监理人支付酬金。

3．违约责任

（1）监理人的违约责任

监理人未履行本合同义务的，应承担相应的责任。因监理人违反本合同约定给委托人造成损失的，监理人应当赔偿委托人损失。赔偿金额的确定方法在专用条件中约定。监理人承担部分赔偿责任的，其承担赔偿金额由双方协商确定。监理人向委托人的索赔不成立时，监理人应赔偿委托人由此发生的费用。监理人赔偿金额可按下列方法确定：

赔偿金＝直接经济损失×正常工作酬金÷工程概算投资额（或建筑安装工程费）

（2）委托人的违约责任

委托人未履行本合同义务的，应承担相应的责任。委托人违反本合同约定造成监理人损失的，委托人应予以赔偿。委托人向监理人的索赔不成立时，应赔偿监理人由此引起的费用。委托人未能按期支付酬金超过28天，应按专用条件约定支付逾期付款利息。委托人逾期付款利息按下列方法确定：

逾期付款利息＝当期应付款总额×银行同期贷款利率×拖延支付天数

（3）除外责任

因非监理人的原因，且监理人无过错，发生工程质量事故、安全事故、工期延误等造成的损失，监理人不承担赔偿责任。因不可抗力导致本合同全部或部分不能履行时，双方各自承担其因此而造成的损失、损害。

4．支付

（1）支付货币

除专用条件另有约定外，酬金均以人民币支付。涉及外币支付的，所采用的货币种类、比例和汇率在专用条件中约定。

（2）支付申请

监理人应在合同约定的每次应付款时间的7天前，向委托人提交支付申请书。支付申请书应当说明当期应付款总额，并列出当期应支付的款项及其金额。

（3）支付酬金

支付的酬金包括正常工作酬金、附加工作酬金、合理化建议奖励金额及费用。

（4）有争议部分的付款

委托人对监理人提交的支付申请书有异议时，应当在收到监理人提交的支付申请书后7天内，以书面形式向监理人发出异议通知。无异议部分的款项应按期支付，有异议部分的款项按合同争议条款约定办理。

5. 合同生效、变更、暂停与解除、终止

（1）生效

除法律另有规定或者专用条件另有约定外，委托人和监理人的法定代表人或其授权代理人在协议书上签字并盖单位章后本合同生效。

（2）变更

任何一方提出变更请求时，双方经协商一致后可进行变更。

除不可抗力外，因非监理人原因导致监理人履行合同期限延长、内容增加时，监理人应当将此情况与可能产生的影响及时通知委托人。增加的监理工作时间、工作内容应视为附加工作。附加工作酬金的确定方法在专用条件中约定。除不可抗力外，因非监理人原因导致本合同期限延长时，附加工作酬金可按下列方法确定：

附加工作酬金＝本合同期限延长时间（天）×正常工作酬金
÷协议书约定的监理与相关服务期限（天）

合同生效后，如果实际情况发生变化使得监理人不能完成全部或部分工作时，监理人应立即通知委托人。除不可抗力外，其善后工作以及恢复服务的准备工作应为附加工作，附加工作酬金的确定方法在专用条件中约定。监理人用于恢复服务的准备时间不应超过28天。除不可抗力外，其善后工作以及恢复服务的附加工作酬金可按下列方法确定：

附加工作酬金＝善后工作及恢复服务的准备工作时间（天）×正常工作酬金
÷协议书约定的监理与相关服务期限（天）

因非监理人原因造成工程概算投资额或建筑安装工程费增加时，正常工作酬金应作相应调整。调整方法在专用条件中约定。因工程规模、监理范围的变化导致监理人的正常工作量减少时，正常工作酬金应作相应调整。调整方法在专用条件中约定。正常工作酬金增加额按下列方法确定：

正常工作酬金增加额＝工程投资额或建筑安装工程费增加额×正常工作酬金
÷工程概算投资额（或建筑安装工程费）

因工程规模、监理范围的变化导致监理人的正常工作量减少时，按减少工作量的比例从协议书约定的正常工作酬金中扣减相同比例的酬金。

合同签订后，遇有与工程相关的法律法规、标准颁布或修订的，双方应遵照执行。由此引起监理与相关服务的范围、时间、酬金变化的，双方应通过协商进行相应调整。

（3）暂停与解除

除双方协商一致可以解除本合同外，当一方无正当理由未履行本合同约定的义务时，另一方可以根据本合同约定暂停履行本合同直至解除本合同。

在本合同有效期内，由于双方无法预见和控制的原因导致本合同全部或部分无法继续履行或继续履行已无意义，经双方协商一致，可以解除本合同或监理人的部分义务。在解除之前，监理人应作出合理安排，使开支减至最小。因解除本合同或解除监理人的部分义务导致监理人遭受的损失，除依法可以免除责任的情况外，应由委托人予以补偿，补偿金额由双方协商确定。解除本合同的协议必须采取书面形式，协议未达成之前，本合同仍然有效。

在本合同有效期内，因非监理人的原因导致工程施工全部或部分暂停，委托人可通知监理人要求暂停全部或部分工作。监理人应立即安排停止工作，并将开支减至最小。除不可抗力外，由此导致监理人遭受的损失应由委托人予以补偿。

暂停部分监理与相关服务时间超过182天，监理人可发出解除本合同约定的该部分义务的通知；暂停全部工作时间超过182天，监理人可发出解除本合同的通知，本合同自通知到达委托人时解除。委托人应将监理与相关服务的酬金支付至本合同解除日，且应承担约定的责任。

当监理人无正当理由未履行本合同约定的义务时，委托人应通知监理人限期改正。若委托人在监理人接到通知后的7天内未收到监理人书面形式的合理解释，则可在7天内发出解除本合同的通知，自通知到达监理人时本合同解除。委托人应将监理与相关服务的酬金支付至限期改正通知到达监理人之日，但监理人应承担合同约定的违约责任。

监理人在专用条件约定的支付之日起28天后仍未收到委托人按本合同约定应付的款项，可向委托人发出催付通知。委托人接到通知14天后仍未支付或未提出监理人可以接受的延期支付安排，监理人可向委托人发出暂停工作的通知并可自行暂停全部或部分工作。暂停工作后14天内监理人仍未获得委托人应付酬金或委托人的合理答复，监理人可向委托人发出解除本合同的通知，自通知到达委托人时本合同解除。委托人应承担合同约定的违约责任。

因不可抗力致使本合同部分或全部不能履行时，一方应立即通知另一方，可暂停或解除本合同。本合同解除后，本合同约定的有关结算、清理、争议解决方式的条件仍然有效。

（4）终止

以下条件全部满足时，本合同即告终止：①监理人完成本合同约定的全部工作；②委托人与监理人结清并支付全部酬金。

6．争议解决

可通过协商、调解、仲裁或诉讼等方式处理双方的争议。

7．其他规定

（1）外出考察费用

经委托人同意，监理人员外出考察发生的费用由委托人审核后支付。

（2）检测费用

委托人要求监理人进行的材料和设备检测所发生的费用，由委托人支付，支付时间在专用条件中约定。

（3）咨询费用

经委托人同意，根据工程需要由监理人组织的相关咨询论证会以及聘请相关专家等发生的费用由委托人支付，支付时间在专用条件中约定。

（4）奖励

监理人在服务过程中提出的合理化建议，使委托人获得经济效益的，双方在专用条件中约定奖励金额的确定方法。奖励金额在合理化建议被采纳后，与最近一期的正常工作酬金同期支付。合理化建议的奖励金额可按下列方法确定：

$$奖励金额＝工程投资节省额×奖励金额的比率$$

在专用条件中明确奖励金额的比率。

（5）守法诚信

监理人及其工作人员不得从与实施工程有关的第三方处获得任何经济利益。

（6）保密

双方不得泄露对方申明的保密资料，亦不得泄露与实施工程有关的第三方所提供的保密资料，保密事项在专用条件中约定，如委托人申明的保密事项和期限、监理人申明的保密事项和期限、第三方申明的保密事项和期限。

（7）通知

本合同涉及的通知均应当采用书面形式，并在送达对方时生效，收件人应书面签收。

（8）著作权

监理人对其编制的文件拥有著作权。监理人可单独或与他人联合出版有关监理与相关服务的资料。除专用条件另有约定外，如果监理人在本合同履行期间及本合同终止后两年内出版涉及本工程的有关监理与相关服务的资料，应当征得委托人的同意。

5.4 工程施工合同及管理

5.4.1 工程施工合同管理概述

1. 工程施工合同的概念

工程施工合同是发包人（建设单位、业主或总包单位）与承包人（施工单位）之间为完成商定的建设工程项目，确定双方权利和义务的协议。建设工程施工合同也称为建筑安装承包合同，建筑是指对工程进行营造的行为，安装主要是指与工程有关的线路、管道、设备等设施的装配。依照施工合同，承包人应完成一定的建筑、安装工程任务，发包人应提供必要的施工条件并支付工程价款。

施工合同的当事人是发包人和承包人，双方是平等的民事主体，双方签订施工合同，必须具备相应资质条件和履行施工合同的能力。发包人是指在协议书中约定、具有工程发包主体资格和支付工程价款能力的当事人以及取得该当事人资格的合法继承人。承包人是指在协议书中约定、被发包人接受的具有工程施工承包主体资格的当事人以及取得该当事人资格的合法继承人。承包人必须具备有关部门核定的资质等级并持有营业执照等证明文件。

2．工程施工合同订立

订立施工合同应具备的条件有：初步设计已经批准；工程项目已经列入年度建设计划；有能够满足施工需要的设计文件和有关技术资料；建设资金和主要建筑材料设备来源已经落实；对于招投标工程，中标通知书已经下达。

3．工程施工合同示范文本

2007年11月1日，国家发展和改革委员会等九部委联合发布了《标准施工招标文件》及附件，要求从2008年5月1日开始在政府投资项目中施行，该标准施工招标文件中的合同条款及格式包括：通用条款、专用条款和合同附件格式（包括合同协议书、履约担保格式、预付款担保格式）。

2013年，住房城乡建设部和国家工商行政管理总局颁布了新的《建设工程施工合同（示范文本）》GF-2013-0201，2017年又根据最新的法律法规和建筑业发展的实际情况，颁布了最新的《建设工程施工合同（示范文本）》GF-2017-0201，以下简称《2017版施工合同》。该文本适用于房屋建筑工程、土木工程、线路管道和设备安装工程、装修工程等建设工程的施工承发包活动。《2017版施工合同》由合同协议书、通用合同条款和专用合同条款三部分组成。

5.4.2 建设工程施工合同的主要内容

本节按照《建设工程施工合同（示范文本）》GF-2017-0201介绍通用条款的主要内容。

1．一般约定

（1）词语定义与解释

合同协议书、通用合同条款、专用合同条款中的下列词语具有本款所赋予的含义，包括：合同、合同当事人及其他相关方、工程和设备、日期和期限、合同价格和费用、其他共6大类45个词语。

（2）合同文件及优先顺序

组成合同的各项文件应互相解释，互为说明。除专用合同条款另有约定外，解释合同文件的优先顺序如下：

1）合同协议书。

2）中标通知书（如果有）。

3）投标函及其附录（如果有）。

4）专用合同条款及其附件。

5）通用合同条款。

6）技术标准和要求；在专用条款中约定。

7）图纸。

8）已标价工程量清单或预算书。

9）其他合同文件。

上述各项合同文件包括合同当事人就该项合同文件所作出的补充和修改，属于同一类内容的文件，应以最新签署的为准。

在合同订立及履行过程中形成的与合同有关的文件均构成合同文件组成部分，并根据其性质确定优先解释顺序。

合同以中国的汉语简体文字编写、解释和说明。合同当事人在专用合同条款中约定使用两种以上语言时，汉语为优先解释和说明合同的语言。

（3）图纸和承包人文件

1）图纸的提供和交底

发包人应按照专用合同条款约定的期限、数量和内容向承包人免费提供图纸，并组织承包人、监理人和设计人进行图纸会审和设计交底。发包人至迟不得晚于本通用条款【开工通知】载明的开工日期前14天向承包人提供图纸。因发包人未按合同约定提供图纸导致承包人费用增加和（或）工期延误的，按照本通用条款【因发包人原因导致工期延误】约定办理。

2）图纸的错误

承包人在收到发包人提供的图纸后，发现图纸存在差错、遗漏或缺陷的，应及时通知监理人。监理人接到该通知后，应附具相关意见并立即报送发包人。发包人应在收到监理人报送通知后的合理时间内作出决定。合理时间是指发包人在收到监理人的报送通知后，尽其努力且不懈怠地完成图纸修改补充所需的时间。

3）图纸的修改和补充

图纸需要修改和补充的，应经图纸原设计人及审批部门同意，并由监理人在工程或工程相应部位施工前将修改后的图纸或补充图纸提交给承包人，承包人应按修改或补充后的图纸施工。

4）承包人文件

承包人应按照专用合同条款的约定提供应当由其编制的与工程施工有关的文件，并按照专用合同条款约定的期限、数量和形式提交监理人，由监理人报送发包人。除专用合同条款另有约定外，监理人应在收到承包人文件后7天内审查完毕，监理人对承包人文件有异议的，承包人应予以修改，并重新报送监理人。监理人的审查并不减轻或免除承包人根据合同约定应当承担的责任。

5）图纸和承包人文件的保管

除专用合同条款另有约定外，承包人应在施工现场另外保存一套完整的图纸和承包人文件，供发包人、监理人及有关人员进行工程检查时使用。

（4）联络

1）联络形式

与合同有关的通知、批准、证明、证书、指示、指令、要求、请求、同意、意见、确定和决定等，均应采用书面形式，并应在合同约定的期限内送达接收人和送达地点。

2）联络人和地点

发包人和承包人应在专用合同条款中约定各自的送达接收人和送达地点。任何一方合同当事人指定的接收人或送达地点发生变动的，应提前3天以书面形式通知对方。

3）有关责任

发包人和承包人应当及时签收另一方送达至送达地点和指定接收人的来往信函。拒不签收的，由此增加的费用和（或）延误的工期由拒绝接收一方承担。

（5）严禁贿赂

合同当事人不得以贿赂或变相贿赂的方式，谋取非法利益或损害对方权益。因一方合同当事人的贿赂造成对方损失的，应赔偿损失，并承担相应的法律责任。

承包人不得与监理人或发包人聘请的第三方串通损害发包人利益。未经发包人书面同意，承包人不得为监理人提供合同约定以外的通信设备、交通工具及其他任何形式的利益，不得向监理人支付报酬。

（6）交通运输

1）出入现场的权利

除专用合同条款另有约定外，发包人应根据施工需要，负责取得出入施工现场所需的批准手续和全部权利，以及取得因施工所需修建道路、桥梁以及其他基础设施的权利，并承担相关手续费用和建设费用。承包人应协助发包人办理修建场内外道路、桥梁以及其他基础设施的手续。承包人应在订立合同前查勘施工现场，并根据工程规模及技术参数合理预见工程施工所需的进出施工现场的方式、手段、路径等。因承包人未合理预见所增加的费用和（或）延误的工期由承包人承担。

2）场外交通

发包人应提供场外交通设施的技术参数和具体条件，承包人应遵守有关交通法规，严格按照道路和桥梁的限制荷载行驶，执行有关道路限速、限行、禁止超载的规定，并配合交通管理部门的监督和检查。场外交通设施无法满足工程施工需要的，由发包人负责完善并承担相关费用。

3）场内交通

发包人应提供场内交通设施的技术参数和具体条件，并应按照专用合同条款的约定向承包人免费提供满足工程施工所需的场内道路和交通设施。因承包人原因造成上述道路或交通设施损坏的，承包人负责修复并承担由此增加的费用。除发包人按照合同约定提供的场内道路和交通设施外，承包人负责修建、维修、养护和管理施工所需的其他场内临时道路和交通设施。发包人和监理人可以为实现合同目的使用承包人修建的场内临时道路和交通设施。

场外交通和场内交通的边界由合同当事人在专用合同条款中约定。

4）超大件和超重件的运输

由承包人负责运输的超大件或超重件，应由承包人负责向交通管理部门办理申请手续，发包人给予协助。运输超大件或超重件所需的道路和桥梁临时加固改造费用和其他有关费用，由承包人承担，但专用合同条款另有约定除外。

5）道路和桥梁的损坏责任

因承包人运输造成施工场地内外公共道路和桥梁损坏的，由承包人承担修复损坏的全部费用和可能引起的赔偿。

6）水路和航空运输

本款前述各项的内容适用于水路运输和航空运输，其中"道路"一词的含义包括河道、航线、船闸、机场、码头、堤防以及水路或航空运输中其他相似结构物；"车辆"一词的含义包括船舶和飞机等。

（7）知识产权

1）知识产权认定和使用要求

除专用合同条款另有约定外，发包人提供给承包人的图纸、发包人为实施工程自行编制或委托编制的技术规范以及反映发包人要求的或其他类似性质文件的著作权属于发包人，承包人可以为实现合同目的而复制、使用此类文件，但不能用于与合同无关的其他事项。未经发包人书面同意，承包人不得为了合同以外的目的而复制、使用上述文件或将之提供给任何第三方。

除专用合同条款另有约定外，承包人为实施工程所编制的文件，除署名权以外的著作权属于发包人，承包人可因实施工程的运行、调试、维修、改造等目的而复制、使用此类文件，但不能用于与合同无关的其他事项。未经发包人书面同意，承包人不得为了合同以外的目的而复制、使用上述文件或将之提供给任何第三方。

2）有关责任

合同当事人保证在履行合同过程中不侵犯对方及第三方的知识产权。承包人在使用材料、施工设备、工程设备或采用施工工艺时，因侵犯他人的专利权或其他知识产权所引起的责任，由承包人承担；因发包人提供的材料、施工设备、工程设备或施工工艺导致侵权的，由发包人承担责任。

除专用合同条款另有约定外，承包人在合同签订前和签订时已确定采用的专利、专有技术、技术秘密的使用费已包含在签约合同价中。

（8）工程量清单错误的修正

除专用合同条款另有约定外，发包人提供的工程量清单，应被认为是准确和完整的。出现下列情形之一时，发包人应予以修正，并相应调整合同价格：

1）工程量清单存在缺项、漏项的；

2）工程量清单偏差超出专用合同条款约定的工程量偏差范围的；

3）未按照国家现行计量规范强制性规定计量的。

2. 发包人主要工作

（1）获得许可或批准

发包人应遵守法律，并办理法律规定由其办理的许可、批准或备案，包括但不限于建设用地规划许可证、建设工程规划许可证、建设工程施工许可证、施工所需临时用水、临时用电、中断道路交通、临时占用土地等许可和批准。发包人应协助承包人办理法律规定的有关施工证件和批件。

因发包人原因未能及时办理完毕前述许可、批准或备案，由发包人承担由此增加的费用和（或）延误的工期，并支付承包人合理的利润。

（2）任命发包人代表和人员

发包人应在专用合同条款中明确其派驻施工现场的发包人代表的姓名、职务、联系方式及授权范围等事项。发包人代表在发包人的授权范围内，负责处理合同履行过程中与发包人有关的具体事宜。发包人代表在授权范围内的行为由发包人承担法律责任。发包人更换发包人代表的，应提前7天书面通知承包人。

发包人代表不能按照合同约定履行其职责及义务，并导致合同无法继续正常履行的，承包人可以要求发包人撤换发包人代表。不属于法定必须监理的工程，监理人的职权可以由发包人代表或发包人指定的其他人员行使。

发包人应要求在施工现场的发包人人员遵守法律及有关安全、质量、环境保护、文明施工等规定，并保障承包人免于承受因发包人人员未遵守上述要求给承包人造成的损失和责任。

发包人人员包括发包人代表及其他由发包人派驻施工现场的人员。

（3）提供施工现场、施工条件和基础资料

1）提供施工现场

除专用合同条款另有约定外，发包人应最迟于开工日期7天前向承包人移交施工现场。

2）提供施工条件

除专用合同条款另有约定外，发包人应负责提供施工所需要的条件，包括：

① 将施工用水、电力、通信线路等施工所必需的条件接至施工现场内；

② 保证向承包人提供正常施工所需要的进入施工现场的交通条件；

③ 协调处理施工现场周围地下管线和邻近建筑物、构筑物、古树名木的保护工作，并承担相关费用；

④ 按照专用合同条款约定应提供的其他设施和条件。

3）提供基础资料

发包人应当在移交施工现场前向承包人提供施工现场及工程施工所必需的毗邻区域内供水、排水、供电、供气、供热、通信、广播电视等地下管线资料，气象和水文观测资料，地质勘察资料，相邻建筑物、构筑物和地下工程等有关基础资料，并对所提供资料的真实性、准确性和完整性负责。

按照法律规定确需在开工后方能提供的基础资料，发包人应尽其努力及时地在相应工程施工前的合理期限内提供，合理期限应以不影响承包人的正常施工为限。

4）逾期提供的责任

因发包人原因未能按合同约定及时向承包人提供施工现场、施工条件、基础资料的，由发包人承担由此增加的费用和（或）延误的工期。

（4）提供资金来源证明及支付担保

除专用合同条款另有约定外，发包人应在收到承包人要求提供资金来源证明的书面通知后28天内，向承包人提供能够按照合同约定支付合同价款的相应资金来源证明。发包人要求承包人提供履约担保的，发包人应当向承包人提供支付担保。支付担保可以采用银行保函或担保公司担保等形式，具体由合同当事人在专用合同条款中约定。

（5）支付合同价款

发包人应按合同约定向承包人及时支付合同价款。

（6）组织竣工验收

发包人应按合同约定及时组织竣工验收。

（7）签署现场统一管理协议

发包人应与承包人、由发包人直接发包的专业工程的承包人签订施工现场统一管理协议，明确各方的权利义务。施工现场统一管理协议作为专用合同条款的附件。

3．承包人义务和主要工作

（1）承包人的一般义务

承包人在履行合同过程中应遵守法律和工程建设标准规范，并履行以下义务：

1）办理法律规定应由承包人办理的许可和批准，并将办理结果书面报送发包人留存。

2）按法律规定和合同约定完成工程，并在保修期内承担保修义务。

3）按法律规定和合同约定采取施工安全和环境保护措施，办理工伤保险，确保工程及人员、材料、设备和设施的安全。

4）按合同约定的工作内容和施工进度要求，编制施工组织设计和施工措施计划，并对所有施工作业和施工方法的完备性和安全可靠性负责。

5）在进行合同约定的各项工作时，不得侵害发包人与他人使用公用道路、水源、市政管网等公共设施的权利，避免对邻近的公共设施产生干扰。承包人占用或使用他人的施工场地，影响他人作业或生活的，应承担相应责任。

6）按照本通用条款【环境保护】约定负责施工场地及其周边环境与生态的保护工作。

7）按本通用条款【安全文明施工】约定采取施工安全措施，确保工程及其人员、材料、设备和设施的安全，防止因工程施工造成的人身伤害和财产损失。

8）将发包人按合同约定支付的各项价款专用于合同工程，且应及时支付其雇用人员工资，并及时向分包人支付合同价款。

9）按照法律规定和合同约定编制竣工资料，完成竣工资料立卷及归档，并按专用合同条款约定的竣工资料的套数、内容、时间等要求移交发包人。

10）应履行的其他义务。

（2）项目经理

1）承包人任命项目经理

项目经理应为合同当事人所确认的人选，并在专用合同条款中明确项目经理的姓名、职称、注册执业证书编号、联系方式及授权范围等事项，项目经理经承包人授权后代表承包人负责履行合同。项目经理应是承包人正式聘用的员工，承包人应向发包人提交项目经理与承包人之间的劳动合同，以及承包人为项目经理缴纳社会保险的有效证明。承包人不提交上述文件的，项目经理无权履行职责，发包人有权要求更换项目经理，由此增加的费用和（或）延误的工期由承包人承担。

2）项目经理应常驻施工现场

项目经理应常驻施工现场，且每月在施工现场时间不得少于专用合同条款约定的天数。项目经理不得同时担任其他项目的项目经理。项目经理确需离开施工现场时，应事先通知监理人，并取得发包人的书面同意。项目经理的通知中应当载明临时代行其职责的人员的注册执业资格、管理经验等资料，该人员应具备履行相应职责的能力。承包人违反上述约定的，应按照专用合同条款的约定，承担违约责任。

3）紧急情况下的项目经理职责

项目经理按合同约定组织工程实施。在紧急情况下为确保施工安全和人员安全，在无法与发包人代表和总监理工程师及时取得联系时，项目经理有权采取必要的措施保证与工程有关的人身、财产和工程的安全，但应在48小时内向发包人代表和总监理工程师提交书面报告。

4）项目经理更换

① 承包人更换项目经理。承包人需要更换项目经理的，应提前14天书面通知发包人和监理人，并征得发包人书面同意。通知中应当载明继任项目经理的注册执业资格、管理经验等资料，继任项目经理继续履行前任项目经理约定的职责。未经发包人书面同意，承包人不得擅自更换项目经理。承包人擅自更换项目经理的，应按照专用合同条款的约定承担违约责任。

② 发包人更换项目经理。发包人有权书面通知承包人更换其认为不称职的项目经理，通知中应当载明要求更换的理由。承包人应在接到更换通知后14天内向发包人提出书面的改进报告。发包人收到改进报告后仍要求更换的，承包人应在接到第二次更换通知的28天内进行更换，并将新任命的项目经理的注册执业资

格、管理经验等资料书面通知发包人。继任项目经理继续履行前任项目经理约定的职责。承包人无正当理由拒绝更换项目经理的，应按照专用合同条款的约定承担违约责任。

(3) 承包人人员

1) 承包人提交人员名单和信息

除专用合同条款另有约定外，承包人应在接到开工通知后7天内，向监理人提交承包人项目管理机构及施工现场人员安排的报告，其内容应包括合同管理、施工、技术、材料、质量、安全、财务等主要施工管理人员名单及其岗位、注册执业资格等，以及各工种技术工人的安排情况，并同时提交主要施工管理人员与承包人之间的劳动关系证明和缴纳社会保险的有效证明。

2) 承包人更换主要施工管理人员

承包人派驻到施工现场的主要施工管理人员应相对稳定。施工过程中如有变动，承包人应及时向监理人提交施工现场人员变动情况的报告。承包人更换主要施工管理人员时，应提前7天书面通知监理人，并征得发包人书面同意。通知中应当载明继任人员的注册执业资格、管理经验等资料。特殊工种作业人员均应持有相应的资格证明，监理人可以随时检查。

3) 发包人要求撤换主要施工管理人员

发包人对于承包人主要施工管理人员的资格或能力有异议的，承包人应提供资料证明被质疑人员有能力完成其岗位工作或不存在发包人所质疑的情形。发包人要求撤换不能按照合同约定履行职责及义务的主要施工管理人员的，承包人应当撤换。承包人无正当理由拒绝撤换的，应按照专用合同条款的约定承担违约责任。

4) 主要施工管理人员应常驻现场

除专用合同条款另有约定外，承包人的主要施工管理人员离开施工现场每月累计不超过5天的，应报监理人同意；离开施工现场每月累计超过5天的，应通知监理人，并征得发包人书面同意。主要施工管理人员离开施工现场前应指定一名有经验的人员临时代行其职责，该人员应具备履行相应职责的资格和能力，且应征得监理人或发包人的同意。承包人擅自更换主要施工管理人员，或前述人员未经监理人或发包人同意擅自离开施工现场的，应按照专用合同条款约定承担违约责任。

(4) 承包人现场查勘

承包人应对基于发包人按照本通用条款【提供基础资料】提交的基础资料所作出的解释和推断负责，但因基础资料存在错误、遗漏导致承包人解释或推断失实的，由发包人承担责任。承包人应对施工现场和施工条件进行查勘，并充分了解工程所在地的气象条件、交通条件、风俗习惯以及与完成合同工作有关的其他资料。因承包人未能充分查勘、了解前述情况或未能充分估计前述情况所可能产生后果的，承包人承担由此增加的费用和（或）延误的工期。

（5）分包确定和管理

1）分包的一般约定

承包人不得将其承包的全部工程转包给第三人，或将其承包的全部工程肢解后以分包的名义转包给第三人。承包人不得将工程主体结构、关键性工作及专用合同条款中禁止分包的专业工程分包给第三人，主体结构、关键性工作的范围由合同当事人按照法律规定在专用合同条款中予以明确。

承包人不得以劳务分包的名义转包或违法分包工程。

2）分包的确定

承包人应按专用合同条款的约定进行分包，确定分包人。已标价工程量清单或预算书中给定暂估价的专业工程，按照本通用条款【暂估价】确定分包人。按照合同约定进行分包的，承包人应确保分包人具有相应的资质和能力。工程分包不减轻或免除承包人的责任和义务，承包人和分包人就分包工程向发包人承担连带责任。除合同另有约定外，承包人应在分包合同签订后7天内向发包人和监理人提交分包合同副本。

3）分包管理

承包人应向监理人提交分包人的主要施工管理人员表，并对分包人的施工人员进行实名制管理，包括但不限于进出场管理、登记造册以及各种证照的办理。

4）分包合同价款

除本通用条款【暂估价】约定的情况或专用合同条款另有约定外，分包合同价款由承包人与分包人结算，未经承包人同意，发包人不得向分包人支付分包工程价款；生效法律文书要求发包人向分包人支付分包合同价款的，发包人有权从应付承包人工程款中扣除该部分款项。

5）分包合同权益的转让

分包人在分包合同项下的义务持续到缺陷责任期届满以后的，发包人有权在缺陷责任期届满前，要求承包人将其在分包合同项下的权益转让给发包人，承包人应当转让。除转让合同另有约定外，转让合同生效后，由分包人向发包人履行义务。

（6）工程照管与成品、半成品保护

除专用合同条款另有约定外，自发包人向承包人移交施工现场之日起，承包人应负责照管工程及工程相关的材料、工程设备，直到颁发工程接收证书之日止。在承包人负责照管期间，因承包人原因造成工程、材料、工程设备损坏的，由承包人负责修复或更换，并承担由此增加的费用和（或）延误的工期。对合同内分期完成的成品和半成品，在工程接收证书颁发前，由承包人承担保护责任。因承包人原因造成成品或半成品损坏的，由承包人负责修复或更换，并承担由此增加的费用和（或）延误的工期。

（7）履约担保

发包人需要承包人提供履约担保的，由合同当事人在专用合同条款中约定履约担保的方式、金额及期限等。履约担保可以采用银行保函或担保公司担保等形式，具体由合同当事人在专用合同条款中约定。因承包人原因导致工期延长的，继续提供履约担保所增加的费用由承包人承担；非因承包人原因导致工期延长的，继续提供履约担保所增加的费用由发包人承担。

（8）联合体

联合体各方应共同与发包人签订合同协议书。联合体各方应为履行合同向发包人承担连带责任。联合体协议经发包人确认后作为合同附件。在履行合同过程中，未经发包人同意，不得修改联合体协议。联合体牵头人负责与发包人和监理人联系，并接受指示，负责组织联合体各成员全面履行合同。

4．监理人一般规定和主要工作

（1）监理人的一般规定

工程实行监理的，发包人和承包人应在专用合同条款中明确监理人的监理内容及监理权限等事项。监理人应当根据发包人授权及法律规定，代表发包人对工程施工相关事项进行检查、查验、审核、验收，并签发相关指示，但监理人无权修改合同，且无权减轻或免除合同约定的承包人的任何责任与义务。除专用合同条款另有约定外，监理人在施工现场的办公场所、生活场所由承包人提供，所发生的费用由发包人承担。

（2）监理人员

发包人授予监理人对工程实施监理的权利由监理人派驻施工现场的监理人员行使，监理人员包括总监理工程师及监理工程师。监理人应将授权的总监理工程师和监理工程师的姓名及授权范围以书面形式提前通知承包人。更换总监理工程师的，监理人应提前7天书面通知承包人；更换其他监理人员，监理人应提前48小时书面通知承包人。

（3）监理人的指示

监理人应按照发包人的授权发出监理指示。监理人的指示应采用书面形式，并经其授权的监理人员签字。紧急情况下，为了保证施工人员的安全或避免工程受损，监理人员可以口头形式发出指示，该指示与书面形式的指示具有同等法律效力，但必须在发出口头指示后24小时内补发书面监理指示，补发的书面监理指示应与口头指示一致。

监理人发出的指示应送达承包人项目经理或经项目经理授权接收的人员。因监理人未能按合同约定发出指示、指示延误或发出了错误指示而导致承包人费用增加和（或）工期延误的，由发包人承担相应责任。除专用合同条款另有约定外，总监理工程师不应将约定应由总监理工程师作出确定的权力授权或委托给其他监理人员。

承包人对监理人发出的指示有疑问的，应向监理人提出书面异议，监理人应在48小时内对该指示予以确认、更改或撤销，监理人逾期未回复的，承包人有权拒绝执行上述指示。

监理人对承包人的任何工作、工程或其采用的材料和工程设备未在约定的或合理期限内提出意见的，视为批准，但不免除或减轻承包人对该工作、工程、材料、工程设备等应承担的责任和义务。

（4）商定或确定

合同当事人进行商定或确定时，总监理工程师应当会同合同当事人尽量通过协商达成一致，不能达成一致的，由总监理工程师按照合同约定审慎作出公正的确定。

总监理工程师应将确定以书面形式通知发包人和承包人，并附详细依据。合同当事人对总监理工程师的确定没有异议的，按照总监理工程师的确定执行。任何一方合同当事人有异议，按照本通用条款【争议解决】约定处理。争议解决前，合同当事人暂按总监理工程师的确定执行；争议解决后，争议解决的结果与总监理工程师的确定不一致的，按照争议解决的结果执行，由此造成的损失由责任人承担。

5．施工合同的进度控制条款

进度控制是施工合同管理的重要组成部分。施工合同的进度控制可以分为施工准备阶段、施工阶段和竣工验收阶段的进度控制。

（1）施工准备阶段的进度控制

1）合同工期的约定

工期是指在合同协议书约定的承包人完成工程所需的期限，包括按照合同约定所作的期限变更，按总日历天数（包括法定节假日）计算的承包天数。合同工期是施工的工程从开工起到完成专用条款约定的全部内容，工程达到竣工验收标准所经历的时间。承发包双方必须在协议书中明确约定工期，包括开工日期（包括计划开工日期和实际开工日期）和竣工日期（包括计划竣工日期和实际竣工日期）。计划开工日期是指合同协议书约定的开工日期；实际开工日期是指监理人按照通用条款【开工通知】约定发出的符合法律规定的开工通知中载明的开工日期。计划竣工日期是指合同协议书约定的竣工日期；实际竣工日期按照通用条款【竣工日期】的约定确定。工程竣工验收通过，实际竣工日期为承包人送交竣工验收报告的日期；工程按发包人要求修改后通过竣工验收的，实际竣工日期为承包人修改后提请发包人验收的日期。合同当事人应当在开工日期前做好一切开工的准备工作，承包人则应当按约定的开工日期开工。

对于群体工程，双方应在合同附件中具体约定不同单位工程的开工日期和竣工日期。对于大型、复杂工程项目，除了约定整个工程的开工日期、竣工日期和合同工期的总日历天数外，还应约定重要里程碑事件的开工与竣工日期，以确保工期总目标的顺利实现。

2）提交施工组织设计

① 施工组织设计的内容。施工组织设计应包含以下内容：施工方案；施工现

场平面布置图；施工进度计划和保证措施；劳动力及材料供应计划；施工机械设备的选用；质量保证体系及措施；安全生产、文明施工措施；环境保护、成本控制措施；合同当事人约定的其他内容。

② 施工组织设计的提交和修改。除专用合同条款另有约定外，承包人应在合同签订后14天内，但至迟不得晚于开工通知载明的开工日期前7天，向监理人提交详细的施工组织设计，并由监理人报送发包人。除专用合同条款另有约定外，发包人和监理人应在监理人收到施工组织设计后7天内确认或提出修改意见。对发包人和监理人提出的合理意见和要求，承包人应自费修改完善。根据工程实际情况需要修改施工组织设计的，承包人应向发包人和监理人提交修改后的施工组织设计。

3）编制和修订施工进度计划

① 施工进度计划的编制。承包人应按照施工组织设计的约定提交详细的施工进度计划，施工进度计划的编制应当符合国家法律规定和一般工程实践惯例，施工进度计划经发包人批准后实施。施工进度计划是控制工程进度的依据，发包人和监理人有权按照施工进度计划检查工程进度情况。

② 施工进度计划的修订。施工进度计划不符合合同要求或与工程的实际进度不一致的，承包人应向监理人提交修订的施工进度计划，并附具有关措施和相关资料，由监理人报送发包人。除专用合同条款另有约定外，发包人和监理人应在收到修订的施工进度计划后7天内完成审核和批准或提出修改意见。

发包人和监理人对承包人提交的施工进度计划的确认，不能减轻或免除承包人根据法律规定和合同约定应承担的任何责任或义务。

4）开工

① 开工准备。除专用合同条款另有约定外，承包人应按照施工组织设计约定的期限，向监理人提交工程开工报审表，经监理人报发包人批准后执行。开工报审表应详细说明按施工进度计划正常施工所需的施工道路、临时设施、材料、工程设备、施工设备、施工人员等落实情况以及工程的进度安排。除专用合同条款另有约定外，合同当事人应按约定完成开工准备工作。

② 开工通知。发包人应按照法律规定获得工程施工所需的许可。经发包人同意后，监理人发出的开工通知应符合法律规定。监理人应在计划开工日期7天前向承包人发出开工通知，工期自开工通知中载明的开工日期起算。

除专用合同条款另有约定外，因发包人原因造成监理人未能在计划开工日期之日起90天内发出开工通知的，承包人有权提出价格调整要求，或者解除合同。发包人应当承担由此增加的费用和（或）延误的工期，并向承包人支付合理利润。

5）测量放线

① 发包人及时提供测量基准点等书面资料。除专用合同条款另有约定外，发包人应在至迟不得晚于本通用条款【开工通知】载明的开工日期前7天通过监

理人向承包人提供测量基准点、基准线和水准点及其书面资料。发包人应对其提供的测量基准点、基准线和水准点及其书面资料的真实性、准确性和完整性负责。

承包人发现发包人提供的测量基准点、基准线和水准点及其书面资料存在错误或疏漏的，应及时通知监理人。监理人应及时报告发包人，并会同发包人和承包人予以核实。发包人应就如何处理和是否继续施工作出决定，并通知监理人和承包人。

② 承包人负责施工测量放线工作。承包人负责施工过程中的全部施工测量放线工作，并配置具有相应资质的人员、合格的仪器、设备和其他物品。承包人应校正工程的位置、标高、尺寸或准线中出现的任何差错，并对工程各部分的定位负责。

施工过程中对施工现场内水准点等测量标志物的保护工作由承包人负责。

（2）施工阶段的进度控制

1）对进度计划的检查与监督

开工后，承包人必须按照发包人代表或总监理工程师确认的进度计划组织施工，接受发包人代表或总监理工程师对进度的检查、监督，检查、督促的依据一般是双方已经确认的月度进度计划。一般情况下，发包人代表或总监理工程师每月检查一次承包人的进度计划执行情况，由承包人提交一份上月进度计划实际执行情况和本月的施工计划。同时，发包人代表或总监理工程师还应进行必要的现场实地检查。

工程实际进度与经确认的进度计划不符时，承包人应按发包人代表或总监理工程师的要求提出改进措施，经发包人代表或总监理工程师确认后执行。但是，对于因承包人自身的原因导致实际进度与进度计划不符时，所有的后果都应由承包人自行承担，承包人无权就改进措施追加合同价款，发包人代表或总监理工程师也不对改进措施的效果负责。如果采用改进措施后，经过一段时间工程实际进展赶上了进度计划，则仍可按原进度计划执行。如果采用改进措施一段时间后，工程实际进展仍明显与进度计划不符，则发包人代表或总监理工程师可以要求承包人修改原进度计划，并经发包人代表或总监理工程师确认后执行。但是，这种确认并不是发包人代表或总监理工程师对工程延期的批准，而仅仅是要求承包人在合理的状态下施工。因此，如果承包人按修改后的进度计划施工不能按期竣工的，承包人仍应承担相应的违约责任。发包人代表或总监理工程师应当随时了解施工进度计划执行过程中所存在的问题，并帮助承包人予以解决，特别是承包人无力解决的内外关系协调问题。

2）工期延误

① 因发包人原因导致工期延误。在合同履行过程中，因下列情况导致工期延误和（或）费用增加的，由发包人承担由此延误的工期和（或）增加的费用，且发包人应支付承包人合理的利润：

发包人未能按合同约定提供图纸或所提供图纸不符合合同约定的；

发包人未能按合同约定提供施工现场、施工条件、基础资料、许可、批准等开工条件的；

发包人提供的测量基准点、基准线和水准点及其书面资料存在错误或疏漏的；

发包人未能在计划开工日期之日起7天内同意下达开工通知的；

发包人未能按合同约定日期支付工程预付款、进度款或竣工结算款的；

监理人未按合同约定发出指示、批准等文件的；

专用合同条款中约定的其他情形。

因发包人原因未按计划开工日期开工的，发包人应按实际开工日期顺延竣工日期，确保实际工期不低于合同约定的工期总日历天数。因发包人原因导致工期延误需要修订施工进度计划的，按照本通用条款【施工进度计划的修订】的规定执行。

② 因承包人原因导致工期延误。因承包人原因造成工期延误的，可以在专用合同条款中约定逾期竣工违约金的计算方法和逾期竣工违约金的上限。承包人支付逾期竣工违约金后，不免除承包人继续完成工程及修补缺陷的义务。

3）不利物质条件

不利物质条件是指有经验的承包人在施工现场遇到的不可预见的自然物质条件、非自然的物质障碍和污染物，包括地表以下物质条件和水文条件以及专用合同条款约定的其他情形，但不包括气候条件。

承包人遇到不利物质条件时，应采取克服不利物质条件的合理措施继续施工，并及时通知发包人和监理人。通知应载明不利物质条件的内容以及承包人认为不可预见的理由。监理人经发包人同意后应当及时发出指示，指示构成变更的，按本通用条款【变更】的约定执行。承包人因采取合理措施而增加的费用和（或）延误的工期由发包人承担。

4）异常恶劣的气候条件

异常恶劣的气候条件是指在施工过程中遇到的，有经验的承包人在签订合同时不可预见的，对合同履行造成实质性影响的，但尚未构成不可抗力事件的恶劣气候条件。合同当事人可以在专用合同条款中约定异常恶劣的气候条件的具体情形。

承包人应采取克服异常恶劣的气候条件的合理措施继续施工，并及时通知发包人和监理人。监理人经发包人同意后应当及时发出指示，指示构成变更的，按本通用条款【变更】的约定办理。承包人因采取合理措施而增加的费用和（或）延误的工期由发包人承担。

5）暂停施工

① 发包人原因引起的暂停施工。因发包人原因引起暂停施工的，监理人经发包人同意后，应及时下达暂停施工指示。情况紧急且监理人未及时下达暂停施工

指示的，按照本通用条款【紧急情况下的暂停施工】执行。因发包人原因引起的暂停施工，发包人应承担由此增加的费用和（或）延误的工期，并支付承包人合理的利润。

② 承包人原因引起的暂停施工。因承包人原因引起的暂停施工，承包人应承担由此增加的费用和（或）延误的工期，且承包人在收到监理人复工指示后84天内仍未复工的，视为本通用条款【承包人违约的情形】约定的承包人无法继续履行合同的情形。

③ 指示暂停施工。监理人认为有必要时，并经发包人批准后，可向承包人作出暂停施工的指示，承包人应按监理人指示暂停施工。

④ 紧急情况下的暂停施工。因紧急情况需暂停施工，且监理人未及时下达暂停施工指示的，承包人可先暂停施工，并及时通知监理人。监理人应在接到通知后24小时内发出指示，逾期未发出指示，视为同意承包人暂停施工。监理人不同意承包人暂停施工的，应说明理由，承包人对监理人的答复有异议，按照本通用条款【争议解决】的约定处理。

⑤ 暂停施工后的复工。暂停施工后，发包人和承包人应采取有效措施积极消除暂停施工的影响。在工程复工前，监理人会同发包人和承包人确定因暂停施工造成的损失，并确定工程复工条件。当工程具备复工条件时，监理人应经发包人批准后向承包人发出复工通知，承包人应按照复工通知要求复工。承包人无故拖延和拒绝复工的，承包人承担由此增加的费用和（或）延误的工期；因发包人原因无法按时复工的，按照本通用条款【因发包人原因导致工期延误】的约定办理。

⑥ 暂停施工持续56天以上。监理人发出暂停施工指示后56天内未向承包人发出复工通知，除该项停工属于本通用条款【承包人原因引起的暂停施工】及【不可抗力】约定的情形外，承包人可向发包人提交书面通知，要求发包人在收到书面通知后28天内准许已暂停施工的部分或全部工程继续施工。发包人逾期不予批准的，则承包人可以通知发包人，将工程受影响的部分视为按本通用条款【变更的范围】中规定的可取消工作。

暂停施工持续84天以上不复工的，且不属于本通用条款【承包人原因引起的暂停施工】及【不可抗力】约定的情形，并影响到整个工程以及合同目的实现的，承包人有权提出价格调整要求，或者解除合同。解除合同的，按照本通用条款【因发包人违约解除合同】的规定执行。

⑦ 暂停施工期间的工程照管。暂停施工期间，承包人应负责妥善照管工程并提供安全保障，由此增加的费用由责任方承担。

⑧ 暂停施工的措施。暂停施工期间，发包人和承包人均应采取必要的措施确保工程质量及安全，防止因暂停施工扩大损失。

6）变更

① 变更的范围。除专用合同条款另有约定外，合同履行过程中发生以下情形

的，应按照本条约定进行变更：

增加或减少合同中任何工作，或追加额外的工作；

取消合同中任何工作，但转由他人实施的工作除外；

改变合同中任何工作的质量标准或其他特性；

改变工程的基线、标高、位置和尺寸；

改变工程的时间安排或实施顺序。

② 变更权。发包人和监理人均可以提出变更。变更指示均通过监理人发出，监理人发出变更指示前应征得发包人同意。承包人收到经发包人签认的变更指示后，方可实施变更。未经许可，承包人不得擅自对工程的任何部分进行变更。涉及设计变更的，应由设计人提供变更后的图纸和说明。如变更超过原设计标准或批准的建设规模时，发包人应及时办理规划、设计变更等审批手续。

③ 变更程序。

发包人提出变更。发包人提出变更的，应通过监理人向承包人发出变更指示，变更指示应说明计划变更的工程范围和变更的内容。

监理人提出变更建议。监理人提出变更建议的，需要向发包人以书面形式提出变更计划，说明计划变更工程范围和变更的内容、理由，以及实施该变更对合同价格和工期的影响。发包人同意变更的，由监理人向承包人发出变更指示。发包人不同意变更的，监理人无权擅自发出变更指示。

变更执行。承包人收到监理人下达的变更指示后，认为不能执行，应立即提出不能执行该变更指示的理由。承包人认为可以执行变更的，应当书面说明实施该变更指示对合同价格和工期的影响，且合同当事人应当按照本通用条款【变更估价】的约定确定变更估价。

④ 变更或承包人合理化建议引起的工期调整。

因变更引起工期变化的，合同当事人均可要求调整合同工期，由合同当事人按照本通用条款【商定或确定】的规定，并参考工程所在地的工期定额标准确定增减工期天数。

承包人提出合理化建议的，应向监理人提交合理化建议说明，说明建议的内容和理由，以及实施该建议对工期和合同价格的影响。合理化建议由监理人审查并报送发包人。合理化建议经发包人批准的，监理人应及时发出变更指示，由此引起的工期变化和合同价格调整按照合同相关规定执行。

（3）竣工验收阶段的进度控制

1）实际竣工日期的确定

工程经竣工验收合格的，以承包人提交竣工验收申请报告之日为实际竣工日期，并在工程接收证书中载明；因发包人原因，未在监理人收到承包人提交的竣工验收申请报告42天内完成竣工验收，或完成竣工验收不予签发工程接收证书的，以提交竣工验收申请报告的日期为实际竣工日期；工程未经竣工验收，发包人擅自使用的，以转移占有工程之日为实际竣工日期。

2）提前竣工

发包人要求承包人提前竣工的，发包人应通过监理人向承包人下达提前竣工指示，承包人应向发包人和监理人提交提前竣工建议书，提前竣工建议书应包括实施的方案、缩短的时间、增加的合同价格等内容。发包人接受该提前竣工建议书的，监理人应与发包人和承包人协商采取加快工程进度的措施，并修订施工进度计划，由此增加的费用由发包人承担。承包人认为提前竣工指示无法执行的，应向监理人和发包人提出书面异议，发包人和监理人应在收到异议后7天内予以答复。任何情况下，发包人不得压缩合理工期。

发包人要求承包人提前竣工，或承包人提出提前竣工的建议能够给发包人带来效益的，合同当事人可以在专用合同条款中约定提前竣工的奖励。

6. 施工合同的质量控制条款

工程施工中的质量控制是合同履行中的重要环节。施工合同的质量控制涉及许多方面的因素，任何一个方面的缺陷和疏漏，都会使工程质量无法达到预期的标准。承包人应按照合同约定的标准、规范、图纸、质量等级以及工程师发布的指令认真施工，并达到合同约定的质量等级。在施工过程中，承包人要随时接受工程师对材料、设备、中间部位、隐蔽工程、竣工工程等质量的检查、验收与监督。

（1）质量标准和要求

1）质量标准约定

工程质量标准必须符合现行国家有关工程施工质量验收规范和标准的要求。有关工程质量的特殊标准或要求由合同当事人在专用合同条款中约定。

2）达不到质量标准的处理

因发包人原因造成工程质量未达到合同约定标准的，由发包人承担由此增加的费用和（或）延误的工期，并支付承包人合理的利润。因承包人原因造成工程质量未达到合同约定标准的，发包人有权要求承包人返工直至工程质量达到合同约定的标准为止，并由承包人承担由此增加的费用和（或）延误的工期。

3）质量争议的处理

合同当事人对工程质量有争议的，由双方协商确定的工程质量检测机构鉴定，由此产生的费用及因此造成的损失，由责任方承担。合同当事人均有责任的，由双方根据其责任分别承担。合同当事人无法达成一致的，按照本通用条款【商定或确定】执行。

（2）质量保证措施

1）发包人的质量管理

发包人应按照法律规定及合同约定完成与工程质量有关的各项工作。

2）承包人的质量管理

承包人按照本通用条款【施工组织设计】约定向发包人和监理人提交工程质量保证体系及措施文件，建立完善的质量检查制度，并提交相应的工程质量文件。对于发包人和监理人违反法律规定和合同约定的错误指示，承包人有权拒绝实施。

承包人应对施工人员进行质量教育和技术培训，定期考核施工人员的劳动技能，严格执行施工规范和操作规程。承包人应按照法律规定和发包人的要求，对材料、工程设备以及工程的所有部位及其施工工艺进行全过程的质量检查和检验，并作详细记录，编制工程质量报表，报送监理人审查。此外，承包人还应按照法律规定和发包人的要求，进行施工现场取样试验、工程复核测量和设备性能检测，提供试验样品、提交试验报告和测量成果以及其他工作。

3）监理人的质量检查和检验

监理人按照法律规定和发包人授权对工程的所有部位及其施工工艺、材料和工程设备进行检查和检验。承包人应为监理人的检查和检验提供方便，包括监理人到施工现场，或制造、加工地点，或合同约定的其他地方进行察看和查阅施工原始记录。监理人为此进行的检查和检验，不免除或减轻承包人按照合同约定应当承担的责任。

监理人的检查和检验不应影响施工正常进行。监理人的检查和检验影响施工正常进行的，且经检查检验不合格的，影响正常施工的费用由承包人承担，工期不予顺延；经检查检验合格的，由此增加的费用和（或）延误的工期由发包人承担。

（3）材料和工程设备的质量控制

1）发包人供应材料与工程设备

发包人自行供应材料、工程设备的，应在签订合同时在专用合同条款的附件《发包人供应材料设备一览表》中明确材料、工程设备的品种、规格、型号、数量、单价、质量等级和送达地点。

承包人应提前30天通过监理人以书面形式通知发包人供应材料与工程设备进场。承包人按照本通用条款【施工进度计划的修订】的约定修订施工进度计划时，需同时提交经修订后的发包人供应材料与工程设备的进场计划。

2）承包人采购材料与工程设备

承包人负责采购材料、工程设备的，应按照设计和有关标准要求采购，并提供产品合格证明及出厂证明，对材料、工程设备质量负责。合同约定由承包人采购的材料、工程设备，发包人不得指定生产厂家或供应商，发包人违反本款约定指定生产厂家或供应商的，承包人有权拒绝，并由发包人承担相应责任。

3）材料与工程设备的接收与拒收

①发包人提供材料、设备的责任

发包人应按《发包人供应材料设备一览表》约定的内容提供材料和工程设备，并向承包人提供产品合格证明及出厂证明，对其质量负责。发包人应提前24小时以书面形式通知承包人、监理人材料和工程设备到货时间，承包人负责材料和工程设备的清点、检验和接收。

发包人提供的材料和工程设备的规格、数量或质量不符合合同约定的，或因发包人原因导致交货日期延误或交货地点变更等情况的，按照发包人违约的约定办理。

② 承包人提供材料、设备的责任

承包人采购的材料和工程设备，应保证产品质量合格，承包人应在材料和工程设备到货前24小时通知监理人检验。承包人进行永久设备、材料的制造和生产的，应符合相关质量标准，并向监理人提交材料的样本以及有关资料，并应在使用该材料或工程设备之前获得监理人同意。

承包人采购的材料和工程设备不符合设计或有关标准要求时，承包人应在监理人要求的合理期限内将不符合设计或有关标准要求的材料、工程设备运出施工现场，并重新采购符合要求的材料、工程设备，由此增加的费用和（或）延误的工期，由承包人承担。

4）材料与工程设备的保管与使用

① 发包人供应材料、设备的保管与使用

发包人供应的材料和工程设备，承包人清点后由承包人妥善保管，保管费用由发包人承担，但已标价工程量清单或预算书已经列支或专用合同条款另有约定除外。因承包人原因发生丢失毁损的，由承包人负责赔偿；监理人未通知承包人清点的，承包人不负责材料和工程设备的保管，由此导致丢失毁损的由发包人负责。发包人供应的材料和工程设备使用前，由承包人负责检验，检验费用由发包人承担，不合格的不得使用。

② 承包人采购材料、设备的保管与使用

承包人采购的材料和工程设备由承包人妥善保管，保管费用由承包人承担。法律规定材料和工程设备使用前必须进行检验或试验的，承包人应按监理人的要求进行检验或试验，检验或试验费用由承包人承担，不合格的不得使用。发包人或监理人发现承包人使用不符合设计或有关标准要求的材料和工程设备时，有权要求承包人进行修复、拆除或重新采购，由此增加的费用和（或）延误的工期，由承包人承担。

5）禁止使用不合格的材料、设备

监理人有权拒绝承包人提供的不合格材料或工程设备，并要求承包人立即进行更换。监理人应在更换后再次进行检查和检验，由此增加的费用和（或）延误的工期由承包人承担。监理人发现承包人使用了不合格的材料和工程设备，承包人应按照监理人的指示立即改正，并禁止在工程中继续使用不合格的材料和工程设备。

发包人提供的材料或工程设备不符合合同要求的，承包人有权拒绝，并可要求发包人更换，由此增加的费用和（或）延误的工期由发包人承担，并支付承包人合理的利润。

6）样品

① 样品的报送与封存

需要承包人报送样品的材料或工程设备，样品的种类、名称、规格、数量等要求均应在专用合同条款中约定。样品的报送程序如下：

承包人应在计划采购前28天向监理人报送样品。承包人报送的样品均应来自供应材料的实际生产地，且提供样品的规格、数量足以表明材料或工程设备的质量、型号、颜色、表面处理、质地、误差和其他要求的特征。

承包人每次报送样品时应随附申报单，申报单应载明报送样品的相关数据和资料，并标明每件样品对应的图纸号，预留监理人批复意见栏。监理人应在收到承包人报送的样品后7天内向承包人回复经发包人签认的样品审批意见。

经发包人和监理人审批确认的样品应按约定的方法封样，封存的样品作为检验工程相关部分的标准之一。承包人在施工过程中不得使用与样品不符的材料或工程设备。

发包人和监理人对样品的审批确认仅为确认相关材料或工程设备的特征或用途，不得被理解为对合同的修改或改变，也并不减轻或免除承包人任何的责任和义务。如果封存的样品修改或改变了合同约定，合同当事人应当以书面协议予以确认。

② 样品的保管

经批准的样品应由监理人负责封存于现场，承包人应在现场为保存样品提供适当和固定的场所并保持适当和良好的存储环境条件。

7）材料与工程设备的替代

① 替代材料和设备的使用规定。出现下列情况需要使用替代材料和工程设备的，承包人应按照合同约定的程序执行：

基准日期后生效的法律规定禁止使用的；

发包人要求使用替代品的；

因其他原因必须使用替代品的。

② 替代材料和设备的使用程序。承包人应在使用替代材料和工程设备28天前书面通知监理人，并附下列文件：

被替代的材料和工程设备的名称、数量、规格、型号、品牌、性能、价格及其他相关资料；

替代品的名称、数量、规格、型号、品牌、性能、价格及其他相关资料；

替代品与被替代产品之间的差异以及使用替代品可能对工程产生的影响；

替代品与被替代产品的价格差异；

使用替代品的理由和原因说明；

监理人要求的其他文件。

监理人应在收到通知后14天内向承包人发出经发包人签认的书面指示；监理人逾期发出书面指示的，视为发包人和监理人同意使用替代品。

③ 替代材料和设备的价格确定。发包人认可使用替代材料和工程设备的，替

代材料和工程设备的价格，按照已标价工程量清单或预算书相同项目的价格认定；无相同项目的，参考相似项目价格认定；既无相同项目也无相似项目的，按照合理的成本与利润构成的原则，由合同当事人按照本通用条款【商定或确定】确定价格。

8）施工设备和临时设施

① 承包人提供的施工设备和临时设施。承包人应按合同进度计划的要求，及时配置施工设备和修建临时设施。进入施工场地的承包人设备需经监理人核查后才能投入使用。承包人更换合同约定的承包人设备的，应报监理人批准。除专用合同条款另有约定外，承包人应自行承担修建临时设施的费用，需要临时占地的，应由发包人办理申请手续并承担相应费用。

② 发包人提供的施工设备和临时设施。发包人提供的施工设备或临时设施在专用合同条款中约定。

③ 要求承包人增加或更换施工设备。承包人使用的施工设备不能满足合同进度计划和（或）质量要求时，监理人有权要求承包人增加或更换施工设备，承包人应及时增加或更换，由此增加的费用和（或）延误的工期由承包人承担。

9）材料与设备专用要求

承包人运入施工现场的材料、工程设备、施工设备以及在施工场地建设的临时设施，包括备品备件、安装工具与资料，必须专用于工程。未经发包人批准，承包人不得运出施工现场或挪作他用；经发包人批准，承包人可以根据施工进度计划撤走闲置的施工设备和其他物品。

（4）隐蔽工程检查

1）承包人自检

承包人应当对工程隐蔽部位进行自检，并经自检确认是否具备覆盖条件。

2）检查程序

除专用合同条款另有约定外，工程隐蔽部位经承包人自检确认具备覆盖条件的，承包人应在共同检查前48小时书面通知监理人检查，通知中应载明隐蔽检查的内容、时间和地点，并应附有自检记录和必要的检查资料。

监理人应按时到场并对隐蔽工程及其施工工艺、材料和工程设备进行检查。经监理人检查确认质量符合隐蔽要求，并在验收记录上签字后，承包人才能进行覆盖。经监理人检查质量不合格的，承包人应在监理人指示的时间内完成修复，并由监理人重新检查，由此增加的费用和（或）延误的工期由承包人承担。

除专用合同条款另有约定外，监理人不能按时进行检查的，应在检查前24小时向承包人提交书面延期要求，但延期不能超过48小时，由此导致工期延误的，工期应予以顺延。监理人未按时进行检查，也未提出延期要求的，视为隐蔽工程检查合格，承包人可自行完成覆盖工作，并作相应记录报送监理人，监理人应签字确认。监理人事后对检查记录有疑问的，可按本通用条款【重新检查】的约定重新检查。

3）重新检查

承包人覆盖工程隐蔽部位后，发包人或监理人对质量有疑问的，可要求承包人对已覆盖的部位进行钻孔探测或揭开重新检查，承包人应遵照执行，并在检查后重新覆盖恢复原状。经检查证明工程质量符合合同要求的，由发包人承担由此增加的费用和（或）延误的工期，并支付承包人合理的利润；经检查证明工程质量不符合合同要求的，由此增加的费用和（或）延误的工期由承包人承担。

4）承包人私自覆盖

承包人未通知监理人到场检查，私自将工程隐蔽部位覆盖的，监理人有权指示承包人钻孔探测或揭开检查，无论工程隐蔽部位质量是否合格，由此增加的费用和（或）延误的工期均由承包人承担。

（5）不合格工程的处理

因承包人原因造成工程不合格的，发包人有权随时要求承包人采取补救措施，直至达到合同要求的质量标准，由此增加的费用和（或）延误的工期由承包人承担。无法补救的，按照本通用条款【拒绝接收全部或部分工程】约定执行。

因发包人原因造成工程不合格的，由此增加的费用和（或）延误的工期由发包人承担，并支付承包人合理的利润。

（6）试验与检验

1）试验设备与试验人员

承包人根据合同约定或监理人指示进行的现场材料试验，应由承包人提供试验场所、试验人员、试验设备以及其他必要的试验条件。监理人在必要时可以使用承包人提供的试验场所、试验设备以及其他试验条件，进行以工程质量检查为目的的材料复核试验，承包人应予以协助。

承包人应按专用合同条款的约定提供试验设备、取样装置、试验场所和试验条件，并向监理人提交相应进场计划表。承包人配置的试验设备要符合相应试验规程的要求并经过具有资质的检测单位检测，且在正式使用该试验设备前，需要经过监理人与承包人共同校定。

承包人应向监理人提交试验人员的名单及其岗位、资格等证明资料，试验人员必须能够熟练进行相应的检测试验，承包人对试验人员的试验程序和试验结果的正确性负责。

2）取样

试验属于自检性质的，承包人可以单独取样。试验属于监理人抽检性质的，可由监理人取样，也可由承包人的试验人员在监理人的监督下取样。

3）材料、工程设备和工程的试验和检验

承包人应按合同约定进行材料、工程设备和工程的试验和检验，并为监理人对上述材料、工程设备和工程的质量检查提供必要的试验资料和原始记录。按合同约定应由监理人与承包人共同进行试验和检验的，由承包人负责提供必要的试验资料和原始记录。

试验属于自检性质的,承包人可以单独进行试验。试验属于监理人抽检性质的,监理人可以单独进行试验,也可由承包人与监理人共同进行。承包人对由监理人单独进行的试验结果有异议的,可以申请重新共同进行试验。约定共同进行试验的,监理人未按照约定参加试验的,承包人可自行试验,并将试验结果报送监理人,监理人应承认该试验结果。

监理人对承包人的试验和检验结果有异议的,或为查清承包人试验和检验成果的可靠性要求承包人重新试验和检验的,可由监理人与承包人共同进行。重新试验和检验的结果证明该项材料、工程设备或工程的质量不符合合同要求的,由此增加的费用和(或)延误的工期由承包人承担;重新试验和检验结果证明该项材料、工程设备和工程符合合同要求的,由此增加的费用和(或)延误的工期由发包人承担。

4)现场工艺试验

承包人应按合同约定或监理人指示进行现场工艺试验。对大型的现场工艺试验,监理人认为必要时,承包人应根据监理人提出的工艺试验要求,编制工艺试验措施计划,报送监理人审查。

(7)分部分项工程验收

分部分项工程质量应符合国家有关工程施工验收规范、标准及合同约定,承包人应按照施工组织设计的要求完成分部分项工程施工。

除专用合同条款另有约定外,分部分项工程经承包人自检合格并具备验收条件的,承包人应提前48小时通知监理人进行验收。监理人不能按时进行验收的,应在验收前24小时向承包人提交书面延期要求,但延期不能超过48小时。监理人未按时进行验收,也未提出延期要求的,承包人有权自行验收,监理人应认可验收结果。分部分项工程未经验收的,不得进入下一道工序施工。分部分项工程的验收资料应当作为竣工资料的组成部分。

(8)工程试车

1)试车程序

工程需要试车的,除专用合同条款另有约定外,试车内容应与承包人承包范围相一致,试车费用由承包人承担。工程试车应按如下程序进行:

① 单机无负荷试车。具备单机无负荷试车条件,承包人组织试车,并在试车前48小时书面通知监理人,通知中应载明试车内容、时间、地点。承包人准备试车记录,发包人根据承包人要求为试车提供必要条件。试车合格的,监理人在试车记录上签字。监理人在试车合格后不在试车记录上签字,自试车结束满24小时后视为监理人已经认可试车记录,承包人可继续施工或办理竣工验收手续。

监理人不能按时参加试车,应在试车前24小时以书面形式向承包人提出延期要求,但延期不能超过48小时,由此导致工期延误的,工期应予以顺延。监理人未能在前述期限内提出延期要求,又不参加试车的,视为认可试车记录。

② 无负荷联动试车。具备无负荷联动试车条件,发包人组织试车,并在试车

前48小时以书面形式通知承包人。通知中应载明试车内容、时间、地点和对承包人的要求，承包人按要求做好准备工作。试车合格，合同当事人在试车记录上签字。承包人无正当理由不参加试车的，视为认可试车记录。

③ 投料试车。如需进行投料试车的，发包人应在工程竣工验收后组织投料试车。发包人要求在工程竣工验收前进行或需要承包人配合时，应征得承包人同意，并在专用合同条款中约定有关事项。

投料试车合格的，费用由发包人承担；因承包人原因造成投料试车不合格的，承包人应按照发包人要求进行整改，由此产生的整改费用由承包人承担；非因承包人原因导致投料试车不合格的，如发包人要求承包人进行整改的，由此产生的费用由发包人承担。

2）试车责任

① 设计原因。因设计原因导致试车达不到验收要求，发包人应要求设计人修改设计，承包人按修改后的设计重新安装。发包人承担修改设计、拆除及重新安装的全部费用，工期相应顺延。

② 承包人原因。因承包人原因导致试车达不到验收要求，承包人按监理人要求重新安装和试车，并承担重新安装和试车的费用，工期不予顺延。

③ 设备制造原因。因工程设备制造原因导致试车达不到验收要求的，由采购该工程设备的合同当事人负责重新购置或修理，承包人负责拆除和重新安装，由此增加的修理、重新购置、拆除及重新安装的费用及延误的工期由采购该工程设备的合同当事人承担。

（9）竣工验收

竣工验收是全面考核建设工作，检查是否符合设计要求和工程质量的重要环节。工程未经竣工验收或竣工验收未通过的，发包人不得使用。发包人强行使用时，由此发生的质量问题及其他问题，由发包人承担责任。但在此情况下，发包人主要是对强行使用直接产生的质量问题和其他问题承担责任，不能免除承包人对工程的保修等责任。

1）竣工验收条件

工程具备以下条件的，承包人可以申请竣工验收：

① 除发包人同意的甩项工作和缺陷修补工作外，合同范围内的全部工程以及有关工作，包括合同要求的试验、试运行以及检验均已完成，并符合合同要求；

② 已按合同约定编制了甩项工作和缺陷修补工作清单以及相应的施工计划；

③ 已按合同约定的内容和份数备齐竣工资料。

2）竣工验收程序

除专用合同条款另有约定外，承包人申请竣工验收的，应当按照以下程序进行：

① 承包人向监理人报送竣工验收申请报告，监理人应在收到竣工验收申请报

告后14天内完成审查并报送发包人。监理人审查后认为尚不具备验收条件的，应通知承包人在竣工验收前承包人还需完成的工作内容，承包人应在完成监理人通知的全部工作内容后，再次提交竣工验收申请报告。

② 监理人审查后认为已具备竣工验收条件的，应将竣工验收申请报告提交发包人，发包人应在收到经监理人审核的竣工验收申请报告后28天内审批完毕并组织监理人、承包人、设计人等相关单位完成竣工验收。

③ 竣工验收合格的，发包人应在验收合格后14天内向承包人签发工程接收证书。发包人无正当理由逾期不颁发工程接收证书的，自验收合格后第15天起视为已颁发工程接收证书。

④ 竣工验收不合格的，监理人应按照验收意见发出指示，要求承包人对不合格工程返工、修复或采取其他补救措施，由此增加的费用和（或）延误的工期由承包人承担。承包人在完成不合格工程的返工、修复或采取其他补救措施后，应重新提交竣工验收申请报告，并按本项约定的程序重新进行验收。

⑤ 工程未经验收或验收不合格，发包人擅自使用的，应在转移占有工程后7天内向承包人颁发工程接收证书；发包人无正当理由逾期不颁发工程接收证书的，自转移占有后第15天起视为已颁发工程接收证书。

除专用合同条款另有约定外，发包人不按照本项约定组织竣工验收、颁发工程接收证书的，每逾期一天，应以签约合同价为基数，按照中国人民银行发布的同期同类贷款基准利率支付违约金。

3）拒绝接收全部或部分工程

对于竣工验收不合格的工程，承包人完成整改后，应当重新进行竣工验收，经重新组织验收仍不合格的且无法采取措施补救的，则发包人可以拒绝接收不合格工程，因不合格工程导致其他工程不能正常使用的，承包人应采取措施确保相关工程的正常使用，由此增加的费用和（或）延误的工期由承包人承担。

4）移交、接收全部与部分工程

除专用合同条款另有约定外，合同当事人应当在颁发工程接收证书后7天内完成工程的移交。发包人无正当理由不接收工程的，发包人自应当接收工程之日起，承担工程照管、成品保护、保管等与工程有关的各项费用，合同当事人可以在专用合同条款中另行约定发包人逾期接收工程的违约责任。

承包人无正当理由不移交工程的，承包人应承担工程照管、成品保护、保管等与工程有关的各项费用，合同当事人可以在专用合同条款中另行约定承包人无正当理由不移交工程的违约责任。

（10）提前交付单位工程的验收

发包人需要在工程竣工前使用单位工程的，或承包人提出提前交付已经竣工的单位工程且经发包人同意的，可进行单位工程验收，验收的程序按照本通用条款【竣工验收】的约定进行。

验收合格后，由监理人向承包人出具经发包人签认的单位工程接收证书。已签发单位工程接收证书的单位工程由发包人负责照管。单位工程的验收成果和结论作为整体工程竣工验收申请报告的附件。

发包人要求在工程竣工前交付单位工程，由此导致承包人费用增加和（或）工期延误的，由发包人承担由此增加的费用和（或）延误的工期，并支付承包人合理的利润。

（11）施工期运行

施工期运行是指合同工程尚未全部竣工，其中某项或某几项单位工程或工程设备安装已竣工，根据专用合同条款约定，需要投入施工期运行的，经发包人按本通用条款【提前交付单位工程的验收】的约定验收合格，证明能确保安全后，才能在施工期投入运行。在施工期运行中发现工程或工程设备损坏或存在缺陷的，由承包人按本通用条款【缺陷责任期】的约定进行修复。

（12）竣工退场

1）现场清理

颁发工程接收证书后，承包人应按以下要求对施工现场进行清理：

① 施工现场内残留的垃圾已全部清除出场；

② 临时工程已拆除，场地已进行清理、平整或复原；

③ 按合同约定应撤离的人员、承包人施工设备和剩余的材料，包括废弃的施工设备和材料，已按计划撤离施工现场；

④ 施工现场周边及其附近道路、河道的施工堆积物，已全部清理；

⑤ 施工现场其他场地清理工作已全部完成。

施工现场的竣工退场费用由承包人承担。承包人应在专用合同条款约定的期限内完成竣工退场，逾期未完成的，发包人有权出售或另行处理承包人遗留的物品，由此支出的费用由承包人承担，发包人出售承包人遗留物品所得款项在扣除必要费用后应返还承包人。

2）地表还原

承包人应按发包人要求恢复临时占地及清理场地，承包人未按发包人的要求恢复临时占地，或者场地清理未达到合同约定要求的，发包人有权委托其他人恢复或清理，所发生的费用由承包人承担。

（13）缺陷责任与工程保修

承包人应按法律、行政法规或国家关于工程质量保修的有关规定，在工程移交发包人后，因承包人原因产生的质量缺陷，承包人应承担质量缺陷责任和保修义务。所谓质量缺陷是指工程不符合国家或行业现行的有关技术标准、设计文件以及合同中对质量的要求。缺陷责任期届满，承包人仍应按合同约定的工程各部位保修年限承担保修义务。

承包人应在工程竣工验收之前，与发包人签订质量保修书，作为施工合同附件，其有效期限至保修期满。

1）缺陷责任期

① 缺陷责任期期限。缺陷责任期自工程通过竣工验收之日起计算，合同当事人应在专用合同条款约定缺陷责任期的具体期限，但该期限最长不超过24个月。单位工程先于全部工程进行验收，经验收合格并交付使用的，该单位工程缺陷责任期自单位工程验收合格之日起计算。因承包人原因导致工程无法按合同约定期限进行竣工验收的，缺陷责任期从实际通过竣工验收之日起计算。因发包人原因导致工程无法按合同约定期限进行竣工验收的，在承包人提交竣工验收报告90天后，工程自动进入缺陷责任期；发包人未经竣工验收擅自使用工程的，缺陷责任期自工程转移占有之日起开始计算。

② 缺陷责任期期限的延长。缺陷责任期内，由承包人原因造成的缺陷，承包人应负责维修，并承担鉴定及维修费用。如承包人不维修也不承担费用，发包人可按合同约定从保证金或银行保函中扣除，费用超出保证金额的，发包人可按合同约定向承包人进行索赔。承包人维修并承担相应费用后，不免除对工程的损失赔偿责任。发包人有权要求承包人延长缺陷责任期，并应在原缺陷责任期届满前发出延长通知。但缺陷责任期（含延长部分）最长不能超过24个月。由他人原因造成的缺陷，发包人负责组织维修，承包人不承担费用，且发包人不得从保证金中扣除费用。

③ 缺陷责任期期限内的试验。任何一项缺陷或损坏修复后，经检查证明其影响了工程或工程设备的使用性能，承包人应重新进行合同约定的试验和试运行，试验和试运行的全部费用应由责任方承担。

④ 颁发缺陷责任期终止证书。除专用合同条款另有约定外，承包人应于缺陷责任期届满后7天内向发包人发出缺陷责任期届满通知，发包人应在收到缺陷责任期届满通知后14天内核实承包人是否履行缺陷修复义务，承包人未能履行缺陷修复义务的，发包人有权扣除相应金额的维修费用。发包人应在收到缺陷责任期届满通知后14天内，向承包人颁发缺陷责任期终止证书。

2）保修责任

① 工程保修期

工程保修期从工程竣工验收合格之日起计算，具体分部分项工程的保修期由合同当事人在专用合同条款中约定，但不得低于法律、法规规定的法定最低保修年限。在工程保修期内，承包人应当根据有关法律规定以及合同约定承担保修责任。发包人未经竣工验收擅自使用工程的，保修期自转移占有之日起计算。

② 保修费用处理

保修期内，修复的费用按照以下约定处理：

保修期内，因承包人原因造成工程的缺陷、损坏，承包人应负责修复，并承担修复的费用以及因工程的缺陷、损坏造成的人身伤害和财产损失；

保修期内，因发包人使用不当造成工程的缺陷、损坏，可以委托承包人修复，但发包人应承担修复的费用，并支付承包人合理利润；

因其他原因造成工程的缺陷、损坏，可以委托承包人修复，发包人应承担修复的费用，并支付承包人合理的利润，因工程的缺陷、损坏造成的人身伤害和财产损失由责任方承担。

③ 修复通知

在保修期内，发包人在使用过程中，发现已接收的工程存在缺陷或损坏的，应书面通知承包人予以修复，但情况紧急必须立即修复缺陷或损坏的，发包人可以口头通知承包人并在口头通知后48小时内书面确认，承包人应在专用合同条款约定的合理期限内到达工程现场并修复缺陷或损坏。

④ 未能修复

因承包人原因造成工程的缺陷或损坏，承包人拒绝维修或未能在合理期限内修复缺陷或损坏，且经发包人书面催告后仍未修复的，发包人有权自行修复或委托第三方修复，所需费用由承包人承担。但修复范围超出缺陷或损坏范围的，超出范围部分的修复费用由发包人承担。

⑤ 承包人出入权

在保修期内，为了修复缺陷或损坏，承包人有权出入工程现场，除情况紧急必须立即修复缺陷或损坏外，承包人应提前24小时通知发包人进场修复的时间。承包人进入工程现场前应获得发包人同意，且不应影响发包人正常的生产经营，并应遵守发包人有关保安和保密等规定。

7. 施工合同的投资控制条款

（1）合同价格形式

发包人和承包人应在合同协议书中选择下列一种合同价格形式：

1）单价合同

单价合同是指合同当事人约定以工程量清单及其综合单价进行合同价格计算、调整和确认的建设工程施工合同，在约定的范围内合同单价不作调整。合同当事人应在专用合同条款中约定综合单价包含的风险范围和风险费用的计算方法，并约定风险范围以外的合同价格的调整方法，其中因市场价格波动引起的调整按本通用条款【市场价格波动引起的调整】的约定执行。

2）总价合同

总价合同是指合同当事人约定以施工图、已标价工程量清单或预算书及有关条件进行合同价格计算、调整和确认的建设工程施工合同，在约定的范围内合同总价不作调整。合同当事人应在专用合同条款中约定总价包含的风险范围和风险费用的计算方法，并约定风险范围以外的合同价格的调整方法，其中因市场价格波动引起的调整按本通用条款【市场价格波动引起的调整】的约定执行，因法律变化引起的调整按【法律变化引起的调整】的约定执行。

3）其他价格形式

合同当事人可在专用合同条款中约定其他合同价格形式。合同当事人可以根据实际情况选择成本加酬金或者定额计价等方式计取工程价款。

（2）预付款

1）预付款的支付

预付款的支付按照专用合同条款约定执行，但至迟应在开工通知载明的开工日期7天前支付。预付款应当用于材料、工程设备、施工设备的采购及修建临时工程、组织施工队伍进场等。

除专用合同条款另有约定外，预付款在进度付款中同比例扣回。在颁发工程接收证书前，提前解除合同的，尚未扣完的预付款应与合同价款一并结算。

发包人逾期支付预付款超过7天的，承包人有权向发包人发出要求预付的催告通知，发包人收到通知后7天内仍未支付的，承包人有权暂停施工，并按本通用条款【发包人违约的情形】的规定执行。

2）预付款担保

发包人要求承包人提供预付款担保的，承包人应在发包人支付预付款7天前提供预付款担保，专用合同条款另有约定除外。预付款担保可采用银行保函、担保公司担保等形式，具体由合同当事人在专用合同条款中约定。在预付款完全扣回之前，承包人应保证预付款担保持续有效。

发包人在工程款中逐期扣回预付款后，预付款担保额度应相应减少，但剩余的预付款担保金额不得低于未被扣回的预付款金额。

（3）计量

1）计量原则

工程量按照合同约定的工程量计算规则、图纸及变更指示等进行计量。工程量计算规则应以相关的国家标准、行业标准等为依据，由合同当事人在专用合同条款中约定。

2）计量周期

除专用合同条款另有约定外，工程量的计量按月进行。

3）单价合同的计量

除专用合同条款另有约定外，单价合同的计量按照本项约定执行：

① 承包人应于每月25日向监理人报送上月20日至当月19日已完成的工程量报告，并附具进度付款申请单、已完成工程量报表和有关资料。

② 监理人应在收到承包人提交的工程量报告后7天内完成对承包人提交的工程量报表的审核并报送发包人，以确定当月实际完成的工程量。监理人对工程量有异议的，有权要求承包人进行共同复核或抽样复测。承包人应协助监理人进行复核或抽样复测，并按监理人要求提供补充计量资料。承包人未按监理人要求参加复核或抽样复测的，监理人复核或修正的工程量视为承包人实际完成的工程量。

③ 监理人未在收到承包人提交的工程量报表后的7天内完成审核的，承包人报送的工程量报告中的工程量视为承包人实际完成的工程量，据此计算工程价款。

4）总价合同的计量

除专用合同条款另有约定外，按月计量支付的总价合同，按照本项约定执行：

① 承包人应于每月25日向监理人报送上月20日至当月19日已完成的工程量报告，并附具进度付款申请单、已完成工程量报表和有关资料。

② 监理人应在收到承包人提交的工程量报告后7天内完成对承包人提交的工程量报表的审核并报送发包人，以确定当月实际完成的工程量。监理人对工程量有异议的，有权要求承包人进行共同复核或抽样复测。承包人应协助监理人进行复核或抽样复测并按监理人要求提供补充计量资料。承包人未按监理人要求参加复核或抽样复测的，监理人审核或修正的工程量视为承包人实际完成的工程量。

③ 监理人未在收到承包人提交的工程量报表后的7天内完成复核的，承包人提交的工程量报告中的工程量视为承包人实际完成的工程量。

总价合同采用支付分解表计量支付的，可以按照本通用条款【总价合同的计量】的约定进行计量，但合同价款按照支付分解表进行支付。

（4）工程进度款支付

1）付款周期

除专用合同条款另有约定外，付款周期应按照本通用条款【计量周期】的约定与计量周期保持一致。

2）进度付款申请单的编制

除专用合同条款另有约定外，进度付款申请单应包括下列内容：

① 截至本次付款周期已完成工作对应的金额；

② 根据本通用条款【变更】应增加和扣减的变更金额；

③ 根据本通用条款【预付款】约定应支付的预付款和扣减的返还预付款；

④ 根据本通用条款【质量保证金】约定应扣减的质量保证金；

⑤ 根据本通用条款【索赔】应增加和扣减的索赔金额；

⑥ 对已签发的进度款支付证书中出现错误的修正，应在本次进度付款中支付或扣除的金额；

⑦ 根据合同约定应增加和扣减的其他金额。

3）进度付款申请单的提交

① 单价合同进度付款申请单的提交。单价合同的进度付款申请单，按照本通用条款【单价合同的计量】约定的时间按月向监理人提交，并附上已完成工程量报表和有关资料。单价合同中的总价项目按月进行支付分解，并汇总列入当期进度付款申请单。

② 总价合同进度付款申请单的提交。总价合同按月计量支付的，承包人按照本通用条款【总价合同的计量】约定的时间按月向监理人提交进度付款申请单，并附上已完成工程量报表和有关资料。总价合同按支付分解表支付的，承包人应按照本通用条款【支付分解表】及【进度付款申请单的编制】的约定向监理人提

交进度付款申请单。

③ 其他价格形式合同的进度付款申请单的提交。合同当事人可在专用合同条款中约定其他价格形式合同的进度付款申请单的编制和提交程序。

4）进度款审核和支付

① 进度款审核。除专用合同条款另有约定外，监理人应在收到承包人进度付款申请单以及相关资料后7天内完成审查并报送发包人，发包人应在收到后7天内完成审批并签发进度款支付证书。发包人逾期未完成审批且未提出异议的，视为已签发进度款支付证书。

② 对进度付款申请单异议的处理。发包人和监理人对承包人的进度付款申请单有异议的，有权要求承包人修正和提供补充资料，承包人应提交修正后的进度付款申请单。监理人应在收到承包人修正后的进度付款申请单及相关资料后7天内完成审查并报送发包人，发包人应在收到监理人报送的进度付款申请单及相关资料后7天内向承包人签发无异议部分的临时进度款支付证书。存在争议的部分，按照本通用条款【争议解决】的约定处理。

③ 进度款支付。除专用合同条款另有约定外，发包人应在进度款支付证书或临时进度款支付证书签发后14天内完成支付，发包人逾期支付进度款的，应按照中国人民银行发布的同期同类贷款基准利率支付违约金。

发包人签发进度款支付证书或临时进度款支付证书，不表明发包人已同意、批准或接受了承包人完成的相应部分的工作。

5）进度付款的修正

在对已签发的进度款支付证书进行阶段汇总和复核中发现错误、遗漏或重复的，发包人和承包人均有权提出修正申请。经发包人和承包人同意的修正，应在下期进度付款中支付或扣除。

6）支付分解表

① 支付分解表的编制要求

支付分解表中所列的每期付款金额，应为本通用条款【进度付款申请单的编制】项下的估算金额。

实际进度与施工进度计划不一致的，合同当事人可按照本通用条款【商定或确定】修改支付分解表。

不采用支付分解表的，承包人应向发包人和监理人提交按季度编制的支付估算分解表，用于支付参考。

② 总价合同支付分解表的编制与审批

除专用合同条款另有约定外，承包人应根据本通用条款【施工进度计划】约定的施工进度计划、签约合同价和工程量等因素对总价合同按月进行分解，编制支付分解表。承包人应当在收到监理人和发包人批准的施工进度计划后7天内，将支付分解表及编制支付分解表的支持性资料报送监理人。

监理人应在收到支付分解表后7天内完成审核并报送发包人。发包人应在收到经监理人审核的支付分解表后7天内完成审批，经发包人批准的支付分解表为有约束力的支付分解表。

发包人逾期未完成支付分解表审批的，也未及时要求承包人进行修正和提供补充资料的，则承包人提交的支付分解表视为已经获得发包人批准。

③ 单价合同的总价项目支付分解表的编制与审批

除专用合同条款另有约定外，单价合同的总价项目，由承包人根据施工进度计划和总价项目的总价构成、费用性质、计划发生时间和相应工程量等因素按月进行分解，形成支付分解表，其编制与审批参照总价合同支付分解表的编制与审批执行。

7）支付账户

发包人应将合同价款支付至合同协议书中约定的承包人账户。

（5）变更估价

1）变更估价原则

除专用合同条款另有约定外，变更估价按照本款约定处理：

① 已标价工程量清单或预算书中有相同项目的，按照相同项目单价认定；

② 已标价工程量清单或预算书中无相同项目，但有类似项目的，参照类似项目的单价认定；

③ 变更导致实际完成的变更工程量与已标价工程量清单或预算书中列明的该项目工程量的变化幅度超过15%的，或已标价工程量清单或预算书中无相同项目及类似项目单价的，按照合理的成本与利润构成的原则，由合同当事人按照商定或确定的结果来确定变更工作的单价。

2）变更估价程序

承包人应在收到变更指示后14天内，向监理人提交变更估价申请。监理人应在收到承包人提交的变更估价申请后7天内审查完毕并报送发包人，监理人对变更估价申请有异议，通知承包人修改后重新提交。发包人应在承包人提交变更估价申请后14天内审批完毕。发包人逾期未完成审批或未提出异议的，视为认可承包人提交的变更估价申请。

因变更引起的价格调整应计入最近一期的进度款中支付。

3）承包人的合理化建议对合同价格的影响

承包人提出合理化建议的，应向监理人提交合理化建议说明，说明建议的内容和理由，以及实施该建议对合同价格和工期的影响。

合理化建议监理人审查后并报送发包人，合理化建议经发包人批准的，监理人应及时发出变更指示，由此引起的合同价格调整按照本通用条款【变更估价】的约定执行。合理化建议降低了合同价格或者提高了工程经济效益的，发包人可对承包人给予奖励，奖励的方法和金额在专用合同条款中约定。

（6）暂估价

暂估价专业分包工程、服务、材料和工程设备的明细由合同当事人在专用合同条款中约定。

1）依法必须招标的暂估价项目

对于依法必须招标的暂估价项目，采取以下第1种方式确定。合同当事人也可以在专用合同条款中选择其他招标方式。

第1种方式。对于依法必须招标的暂估价项目，由承包人招标，对该暂估价项目的确认和批准按照以下约定执行：

① 承包人应当根据施工进度计划，在招标工作启动前14天将招标方案通过监理人报送发包人审查，发包人应当在收到承包人报送的招标方案后7天内批准或提出修改意见。承包人应当按照经过发包人批准的招标方案开展招标工作。

② 承包人应当根据施工进度计划，提前14天将招标文件通过监理人报送发包人审批，发包人应当在收到承包人报送的相关文件后7天内完成审批或提出修改意见；发包人有权确定招标控制价并按照法律规定参加评标。

③ 承包人与供应商、分包人在签订暂估价合同前，应当提前7天将确定的中标候选供应商或中标候选分包人的资料报送发包人，发包人应在收到资料后3天内与承包人共同确定中标人；承包人应当在签订合同后7天内，将暂估价合同副本报送发包人留存。

第2种方式。对于依法必须招标的暂估价项目，由发包人和承包人共同招标确定暂估价供应商或分包人的，承包人应按照施工进度计划，在招标工作启动前14天通知发包人，并提交暂估价招标方案和工作分工。发包人应在收到后7天内确认。确定中标人后，由发包人、承包人与中标人共同签订暂估价合同。

2）不属于依法必须招标的暂估价项目

除专用合同条款另有约定外，对于不属于依法必须招标的暂估价项目，采取以下第1种方式确定。

第1种方式。对于不属于依法必须招标的暂估价项目，按本项约定确认和批准：

① 承包人应根据施工进度计划，在签订暂估价项目的采购合同、分包合同前28天向监理人提出书面申请，监理人应当在收到申请后3天内报送发包人，发包人应当在收到申请后14天内给予批准或提出修改意见。发包人逾期未予批准或提出修改意见的，视为该书面申请已获得同意。

② 发包人认为承包人确定的供应商、分包人无法满足工程质量或合同要求的，发包人可以要求承包人重新确定暂估价项目的供应商、分包人。

③ 承包人应当在签订暂估价合同后7天内，将暂估价合同副本报送发包人留存。

第2种方式。承包人按照本通用条款【依法必须招标的暂估价项目】约定的第1种方式确定暂估价项目。

第3种方式。承包人直接实施的暂估价项目。承包人具备实施暂估价项目的资格和条件的，经发包人和承包人协商一致后，可由承包人自行实施暂估价项目,合同当事人可以在专用合同条款约定具体事项。

因发包人原因导致暂估价合同订立和履行迟延的,由此增加的费用和(或)延误的工期由发包人承担,并支付承包人合理的利润。因承包人原因导致暂估价合同订立和履行迟延的,由此增加的费用和(或)延误的工期由承包人承担。

(7)暂列金额

暂列金额应按照发包人的要求使用,发包人的要求应通过监理人发出。合同当事人可以在专用合同条款中协商确定有关事项。

(8)计日工

需要采用计日工方式的,经发包人同意后,由监理人通知承包人以计日工计价方式实施相应的工作,其价款按列入已标价工程量清单或预算书中的计日工计价项目及其单价进行计算;已标价工程量清单或预算书中无相应的计日工单价的,按照合理的成本与利润构成的原则,由合同当事人按照本通用条款【商定或确定】来确定变更工作的单价。

采用计日工计价的任何一项工作,承包人应在该项工作实施过程中,每天提交以下报表和有关凭证报送监理人审查:

1)工作名称、内容和数量;
2)投入该工作的所有人员的姓名、专业、工种、级别和耗用工时;
3)投入该工作的材料类别和数量;
4)投入该工作的施工设备型号、台数和耗用台时;
5)其他有关资料和凭证。

计日工由承包人汇总后,列入最近一期进度付款申请单,由监理人审查并经发包人批准后列入进度付款。

(9)价格调整

1)市场价格波动引起的调整

除专用合同条款另有约定外,市场价格波动超过合同当事人约定的范围,合同价格应当调整。合同当事人可以在专用合同条款中约定,选择以下一种方式对合同价格进行调整。

第1种方式。采用价格指数进行价格调整。

① 价格调整公式。因人工、材料和设备等价格波动影响合同价格时,根据专用合同条款中约定的数据,按以下公式计算差额并调整合同价格:

$$\Delta P = P_0 \left[A + \left(B_1 \times \frac{F_{t1}}{F_{01}} + B_2 \times \frac{F_{t2}}{F_{02}} + B_3 \times \frac{F_{t3}}{F_{03}} + \cdots + B_n \times \frac{F_{tn}}{F_{0n}} \right) - 1 \right]$$

式中 ΔP——需调整的价格差额;

P_0——约定的付款证书中承包人应得到的已完成工程量的金额,此项金额应不包括价格调整,不计质量保证金的扣留和支付、预付款的支付和扣回,约定的变更及其他金额已按现行价格计价的,也不计在内;

A——定值权重（即不调部分的权重）；

B_1，B_2，B_3，…，B_n——各可调因子的变值权重（即可调部分的权重），为各可调因子在签约合同价中所占的比例；

F_{t1}，F_{t2}，F_{t3}，…，F_{tn}——各可调因子的现行价格指数，指约定的付款证书相关周期最后一天的前42天的价格指数；

F_{01}，F_{02}，F_{03}，…，F_{0n}——各可调因子的基本价格指数，指基准日期的各可调因子的价格指数。

以上价格调整公式中的各可调因子、定值和变值权重，以及基本价格指数及其来源在投标函附录价格指数和权重表中约定；非招标订立的合同，由合同当事人在专用合同条款中约定。价格指数应首先采用工程造价管理机构发布的价格指数，无前述价格指数时，可采用工程造价管理机构发布的价格代替。

② 暂时确定调整差额。在计算调整差额时无现行价格指数的，合同当事人同意暂用前次价格指数计算。实际价格指数有调整的，合同当事人进行相应调整。

③ 权重的调整。因变更导致合同约定的权重不合理时，按照本通用条款【商定或确定】执行。

④ 因承包人原因工期延误后的价格调整。因承包人原因未按期竣工的，对合同约定的竣工日期后继续施工的工程，在使用价格调整公式时，应采用计划竣工日期与实际竣工日期的两个价格指数中较低的一个作为现行价格指数。

第2种方式。采用造价信息进行价格调整。

合同履行期间，因人工、材料、工程设备和机械台班价格波动影响合同价格时，人工、机械使用费按照国家或省、自治区、直辖市住房城乡建设行政管理部门、行业建设管理部门或其授权的工程造价管理机构发布的人工、机械使用费系数进行调整；需要进行价格调整的材料，其单价和采购数量应由发包人审批，发包人确认需调整的材料单价及数量，作为调整合同价格的依据。

① 人工单价发生变化且符合省级或行业住房城乡建设主管部门发布的人工费调整规定，合同当事人应按省级或行业住房城乡建设主管部门或其授权的工程造价管理机构发布的人工费等文件调整合同价格，但承包人对人工费或人工单价的报价高于发布价格的除外。

② 材料、工程设备价格变化的价款调整按照发包人提供的基准价格，按以下风险范围规定执行：

承包人在已标价工程量清单或预算书中载明材料单价低于基准价格的：除专用合同条款另有约定外，合同履行期间材料单价涨幅以基准价格为基础超过5%时，或材料单价跌幅以已标价工程量清单或预算书中载明材料单价为基础超过5%时，其超过部分据实调整。

承包人在已标价工程量清单或预算书中载明材料单价高于基准价格的：除专用合同条款另有约定外，合同履行期间材料单价跌幅以基准价格为基础超过5%时，材料单价涨幅以已标价工程量清单或预算书中载明材料单价为基础超过5%

时，其超过部分据实调整。

承包人在已标价工程量清单或预算书中载明材料单价等于基准价格的：除专用合同条款另有约定外，合同履行期间材料单价涨跌幅以基准价格为基础超过±5%时，其超过部分据实调整。

承包人应在采购材料前将采购数量和新的材料单价报发包人核对，发包人确认用于工程时，发包人应确认采购材料的数量和单价。发包人在收到承包人报送的确认资料后5天内不予答复的视为认可，作为调整合同价格的依据。未经发包人事先核对，承包人自行采购材料的，发包人有权不予调整合同价格。发包人同意的，可以调整合同价格。

前述基准价格是指由发包人在招标文件或专用合同条款中给定的材料、工程设备的价格，该价格原则上应当按照省级或行业住房城乡建设主管部门或其授权的工程造价管理机构发布的信息价编制。

③ 施工机械台班单价或施工机械使用费发生变化超过省级或行业住房城乡建设主管部门或其授权的工程造价管理机构规定的范围时，按规定调整合同价格。

第3种方式。专用合同条款约定的其他方式。

2）法律变化引起的调整

基准日期后，法律变化导致承包人在合同履行过程中所需要的费用发生除本通用条款【市场价格波动引起的调整】约定以外的增加时，由发包人承担由此增加的费用；减少时，应从合同价格中予以扣减。基准日期后，因法律变化造成工期延误时，工期应予以顺延。

因法律变化引起的合同价格和工期调整，合同当事人无法达成一致的，由总监理工程师按本通用条款【商定或确定】的约定处理。

因承包人原因造成工期延误，在工期延误期间出现法律变化的，由此增加的费用和（或）延误的工期由承包人承担。

（10）施工中涉及的其他费用

1）化石、文物

在施工现场发掘的所有文物、古迹以及具有地质研究或考古价值的其他遗迹、化石、钱币或物品属于国家所有。一旦发现上述文物，承包人应采取合理有效的保护措施，防止任何人员移动或损坏上述物品，并立即报告有关政府行政管理部门，同时通知监理人。

发包人、监理人和承包人应按有关政府行政管理部门要求采取妥善的保护措施，由此增加的费用和（或）延误的工期由发包人承担。承包人发现文物后不及时报告或隐瞒不报，致使文物丢失或损坏的，应赔偿损失，并承担相应的法律责任。

2）安全文明施工费

① 安全文明施工要求

承包人应当按照有关规定编制安全技术措施或者专项施工方案，建立安全生产责任制度、治安保卫制度及安全生产教育培训制度,并按安全生产法律规定及合同约定履行安全职责,如实编制工程安全生产的有关记录,接受发包人、监理人及政府安全监督部门的检查与监督。

承包人在工程施工期间,应当采取措施保持施工现场平整,物料堆放整齐。工程所在地有关政府行政管理部门有特殊要求的,按照其要求执行。合同当事人对文明施工有其他要求的,可以在专用合同条款中明确。

② 安全文明施工费的承担

安全文明施工费由发包人承担,发包人不得以任何形式扣减该部分费用。因基准日期后合同所适用的法律或政府有关规定发生变化,增加的安全文明施工费由发包人承担。

承包人经发包人同意采取合同约定以外的安全措施所产生的费用,由发包人承担。未经发包人同意的,如果该措施避免了发包人的损失,则发包人在避免损失的额度内承担该措施费。如果该措施避免了承包人的损失,由承包人承担该措施费。

③ 安全文明施工费的支付

除专用合同条款另有约定外,发包人应在开工后28天内预付安全文明施工费总额的50%,其余部分与进度款同期支付。发包人逾期支付安全文明施工费超过7天的,承包人有权向发包人发出要求预付的催告通知,发包人收到通知后7天内仍未支付的,承包人有权暂停施工,并按【发包人违约的情形】执行。

④ 安全文明施工费应专款专用

承包人对安全文明施工费应专款专用,承包人应在财务账目中单独列项备查,不得挪作他用,否则发包人有权责令其限期改正;逾期未改正的,可以责令其暂停施工,由此增加的费用和(或)延误的工期由承包人承担。

⑤ 紧急情况处理及费用承担

在工程实施期间或缺陷责任期内发生危及工程安全的事件,监理人通知承包人进行抢救,承包人声明无能力或不愿立即执行的,发包人有权雇用其他人员进行抢救。此类抢救按合同约定属于承包人义务的,由此增加的费用和(或)延误的工期由承包人承担。

(11)竣工结算

1)竣工结算申请

除专用合同条款另有约定外,承包人应在工程竣工验收合格后28天内向发包人和监理人提交竣工结算申请单,并提交完整的结算资料,有关竣工结算申请单的资料清单和份数等要求由合同当事人在专用合同条款中约定。除专用合同条款另有约定外,竣工结算申请单应包括以下内容:

① 竣工结算合同价格;

② 发包人已支付承包人的款项;

③ 应扣留的质量保证金,已缴纳履约保证金的或提供其他工程质量担保方式

的除外；

④ 发包人应支付承包人的合同价款。

2）竣工结算审核

① 除专用合同条款另有约定外，监理人应在收到竣工结算申请单后14天内完成核查并报送发包人。发包人应在收到监理人提交的经审核的竣工结算申请单后14天内完成审批，并由监理人向承包人签发经发包人签认的竣工付款证书。监理人或发包人对竣工结算申请单有异议的，有权要求承包人进行修正和提供补充资料，承包人应提交修正后的竣工结算申请单。

发包人在收到承包人提交竣工结算申请书后28天内未完成审批且未提出异议的，视为发包人认可承包人提交的竣工结算申请单，并自发包人收到承包人提交的竣工结算申请单后第29天起视为已签发竣工付款证书。

② 除专用合同条款另有约定外，发包人应在签发竣工付款证书后的14天内，完成对承包人的竣工付款。发包人逾期支付的，按照中国人民银行发布的同期同类贷款基准利率支付违约金；逾期支付超过56天的，按照中国人民银行发布的同期同类贷款基准利率的两倍支付违约金。

③ 承包人对发包人签认的竣工付款证书有异议的，对于有异议部分应在收到发包人签认的竣工付款证书后7天内提出异议，并由合同当事人按照专用合同条款约定的方式和程序进行复核，或按照本通用条款【争议解决】的约定处理。对于无异议部分，发包人应签发临时竣工付款证书，并按上述第②项完成付款。承包人逾期未提出异议的，视为认可发包人的审批结果。

3）甩项竣工协议

发包人要求甩项竣工的，合同当事人应签订甩项竣工协议。在甩项竣工协议中应明确，合同当事人按照本通用条款【竣工结算申请】及【竣工结算审核】的约定，对已完合格工程进行结算，并支付相应合同价款。

（12）质量保证金

经合同当事人协商一致扣留质量保证金的，应在专用合同条款中予以明确。在工程项目竣工前，承包人已经提供履约担保的，发包人不得同时预留工程质量保证金。

1）承包人提供质量保证金的方式

承包人提供质量保证金有以下3种方式：

① 质量保证金保函；

② 相应比例的工程款；

③ 双方约定的其他方式。

除专用合同条款另有约定外，质量保证金原则上采用上述第①种方式。

2）质量保证金的扣留

质量保证金的扣留有以下3种方式：

① 在支付工程进度款时逐次扣留，在此情形下，质量保证金的计算基数不包

括预付款的支付、扣回以及价格调整的金额；

② 工程竣工结算时一次性扣留质量保证金；

③ 双方约定的其他扣留方式。

除专用合同条款另有约定外，质量保证金的扣留原则上采用上述第①种方式。

发包人累计扣留的质量保证金不得超过工程价款结算总额的3%。如承包人在发包人签发竣工付款证书后28天内提交质量保证金保函，发包人应同时退还扣留的作为质量保证金的工程价款；保函金额不得超过工程价款结算总额的3%。发包人在退还质量保证金的同时，按照中国人民银行发布的同期同类贷款基准利率支付利息。

3）质量保证金的退还

缺陷责任期内，承包人认真履行合同约定的责任，到期后，承包人可向发包人申请返还保证金。发包人在接到承包人返还保证金申请后，应于14天内会同承包人按照合同约定的内容进行核实。如无异议，发包人应当按照约定将保证金返还给承包人。对返还期限没有约定或者约定不明确的，发包人应当在核实后14天内将保证金返还承包人，逾期未返还的，依法承担违约责任。发包人在接到承包人返还保证金申请后14天内不予答复，经催告后14天内仍不予答复，视同认可承包人的返还保证金申请。

发包人和承包人对保证金预留、返还以及工程维修质量、费用有争议的，按本合同约定的争议和纠纷解决程序处理。

（13）最终结清

1）最终结清申请单

① 除专用合同条款另有约定外，承包人应在缺陷责任期终止证书颁发后7天内，按专用合同条款约定的份数向发包人提交最终结清申请单，并提供相关证明材料。最终结清申请单应列明质量保证金、应扣除的质量保证金、缺陷责任期内发生的增减费用。

② 发包人对最终结清申请单内容有异议的，有权要求承包人进行修正和提供补充资料，承包人应向发包人提交修正后的最终结清申请单。

2）最终结清证书和支付

① 除专用合同条款另有约定外，发包人应在收到承包人提交的最终结清申请单后14天内完成审批并向承包人颁发最终结清证书。发包人逾期未完成审批，又未提出修改意见的，视为发包人同意承包人提交的最终结清申请单，且自发包人收到承包人提交的最终结清申请单后15天起视为已颁发最终结清证书。

② 除专用合同条款另有约定外，发包人应在颁发最终结清证书后7天内完成支付。发包人逾期支付的，按照中国人民银行发布的同期同类贷款基准利率支付违约金；逾期支付超过56天的，按照中国人民银行发布的同期同类贷款基准利率的两倍支付违约金。

③承包人对发包人颁发的最终结清证书有异议的，按本通用条款【争议解决】的约定办理。

8. 施工合同的安全、健康和环境控制条款

（1）安全控制

1）安全生产要求

合同履行期间，合同当事人均应当遵守国家和工程所在地有关安全生产的要求，合同当事人有特别要求的，应在专用合同条款中明确施工项目安全生产标准化达标目标及相应事项。承包人有权拒绝发包人及监理人强令承包人违章作业、冒险施工的任何指示。

在施工过程中，如遇到突发的地质变动、事先未知的地下施工障碍等影响施工安全的紧急情况，承包人应及时报告监理人和发包人，发包人应当及时下令停工并报政府有关行政管理部门采取应急措施。因安全生产需要暂停施工的，按照本通用条款【暂停施工】的约定执行。

2）安全生产保证措施

承包人应当按照有关规定编制安全技术措施或者专项施工方案，建立安全生产责任制度、治安保卫制度及安全生产教育培训制度，并按安全生产法律规定及合同约定履行安全职责，如实编制工程安全生产的有关记录，接受发包人、监理人及政府安全监督部门的检查与监督。

3）特别安全生产事项

承包人应按照法律规定进行施工，开工前做好安全技术交底工作，施工过程中做好各项安全防护措施。承包人为实施合同而雇用的特殊工种的人员应受过专门的培训并已取得政府有关管理机构颁发的上岗证书。

承包人在动力设备、输电线路、地下管道、密封防振车间、易燃易爆地段以及临街交通要道附近施工时，施工开始前应向发包人和监理人提出安全防护措施，经发包人认可后实施。

实施爆破作业，在放射、毒害性环境中施工（含储存、运输、使用）及使用毒害性、腐蚀性物品施工时，承包人应在施工前7天书面通知发包人和监理人，并报送相应的安全防护措施，经发包人认可后实施。

需单独编制危险性较大分部分项专项工程施工方案的，及要求进行专家论证的超过一定规模的危险性较大的分部分项工程，承包人应及时编制和组织论证。

4）治安保卫

除专用合同条款另有约定外，发包人应与当地公安部门协商，在现场建立治安管理机构或联防组织，统一管理施工场地的治安保卫事项，履行合同工程的治安保卫职责。

发包人和承包人除应协助现场治安管理机构或联防组织维护施工场地的社会治安外，还应做好包括生活区在内的各自管辖区的治安保卫工作。

除专用合同条款另有约定外，发包人和承包人应在工程开工后7天内共同编制施工场地治安管理计划，并制定应对突发治安事件的紧急预案。在工程施工过程中，发生暴乱、爆炸等恐怖事件，以及群殴、械斗等群体性突发治安事件的，发包人和承包人应立即向当地政府报告。发包人和承包人应积极协助当地有关部门采取措施平息事态，防止事态扩大，尽量避免人员伤亡和财产损失。

5）文明施工

承包人在工程施工期间，应当采取措施保持施工现场平整，物料堆放整齐。工程所在地有关政府行政管理部门有特殊要求的，按照其要求执行。合同当事人对文明施工有其他要求的，可以在专用合同条款中明确。

在工程移交之前，承包人应当从施工现场清除承包人的全部工程设备、多余材料、垃圾和各种临时工程，并保持施工现场清洁整齐。经发包人书面同意，承包人可在发包人指定的地点保留承包人履行保修期内的各项义务所需要的材料、施工设备和临时工程。

6）紧急情况处理

在工程实施期间或缺陷责任期内发生危及工程安全的事件，监理人通知承包人进行抢救，承包人声明无能力或不愿立即执行的，发包人有权雇用其他人员进行抢救。此类抢救按合同约定属于承包人义务的，由此增加的费用和（或）延误的工期由承包人承担。

7）事故处理

工程施工过程中发生事故的，承包人应立即通知监理人，监理人应立即通知发包人。发包人和承包人应立即组织人员和设备进行紧急抢救和抢修，减少人员伤亡和财产损失，防止事故扩大，并保护事故现场。需要移动现场物品时，应作出标记和书面记录，妥善保管有关证据。发包人和承包人应按国家有关规定，及时如实地向有关部门报告事故发生的情况，以及正在采取的紧急措施等。

8）安全生产责任

① 发包人的安全责任。发包人应负责赔偿以下各种情况造成的损失：

工程或工程的任何部分对土地的占用所造成的第三者财产损失；

由于发包人原因在施工场地及其毗邻地带造成的第三者人身伤亡和财产损失；

由于发包人原因对承包人、监理人造成的人员人身伤亡和财产损失；

由于发包人原因造成的发包人自身人员的人身伤害以及财产损失。

② 承包人的安全责任。由于承包人原因在施工场地内及其毗邻地带造成的发包人、监理人以及第三者人员伤亡和财产损失，由承包人负责赔偿。

（2）健康控制

1）劳动保护

承包人应按照法律规定安排现场施工人员的劳动和休息时间，保障劳动者的休息时间，并支付合理的报酬和费用。承包人应依法为其履行合同所雇用的人员办理必要的证件、许可、保险和注册等，承包人应督促其分包人为分包人所雇用的人员办理必要的证件、许可、保险和注册等。

承包人应按照法律规定保障现场施工人员的劳动安全，提供劳动保护，并应按国家有关劳动保护的规定，采取有效的防止粉尘、降低噪声、控制有害气体和保障高温、高寒、高空作业安全等劳动保护措施。承包人雇佣人员在施工中受到伤害的，承包人应立即采取有效措施进行抢救和治疗。

承包人应按法律规定安排工作时间，保证其雇佣人员享有休息和休假的权利。因工程施工的特殊需要占用休假日或延长工作时间的，应不超过法律规定的限度，并按法律规定给予补休或付酬。

2）生活条件

承包人应为其履行合同所雇用的人员提供必要的膳宿条件和生活环境；承包人应采取有效措施预防传染病，保证施工人员的健康，并定期对施工现场、施工人员生活基地和工程进行防疫和卫生的专业检查和处理，在远离城镇的施工场地，还应配备必要的伤病防治和急救的医务人员与医疗设施。

（3）环境控制

承包人应在施工组织设计中列明环境保护的具体措施。在合同履行期间，承包人应采取合理措施保护施工现场环境。对施工作业过程中可能引起的大气、水、噪声以及固体废物污染采取具体可行的防范措施。

承包人应当承担因其原因引起的环境污染侵权损害赔偿责任，因上述环境污染引起纠纷而导致暂停施工的，由此增加的费用和（或）延误的工期由承包人承担。

9．施工合同的其他约定

（1）不可抗力

1）不可抗力的确认

不可抗力是指合同当事人在签订合同时不可预见，在合同履行过程中不可避免且不能克服的自然灾害和社会性突发事件，如地震、海啸、瘟疫、骚乱、戒严、暴动、战争和专用合同条款中约定的其他情形。

不可抗力发生后，发包人和承包人应收集证明不可抗力发生及不可抗力造成损失的证据，并及时认真统计所造成的损失。合同当事人对是否属于不可抗力或其损失的意见不一致的，由监理人按【商定或确定】的约定处理。发生争议时，按本通用条款【争议解决】的约定处理。

2）不可抗力的通知

合同一方当事人遇到不可抗力事件，使其履行合同义务受到阻碍时，应立即通知合同另一方当事人和监理人，书面说明不可抗力和受阻碍的详细情况，并提供必要的证明。

不可抗力持续发生的，合同一方当事人应及时向合同另一方当事人和监理人提交中间报告，说明不可抗力和履行合同受阻的情况，并于不可抗力事件结束后28天内提交最终报告及有关资料。

3）不可抗力后果的承担

不可抗力引起的后果及造成的损失由合同当事人按照法律规定及合同约定各自承担。不可抗力发生前已完成的工程应当按照合同约定进行计量支付。不可抗力导致的人员伤亡、财产损失、费用增加和（或）工期延误等后果，由合同当事人按以下原则承担：

① 永久工程、已运至施工现场的材料和工程设备的损坏，以及因工程损坏造成的第三方人员伤亡和财产损失由发包人承担；

② 承包人施工设备的损坏由承包人承担；

③ 发包人和承包人承担各自人员伤亡和财产的损失；

④ 因不可抗力影响承包人履行合同约定的义务，已经引起或将引起工期延误的，应当顺延工期，由此导致承包人停工的费用损失由发包人和承包人合理分担，停工期间必须支付的工人工资由发包人承担；

⑤ 因不可抗力引起或将引起工期延误，发包人要求赶工的，由此增加的赶工费用由发包人承担；

⑥ 承包人在停工期间按照发包人要求照管、清理和修复工程的费用由发包人承担。

不可抗力发生后，合同当事人均应采取措施尽量避免和减少损失的扩大，任何一方当事人没有采取有效措施导致损失扩大的，应对扩大的损失承担责任。因合同一方迟延履行合同义务，在迟延履行期间遭遇不可抗力的，不免除其违约责任。

4）因不可抗力解除合同

因不可抗力导致合同无法履行连续超过84天或累计超过140天的，发包人和承包人均有权解除合同。合同解除后，由双方当事人按照本通用条款【商定或确定】的规定商定或确定发包人应支付的款项，该款项包括：

① 合同解除前承包人已完成工作的价款；

② 承包人为工程订购的并已交付给承包人，或承包人有责任接受交付的材料、工程设备和其他物品的价款；

③ 发包人要求承包人退货或解除订货合同而产生的费用，或因不能退货或解除合同而产生的损失；

④ 承包人撤离施工现场以及遣散承包人人员的费用；

⑤ 按照合同约定在合同解除前应支付给承包人的其他款项；

⑥ 扣减承包人按照合同约定应向发包人支付的款项；

⑦ 双方商定或确定的其他款项。

除专用合同条款另有约定外，合同解除后，发包人应在商定或确定上述款项后28天内完成上述款项的支付。

（2）保险

1）工程保险

除专用合同条款另有约定外，发包人应投保建筑工程一切险或安装工程一切险；发包人委托承包人投保的，因投保产生的保险费和其他相关费用由发包人承担。

2）工伤保险

发包人应依照法律规定参加工伤保险，并为在施工现场的全部员工办理工伤保险，缴纳工伤保险费，并要求监理人及由发包人为履行合同聘请的第三方依法参加工伤保险。

承包人应依照法律规定参加工伤保险，并为其履行合同的全部员工办理工伤保险，缴纳工伤保险费，并要求分包人及由承包人为履行合同聘请的第三方依法参加工伤保险。

3）其他保险

发包人和承包人可以为其施工现场的全部人员办理意外伤害保险并支付保险费，包括其员工及为履行合同聘请的第三方的人员，具体事项由合同当事人在专用合同条款约定。除专用合同条款另有约定外，承包人应为其施工设备等办理财产保险。

4）持续保险

合同当事人应与保险人保持联系，使保险人能够随时了解工程实施中的变动，并确保按保险合同条款要求持续保险。

5）保险凭证

合同当事人应及时向另一方当事人提交其已投保的各项保险的凭证和保险单复印件。

6）未按约定投保的补救

发包人未按合同约定办理保险，或未能使保险持续有效的，则承包人可代为办理，所需费用由发包人承担。发包人未按合同约定办理保险，导致未能得到足额赔偿的，由发包人负责补足。

承包人未按合同约定办理保险，或未能使保险持续有效的，则发包人可代为办理，所需费用由承包人承担。承包人未按合同约定办理保险，导致未能得到足额赔偿的，由承包人负责补足。

7）通知义务

除专用合同条款另有约定外，发包人变更除工伤保险之外的保险合同时，应事先征得承包人同意，并通知监理人；承包人变更除工伤保险之外的保险合同时，应事先征得发包人同意，并通知监理人。保险事故发生时，投保人应按照保险合同规定的条件和期限及时向保险人报告。发包人和承包人应当在知道保险事故发生后及时通知对方。

（3）担保

除专用合同条款另有约定外，发包人要求承包人提供履约担保的，发包人应当向承包人提供支付担保。

1)承包人提供履约担保

发包人需要承包人提供履约担保的,由合同当事人在专用合同条款中约定履约担保的方式、金额及期限等。履约担保可以采用银行保函或担保公司担保等形式。因承包人原因导致工期延长的,继续提供履约担保所增加的费用由承包人承担;非因承包人原因导致工期延长的,继续提供履约担保所增加的费用由发包人承担。

2)发包人提供资金来源证明和支付担保

除专用合同条款另有约定外,发包人应在收到承包人要求提供资金来源证明的书面通知后28天内,向承包人提供能够按照合同约定支付合同价款的相应资金来源证明。发包人要求承包人提供履约担保的,发包人应当向承包人提供支付担保。支付担保可以采用银行保函或担保公司担保等形式,具体由合同当事人在专用合同条款中约定。

(4)索赔

索赔包括承包人的索赔和发包人的索赔。

1)承包人的索赔

① 索赔程序

根据合同约定,承包人认为有权得到追加付款和(或)延长工期的,应按以下程序向发包人提出索赔:

承包人应在知道或应当知道索赔事件发生后28天内,向监理人递交索赔意向通知书,并说明发生索赔事件的事由;承包人未在前述28天内发出索赔意向通知书的,丧失要求追加付款和(或)延长工期的权利。

承包人应在发出索赔意向通知书后28天内,向监理人正式递交索赔报告;索赔报告应详细说明索赔理由以及要求追加的付款金额和(或)延长的工期,并附必要的记录和证明材料。

索赔事件具有持续影响的,承包人应按合理时间间隔继续递交延续索赔通知,说明持续影响的实际情况和记录,列出累计的追加付款金额和(或)工期延长天数。

在索赔事件影响结束后28天内,承包人应向监理人递交最终索赔报告,说明最终要求索赔的追加付款金额和(或)延长的工期,并附必要的记录和证明材料。

② 对承包人索赔的处理

监理人应在收到索赔报告后14天内完成审查并报送发包人。监理人对索赔报告存在异议的,有权要求承包人提交全部原始记录副本。

发包人应在监理人收到索赔报告或有关索赔的进一步证明材料后的28天内,由监理人向承包人出具经发包人签认的索赔处理结果。发包人逾期答复的,则视为认可承包人的索赔要求。

承包人接受索赔处理结果的,索赔款项在当期进度款中进行支付;承包人不接受索赔处理结果的，按照本通用条款【争议解决】的约定处理。

2）发包人的索赔

①索赔程序

根据合同约定，发包人认为有权得到赔付金额和（或）延长缺陷责任期的，监理人应向承包人发出通知并附有详细的证明。发包人应在知道或应当知道索赔事件发生后28天内通过监理人向承包人提出索赔意向通知书，发包人未在前述28天内发出索赔意向通知书的，丧失要求赔付金额和（或）延长缺陷责任期的权利。发包人应在发出索赔意向通知书后28天内，通过监理人向承包人正式递交索赔报告。

②对发包人索赔的处理

承包人收到发包人提交的索赔报告后，应及时审查索赔报告的内容、查验发包人证明材料。

承包人应在收到索赔报告或有关索赔的进一步证明材料后28天内，将索赔处理结果答复发包人。如果承包人未在上述期限内作出答复的，则视为对发包人索赔要求的认可。

承包人接受索赔处理结果的，发包人可从应支付给承包人的合同价款中扣除赔付的金额或延长缺陷责任期；承包人不接受索赔处理结果的，按本通用条款【争议解决】的约定处理。

3）提出索赔的期限

① 承包人按本通用条款【竣工结算审核】约定接收竣工付款证书后，应被视为已无权再提出在工程接收证书颁发前所发生的任何索赔。

② 承包人按本通用条款【最终结清】提交的最终结清申请单中，只限于提出工程接收证书颁发后发生的索赔。提出索赔的期限自接受最终结清证书时终止。

（5）违约责任

1）发包人的违约责任

①发包人违约的情形

A. 因发包人原因未能在计划开工日期前7天内下达开工通知的；

B. 因发包人原因未能按合同约定支付合同价款的；

C. 发包人违反本通用条款【变更的范围】的约定，自行实施被取消的工作或转由他人实施的；

D. 发包人提供的材料、工程设备的规格、数量或质量不符合合同约定，或因发包人原因导致交货日期延误或交货地点变更等情况的；

E. 因发包人违反合同约定造成暂停施工的；

F. 发包人无正当理由没有在约定期限内发出复工指示，导致承包人无法复工的；

G. 发包人明确表示或者以其行为表明不履行合同主要义务的；

H. 发包人未能按照合同约定履行其他义务的。

发包人发生除以上第G项以外的违约情况时，承包人可向发包人发出通知，要求发包人采取有效措施纠正违约行为。发包人收到承包人通知后28天内仍不纠正违约行为的，承包人有权暂停相应部位工程施工，并通知监理人。

② 发包人违约的责任

发包人应承担因其违约给承包人增加的费用和（或）延误的工期，并支付承包人合理的利润。此外，合同当事人可在专用合同条款中另行约定发包人违约责任的承担方式和计算方法。发包人承担违约责任的方式有以下4种：

A. 赔偿损失。赔偿损失是发包人承担违约责任的主要方式，其目的是补偿因违约给承包人造成的经济损失。承发包双方应当在专用条款内约定发包人赔偿承包人损失的计算方法。损失赔偿额应当相当于因违约所造成的损失，包括合同履行后可以获得的利益，但不得超过发包人在订立合同时预见或者应当预见到的因违约可能造成的损失。

B. 支付违约金。支付违约金的目的是补偿承包人的损失，双方在专用条款中约定发包人应当支付违约金的数额或计算方法。

C. 顺延工期。对于因为发包人违约而延误的工期，应当相应顺延。

D. 继续履行。发包人违约后，承包人要求发包人继续履行合同的，发包人应当在承担上述违约责任后继续履行施工合同。

2）承包人的违约责任

① 承包人违约的情形

A. 承包人违反合同约定进行转包或违法分包的；

B. 承包人违反合同约定采购和使用不合格的材料和工程设备的；

C. 因承包人原因导致工程质量不符合合同要求的；

D. 承包人违反本通用条款【材料与设备专用要求】的约定，未经批准，私自将已按照合同约定进入施工现场的材料或设备撤离施工现场的；

E. 承包人未能按施工进度计划及时完成合同约定的工作，造成工期延误的；

F. 承包人在缺陷责任期及保修期内，未能在合理期限对工程缺陷进行修复，或拒绝按发包人要求进行修复的；

G. 承包人明确表示或者以其行为表明不履行合同主要义务的；

H. 承包人未能按照合同约定履行其他义务的。

承包人发生除以上第G项约定以外的其他违约情况时，监理人可向承包人发出整改通知，要求其在指定的期限内改正。

② 承包人违约的责任

承包人应承担因其违约行为而增加的费用和（或）延误的工期。此外，合同当事人可在专用合同条款中另行约定承包人违约责任的承担方式和计算方法。承包人承担违约责任的方式有以下4种：

A. 赔偿损失。承发包双方应当在专用条款内约定承包人赔偿发包人损失的计算方法。损失赔偿额应当相当于因违约所造成的损失，包括合同履行后可以获得的利益，但不得超过承包人在订立合同时预见或者应当预见到的因违约可能造成的损失。

B. 支付违约金。双方可以在专用条款中约定承包人应当支付违约金的数额或计算方法。发包人在确定违约金的费率时，一般要考虑以下因素：发包人盈利损失；由于工期延长而引起的贷款利息增加；工程拖期带来的附加监理费；由于本工程拖期竣工不能使用，租用其他建筑物时的租赁费等。

C. 采取补救措施。对于施工质量不符合要求的违约，发包人有权要求承包人采取返工、修理、更换等补救措施。

D. 继续履行。承包人违约后，如果发包人要求承包人继续履行合同时，承包人承担上述违约责任后仍应继续履行施工合同。

3）担保人承担责任

如果施工合同双方当事人设定了担保方式，一方违约后，另一方可按双方约定的担保条款，要求提供担保的第三人承担相应的责任。

4）第三人造成的违约责任

在履行合同过程中，一方当事人因第三人的原因造成违约的，应当向对方当事人承担违约责任。一方当事人和第三人之间的纠纷，依照法律规定或者按照约定解决。

（6）施工合同的解除

1）可以解除合同的情形

① 发包人承包人协商一致，可以解除合同。

② 因发包人违约解除合同。除专用合同条款另有约定外，承包人按本通用条款【发包人违约的情形】约定暂停施工满28天后，发包人仍不纠正其违约行为并致使合同目的不能实现的，或出现【发包人违约的情形】第G项约定的违约情况，承包人有权解除合同，发包人应承担由此增加的费用，并支付承包人合理的利润。

③ 因承包人违约解除合同。除专用合同条款另有约定外，出现本通用条款【承包人违约的情形】第G项约定的违约情况时，或监理人发出整改通知后，承包人在指定的合理期限内仍不纠正违约行为并致使合同目的不能实现的，发包人有权解除合同。合同解除后，因继续完成工程的需要，发包人有权使用承包人在施工现场的材料、设备、临时工程、承包人文件和由承包人或以其名义编制的其他文件，合同当事人应在专用合同条款约定相应费用的承担方式。发包人继续使用的行为不免除或减轻承包人应承担的违约责任。

④ 因不可抗力致使合同无法履行，发包人承包人可以解除合同。

2）解除合同的程序

合同当事人一方依据上述约定要求解除合同的，应以书面形式向对方发出解除合同的通知，并在发出通知前提前告知对方，通知到达对方时合同解除。对解除合同有争议的，双方可按本通用条款【争议解决】的约定处理。合同解除后，不影响双方在合同中约定的结算和清理条款的效力。

3）合同解除后的善后处理

① 因发包人违约解除合同后的付款。承包人按照本款约定解除合同的，发包人应在解除合同后28天内支付下列款项，并解除履约担保：

合同解除前所完成工作的价款；

承包人为工程施工订购并已付款的材料、工程设备和其他物品的价款；

承包人撤离施工现场以及遣散承包人人员的款项；

按照合同约定在合同解除前应支付的违约金；

按照合同约定应当支付给承包人的其他款项；

按照合同约定应退还的质量保证金；

因解除合同给承包人造成的损失。

合同当事人未能就解除合同后的结清达成一致的，按照本通用条款【争议解决】的约定处理。承包人应妥善做好已完工程和与工程有关的已购材料、工程设备的保护和移交工作，并将施工设备和人员撤出施工现场，发包人应为承包人撤出提供必要条件。

② 因承包人违约解除合同后的处理。因承包人原因导致合同解除的，则合同当事人应在合同解除后28天内完成估价、付款和清算，并按以下约定执行：

合同解除后，按本通用条款【商定或确定】的约定来商定或确定承包人实际完成工作对应的合同价款，以及承包人已提供的材料、工程设备、施工设备和临时工程等的价值；

合同解除后，承包人应支付的违约金；

合同解除后，因解除合同给发包人造成的损失；

合同解除后，承包人应按照发包人要求和监理人的指示完成现场的清理和撤离；

发包人和承包人应在合同解除后进行清算，出具最终结清付款证书，结清全部款项。

因承包人违约解除合同的，发包人有权暂停对承包人的付款，查清各项付款和已扣款项。发包人和承包人未能就合同解除后的清算和款项支付达成一致的，按照本通用条款【争议解决】的约定处理。

③ 采购合同权益转让。因承包人违约解除合同的，发包人有权要求承包人将其为实施合同而签订的材料和设备采购合同的权益转让给发包人，承包人应在收到解除合同通知后14天内，协助发包人与采购合同的供应商达成相关的转让协议。

（7）争议评审

合同当事人可以通过和解、调解、仲裁或诉讼等方式解决争议，还可通过争议评审方式解决争议。合同当事人在专用合同条款中约定采取争议评审方式解决争议以及评审规则，并按下列约定执行：

1）争议评审小组的确定

合同当事人可以共同选择一名或三名争议评审员，组成争议评审小组。除专用合同条款另有约定外，合同当事人应当自合同签订后28天内，或者争议发生后14天内，选定争议评审员。

选择一名争议评审员的，由合同当事人共同确定；选择三名争议评审员的，各自选定一名，第三名成员为首席争议评审员，由合同当事人共同确定或由合同当事人委托已选定的争议评审员共同确定，或由专用合同条款约定的评审机构指定第三名首席争议评审员。除专用合同条款另有约定外，评审员报酬由发包人和承包人各承担一半。

2）争议评审小组的决定

合同当事人可在任何时间将与合同有关的任何争议共同提请争议评审小组进行评审。争议评审小组应秉持客观、公正原则，充分听取合同当事人的意见，依据相关法律、规范、标准、案例经验及商业惯例等，自收到争议评审申请报告后14天内作出书面决定，并说明理由。合同当事人可以在专用合同条款中对本项事项另行约定。

3）争议评审小组决定的效力

争议评审小组作出的书面决定经合同当事人签字确认后，对双方具有约束力，双方应遵照执行。任何一方当事人不接受争议评审小组决定或不履行争议评审小组决定的，双方可选择采用其他争议解决方式。

（8）合同生效与终止

1）合同生效

双方在合同协议书中约定本合同的生效方式，如双方当事人可选择以下几种方式之一：

① 本合同于××年××月××日签订，自即日起生效。
② 本合同双方约定应进行公（鉴）证，自公（鉴）证之日起生效。
③ 本合同签订后，自发包人提供支付担保、承包人提供履约担保后生效。
④ 其他方式等。

2）合同终止

承包人按照合同规定完成了所有的施工、竣工和保修义务，发包人支付了所有工程进度款、竣工结算款，向承包人颁发最终结清证书，并在颁发最终结清证书后7天内完成最终支付，施工合同就正常终止。

5.5 工程材料设备采购合同及管理

5.5.1 工程材料采购合同及管理

房地产项目建设过程需要大量的水泥、钢材、木材、电缆等建筑材料，经常采用批量订购分期交货的方式采购。材料采购合同主要围绕采购标的物的交货约定条款内容，不涉及材料的生产过程，主要保证供货方按质、按量、按期交货，采购方按时付款。2017年9月4日，国家发展和改革委员会等九部委联合印发了《标准材料采购招标文件》等五个标准招标文件的通知（发改法规［2017］1606号），编制了《标准材料采购招标文件》等五个标准文件。该《标准文件》适用于依法必须招标的与工程建设有关的设备、材料等货物项目和勘察、设计、监理等服务项目。《标准材料采购招标文件》适用于材料采购招标，其中的第四章包含了合同条款及格式，由通用合同条款、专用合同条款和合同附件格式三部分组成。通用合同条款包括：一般约定，合同范围，合同价格与支付，包装、标记、运输和交付，检验和验收，相关服务，质量保证期，履约保证金，保证，违约责任，合同的解除，争议的解决十二个方面。合同附件格式包括合同协议书和履约保证金格式。

材料采购合同标的品种繁多，供货条件差异较大，是工程项目建设涉及数量最多、合同条款差异较大的合同。就某一具体合同而言，订立合同时应依据采购标的物的特点对范本规定的条款加以详细约定。

1. 标的物的约定

（1）物资名称。合同标的物应按行业主管部门颁布的产品目录规定正确填写，不能用习惯名称或自行命名，以免产生由于订货差错而造成物资积压、缺货、拒收或拒付等情况。订购产品的商品牌号、品种、规格型号是标的物的具体化，综合反映产品的内在素质和外观形态，因此应填写清楚。订购特定产品，最好还注明其用途，以免事后产生不必要的纠纷。但对品种、型号、规格、等级明确的产品，则不必再注明用途，如订购42.5级硅酸盐水泥，名称本身就已说明了它的品种、规格和等级要求。

（2）质量要求和技术标准。产品质量应满足规定用途的特性指标，因此合同内必须约定产品应达到的质量标准。约定质量标准的一般原则是：

1）按颁布的国家标准执行；

2）无国家标准而有部颁标准的产品，按部颁标准执行；

3）没有国家标准和部颁标准作为依据时，可按企业标准执行；

4）没有上述标准，或虽有上述某一标准但采购方有特殊要求时，按双方在合同中商定的技术条件、样品或补充的技术要求执行。

合同内必须写明执行的质量标准代号、编号和标准名称。采购成套产品时，合同内也需规定附件的质量要求。

（3）产品的数量。合同内约定产品数量时，应写明订购产品的计量单位、供货数量、允许的合理磅差范围和计算方法。凡国家、行业或地方规定有计量标准的产品，合同中应按统一标准注明计量单位。应予以注意的是，某些建筑材料或产品有计量换算问题，应按标准计量单位签订订购数量。如国家规定的平板玻璃计量单位为标准重量箱，即某一厚度的玻璃每一块有标准尺寸，在每一标准箱中规定放置若干块。因此，采购方则要依据设计图纸计算所需玻璃的平方米数后，按重量箱换算系数折算成订购的标准重量箱数，并写明在合同中，而不能用平方米数作为计量单位。

订购数量必须在合同内注明，尤其是一次订购分期供货的合同，还应明确每次交货的时间、地点、数量。对于某些机电产品，要明确随机的易耗品备件和安装修理专用工具的数量。若为成套供应的产品，需明确成套的供应范围，详细列出成套设备清单。为了避免合同履行过程中发生纠纷，一般建筑材料的购销合同中，应列明每次交货时允许的交货数量与订购数量之间的合理磅差、自然损耗的计算方法，以及最终的合理尾差范围。

2．订购产品的交付

材料采购合同与施工进度密切相关，供货方必须严格按照合同约定的时间交付订购的货物。延误交货将导致工程施工的停工待料，不能使房地产项目及时发挥效益。提前交货通常采购方也不同意接受，一方面货物将占用施工现场有限的场地影响施工，另一方面增加了采购方的仓储保管费用。如供货方将500t水泥提前发运到施工现场，而买受人仓库已满只好露天存放，为了防潮则需要投入很多物资进行维护保管。签订合同时，双方应明确约定的内容主要包括：

（1）产品的交付方式。订购物资或产品的供应方式，可以分为采购方到合同约定地点自提货物和供货方负责将货物送达指定地点两大类；供货方送货又可细分为将货物负责送抵现场或委托运输部门代运两种形式。为了明确货物的运输责任，应在相应条款内写明所采用的交（提）货方式、交（接）货地点、接货单位（或接货人）的名称。

（2）交货期限。货物的交（提）货期限，是指货物交接的具体时间要求。它不仅关系到合同是否按期履行，还可能会出现货物意外灭失或损坏时的责任承担问题。合同内应对交（提）货期限写明月份或更具体的时间（如旬、日）。如果合同内规定分批交货时，还需注明各批次交货的时间，以便明确责任。

（3）产品包装。凡国家或行政主管部门对包装有技术规定的产品，应按技术规定的类型、规格、容量、印刷标志，以及产品的盛放、衬垫、封袋方法等要求执行。无技术规定可循的某些专用产品，双方应在合同内约定包装方法。除特殊情况外，包装材料一般由供货方负责并包括在产品价格内，不得向采购方另行收取费用。如果采购方对包装提出特殊要求时，双方应在合同内商定，超过原标准费用部分，由采购方承担。反之，若议定的包装标准低于有关规定标准时，相应降低产品价格。对于可以多次使用的包装材料，或使用一次后还可以加工利用的包装物，双方应协商回收办法作为合同附件。包装物的回收办法可以采用以下两种形式之一：①押金回收。适用于专用的包装物，如电缆卷筒、集装箱、大中型木箱等。②折价回收。适用于可以多次利用的包装器材，如油桶等。回收办法中还要明确规定回收品的质量、回收价格、回收期限和验收办法等事项。

3．产品验收

合同内应对验收明确以下几方面问题：

（1）验收依据。供货方交付产品时，可以作为双方验收依据的资料包括：①双方签订的采购合同；②供货方提供的发货单、计量单、装箱单及其他有关凭证；③合同内约定的质量标准，应写明执行的标准代号、标准名称；④产品合格证、检验单；⑤图纸、样品或其他技术证明文件；⑥双方当事人共同封存的样品。

（2）验收方法。具体写明检验的内容和手段，以及检测应达到的质量标准。对于抽样检查的产品，还应约定抽检的比例和取样的方法，以及双方共同认可的检测单位。

（3）对产品提出异议的时间和办法。合同内应具体写明采购方对不合格产品提出异议的时间和拒付货款的条件。采购方提出的书面异议中，应说明检验情况，出具检验证明和对不符合规定产品提出具体处理意见。凡因采购方使用、保管、保养不善原因导致的质量下降，供货方不承担责任。在接到采购方的书面异议通知后，供货方应在10天内（或合同商定的时间内）负责处理，否则即视为默认采购方提出的异议和处理意见。

4．货款结算

合同内应明确约定以下各项内容：

（1）办理结算的时间和手续。合同内首先需明确是验单付款还是验货付款，然后再约定结算方式和结算时间。尤其对分批交货的物资，每批交付后应在多少天内支付货款也应明确注明。结算方式可以是现金支付、转账结算或异地托收承付。现金结算只适用于成交货物数量少，且金额小的购销合同；转账结算适用于同城市或同地区内的结算；托收承付适用于合同双方不在同一城市的结算方式。

（2）拒付货款条件。采购方有权部分或全部拒付货款的情况大致包括：①交付货物的数量少于合同约定，拒付少交部分货款；②有权拒付质量不符合合同要求部分货物的货款；③供货方交付的货物多于合同规定的数量且采购方不同意接收部分的货物，在承付期内可以拒付。

（3）逾期付款的利息。合同内应规定采购方逾期付款应偿付违约金的计算办法。

5．违约责任

当事人任何一方不能正确履行合同义务时，均应以违约金的形式承担违约赔偿责任。双方应通过协商，将各种可能违约情况的违约金计算办法写明在合同条款内。

5.5.2 大型工程设备采购合同及管理

采购定型生产的中小型设备，由于规格、质量有统一标准，属于买卖合同范畴，主要特点是采购方不关心合同标的生产过程，条款内容集中于交货阶段的责任约定。采购永久工程的大型设备，生产厂家订立合同后才开始生产制作，采购方关注制造过程，而且交货后还可能包括安装或指导安装的服务。

2017年9月4日，国家发展和改革委员会等九部委联合印发了《标准设备采购招标文件》等五个标准招标文件的通知（发改法规〔2017〕1606号），编制了《标准设备采购招标文件》等五个标准文件。该《标准文件》适用于依法必须招标的与工程建设有关的设备、材料等货物项目和勘察、设计、监理等服务项目。《标准设备采购招标文件》适用于设备采购招标，其中的第四章包含了合同条款及格式，由通用合同条款、专用合同条款和合同附件格式三部分组成。通用合同条款包括：一般约定，合同范围，合同价格与支付，监造及交货前检验，包装、标记、运输和交付，开箱检验、安装、调试、考核、验收，技术服务，质量保证期，质保期服务，履约保证金，保证，知识产权，保密，违约责任，合同的解除，不可抗力，争议的解决十七个方面。合同附件格式包括合同协议书和履约保证金格式。

1. 大型设备制造和安装合同的特点

大型设备采购合同的标的物可能是需要专门加工制作的非标准产品，也可能是生产厂家定型设计的产品，但由于其大型化、制造周期长、产品价值高、技术复杂而市场需求量又较小，一般没有现货供应，待双方签订合同后由供货方专门进行加工制作。

设备的设计是生产厂家自行开发、设计、研制的定型产品，不同厂家生产的同样性质和相同容量设备在产品具体使用参数上又存在很大差异。由于合同标的金额高，产品的好坏对项目周期的预期投资效益影响很大，因此采购方需要通过招标选择承包实施者。招标文件中一般只提出设备容量和功能要求，不规定型号和品牌，供货方在投标书中要对投标设备明确写明具体的参数指标。这些指标不仅作为评标的比较条件，而且是在合同履行过程中判定供货方是否按合同履行义务的标准。

2. 合同内容涉及的承包工作范围

合同规定的承包范围包括设计、设备制造、运输、安装、调试和保修全过程。虽然投标设备是投标厂家定型生产的设备，承包工作的设计可能涉及以下两种情况。一种是采购方出于项目特点，要求对定型设备的某些方面进行局部修改，以满足功能的特殊要求；另一种情况是由供货方负责按照设备的安装和运行要求，完成与主体工程土建施工相关衔接部位的设计。鉴于设备的生产、安装是一个连续的过程，应该由一个供货方实施。发包和承包方式有以下几类：

（1）设备制造和安装施工分别发包，生产厂家承包设备制造并负责指导安装，施工企业承担设备安装任务。由于存在设备采购和施工安装两个合同，需要采购方和工程师协调工作量较大，且经常发生事故或事件的责任不易准确确定的问题。

（2）总包后再分包的模式。总包商可能是设备的生产厂家，由他再与安装供货方订立分包合同。另一类为安装供货方总承包，他对厂家的制造过程进行监督，并在厂家指导下进行安装施工，然后由厂家负责设备调试。

3. 对合同履行全过程实施监督

采购方聘请工程师对合同全过程的履行进行监督、协调和管理，制造阶段的工程师管理有时也称"设备监造"。工程师的工作包括：

（1）组织对设计图纸的审查。

（2）对制造设备使用材料的监督。

（3）制造过程进行必要的检查和试验。

（4）设备运抵现场的协调管理。

（5）设备安装施工过程的监督、协调和管理。

（6）安装工程的竣工检验。

（7）保修期间，设备达到正常生产状态后的性能考核试验等。

4. 合同条款的主要内容

当事人双方根据具体订购设备的特点和要求，约定以下内容：合同中的词语定义；合同标的；供货范围；合同价格；付款；交货和运输；包装与标记；技术服务；质量监造与检验；安装、调试、试运和验收；保证与索赔；保险；税费；分包与外购；合同的变更、修改、中止和终止；不可抗力；合同争议的解决等。为了对合同中某些约定条款涉及内容作出更为详细的说明，还需要编制一些附件作为合同的一个组成部分。附件通常可能包括：技术规范；供货范围；技术资料的内容和交付安排；交货进度；监造、检验和性能验收试验；价格表；技术服务的内容；分包和外购计划；大部件说明表等。

合同内容来源于招标文件和投标文件，需要明确约定的内容通常包括以下几个方面。

（1）承包工作范围。大型复杂设备的采购在合同内约定的供货方承包范围可能包括：按照采购方的要求对生产厂家定型设计图纸的局部修改；设备制造；提供配套的辅助设备；设备运输；设备安装（或指导安装）；设备调试和检验；提供备品、备件；对采购方的运行管理人员、操作人员和维修人员的技术培训等。

合同内容涵盖从设计到竣工的全部工作内容，但对具体项目而言可能为全部工作，也可能只是其中的部分工作，因此承包工作范围必须明确、具体。如果采购方对供货方制造的设备没有特殊要求，按照定型图纸即可生产和完成安装工作，则可以不包括供货方的设计内容；但若采购方对定型设备提出相应的改进要求，则承包内容中将包括设备的设计和与土建工程连接的设备基础工程设计。设备产品应明确设备供货范围，包括主（辅）机、配套设备、专用修理工具、备品备件等。施工工作需明确工程范围，是工程的全部工作，还是包括基础土建在内的安装工作。服务工作包括培训和售后服务两部分，培训工作涉及培训时间、地点、人数和内容等；售后服务主要为供货方的维修站点以及缺陷通知期后取得备品备件的地点和方式等。

（2）性能参数表。性能参数表是包括在资料表中供货方对提供设备的主要性能指标表。作为供货方承诺的设备性能指标参数，将在"竣工试验"和"竣工后试验"中作为考察供货方是否按照合同规定履行义务的标准。

（3）试验。专用条件内应详细开列设备制造和安装施工阶段所需要进行的各种试验，包括"竣工试验"，但不包括"竣工后试验"。约定试验的时间、地点、内容、检验方法和检测标准等。试验可以在供货方所有的制造厂、施工现场进行，也可以在委托的专门检测机构进行。有关试验的明确约定，既可以保证试验在项目实施过程中按规定的程序进行，还可以明确区分工程师指示的试验是合同规定的检查还是属于额外的检查试验。

（4）合同价格。设备采购合同通常采用固定总价合同，在合同交货期内为不变价格。合同价内包括合同设备（含备品备件、专用工具）、技术资料、技术服务等费用，还包括合同设备的税费、运杂费、保险费等与合同有关的其他费用。

（5）付款。支付的条件、支付的时间和费用内容应在合同内具体约定。

订购的合同设备价款一般可以分四次支付：

1）设备制造前供货方提交履约保函和金额为合同设备价格10%的商业发票后，采购方支付合同设备价格的10%作为预付款。

2）供货方按交货顺序在规定的时间内将每批设备（部组件）运到交货地点，并将该批设备的商业发票、清单、质量检验合格证明、货运提单提供给采购方，支付该批设备价格的40%。

3）设备安装完毕并通过竣工检验后，支付合同价的40%。

4）剩余合同设备价格的10%作为设备保证金，待每套设备保证期满没有问题，采购方签发设备最终验收证书后支付。

合同约定的技术服务费一般分两次支付：

1）第一批设备交货后，采购方支付给供货方该套合同设备技术服务费的30%。

2）每套合同设备通过该套机组性能验收试验，初步验收证书签署后，采购方支付该套合同设备技术服务费的70%。

运杂费在设备交货时由供货方分批向采购方结算，结算总额为合同规定的运杂费。

（6）采购方的支付责任。付款时间以采购方银行承付日期为实际支付日期，若此日期晚于规定的付款日期，即从规定的日期开始按合同约定计算迟付款违约金。

（7）供货方的违约责任。

1）延误责任的违约金。按合同约定的设备延误到货的违约金计算方法计算；未能按合同规定时间交付，严重影响施工的关键技术资料违约金，按合同约定的办法计算；因技术服务的延误、疏忽或错误导致工程延误的违约金，按合同约定方法计算。

2）质量责任的违约金。经过二次性能试验后，一项或多项性能指标仍达不到保证指标时，各项具体性能指标的违约金按合同约定的方法计算。

3）导致返工的违约责任。如果供货方委托采购方施工人员进行加工、修理、更换设备，或由于供货方设计图纸错误以及因供货方技术服务人员的指导错误造成采购方的返工，供货方应承担因此所发生合理费用的责任。

4）不能供货的违约金。合同履行过程中如果因供货方原因不能交货，按合同约定不能交货部分设备价格的某一百分比计算违约金。

（8）采购方的违约责任。延期付款违约金按合同约定的计算办法。延期付款利息的计算办法按合同约定的利率计算。如果因采购方原因中途要求退货，按退货部分设备价格约定的某一百分比计算违约金。在违约责任条款内还应分别列明任何一方严重违约时，对方可以单方面终止合同的条件、终止程序和后果责任。

5.6 其他合同管理

本节介绍的房地产项目实施阶段其他合同主要包括招标代理合同、工程造价咨询合同、项目管理咨询合同。

5.6.1 招标代理合同管理

1. 招标代理合同定义与特点

招标代理合同是指招标人将项目招标工作委托给具有相应招标代理资格或招标业务能力的招标代理机构实施招标活动而签订的合同。就法律性质而言，招标代理合同属于委托合同。

招标代理合同订立过程中，招标人既可以采用招标方式，也可以采用直接委托方式选择招标代理机构，任何单位和个人不得以任何方式为招标人指定招标代理机构。招标代理合同订立后，招标人与招标代理机构应当按照《招标投标法》《招标投标法实施条例》等相关规定依法进行招标活动，接受有关部门的监督。

依据《招标投标法》第14条规定，作为招标代理合同主体之一的招标代理机构必须是具有从事相应招标代理业务资格或招标业务能力的机构。依据《招标投标法实施条例》第14条规定，招标人应当与被委托的招标代理机构签订书面合同。因此，招标代理合同应当采用书面形式。

2. 招标代理合同文本

住房城乡建设部与国家工商行政管理总局于2005年联合颁发了《建设工程招标代理合同（示范文本）》GF—2005—0215，以下简称《示范文本》）。凡在中华人民共和国境内开展工程建设项目招标代理业务的，签订工程建设项目招标代理合同时，应参照《示范文本》订立合同。《示范文本》由协议书、通用条款和专用条款组成。其中，通用条款应全文引用，不得删改；专用条款可以根据工程建设项目的实际情况进行修改和补充，但不得违反公正、公平原则。

3. 招标代理合同重点条款

招标代理合同的内容主要包括主体条款、工作范围和工作内容条款、招标人提供资料条款、招标人询问建议条款、招标代理机构拒绝权条款、招标代理机构更换招标代理从业人员条款、招标代理服务费条款、奖励条款以及清廉条款等。

（1）主体条款

招标代理合同主体包括招标人和招标代理机构。招标人作为项目投资主体需要具备法律规定的招标人条件。招标代理机构作为专业从事招标投标活动的机构，应当达到法律规定的条件，具备相应资格或招标业务能力。此外，主体条款应当明确合同双方当事人的通信地址、联系方式等信息，便于合同顺利履行。

（2）工作范围条款

招标代理机构的工作范围主要包括：拟订招标方案；编制和出售资格预审文件、招标文件；组织审查投标人资格；答疑；接受投标，组织开标、评标，协助招标人定标；草拟合同。鉴于招标工作具有较强的专业性，招标人应当结合招标项目的具体情况、招标代理机构的资格等级以及招标业务能力合理确定招标代理机构的工作范围和工作内容。同时，招标人还应当考虑自身的专业能力，明确招标人保留由自己完成的招标工作范围和内容，将招标人和招标代理机构的工作界面划分清楚，以避免产生争议。

（3）招标人提供资料条款

招标人应当为招标代理机构提供在从事编制资格预审文件、招标文件等招标代理业务时所需要的前期资料（如立项批准手续、规划许可）、资金落实情况资料、招标代理业务所需的全部技术资料和图纸等，其中需要交底的，招标人需向招标代理机构详细交底，并对提供资料的真实性、完整性、准确性负责。总之，招标人应向招标代理机构提供保证招标工作顺利完成的各种条件，合同双方当事人可以在合同中明确约定招标工作需要的应由招标人提供的具体条件。

（4）招标人询问及建议条款

招标代理合同履行过程中，招标人有权向招标代理机构询问招标工作进展情况和相关内容，有权审查招标代理机构编制的各种文件，并提出修正意见。但是，招标人提出的建议不得违反法律法规等规定。为此，合同双方当事人在进行约定招标人询问及建议权条款时，应尽量明确招标人就哪些事项可以提出建议，以免影响招标代理工作正常进行。

（5）招标代理机构拒绝权条款

招标代理机构作为专业机构，应了解法律法规的各种禁止性规定。因此，对于招标人提出的违反法律法规的各种要求，招标代理机构应明确拒绝并且负责解释。

（6）招标代理机构更换招标代理从业人员条款

招标代理机构接受招标人的委托后，应组成专门工作小组负责完成委托项目的招标代理工作，招标代理业务从业人员应具有专业技术与职业操守。招标代理工作进行时，如果招标人发现招标从业人员不能够依法称职地完成其委托的工作，有权建议招标代理机构更换不称职的工作人员。合同双方当事人可以在招标代理合同中约定更换招标代理从业人员的具体情形以及举证责任，以免产生争议。同时，为保证招标代理工作的前后衔接，招标人和招标代理人可以在合同中约定有利于保持招标工作人员稳定性的条款，如招标代理机构未经招标人同意不得随意更换招标工作人员。

（7）廉洁自律条款

为保证招标工作公平、公正、诚实信用地进行，招标人与招标代理机构可以在招标代理合同中约定清廉条款，如招标代理机构不得私下接触投标人、不得收受投标人的财物或者其他好处等。

4．招标代理合同管理要点

在招标代理实践中，很多招标项目采用委托招标的组织形式。正确地签订招标代理合同，全面管理和控制招标代理合同的风险，继而控制招标项目的风险，成为招标人和招标代理机构管理合同的共同目的。从合同管理的目的和效率出发，招标代理合同管理工作的要点包括工作范围和职权管理、人员管理、计划管理、信息管理、违约管理等。

（1）工作范围和职权管理

招标代理合同的工作范围和职权管理包括工作交底、明确人员与授权以及工作任务分解三个方面。

招标代理合同属于委托合同，是招标代理机构受招标人委托，在合同授权及法律规定的范围内，行使招标人权利的合同。双方应当明确了解招标代理合同中约定的各自工作任务和工作职责，并对各自有关人员予以工作交底。在合同履行过程中，招标人应当严格按照合同约定的职权，要求代理机构完成其工作任务。招标人可以要求招标代理机构制定招标计划，作为开展各项工作的基础，并按照授权报送招标人审核。双方应当将工作范围中各自的工作任务予以分解，并制定明确的工作职责，以保证严格按照招标代理合同的约定全面、及时地完成各自工作范围内的工作。

（2）人员管理

招标代理合同的人员管理主要包括人员稳定性管理、人员资格管理和人员的职业规范管理三个方面。

招标人和招标代理机构需要在合同中明确约定招标代理项目负责人，即负责合同履行的代表。招标代理机构应当根据委托工作范围选择有足够经验的专职技术经济人员担任招标代理项目负责人，并根据委托工作范围，选派具备招标采购专业技术岗位工作相应水平、能力以及职业操守的人员，协助项目负责人完成招标工作。招标代理机构未经招标人同意不能任意更换其管理人员尤其是项目负责人，应当确保其人员队伍的稳定性。招标人和招标代理机构均应当对其派出的人员进行岗位培训，包括技术培训、法律培训和廉洁自律培训，防止出现利用职权牟取非法利益的事件。

（3）计划管理

招标代理合同的计划管理是指代理工作事项的进度、程序和资源配置管理活动，其核心即为控制工作时间，确保招标项目的顺利推进。招标工作通常包括拟订招标方案、编制和出售资格预审文件和招标文件、组织审查投标人资格、组织潜在投标人踏勘现场、组织答疑、接受投标、组织开标、评标、协助招标人定标、草拟合同等诸多工作内容。上述各项工作并非各自独立，而是前后衔接、环环相扣的。因此，招标代理机构必须根据招标代理合同约定的各项工作目标制定详细的招标计划，并应根据实际招标工作的完成情况及时对招标计划进行偏差分析和提出改进措施，在与招标人商定后进行调整，以保证招标工作始终处于可控状态。

（4）数据信息管理

招标代理合同的数据信息管理包括信息沟通机制的建立、信息的搜集和处理、信息的归档三个方面。

招标人和招标代理机构在合同履行过程中应建立双向、顺畅、高效的沟通机制，保证招标人及时掌握招标工作进展，保障招标代理机构及时获得来自招标人的指示，如及时将投标人反映的异议和情况反馈至招标人，并及时根据招标人的决定修改或澄清招标文件，及时调整评标办法，对于招标人的不合理做法应当及时沟通和明示，并避免从事违法招标等。另外，对于数据信息的收集和归档也是信息管理的重要环节，尤其在推行电子招标的招标项目中，更应当注重电子招标信息的采集和处理。

5.6.2 工程造价咨询合同管理

1. 工程造价咨询合同定义和特点

工程造价咨询合同是指委托人委托工程造价咨询单位对建设项目投资、工程造价的确定与控制等提供专业咨询服务而签订的合同。工程造价咨询合同产生的成果是项目决策的依据，是制定投资计划和控制投资的依据，是筹集建设资金的依据。

工程造价咨询合同的合同标的为工程建设项目的造价。工程建设项目的建设周期长，委托人对工程建设项目的认识和要求是一个逐渐深化的过程，用以确定和控制造价的图纸在不同建设阶段的深度也不一致。因此，工程造价具有分阶段形成的特点，如项目可行性研究阶段的投资估算、初步设计阶段的设计概算、施工图阶段的施工图预算以及竣工阶段的竣工结算等。

工程造价咨询合同的服务内容可以是全过程服务，即建设项目各阶段工程造价的确定、控制及合同管理；也可以是某一阶段的服务。具体来说，全过程工程造价咨询服务包括编制或审核建设项目投资估算、工程概算、预算、竣工结（决）算；编制或审核工程量清单、招标控制价、投标报价；工程费用索赔、工程造价鉴定、工程造价信息咨询及其他相关咨询服务。

2. 工程造价咨询合同文本

住房城乡建设部、国家工商行政管理总局2015年对《建设工程造价咨询合同（示范文本）》GF-2002-0212进行了修订，制定了《建设工程造价咨询合同（示范文本）》GF-2015-0212，自2015年10月1日起实施。该《示范文本》由协议书、通用条件和专用条件三部分组成。

3. 工程造价咨询合同重点条款

工程造价咨询合同重点条款主要包括主体条款、工作范围和工作内容条款、任意解除权条款、造价咨询服务收费条款、造价咨询成果文件条款、造价咨询人赔偿责任条款、委托人迟延支付条款、工作量增加条款、奖励条款、造价咨询从业人员禁止行为条款、忠实勤勉义务条款以及造价咨询人职业责任险条款等。

（1）主体条款

造价咨询合同的主体包括委托人和造价咨询企业。一般情况下，造价咨询合同的履行过程中，造价咨询企业不得更换从业人员。为保证造价咨询合同的顺利履行以及各种合同文件的有效送达，合同主体条款应尽可能详细准确，具体内容包括委托人和咨询人单位加盖公章要求、法定代表人签字要求、委托代理人签字要求、单位住所地址、邮政编码、固定电话与传真，为便捷联络，还可以加入电子邮箱地址条款。此外，为了保证合同款项支付准确无误，最好在主体条款中加上合同双方单位开户银行与账户等账户信息条款。

（2）工作范围条款

依据《工程造价咨询企业管理办法》规定，工程造价咨询业务范围一般包括：①建设项目建议书及可行性研究投资估算、项目经济评价报告的编制和审核。②建设项目概预算的编制与审核，并配合设计方案比选、优化设计、限额设计等工作进行工程造价分析与控制。③建设项目合同价款的确定，包括招标工程工程量清单和招标控制价、投标报价的编制和审核；合同价款的签订与调整及工程款支付，包括工程变更、工程洽商和索赔费用的计算，工程结算及竣工结（决）算报告的编制与审核等；④工程造价经济纠纷的鉴定和仲裁的咨询。⑤提供工程造价信息服务等。委托人可以与工程造价咨询企业约定对建设项目的组织实施进行全过程或者若干阶段的管理和服务，可以根据委托人以及建设项目的实际需要确定。

（3）咨询服务费用和支付条款

工程造价咨询服务应当遵循公开、公平、自愿有偿的原则。通常情况下，应由委托人支付咨询服务费，当事人另有约定的，从其约定。工程造价咨询服务的内容、方式、计价模式、收费金额与支付方式等，由委托人与工程造价咨询企业在工程造价咨询合同中约定。

（4）咨询成果文件条款

中国建设工程造价管理协会于2008年印发了《工程造价咨询成果文件质量检查暂行办法》（中价协〔2008〕013号），并于2012年组织有关单位编制了《建设工程造价咨询成果文件质量标准》（中价协〔2012〕011号），对投资估算编制、设计概算编制、施工图预算编制、工程量清单编制、招标控制价编制、竣工结算审查、全过程造价管理咨询及工程造价经济纠纷鉴定等工程造价咨询成果均设置了质量标准。工程造价咨询企业和从业人员应认真按照有关标准要求执业和从业，并需接受相关建设工程造价管理协会及各专业委员会的质量检查。

（5）价格调整条款

在工程造价咨询实践中，鉴于建设周期较长、设计变更的存在以及造价咨询工作的复杂性，造价咨询企业通常需要承担造价咨询合同约定范围之外的工作，形成"附加服务"与"额外服务"，双方应当明确"正常服务""附加服务"与"额外服务"的具体范围，并在合同中明确约定工作量增加导致酬金增加的计算方法及支付时间等详细内容。

（6）造价咨询企业禁止行为条款

依据《工程造价咨询企业管理办法》相关规定，工程造价咨询企业不得有下列行为：①涂改、倒卖、出租、出借资质证书，或者以其他形式非法转让资质证书；②超越资质等级业务范围承接工程造价咨询业务；③同时接受招标人和投标人或两个以上投标人对同一工程项目的工程造价咨询业务；④以给予回扣、恶意压低收费等方式进行不正当竞争；⑤转包承接的工程造价咨询业务；⑥法律、法规禁止的其他行为。此外，除法律、法规另有规定外，未经委托人书面同意，工程造价咨询企业不得对外提供工程造价咨询服务过程中获知的当事人的商业秘密和业务资料。

（7）造价咨询企业忠实勤勉义务条款

除委托人书面同意外，造价咨询企业及咨询专业人员不应接受建设工程造价咨询合同约定以外的与工程造价咨询项目有关的任何报酬，不得参与可能与合同约定的与委托人利益相冲突的任何活动。造价咨询人员能否忠实勤勉地履行咨询义务、行使相关权利，直接关系着造价咨询成果文件的客观公正性。忠实义务即忠心诚实地服务于委托人，造价咨询企业应当以委托人的利益为自己的最高行为准则；勤勉义务即合理谨慎地履行义务。

4. 工程造价咨询合同管理要点

工程造价咨询合同的服务内容可以是全过程服务，即建设项目各阶段工程造价的确定、控制，也可以是某一个或某几个阶段的服务。以下主要介绍招投标及签约、施工以及竣工结算阶段造价咨询合同的管理要点，具体包括计价依据管理、服务方式及成果管理、档案管理等。

（1）计价依据管理

工程造价咨询合同的计价依据管理主要是指对施工合同、委托人要求、设计文件、市场价格及人材机造价信息、定额、相关法律法规以及国家、地方颁布的造价规范性文件等计价依据进行的收集、整理、更新、应用等管理活动。

在招标投标过程中，委托人应当充分利用造价咨询人的专业实力和丰富经验，对招标文件中的报价要求、计价原则、计价依据的种类及范围等进行清晰、准确的规定，以减少后续施工及竣工结算阶段的造价争议。

在施工以及竣工结算阶段中，造价咨询人应当全面理解和掌握施工合同的内容，就其中不明确的条款应与委托人进行充分的沟通和澄清。根据施工合同的约定明确具体项目所需的计价依据，及时获取计价所需的各种信息，对时效性较强的市场价格可通过询价等方式获得第一手直接信息，以确保计价的准确性和权威性。

（2）服务方式及成果管理

造价咨询合同履行具有周期长、专业性强、内容多等特点，委托人和造价咨询企业应当在合同中明确各阶段造价咨询企业提供服务的具体方式，除了常规的出具成果文件、提供咨询等服务方式外，造价咨询企业还应当通过参与委托人与承包人的商务谈判、定期到现场进行计量计价及参与变更与索赔管理等方式提高服务水平和质量。

造价成果性文件直接体现造价咨询企业的服务水平，双方应重点关注造价成果性文件的质量管理。在招投标及签约阶段，造价咨询企业应当准确把握工程量清单、招标控制价或者标底编制及审核的工作量，统筹安排土建、装饰、给水排水、暖通、电气等各专业工程造价人员，同时根据各专业工程进度调整人员安排，保证满足编制进度及招标工作的时间要求。相关造价文件初稿编制完成后，一般要经过审核与审定两道程序，才能形成最终造价成果文件。在施工及竣工结算阶段，造价咨询企业与委托人要严格按照合同约定的原则和办法处理计量计价以及索赔与变更，各项计价活动均应有合法、有效的依据作为支撑。

（3）档案管理

造价咨询合同的档案管理主要是指对工程造价相关文件，如招投标文件、合同、变更及索赔文件以及结算资料等，进行的收集、整理、归档等管理活动。工程造价文件管理应当坚持以下原则：遵循工程造价文件的形成规律，保持各项文件之间的系统联系；确保文件的真实性和充分性；文件的整理应当规范，审批和签章手续完备，文件材料的制作和书写必须规范、清晰，易于长期保存和查阅。

5.6.3 项目管理咨询合同管理

1. 项目管理咨询合同定义和特点

项目管理咨询合同是指从事项目管理的企业接受委托，运用专门的知识、技能和方法，对工程建设全过程或分阶段进行专业化管理和服务活动而签订的合同。

项目管理咨询合同的标的是项目管理，项目管理由多个阶段和部分的管理活动有机组合而成，活动较为复杂，不可预测因素较多，受到投资、时间、质量等多种约束条件的严格限制，其中任何一个阶段或部分出现问题，就会影响到整体项目目标的实现，增加项目管理的不确定因素。

项目管理咨询合同履行过程中，项目管理企业必须从实际出发，结合项目具体情况，因地制宜地处理和解决工程项目实际问题，及时进行恰当的项目决策。因此，项目管理就是将前人总结的建设知识和经验，创造性地运用于工程管理实践。

2. 项目管理咨询合同重点条款

项目管理咨询活动主要围绕工程建设最重要的投资、进度和质量等目标进行。项目管理咨询企业的管理活动应当紧紧围绕项目目标进行，同时必须严格以项目管理咨询合同为依据。项目管理咨询合同重点条款主要包括合同主体条款、工作范围和工作内容条款、管理费条款、奖励条款、服务期延长条款以及合同终止条款等。

（1）主体条款

鉴于项目管理活动的复杂性，项目管理团队需要集成多学科知识，形成完备的跨学科知识理论体系，并且综合使用各种科学有效的方法进行项目管理。根据《建设工程项目管理试行办法》规定，从事工程项目管理的专业技术人员，应当具有城乡规划师、建筑师、工程师、建造师、监理工程师、造价工程师等一项或者多项执业资格。所以，委托人与项目管理企业可以在合同中约定项目管理团队中应具备的人员执业资格要求，以保证能够提供高质量的项目管理活动。

（2）工作范围条款

工程项目管理咨询业务范围主要包括：①协助委托人进行项目前期策划，经济分析、专项评估与投资确定；②协助委托人办理土地征用、规划许可等有关手续；③协助委托人提出工程设计要求、组织评审工程设计方案、组织工程勘察设计招标、签订勘察设计合同并监督实施，组织设计单位进行工程设计优化、技术经济方案比选以及投资控制；④协助委托人组织工程监理、施工、设备材料采购招标；⑤协助委托人与工程总承包企业或施工企业及建筑材料、设备、构配件供应等企业签订合同并监督实施；⑥协助委托人提出工程实施用款计划，进行工程竣工结算和工程决算，处理工程索赔，组织竣工验收，向委托人移交竣工档案资料；⑦生产试运行及工程保修期管理，组织项目后评估；⑧项目管理咨询合同约定的其他工作等。

委托人可以视项目实际情况以及管理需要，就工程建设全过程或某一阶段签订项目管理咨询合同。在代建制合同中，代建项目可以采用全过程代建方式，即由代建单位对代建项目进行从项目建议书批复后开始，经可行性研究、设计、施工、竣工验收，直至保修期结束的全过程管理；也可以采用分阶段的代建方式，将代建项目分为前期和实施两阶段委托代建单位进行管理。

（3）管理费条款

委托人与项目管理企业依据市场需求以及受委托工程项目的规模、范围、内容、深度和复杂程度等自行确定合同价格，且工程项目管理服务收费应在工程概算中列支。在工程项目管理服务实践中，项目管理企业收费可以参照两个标准，即管理实施型与咨询服务型。管理实施型项目管理企业通常需对项目相关事宜负责，取费相对较高；而咨询服务型项目管理只需出具顾问意见即可，不必保证顾问意见引起的实施后果，所以取费相对较低。合同当事人在签订项目管理咨询合同时应将工作范围与收费条款对应起来，力求做到权利义务对等，科学合理取费。

（4）奖励条款

委托人可以与项目管理企业在合同中明确约定合理化建议奖励条款。合同双方当事人可以约定，如果项目管理企业提出合理化建议，落实后确实节省了项目总投资额，委托人可以按照相应节省投资额的一定比例给予奖励。

（5）服务期延长条款

项目管理咨询合同服务期限与工期息息相关，工期顺延大多数会导致项目管理企业服务期相应延长，因此有必要在项目管理咨询合同中设置服务期延长条款，约定何种情形下服务期延长、延长到什么程度、需增加多少服务费等内容。一般情形下，因委托人原因造成服务期顺延的需增加服务费用；项目管理企业自行造成的服务期顺延则不能增加服务费用，给委托人造成损失的，还需赔偿委托人的损失。

3．项目管理咨询合同管理要点

项目管理咨询合同的管理要点主要包括项目目标管理、工作范围和职权管理、施工合同管理、计划管理等。

（1）目标管理

为保障建设工程项目圆满实现专业化管理目标，委托人和项目管理企业在签约和履约阶段均要把目标管理放在首要位置。在签约阶段，双方要对项目建设各项目标进行专业、科学的分析；项目管理企业要以客观、诚信的态度向委托人阐明观点，使其在充分了解建筑行业特征、专业流程以及工程项目内外部环境和条件的基础上接受科学、合理的管理目标。在履约阶段，项目管理企业应当制定确保各项目标达成的管理措施并予以严格执行，对于可能影响目标实现的事件应当及时向委托人披露，共同商定改进措施。

（2）工作范围和职权管理

项目管理企业应合理行使项目管理咨询合同所赋予的权利，按委托人的授权范围为委托人服务，执行委托人的合法决策。因此，双方在合同中必须明确项目管理企业协助委托人的职责和义务，委托人及其驻建设工程现场代表的职责和义务，各自的授权范围。项目管理企业在合同履行过程中不能越权行事，更不能代替委托人行使决策权，否则有可能造成越权管理的失误风险和责任，进而造成委托方与项目管理企业在日后纠纷处理时相互指责和推诿。

（3）施工合同管理

建设工程施工总承包合同签订后，就形成了项目管理企业的管理依据。施工合同的内容直接决定着工程项目管理企业在实施自身项目管理合同过程中的风险大小。施工阶段的项目管理企业是代表委托人与承包人的直接对话者，所以项目管理企业应当比委托人更加关注、更加重视建设工程施工总承包合同的内容，更加需要借助施工合同在保护委托人合法利益的同时，也保护自身的合法权益不受侵害，最大限度地合理规避委托人及自身的风险。

（4）计划管理

由于工程管理活动具有周期长、专业多、涉及多方利益主体等特点，项目管理企业在开展项目管理活动之前必须制定详细的工程管理计划，使得质量、进度、成本、安全管理方案得以顺利实施。计划管理是项目管理企业的项目管理活动有序、顺利推进的保障，项目管理企业可根据经委托人审批的施工组织设计和进度计划中的时间节点编制相应的工程管理计划。

6

房地产项目交易
和运营阶段合同
管理

房地产项目交易和运营阶段主要包括房地产项目的市场推广、销售、租赁、物业管理等工作内容。本章内容主要包括商品房买卖合同、商品房租赁合同、房地产经纪合同以及物业服务合同等。

6.1 商品房买卖合同及管理

6.1.1 商品房买卖合同概述

1. 商品房买卖合同定义及特点

商品房买卖合同是指房地产开发企业（以下称为出卖人）将尚未建成或者已竣工的房屋向社会销售并转移房屋所有权于买受人，买受人支付价款的合同。这里的房屋特指商品房，而不包括农村自建住房、单位集资建房等。在房地产开发实践中，商品房销售包括商品房现售和商品房预售。商品房现售是指房地产开发企业将竣工验收合格的商品房出售给买受人，并由买受人支付房价款的行为。商品房预售是指房地产开发企业将正在建设中的商品房预先出售给买受人，并由买受人支付定金或者房价款的行为。房地产开发企业可以自行销售商品房，也可以委托房地产中介服务机构销售商品房。

商品房买卖合同作为不动产买卖合同的主要类型，具有如下法律特征：

（1）标的物形态复杂。交易的房屋既可能是已建好的房屋，也可能是尚未竣工的房屋，而且还包括建筑物和小区的公用设施、设备的所有权或使用权。

（2）标的物所有权转移以登记为成立条件。我国《合同法》第133条规定，标的物的所有权自标的物交付时起转移，但法律另有规定或者当事人另有约定的除外。《物权法》第9条规定，不动产物权的设立、变更、转让和消灭，经依法登记，发生效力；未经登记，不发生效力，但法律另有规定的除外。

（3）行政监管严格。由于土地房屋类不动产价值巨大，对国计民生影响很大，国家对房地产行政监管相对较为严格。如国家实行登记制度、推行合同示范文本、实行限购政策等。

2. 商品房买卖合同示范文本

为进一步规范商品房交易行为，保障交易当事人的合法权益，切实维护公平公正的商品房交易秩序，贯彻《合同法》《物权法》等法律法规和部门规章，住房城乡建设部、国家工商行政管理总局对《商品房买卖合同示范文本》GF-2000-0171进行了修订，于2014年4月制定了《商品房买卖合同（预售）示范文本》GF-2014-0171、《商品房买卖合同（现售）示范文本》GF-2014-0172。2014年新版合同分为两个版本，分别针对商品房预售和商品房的现房买卖。此外，还增加了部分有利于购房者的保护细则。以往购房者和开发商常因为商品房预售时的承诺与最终交房时的标准不一致而产生纠纷，新版合同可以避免纠纷，为消费者维权增加凭据，更注重买房人权益保障，细化了业主对建筑物专有和共有部分享有的权利，还对小区内车位、车库、会所等配套设施的所有权归属、室内空气质量、建筑隔声标准等问题，引导买卖双方自行约定。同时，增加了房屋交付前买受人查验房屋环节，明确出卖人的保修责任和最低保修期限，在预售合同中新增了商品房预售资金监管条款，明确出卖人应将出售商品房的全部房价款存入预售资金监管账户，有效防范交易风险。

6.1.2 商品房买卖合同的主要内容

商品房销售时，房地产开发企业和买受人应当订立书面商品房买卖合同。商品房买卖合同应当明确以下主要内容：当事人名称或者姓名和住所；商品房基本状况；商品房的销售方式；商品房价款的确定方式及总价款、付款方式、付款时间；交付使用条件及日期；装饰、设备标准承诺；供水、供电、供热、燃气、通信、道路、绿化等配套基础设施和公共设施的交付承诺和有关权益、责任；公共配套建筑的产权归属；面积差异的处理方式；办理产权登记有关事宜；解决争议的方法；违约责任；双方约定的其他事项。本节主要依据《商品房买卖合同（预售）示范文本》GF—2014—0171介绍商品房买卖合同的主要内容。

1．有关说明

（1）本合同文本为示范文本，由中华人民共和国住房和城乡建设部、中华人民共和国国家工商行政管理总局共同制定。各地可在有关法律法规、规定的范围内，结合实际情况调整合同相应内容。

（2）签订本合同前，出卖人应当向买受人出示《商品房预售许可证》及其他有关证书和证明文件。

（3）出卖人应当就合同重大事项对买受人尽到提示义务。买受人应当审慎签订合同，在签订本合同前，要仔细阅读合同条款，特别是审阅其中具有选择性、补充性、修改性的内容，注意防范潜在的市场风险和交易风险。

（4）本合同文本【】中选择内容、空格部位填写内容及其他需要删除或添加的内容，双方当事人应当协商确定。【】中选择内容，以划√方式选定；对于实际情况未发生或双方当事人不作约定时，应当在空格部位打×，以示删除。

（5）出卖人与买受人可以针对本合同文本中没有约定或者约定不明确的内容，根据所售项目的具体情况在相关条款后的空白行中进行补充约定，也可以另行签订补充协议。

（6）双方当事人可以根据实际情况决定本合同原件的份数，并在签订合同时认真核对，以确保各份合同内容一致；在任何情况下，出卖人和买受人都应当至少持有一份合同原件。

2．专业术语解释

示范文本对以下专业术语进行定义和解释。

（1）商品房预售：是指房地产开发企业将正在建设中的取得《商品房预售许可证》的商品房预先出售给买受人，并由买受人支付定金或房价款的行为。

（2）法定代理人：是指依照法律规定直接取得代理权的人。

（3）套内建筑面积：是指成套房屋的套内建筑面积，由套内使用面积、套内墙体面积、套内阳台建筑面积三部分组成。

（4）房屋的建筑面积：是指房屋外墙（柱）勒脚以上各层的外围水平投影面积，包括阳台、挑廊、地下室、室外楼梯等，且具备有上盖，结构牢固，层高2.20m以上（含2.20m）的永久性建筑。

（5）不可抗力：是指不能预见、不能避免并不能克服的客观情况。

（6）民用建筑节能：是指在保证民用建筑使用功能和室内热环境质量的前提下，降低其使用过程中能源消耗的活动。民用建筑是指居住建筑、国家机关办公建筑和商业、服务业、教育、卫生等其他公共建筑。

（7）房屋登记：是指房屋登记机构依法将房屋权利和其他应当记载的事项在房屋登记簿上予以记载的行为。

（8）所有权转移登记：是指商品房所有权从出卖人转移至买受人所办理的登记类型。

（9）房屋登记机构：是指直辖市、市、县人民政府住房城乡建设（房地产）主管部门或者其设置的负责房屋登记工作的机构。

（10）分割拆零销售：是指房地产开发企业将成套的商品住宅分割为数部分分别出售给买受人的销售方式。

（11）返本销售：是指房地产开发企业以定期向买受人返还购房款的方式销售商品房的行为。

（12）售后包租：是指房地产开发企业以在一定期限内承租或者代为出租买受人所购该企业商品房的方式销售商品房的行为。

3．商品房基本状况

（1）项目建设依据

出卖人应该明确取得建设用地使用权的方式是出让或划拨；地块具体坐落位置；该地块国有土地使用证号；土地使用权面积；买受人购买的商品房所占用的土地用途；土地使用权终止日期；出卖人经批准，在上述地块上建设的商品房项目核准名称；建设工程规划许可证号；建筑工程施工许可证号。

（2）预售依据

签订本合同前，该商品房已经批准预售，出卖人应当向买受人出示《商品房预售许可证》及其他有关证书和证明文件。

（3）商品房基本情况

应明确商品房基本情况，包括：

1）该商品房的规划用途为住宅、办公、商业、其他等。

2）该商品房所在建筑物的主体结构形式，建筑总层数，其中地上层数、地下层数。

3）该商品房具体的幢号、单元层号。房屋竣工后，如房号发生改变，不影响该商品房的特定位置。该商品房的平面图见合同附件。

4）该商品房的房产测绘机构，其预测建筑面积，其中套内建筑面积、分摊共有建筑面积。该商品房共用部位见合同附件。

5）该商品房的层高，阳台数（含封闭式阳台、非封闭式阳台），阳台是否封闭以规划设计文件为准。

（4）抵押情况

明确与该商品房有关的抵押情况。若有抵押，则应明确：抵押类型；抵押人；抵押权人；抵押登记机构；抵押登记日期；债务履行期限；抵押权人同意该商品房转让的证明及关于抵押的相关约定见合同附件。

（5）房屋权利状况承诺

出卖人对该商品房享有合法权利；该商品房没有出售给除本合同买受人以外的其他人；该商品房没有司法查封或其他限制转让等情况。如该商品房权利状况与上述情况不符，导致不能完成本合同登记备案或房屋所有权转移登记的，买受人有权解除合同。买受人解除合同的，应当书面通知出卖人。出卖人应当自解除合同通知送达之日起15日内退还买受人已付全部房款（含已付贷款部分），并自买受人付款之日起，按照双方约定的不低于中国人民银行公布的同期贷款基准利率的利率计算给付利息。给买受人造成损失的，由出卖人支付已付房价款一倍或买受人全部损失的赔偿金。

4．商品房价款

（1）计价方式与价款

出卖人与买受人可以约定按照下列方式中的一种计算该商品房价款：

1）按照套内建筑面积计算，该商品房的单价、总价款。

2）按照建筑面积计算，该商品房的单价、总价款。

3）按照套计算，该商品房的总价款。

4）按照双方约定的其他方式计算，该商品房的总价款。

（2）付款方式及期限

签订合同前，买受人已向出卖人支付一定数量的定金，该定金可于本合同签订或交付首付时抵作商品房价款。买受人可选择采取下列一种方式付款：

1）一次性付款。买受人应当在____年____月____日前支付该商品房全部价款。

2）分期付款。买受人应当在____年____月____日前分期支付该商品房全部价款，首期房价款应当于____年____月____日前支付。

3）贷款方式付款。可采用公积金贷款、商业贷款。买受人应当于____年____月____日前支付首期房价款，占全部房价款的____%。余款向贷款机构申请贷款支付。

4）其他方式。

出售该商品房的全部房价款应当存入预售资金监管账户，用于本工程建设。

应明确该商品房的预售资金监管机构名称、预售资金监管账户名称和账号。该商品房价款的计价方式、总价款、付款方式及期限的具体约定见合同附件。

（3）逾期付款责任

除不可抗力外，买受人未按照约定时间付款的，按照逾期时间，分别处理（①和②不作累加）。

① 逾期在____日之内，买受人按日计算向出卖人支付逾期应付款万分之____的违约金。

② 逾期超过____日（该期限应当与本条第①项中的期限相同）后，出卖人有权解除合同。出卖人解除合同的，应当书面通知买受人。买受人应当自解除合同通知送达之日起____日内按照累计应付款的一定比例（%）向出卖人支付违约金，同时，出卖人退还买受人已付全部房款（含已付贷款部分）。出卖人不解除合同的，买受人按日计算向出卖人支付逾期应付款万分之____（该比率不低于第①项中的比率）的违约金。本条所称逾期应付款是指约定的到期应付款与该期实际已付款的差额；采取分期付款的，按照相应的分期应付款与该期的实际已付款的差额确定。

当事人双方也可约定逾期付款责任的其他处理方式。

5. 商品房交付条件与交付手续

（1）商品房交付条件

商品房交付时应当符合有关条件：商品房已取得建设工程竣工验收备案证明文件；商品房已取得房屋测绘报告；其他等。商品房为住宅的，出卖人还需提供《住宅使用说明书》和《住宅质量保证书》。

（2）商品房相关基础设施设备交付条件

1）供水、排水：交付时供水、排水配套设施齐全，并与城市公共供水、排水管网连接。使用自建设施供水的，供水的水质符合国家规定的饮用水卫生标准。

2）供电：交付时纳入城市供电网络并正式供电。

3）供暖：交付时供热系统符合供热配建标准，使用城市集中供热的，纳入城市集中供热管网。

4）燃气：交付时完成室内燃气管道的敷设，并与城市燃气管网连接，保证燃气供应。

5）电话通信：交付时线路敷设到户。

6）有线电视：交付时线路敷设到户。

7）宽带网络：交付时线路敷设到户。

以上第1）、2）、3）项由出卖人负责办理开通手续并承担相关费用；第4）、5）、6）、7）项需要买受人自行办理开通手续。

如果在约定期限内基础设施设备未达到交付使用条件，双方可约定按照下列方式处理：

以上设施中第1）、2）、3）、4）项在约定交付日未达到交付条件的，出卖人按照本合同约定承担逾期交付责任。如果第5）、6）、7）项未按时达到交付使用条件的，出卖人分别按日向买受人支付数额不等或相同的违约金；出卖人应采取措施保证相关设施于约定交付日后＿＿＿＿日之内达到交付使用条件。

（3）商品房相关公共服务及其他配套设施交付条件

交付的公共服务及其他配套设施以批准的建设工程规划许可为准。应分别规定小区内绿地率、小区内非市政道路、规划的车位、车库、物业服务用房、医疗卫生机构、幼儿园、学校等达到交付条件的时间。双方可约定以上设施未达到条件的处理方式。

（4）交付时间和手续

1）交付时间。出卖人应当在双方约定的时间前向买受人交付该商品房。

2）交付手续。商品房和相关设施设备达到约定的交付条件后，出卖人应当在交付日期届满前＿＿＿＿日（不少于10日）将查验房屋的时间、办理交付手续的时间地点以及应当携带的证件材料的通知书面送达买受人。买受人未收到交付通知书的，以本合同约定的交付日期届满之日为办理交付手续的时间，以该商品房所在地为办理交付手续的地点。交付该商品房时，出卖人应当出示商品房满足交付条件的证明文件。出卖人不出示证明文件或者出示的证明文件不齐全，不能满足约定交付条件的，买受人有权拒绝接收，由此产生的逾期交付责任由出卖人承担。

3）查验房屋。办理交付手续前，买受人有权对该商品房进行查验，出卖人不得以缴纳相关税费或者签署物业管理文件作为买受人查验和办理交付手续的前提条件。买受人查验的商品房存在除地基基础和主体结构外的屋面、墙面、地面渗漏或开裂等，管道堵塞，门窗翘裂、五金件损坏，灯具、电器等电气设备不能正常使用等其他质量问题的，由出卖人按照有关工程和产品质量规范、标准自查验次日起＿＿＿＿日内负责修复，并承担修复费用，修复后再行交付。查验商品房后，双方应当签署商品房交接单。由于买受人原因导致商品房未能按期交付的，双方可约定相应的处理方式。

（5）逾期交付责任

除不可抗力外，出卖人未按照双方约定的时间将该商品房交付买受人的，按照逾期时间，分别处理（①和②不作累加）。

① 逾期在＿＿＿＿日之内（该期限应当不多于逾期付款责任第①项中的期限），自双方约定的交付期限届满之次日起至实际交付之日止，出卖人按日计算向买受人支付全部房价款万分之＿＿＿＿的违约金（该违约金比率应当不低于逾期付款责任第①项中的比率）。

② 逾期超过＿＿＿＿日（该期限与本条第①项中的期限相同）后，买受人有权解除合同。买受人解除合同的，应当书面通知出卖人。出卖人应当自解除合同通知送达之日起15日内退还买受人已付全部房款（含已付贷款部分），并自买受人付

款之日起，按照____%（不低于中国人民银行公布的同期贷款基准利率）计算给付利息；同时，出卖人按照全部房价款的____%向买受人支付违约金。买受人要求继续履行合同的，合同继续履行，出卖人按日计算向买受人支付全部房价款万分之____（该比率应当不低于本条第①项中的比率）的违约金。

当事人双方也可约定逾期交付责任的其他处理方式。

6. 面积差异处理方式

商品房交付时，出卖人应当向买受人出示房屋测绘报告，并向买受人提供该商品房的面积实测数据（以下简称实测面积）。实测面积与合同约定的预测面积发生误差的，双方可选择下列一种方式处理。

（1）按照套内建筑面积计价的约定，双方同意按照下列原则处理：

1）套内建筑面积误差比绝对值在3%以内（含3%）的，据实结算房价款。

2）套内建筑面积误差比绝对值超出3%时，买受人有权解除合同。买受人解除合同的，应当书面通知出卖人。出卖人应当自解除合同通知送达之日起15日内退还买受人已付全部房款（含已付贷款部分），并自买受人付款之日起，按照不低于中国人民银行公布的同期贷款基准利率的利率计算给付利息。买受人选择不解除合同的，实测套内建筑面积大于预测套内建筑面积时，套内建筑面积误差比在3%以内（含3%）部分的房价款由买受人补足；超出3%部分的房价款由出卖人承担，产权归买受人所有。实测套内建筑面积小于预测套内建筑面积时，套内建筑面积误差比绝对值在3%以内（含3%）部分的房价款由出卖人返还买受人；绝对值超出3%部分的房价款由出卖人双倍返还买受人。

套内建筑面积误差比＝（实测套内建筑面积－预测套内建筑面积）÷预测套内建筑面积×100%

（2）按照建筑面积计价的约定，双方同意按照下列原则处理：

1）建筑面积、套内建筑面积误差比绝对值均在3%以内（含3%）的，根据实测建筑面积结算房价款。

2）建筑面积、套内建筑面积误差比绝对值其中有一项超出3%时，买受人有权解除合同。买受人解除合同的，应当书面通知出卖人。出卖人应当自解除合同通知送达之日起15日内退还买受人已付全部房款（含已付贷款部分），并自买受人付款之日起，按照不低于中国人民银行公布的同期贷款基准利率的利率计算给付利息。买受人选择不解除合同的，实测建筑面积大于预测建筑面积时，建筑面积误差比在3%以内（含3%）部分的房价款由买受人补足，超出3%部分的房价款由出卖人承担，产权归买受人所有。实测建筑面积小于预测建筑面积时，建筑面积误差比绝对值在3%以内（含3%）部分的房价款由出卖人返还买受人；绝对值超出3%部分的房价款由出卖人双倍返还买受人。

建筑面积误差比＝（实测建筑面积－预测建筑面积）÷预测建筑面积×100%

3）因设计变更造成面积差异，双方不解除合同的，应当签署补充协议。

（3）按照套计价的，出卖人承诺在房屋平面图中标明详细尺寸，并约定误差范围。该商品房交付时，套型与设计图纸不一致或者相关尺寸超出约定的误差范围，由双方约定处理方式。

7. 规划设计变更

（1）规划变更

出卖人应当按照城乡规划主管部门核发的建设工程规划许可证规定的条件建设商品房，不得擅自变更。双方签订合同后，涉及该商品房规划用途、面积、容积率、绿地率、基础设施、公共服务及其他配套设施等规划许可内容经城乡规划主管部门批准变更的，出卖人应当在变更确立之日起10日内将书面通知送达买受人。出卖人未在规定期限内通知买受人的，买受人有权解除合同。

买受人应当在通知送达之日起15日内作出是否解除合同的书面答复。买受人逾期未予以书面答复的，视同接受变更。

买受人解除合同的，应当书面通知出卖人。出卖人应当自解除合同通知送达之日起15日内退还买受人已付全部房款（含已付贷款部分），并自买受人付款之日起，按照不低于中国人民银行公布的同期贷款基准利率的利率计算给付利息；同时，出卖人按照全部房价款的一定比例（％）向买受人支付违约金。买受人不解除合同的，有权要求出卖人赔偿由此造成的损失，由双方具体约定损失的计算方式和大小。

（2）设计变更

双方签订合同后，出卖人按照法定程序变更建筑工程施工图设计文件，涉及该商品房结构形式、户型、空间尺寸、朝向及供热、采暖方式等可能影响买受人所购商品房质量或使用功能情形的，出卖人应当在变更确立之日起10日内将书面通知送达买受人。出卖人未在规定期限内通知买受人的，买受人有权解除合同。

买受人应当在通知送达之日起15日内作出是否解除合同的书面答复。买受人逾期未予以书面答复的，视同接受变更。

买受人解除合同的，应当书面通知出卖人。出卖人应当自解除合同通知送达之日起15日内退还买受人已付全部房款（含已付贷款部分），并自买受人付款之日起，按照不低于中国人民银行公布的同期贷款基准利率的利率计算给付利息；同时，出卖人按照全部房价款的一定比例（％）向买受人支付违约金。买受人不解除合同的，有权要求出卖人赔偿由此造成的损失，由双方具体约定损失的计算方式和大小。

8. 商品房质量及保修责任

（1）商品房质量

1）地基基础和主体结构。出卖人承诺该商品房地基基础和主体结构合格，并符合国家及行业标准。经检测不合格的，买受人有权解除合同。买受人解除合同的，应当书面通知出卖人。出卖人应当自解除合同通知送达之日起15日内退还买受人已付全部房款（含已付贷款部分），并自买受人付款之日起，按照不低于中国人民银行公布的同期贷款基准利率的利率计算给付利息。给买受人造成损失的，由出卖人支付按照已付房价款一倍或买受人全部损失的赔偿金。因此而发生的检测费用由出卖人承担。买受人不解除合同的，由双方当事人另行协商处理。

2）其他质量问题。商品房质量应当符合有关工程质量规范、标准和施工图设计文件的要求。发现除地基基础和主体结构外质量问题的，双方按照以下方式处理：

① 及时更换、修理，如给买受人造成损失的，还应当承担相应赔偿责任。

② 经过更换、修理，仍然严重影响正常使用的，买受人有权解除合同。买受人解除合同的，应当书面通知出卖人。出卖人应当自解除合同通知送达之日起15日内退还买受人已付全部房款（含已付贷款部分），并自买受人付款之日起，按照不低于中国人民银行公布的同期贷款基准利率的利率计算给付利息。给买受人造成损失的，由出卖人承担相应赔偿责任。因此而发生的检测费用由出卖人承担。买受人不解除合同的，由双方当事人另行协商处理。

3）装饰装修及设备标准。商品房应当使用合格的建筑材料、构配件和设备，装置、装修、装饰所用材料的产品质量必须符合国家的强制性标准及双方约定的标准。不符合上述标准的，买受人有权要求出卖人按照及时更换、修理或出卖人赔偿双倍的装饰、设备差价等方式处理。

4）室内空气质量、建筑隔声和民用建筑节能措施。合同应明确商品房室内空气质量符合的国家或地方标准名称和标准文号。该商品房为住宅的，应明确建筑隔声情况符合的国家或地方标准名称和标准文号。商品房室内空气质量或建筑隔声情况经检测不符合标准，由出卖人负责整改，整改后仍不符合标准的，买受人有权解除合同。买受人解除合同的，应当书面通知出卖人。出卖人应当自解除合同通知送达之日起15日内退还买受人已付全部房款（含已付贷款部分），并自买受人付款之日起，按照不低于中国人民银行公布的同期贷款基准利率的利率计算给付利息。给买受人造成损失的，由出卖人承担相应赔偿责任。经检测不符合标准的，检测费用由出卖人承担，整改后再次检测发生的费用仍由出卖人承担。因整改导致该商品房逾期交付的，出卖人应当承担逾期交付责任。

商品房应当符合国家有关民用建筑节能强制性标准的要求。未达到标准的，出卖人应当按照相应标准要求补做节能措施，并承担全部费用；给买受人造成损失的，出卖人应当承担相应赔偿责任。

（2）保修责任

商品房实行保修制度。该商品房为住宅的，出卖人自该商品房交付之日起，按照《住宅质量保证书》承诺的内容承担相应的保修责任。该商品房为非住宅的，双方应当签订补充协议详细约定保修范围、保修期限和保修责任等内容。

下列情形，出卖人不承担保修责任：

1）因不可抗力造成的房屋及其附属设施的损害。

2）因买受人不当使用造成的房屋及其附属设施的损害。

3）其他等。

在保修期内，买受人要求维修的书面通知送达出卖人____日内，出卖人既不履行保修义务也不提出书面异议的，买受人可以自行或委托他人进行维修，维修费用及维修期间造成的其他损失由出卖人承担。

（3）质量担保

双方可约定质量担保的方式，出卖人不按照商品房质量和保修责任的有关约定承担相关责任的，由担保人承担连带责任。

9. 合同备案与房屋登记

（1）预售合同登记备案

出卖人应当自本合同签订之日起不超过30日内办理商品房预售合同登记备案手续，并将本合同登记备案情况告知买受人。双方可约定预售合同登记备案的其他有关事项。

（2）房屋登记

双方同意共同向房屋登记机构申请办理该商品房的房屋所有权转移登记。因出卖人的原因，买受人未能在该商品房交付之日起约定时间内取得该商品房的房屋所有权证书的，买受人有权解除合同。买受人解除合同的，应当书面通知出卖人。出卖人应当自解除合同通知送达之日起15日内退还买受人已付全部房款（含已付贷款部分），并自买受人付款之日起，按照不低于中国人民银行公布的同期贷款基准利率的利率计算给付利息。买受人不解除合同的，自买受人应当完成房屋所有权登记的期限届满之次日起至实际完成房屋所有权登记之日止，出卖人按日计算向买受人支付全部房价款万分之几的违约金。

因买受人的原因未能在约定期限内完成该商品房的房屋所有权转移登记的，出卖人不承担责任。

10. 前期物业管理

合同应明确出卖人依法选聘的前期物业服务企业、物业服务时间。物业服务期间，物业收费计费方式为包干制或酬金制以及物业服务费标准（元/月·平方米建筑面积）。

买受人同意由出卖人选聘的前期物业服务企业代为查验并承接物业共用部位、共用设施设备，出卖人应当将物业共用部位、共用设施设备承接查验的备案情况书面告知买受人。

买受人已详细阅读前期物业服务合同和临时管理规约，同意由出卖人依法选聘的物业服务企业实施前期物业管理，遵守临时管理规约。业主委员会成立后，由业主大会决定选聘或续聘物业服务企业。商品房的前期物业服务合同、临时管理规约可在合同附件中详细规定。

11. 其他事项

（1）建筑物区分所有权

买受人对其建筑物专有部分享有占有、使用、收益和处分的权利。以下部位归业主共有：

1）建筑物的基础、承重结构、外墙、屋顶等基本结构部分，通道、楼梯、大堂等公共通行部分，消防、公共照明等附属设施、设备，避难层、设备层或者设备间等结构部分；

2）该商品房所在建筑区划内的道路（属于城镇公共道路的除外）、绿地（属于城镇公共绿地或者明示属于个人的除外）、占用业主共有的道路或者其他场地用于停放汽车的车位、物业服务用房。

双方应对规划的车位、车库、会所等其他配套设施的所有权进行详细约定。

（2）税费规定

双方应当按照国家的有关规定，向相应部门缴纳因该商品房买卖发生的税费。因预测面积与实测面积差异，导致买受人不能享受税收优惠政策而增加的税收负担，应约定由谁承担。

（3）销售和使用承诺

出卖人承诺不采取分割拆零销售、返本销售或者变相返本销售的方式销售商品房；不采取售后包租或者变相售后包租的方式销售未竣工商品房。出卖人承诺按照规划用途进行建设和出售，不擅自改变该商品房使用性质，并按照规划用途办理房屋登记。出卖人不得擅自改变与该商品房有关的共用部位和设施的使用性质。出卖人承诺对商品房的销售，不涉及依法或者依规划属于买受人共有的共用部位和设施的处分。出卖人承诺已将遮挡或妨碍房屋正常使用的情况告知买受人等。

买受人使用该商品房期间，不得擅自改变该商品房的用途、建筑主体结构和承重结构等。

（4）送达

出卖人和买受人保证在本合同中记载的通信地址、联系电话均真实有效。任何根据本合同发出的文件，均应采用书面形式，以邮政快递或邮寄挂号信等方式送达对方。任何一方变更通信地址、联系电话的，应在变更之日起____日内书面通知对方。变更的一方未履行通知义务导致送达不能的，应承担相应的法律责任。

（5）买受人信息保护

出卖人对买受人信息负有保密义务。非因法律、法规规定或国家安全机关、公安机关、检察机关、审判机关、纪检监察部门执行公务的需要，未经买受人书面同意，出卖人及其销售人员和相关工作人员不得对外披露买受人信息，或将买受人信息用于履行本合同之外的其他用途。

（6）争议解决方式

本合同在履行过程中发生的争议，由双方当事人协商解决，也可通过消费者协会等相关机构调解；或按照仲裁、诉讼方式解决。

（7）补充协议

对本合同中未约定或约定不明的内容，双方可根据具体情况签订书面补充协议。补充协议中含有不合理的减轻或免除本合同中约定应当由出卖人承担的责任，或不合理的加重买受人责任、排除买受人主要权利内容的，仍以本合同为准。

（8）合同生效

本合同自双方签字或盖章之日起生效。本合同的解除应当采用书面形式。合同附件与本合同具有同等法律效力。

6.1.3 商品房买卖合同管理要点

1. 商品房买卖合同签订条件

（1）合同双方必须具有相应的民事行为能力

购房者必须具有完全的民事行为能力，当购房者是无民事行为能力人或限制民事行为能力人时，必须由他的法定代理人（即监护人）来代理，或者征得法定代理人的同意，否则买卖行为是无效的。房地产开发企业必须依法设立、具有企业法人资格，应当取得主管部门核定的企业资质等级。未取得房地产开发资质等级证书的企业，不得从事房地产开发经营业务。

（2）商品房开发应符合法定程序

商品房开发的法定许可程序包括：立项批准、规划许可、土地使用权证书、施工许可、商品房预售许可等。开发商应取得开发项目的立项批准文件，应当办理相关的法定手续和证件，如国有土地使用权证、建设工程用地许可证、建设工程规划许可证、建筑工程施工证、内（外）销商品房预售许可证等法定文件。目前，各地对商品房的销售实行许可证制度，外销的商品房实行外销许可证，内销的商品房实行内销许可证，预售的商品房还要办理预售许可证。售房单位必须办理销售的许可证后，才允许将商品房上市销售。《最高人民法院关于审理商品房买卖合同纠纷案件适用法律若干问题的解释》规定：出卖人未取得商品房预售许可证明，与买受人订立的商品房预售合同，应当认定无效，但是在起诉前取得商品房预售许可证明的，可以认定有效。

（3）双方意思表示自愿真实

开发商和购房者所签订的商品房买卖合同必须是双方共同愿意的表示，是双方在平等基础上共同协商的结果。合同任何一方都不能用欺诈、胁迫的手段或者乘人之危，使对方在违背真实意愿的情况下签订合同。购房者在选好房后，准备购买时，开发商通常要把事先起草好的买卖合同交给购房者签字。对此，购房者有权对合同中不合理的条款或合同中未明确规定的事项提出修改意见和增加补充协议。商品房买卖应当使用政府印制的商品房买卖示范文本，其中内容当事人可以根据需要修改、删除和补充。

（4）合同内容不得违反法律、行政法规和社会公共利益

购房者和开发商所签订的房屋买卖合同必须遵守国家法律和行政法规，不得违反国家利益和社会公共利益。比如在合同中约定，购房者所应缴纳税费一律免

缴，该条款就违反有关的税法，因而合同中的此项条款无效。

2. 商品房买卖合同签订工作内容

商品房买卖合同签订工作内容一般包括：购房者认购、签订《认购书》；购房者交定金；开发商下载网签合同，双方签订《商品房买卖合同》及《前期物业服务合同》；购房者交付购房首付款；开发商将首付款打到房产局指定的资金监管账户；购房者与开发商指定的银行签订《商品房抵押贷款合同》（即办理银行按揭）、办理相关贷款手续等。

（1）签订《认购书》

《认购书》是商品房买卖双方在签署正式的买卖合同之前所签署的合同文件。签订《认购书》是商品房预（销）售程序的第一个环节。购房人如果对某套商品房有意向，可到售楼处签订《认购书》，并交纳定金。出售方应将《签约须知》及有关的宣传资料和相关文件交给购买人，并应实事求是地向购买人介绍项目的进展情况。当签订完《认购书》后，出售方应给购买人《签约须知》，以使购买人清楚下一环节及签约有关细节。

（2）签订《商品房买卖合同》及《前期物业服务合同》

购买人在签订《认购书》后，应当在《认购书》中约定的时间内到约定的地点签订正式的《商品房买卖合同》。签订买卖合同是整个购房程序中最重要一环，是购房人与开发商达成商品房买卖的最终合意。《前期物业服务合同》是由建设单位与物业管理企业签订的，包含的主要内容有前期物业管理阶段的服务费用、服务内容和质量要求、双方的权利义务等。根据《物业管理条例》第25条的规定，建设单位与物业买受人签订的买卖合同应当包含前期物业服务合同约定的内容。实践中一般是将《前期物业服务合同》作为《商品房买卖合同》的附件，开发商在办理房屋预售手续的同时上报房管部门的市场交易管理系统予以公示，由购房人在购房时确认。

（3）与开发商指定的银行签订《商品房抵押贷款合同》

在商品房预售中，购房人通过按揭方式购买商品房的，通常方式是支付一部分首付款给开发商，其余房价款则通过金融机构贷款支付给开发商。购房人需与贷款行签订《商品房抵押贷款合同》及《借款合同》。在房产证办理完毕之前，由开发商通过协议将购买人对期房的期权让与给金融机构作为取得金融机构贷款的担保。待房产证办理下来之后，开发商解除担保，购房人将房产证抵押在银行处作为偿还贷款的担保。

（4）办理预售登记

开发商与购买人签订商品房预售合同，买卖双方应当自签约之日起30日内，到房地产管理部门和市、县人民政府土地管理部门办理商品房预售合同登记备案手续。

（5）《商品房抵押贷款合同》登记备案

在办理房产抵押贷款时，需要备案房产抵押登记，《商品房抵押贷款合同》登记备案是房地产市场信息系统建设的重要组成部分。

商品房买卖是一种特殊商品的买卖，买卖标的额大、手续烦琐、持续时间长。购买人对商品房买卖流程的了解，有利于其在与开发商的博弈中充分维护自己的合法权益，满足自己的居住需求和实现自己的住房梦想。

3. 商品房买卖合同签订程序

商品房买卖合同签订程序包括要约和承诺，合同双方就合同主要条款经过协商达成一致，签订商品房买卖合同。商品房的销售广告和宣传资料为要约邀请，不视为合同的条款，但是开发商就商品房开发规划范围内的房屋及相关设施所作的说明和允诺具体确定，并对商品房买卖合同的订立以及房屋价格的确定有重大影响的，应当视为要约，该说明和允诺即使未载入商品房买卖合同，亦应当视为合同内容，当事人违反的，应当承担违约责任。当事人应妥善保管商品房的销售广告、宣传资料等信息。

开发商通过认购、订购、预订等方式向买受人收受定金作为订立商品房买卖合同担保的，如果因当事人一方原因未能订立商品房买卖合同，应当按照法律关于定金的规定处理；因不可归责于当事人双方的事由，导致商品房买卖合同未能订立的，出卖人应当将定金返还买受人。《商品房销售管理办法》第22条规定，当事人未能订立《商品房买卖合同》的，开发商应当向买受人返还所收费用；当事人之间另有约定的，从其约定。但这里所指的费用，是指具有预付款性质的"订金"而非作为订立合同担保性质的"定金"。而且，具有预付款性质的"订金"，只要当事人是在合法、自愿的基础上约定不予退还的，都应依法从其约定。

如果商品房的认购、订购、预订等协议具备《商品房销售管理办法》规定的商品房买卖合同的主要内容，并且开发商已经按照约定收受购房款的，该协议应当认定为商品房买卖合同。

当事人不得以商品房预售合同未按照法律、行政法规规定办理登记备案手续为由，请求确认合同无效。当事人约定以办理登记备案手续为商品房预售合同生效条件的，从其约定，但当事人一方已经履行主要义务，对方接受的除外。

4. 出卖人违反合同承诺的赔偿责任

合同要求开发商对房屋产权的合法性、不存在一房两卖、不存在司法查封和限制转让等情形进行承诺，如果开发商违反这些承诺，导致购房者合同无法备案或无法办证的，就可以主张退房、退利息，并要求开发商最高再可赔偿一倍的房价款。

具有下列情形之一，导致商品房买卖合同目的不能实现的，无法取得房屋的买受人可以请求解除合同、返还已付购房款及利息、赔偿损失，并可以请求出卖人承担不超过已付购房款一倍的赔偿责任：

（1）商品房买卖合同订立后，出卖人未告知买受人又将该房屋抵押给第三人；

（2）商品房买卖合同订立后，出卖人又将该房屋出卖给第三人。

出卖人订立商品房买卖合同时，具有下列情形之一，导致合同无效或者被撤销、解除的，买受人可以请求返还已付购房款及利息、赔偿损失，并可以请求出卖人承担不超过已付购房款一倍的赔偿责任：

（1）故意隐瞒没有取得商品房预售许可证明的事实或者提供虚假商品房预售许可证明；

（2）故意隐瞒所售房屋已经抵押的事实；

（3）故意隐瞒所售房屋已经出卖给第三人或者为拆迁补偿安置房屋的事实。

买受人以出卖人与第三人恶意串通，另行订立商品房买卖合同并将房屋交付使用，导致其无法取得房屋为由，买受人可以请求确认出卖人与第三人订立的商品房买卖合同无效。

5. 房屋的转移占有和交付风险

对房屋的转移占有，视为房屋的交付使用，但当事人另有约定的除外。房屋毁损、灭失的风险，在交付使用前由出卖人承担，交付使用后由买受人承担；买受人接到出卖人的书面交房通知，无正当理由拒绝接收的，房屋毁损、灭失的风险自书面交房通知确定的交付使用之日起由买受人承担，但法律另有规定或者当事人另有约定的除外。

因房屋主体结构质量不合格不能交付使用，或者房屋交付使用后，房屋主体结构质量经核验确属不合格，买受人可以请求解除合同和赔偿损失。因房屋质量问题严重影响正常居住使用，买受人可以请求解除合同和赔偿损失。交付使用的房屋存在质量问题，在保修期内，出卖人应当承担修复责任；出卖人拒绝修复或者在合理期限内拖延修复的，买受人可以自行或者委托他人修复。修复费用及修复期间造成的其他损失由出卖人承担。

6. 面积确认及面积差异处理

商品房以建筑面积计算房款，建筑面积由套内建筑面积与分摊的共有面积两部分构成，应在合同中约定套内建筑面积和分摊的共有面积多少，并约定建筑面积不变而套内建筑面积发生误差以及建筑面积与套内建筑面积均发生误差的处理方式。目前，交付房屋时，往往建筑面积增大，且不超过3%，但套内建筑面积减少，公摊面积增大。为避免此种对买房人不利的情况出现，合同中有必要约定套内建筑面积不得减少多少，公摊面积不得增大多少等，比如2%，并约定超出此范围怎么办，退房或不退房；退房包括哪些费用，不退房如何承担违约责任等。

出卖人交付使用的房屋套内建筑面积或者建筑面积与商品房买卖合同约定面积不符，合同有约定的，按照约定处理；合同没有约定或者约定不明确的，按照以下原则处理：

（1）面积误差比绝对值在3%以内（含3%），按照合同约定的价格据实结算，买受人不得请求解除合同；

（2）面积误差比绝对值超出3%，买受人可以请求解除合同、返还已付购房款及利息。买受人同意继续履行合同，房屋实际面积大于合同约定面积的，面积误差比在3%以内（含3%）部分的房价款由买受人按照约定的价格补足，面积误差比超出3%部分的房价款由出卖人承担，所有权归买受人；房屋实际面积小于合同约定面积的，面积误差比在3%以内（含3%）部分的房价款及利息由出卖人返还买受人，面积误差比超过3%部分的房价款由出卖人双倍返还买受人。

7．合同解除

根据《合同法》第94条的规定，出卖人迟延交付房屋或者买受人迟延支付购房款，经催告后在三个月的合理期限内仍未履行，当事人一方请求解除合同的，应予支持，但当事人另有约定的除外。法律没有规定或者当事人没有约定，经对方当事人催告后，解除权行使的合理期限为三个月。对方当事人没有催告的，解除权应当在解除权发生之日起一年内行使；逾期不行使的，解除权消灭。

8．房屋权属证书办理以及责任

《最高人民法院关于审理商品房买卖合同纠纷案件适用法律若干问题的解释》第18条规定：由于出卖人的原因，买受人在下列期限届满未能取得房屋权属证书的，除当事人有特殊约定外，出卖人应当承担违约责任：

（1）商品房买卖合同约定的办理房屋所有权登记的期限；

（2）商品房买卖合同的标的物为尚未建成房屋的，自房屋交付使用之日起90日；

（3）商品房买卖合同的标的物为已竣工房屋的，自合同订立之日起90日。

合同没有约定违约金或者损失数额难以确定的，可以按照已付购房款总额，参照中国人民银行规定的金融机构计收逾期贷款利息的标准计算。

9．按揭贷款方式付款

商品房买卖合同约定，买受人以担保贷款方式付款、因当事人一方原因未能订立商品房担保贷款合同并导致商品房买卖合同不能继续履行的，对方当事人可以请求解除合同和赔偿损失。因不可归责于当事人双方的事由未能订立商品房担保贷款合同并导致商品房买卖合同不能继续履行的，当事人可以请求解除合同，出卖人应当将收受的购房款本金及其利息或者定金返还买受人。

10．有关合同附件的注意事项

合同附件是合同的有效组成部分，与合同主文条款具有同样的法律效力。常有的合同附件包括所购房屋平面面积图、公摊面积表、公共部位与公用房屋分摊建筑面积构成说明、质量保证书、装饰设备标准、住宅使用说明书等，对于补充协议的条款也常常列为合同附件。可见，这些附件内容都是极其重要的。购房者不但要认真谨慎对待合同主文，对合同的附件也应当给予足够的重视。购房者应注意以下几点：

（1）房屋平面图应标明每一个房间具体的尺寸以及墙体的宽度，标明阳台的大小、空调机位等具体的设备位置。如果上述内容不明确，则房屋平面图起不到准确指示的作用，对开发商来说也没有明确的约束。

（2）无论是房屋平面图，还是公共部位与公用房屋分摊建筑面积构成说明和装修设备标准，都应该使用准确的数字和具体的描述来表示其内容，而不应该使用像"高级""名牌""精装修"等模糊、概念化的词语。

（3）根据民事法律的"意思自治"原则，商品房买受人完全可以不受格式条款的限制，与开发商进行协商，行使合同的修改和补充权，在主合同之外，签订补充协议，明确模糊概念和表述，修正主合同中的不合理条款。

6.2 房地产租赁合同及管理

6.2.1 房屋租赁合同概述

1. 房屋租赁合同定义和特点

《合同法》第212条规定："租赁合同是出租人将租赁物交付承租人使用、收益，承租人支付租金的合同"。房屋租赁合同是指房屋出租人和承租人双方签订的关于转让出租房屋的占有权和使用权的协议。其内容是出租人将房屋交给承租人使用，承租人定期向出租人支付约定的租金，并于约定期限届满或终止租约时将房屋完好地归还给出租人。

房屋租赁合同属于财产租赁合同的一种重要形式，与一般财产租赁合同相比具有如下特征：

（1）房屋租赁合同是不动产租赁合同。以租赁物的种类为标准，租赁合同可以分为动产租赁合同和不动产租赁合同。房屋租赁合同是以房屋为标的物的合同，属于不动产租赁合同。

（2）合同的相对性会受到法律的一定限制。具体表现为：①"买卖不破租赁"原则对房屋受让人的限制。为保护承租人的利益，法律确立了"买卖不破租赁"原则。根据该原则，在租赁期限内，租赁房屋的所有权发生变动的，原租赁合同对承租人和房屋受让人继续有效。我国《合同法》第229条规定："租赁物在租赁期间发生所有权变动的，不影响租赁合同的效力"。②承租人的优先购买权。《商品房屋租赁管理办法》第13条规定："房屋租赁期间出租人出售租赁房屋的，应当在出售前合理期限内通知承租人，承租人在同等条件下有优先购买权"。

（3）期限最长不得超过二十年。《合同法》第214条规定："租赁期限不得超过二十年。超过二十年的，超过部分无效。租赁期间届满，当事人可以续订租赁合同，但约定的租赁期限自续订之日起不得超过二十年"。

2. 房屋租赁合同的分类

根据不同的标准，可对房屋租赁合同作出不同的分类：

（1）住宅用房租赁合同和生产经营用房租赁合同。根据房屋租赁合同的目的和用途不同，房屋租赁可分住宅用房租赁合同和生产经营用房租赁合同。

（2）公房租赁合同和私房租赁合同。根据租赁房屋所有权的性质不同，可将房屋租赁合同分为公房租赁合同和私房租赁合同。

（3）定期租赁合同和不定期租赁合同。根据房屋租赁合同是否有租赁期限，可以分为定期房屋租赁合同与不定期房屋租赁合同。

3．出租房屋的限定

有下列情形之一的房屋不得出租：

（1）属于违法建筑的。

（2）不符合安全、防灾等工程建设强制性标准的。

（3）违反规定改变房屋使用性质的。

（4）法律、法规规定禁止出租的其他情形。

出租住房的，应当以原设计的房间为最小出租单位，人均租住建筑面积不得低于当地人民政府规定的最低标准。厨房、卫生间、阳台和地下储藏室不得出租供人员居住。

6.2.2 房地产租赁合同主要内容

《商品房屋租赁管理办法》第7条规定："房屋租赁当事人应当依法订立租赁合同。房屋租赁合同的内容由当事人双方约定，一般应当包括以下内容：房屋租赁当事人的姓名（名称）和住所；房屋的坐落、面积、结构、附属设施，家具和家电等室内设施状况；租金和押金数额、支付方式；租赁用途和房屋使用要求；房屋和室内设施的安全性能；租赁期限；房屋维修责任；物业服务、水、电、燃气等相关费用的缴纳；争议解决办法和违约责任；其他约定。房屋租赁当事人应当在房屋租赁合同中约定房屋被征收或者拆迁时的处理办法"。

1．房屋的情况及居住要求

合同应明确出租房屋的具体坐落位置、房屋建筑面积、使用面积（合同可附《出租房屋平面图》，如分租需标注分租部位）；房屋权属状况（房屋所有权证书或有关房屋来源证明文件等）；房屋居住人数限制，不得安排人员在厨房、卫生间、阳台和地下储藏室居住。

2．租赁期限、租金及押金

（1）租赁租金：合同应约定按月、季或按年的租金标准以及租金的调整。

（2）租赁期限：合同应明确租赁期限以及起止时间。租赁期满，出租人（甲方）继续出租该房屋的，承租人（乙方）在同等条件下有优先承租权，但应在租赁期满前约定期限（如30日）内与甲方协商一致并签订新的租赁合同。

（3）租金：按月结算，由乙方在每月的约定时间前结清本月租金，甲方应出具收据。租赁期间，甲方不得单方上调房屋租金。

（4）押金：约定押金标准（如目前市场惯例为2个月租金），乙方于约定时间前一次性支付给甲方。租赁期满或合同解除，乙方结清相关费用（包括应由乙方承担的费用以及房屋附属物品、设施损毁赔偿金等）并按期搬出时，甲方应同时将押金无息返还给乙方。如乙方未按合同约定付清相关费用，甲方有权将押金用于抵扣相关费用，剩余部分应返还给乙方；不足以抵扣的，乙方应据实予以补足。

3. **房屋交付、返还及腾退**

甲方应于双方约定时间将房屋按约定条件交付给乙方。双方经房屋交验，在《房屋交接及设备清单》中签字盖章并移交房门钥匙后视为交付完成。房屋交付前的管理费、水电费、燃气费等相关费用由甲方承担。

租赁期满或合同解除，乙方应按照原状和《房屋交接及设备清单》返还房屋及其附属物品、设备设施，甲乙双方应对房屋和附属物品、设备设施及水电燃气使用等情况进行交验，结清各自应当承担的费用。甲方返还押金、乙方移交房门钥匙后视为房屋腾退完成。

乙方在腾退房屋前应对房屋中属于乙方的物品进行搬离处理，乙方腾退房屋后，乙方遗留在房屋中的物品，视为乙方放弃其所有权，甲方有权自行处理。

4. **其他相关费用的承担**

租赁期内，水费、电费、电话费、电视收视费、燃气费、物业管理费、卫生费、上网费由乙方承担，房屋租赁税费、室内设施维修费由甲方承担。

合同中未列明的与房屋有关的其他费用均由甲方承担。如乙方垫付了应由甲方支付的费用，甲方根据乙方出示的相关缴费凭据向乙方返还相应费用。

5. **成交方式**

房屋租赁合同可通过双方自行协商成交，双方也可以委托同一房地产经纪机构成交（机构名称、经纪服务合同编号、经纪人姓名、电话等）。

6. **房屋维护及维修**

甲方应保证房屋的建筑结构和设备设施符合建筑、消防、治安、卫生、环保等方面的安全条件，不得危及人身安全；租赁期内，乙方应遵守国家、省、市的法律法规规定以及房屋所在小区的物业管理规约，按照规定的房屋用途合理使用房屋。

甲乙双方应共同保障房屋及其附属物品、设备设施处于适用和安全的状态：

（1）乙方不得擅自拆改变动房屋结构及设施，不得增加外墙荷载，不得超载使用，不得堆放易燃易爆及危险物品，不得擅自装修。

（2）若乙方需要对房屋进行室内装修或者增加设备的，必须经甲方书面同意，且甲方有权对工程进行监督。

（3）对于房屋及其附属物品、设备设施因自然属性或合理使用而导致的损耗，乙方应及时通知甲方修复。甲方应在接到乙方通知后约定时间（如3个工作日）内启动维修。逾期不启动维修的，乙方可代为维修，维修方案经甲方同意后，费用由甲方承担。因维修房屋影响乙方使用的，应减少影响天数的租金或增加相应天数的免租金期限。

（4）对于灯泡等易耗品因合理使用而导致的损耗，由乙方负责维修、更换。

（5）因乙方保管或使用不当，致使房屋及其附属物品、设备设施发生损坏或故障的，乙方应负责维修并承担赔偿责任。

7．转租

未经甲方书面同意，乙方不得擅自将房屋转租。甲方同意转租的，乙方应当确保第三人完全遵守本合同的约定，并应当将转租情况以书面方式告知甲方。第三人对房屋造成损失的，由乙方负责赔偿损失。

8．优先购买权

合同期内，出租人出售租赁房屋的，应当在出售前约定时间（如30日）书面通知承租人，承租人应当在收到出租人书面通知后约定时间（如10日）内回复出租人是否愿意在同等条件下购买该房屋，逾期未回复的视为放弃对该房屋的优先购买权。

9．合同解除

经甲乙双方协商一致，可以解除本合同。因不可抗力导致本合同无法继续履行的，本合同自行解除。甲方有下列情形之一的，乙方有权单方解除本合同：

（1）迟延交付房屋（合同可约定具体时间）；

（2）交付的房屋严重不符合合同约定；

（3）故意隐瞒与订立合同有关的重要事实或者提供虚假情况的。

乙方有下列情形之一的，甲方有权单方解除本合同，收回房屋：

（1）欠缴租金或各类费用（合同可约定具体时间）；

（2）擅自将房屋转租给第三人、改变房屋用途或拆改变动损坏房屋主体结构的；

（3）利用房屋从事违法活动、损害公共利益等相关情形的。

10．违约责任

（1）甲方违约责任

1）甲方迟延交付房屋，每逾期一日按照月租金的一定比例（如0.05%）向乙方支付违约金；迟延交付房屋超过约定时间的，乙方有权解除合同并要求甲方支付违约金（如按照当月2倍租金），乙方同意继续履行合同的，逾期交付房屋的违约金计至甲方完成房屋交付之日止。

2）甲方交付的房屋严重不符合合同约定，乙方要求解除合同的，应当在房屋交付后约定时间内提出；合同解除的，甲方应当向乙方支付违约金（如按照当月2倍租金）。

3）甲方故意隐瞒与订立合同有关的重要事实或者提供虚假情况的，乙方有权解除合同并要求甲方支付违约金（如按照当月2倍租金）。

（2）乙方违约责任

1）乙方逾期支付租金，每逾期一日按照一定比例（如当期应付租金的0.05%）向甲方支付违约金；逾期超过约定时间的，甲方有权要求解除合同并要求乙方支付违约金（如按照当月2倍租金），甲方同意继续履行合同的，逾期付款的违约金计至乙方付清租金之日止。

2）乙方擅自将房屋转租给第三人、改变房屋用途、拆改变动损坏房屋主体结构，或利用房屋从事违法活动、损害公共利益的，甲方有权解除合同并要求乙方支付违约金（如按照当月2倍租金），造成甲方房屋损坏的，乙方还应承担赔偿责任。

11．争议解决方法

合同在履行过程中发生的争议，由甲乙双方协商解决，协商不成的，可以通过仲裁或向租赁房屋所在地的人民法院起诉的方式解决。

12．房屋租赁登记备案

房屋租赁合同订立后三十日内，房屋租赁当事人应当到租赁房屋所在地直辖市、市、县人民政府住房城乡建设（房地产）主管部门办理房屋租赁登记备案，取得主管部门向租赁当事人开具的房屋租赁登记备案证明。主管部门应当建立房屋租赁登记备案信息系统，逐步实行房屋租赁合同网上登记备案，并纳入房地产市场信息系统。

6.2.3 房地产租赁合同管理要点

1．房地产租赁合同签订

房屋租赁应当遵循平等、自愿、合法和诚实信用原则。由出租人和承租人在协商一致的情况下签订合同。我国《合同法》规定，当事人订立合同，应当具有相应的民事权利能力和民事行为能力。签订房屋租赁合同前，双方当事人应当出示有效身份证明，出租人应当向承租人出示房屋所有权证明或其他房屋来源证明的原件。房屋属于共有的，应提供共有权人同意出租的证明；转租房屋的，应提供房屋所有人同意转租的证明。双方当事人应将相关证明的复印件作为合同的附件。合同租赁期不得超过20年，超过20年的，超过部分无效。

2．房屋租赁合同审查要点

（1）审查当事人双方是否具备主体资格

出租人主要从以下方面审查：①出租人为自然人的，审查其居民身份证或户口簿；出租人系法人或其他组织的，审查其营业执照，看其是否年检并进行必要的工商查询。②出租人是否享有出租房屋的实体权利：出租人为房屋所有权人的，是否与出租房屋产权证上的名称一致；委托或代理出租的，房屋所有权人是否与出租房屋产权证上的名称一致，是否经所有权人同意或授权；共有房屋出租的，是否经其他共有人同意；房屋转租的，是否经出租人同意。

承租人主要从以下方面审查：承租人是否具有合法身份，如暂住人口承租房屋的，必须持有公安机关核发的暂住证；法人或其他组织的，必须持有合法有效的营业执照。《城市私有房屋管理条例》第22条规定："机关、团体、部队、企业事业单位不能租用或变相租用城市私有房屋。如因特殊需要必须租用，须经县以上人民政府批准。"

（2）审查房屋租赁用途与政府批准的规划用途是否一致

通过审看房屋产权证，审查其用途是住宅用房还是经营性用房。如果合同约定的租赁用途与政府批准的规划用途不一致，需报规划部门批准。

（3）审查房屋是否存在禁止出租的情形

根据《中华人民共和国城市房地产管理法》第55条规定："住宅用房的租赁，应当执行国家和房屋所在城市人民政府规定的租赁政策。租用房屋从事生产、经营活动的，由租赁双方协商议定租金和其他租赁条款。"根据《商品房屋租赁管理办法》第6条，有下列情形之一的房屋不得出租：未依法取得房屋所有权证的；司法机关和行政机关依法裁定、决定查封或者以其他形式限制房地权利的；已抵押，未经抵押权人同意的；不符合公安，环保、卫生等主管部门有关规定的；有关法律、法规规定禁止出租的其他情形。

（4）审查房屋的坐落地点、面积、结构、装修状况、附属设施和设备状况

合同必须写明租赁房屋实际所处的确切位置、租赁面积的计算方法（使用面积还是建筑面积）、房屋结构、设施设备情况等。

3. 房屋租赁合同的押金管理

在房屋租赁实践中，出租人通常要求承租人交付一定金额（一般不超过三个月房租）的款项作为押金。押金的目的在于担保承租人因租赁所产生的债务履行，即租赁关系终止时，如承租人没有造成房屋的损坏等应当扣减的债务，出租人应将押金退还给承租人。

押金交付合同为附随于租赁合同的从合同，自交付押金时产生法律效力。当承租人没有交付押金时，应视为押金合同未生效。出租人为保障自己的利益，最好在约定押金条款时写明如承租人不在规定的时间足额交付押金，租赁合同不生效或者出租人有权解除合同。押金对出租人的效力主要体现在当押金所担保的债务未履行时，出租人可以自行扣除。

押金担保的债权包括：迟延交付租金及其利息；迟延交付的物管费、水电费、电话费及其滞纳金；承租人因违反对租赁物的保管义务或损坏租赁房屋及其设备而产生的赔偿责任之债务。

4. 房屋租赁合同的变更和解除

由于我国房屋租赁的相关法律法规没有规定具体的租赁合同变更条件，所以变更条件主要由当事人在合同当中进行约定。如邻近房屋的租金价格明显上涨时，出租人有权要求增加租金；或者当邻近房屋的租金价格下跌时，承租人有权要求减少租金等。

在租期较长的房屋租赁中，当事人都有可能发生不能继续履行合同的情况，为使当事人的利益平衡，有必要在合同中约定解除合同的条件。

房屋租赁合同解除条件包括以下几个方面：

（1）不定期租赁合同，双方当事人随时可以解除合同；

（2）承租人擅自转租房屋的，出租人可以解除合同；

（3）承租人擅自改变房屋租赁用途的，出租人可以解除合同；

（4）承租人无正当理由未支付租金累计超过6个月以上的，出租人可以解除合同；

（5）承租人无正当理由闲置公有住宅用房6个月以上的，出租人可以解除合同；

（6）承租人利用租赁房屋进行非法活动或者故意毁坏租赁房屋的，出租人可以解除合同；

（7）因不可归责于承租人的事由致使租赁房屋部分或者全部毁损，不能实现合同目的的，承租人可以解除合同；

（8）租赁房屋危及承租人的安全或者健康的，承租人可以解除合同。

5. 房屋租赁合同的转租

房屋转租是指房屋承租人经出租人同意，将承租的房屋部分或者全部租赁给第三人，由第三人向承租人支付租金的行为。《商品房屋租赁管理办法》第11条规定，承租人转租房屋的，应当经出租人书面同意。承租人未经出租人书面同意转租的，出租人可以解除租赁合同，收回房屋并要求承租人赔偿损失。在房屋转租法律关系中，原房屋租赁合同可称为原租合同，其出租人和承租人在转租关系中仍称为出租人和承租人，与承租人建立租赁关系的第三人称为次承租人，承租人与次承租人之间的租赁合同称为转租合同。房屋转租合同与原合同的标的物具有同一性，即转租的房屋是原出租房屋的部分或全部。原租赁合同的效力决定转租合同的效力，即原合同无效，转租合同也无效。原租赁合同的租期决定转租合同的租期，不经出租人同意，转租合同的租期不得超过原租赁合同的租期。原租赁合同终止时，转租合同也随之终止。房屋转租合同是一个独立的合同，并非原租赁合同的变更或转让。

6. 房屋租赁合同的无效情形

《合同法》第52条规定，有下列情形之一的，合同无效：一方以欺诈、胁迫的手段订立合同，损害国家利益；恶意串通，损害国家、集体或者第三人利益；以合法形式掩盖非法目的；损害社会公共利益；违反法律、行政法规的强制性规定。

出租人不具有出租房屋的实体权利、将违法建盖的房屋用于出租的、租赁合同的期限违反法律规定的、租赁标的物为法律法规禁止的，将导致房屋租赁合同无效。

6.3 房地产经纪合同及管理

6.3.1 房地产经纪合同概述

1. 房地产经纪合同定义和特点

房地产经纪，是指房地产经纪机构和房地产经纪人员为促成房地产交易，向委托人提供房地产居间、代理等服务并收取佣金的行为。房地产经纪合同是《合同法》调整范围内的分类合同，是房地产经纪人为委托人提供房地产交易等事务的劳务而与委托人约定订立的协议形式。房地产经纪合同是一种劳务合同，一般是双务合同、有偿合同、书面形式的合同，而且房地产经纪合同主要是从合同，从合同的特点在于它不能独立存在，必须以主合同的存在并有效为前提。房地产经纪合同是以房地产交易合同为主合同的，房地产经纪人在经纪活动中所担负的义务主要是以促成或承担完成房地产的交易为前提的劳务服务。房地产经纪合同在大多数情况下为从合同，但也不排除有的情况下不要求完成实际交易为前提，而仅提供信息服务，这种情况下，房地产经纪合同就不是从合同。

2．房地产经纪合同类型

从不同的角度划分，房地产经纪合同有不同的类型。

（1）房地产代理合同与房地产居间合同

房地产代理合同与房地产居间合同是房地产经纪合同的最基本形式。其他具体的合同形式基本上都是由这两种形式派生的。房地产代理行为属于民事代理中的一种特殊形式——商事代理。房地产居间合同也称为房地产中介合同、中介服务合同，是房地产居间人（又称中介人）与委托人订立的、旨在实现委托人委托事项的权利和义务关系的协议。

（2）房地产买卖经纪合同与房地产租赁经纪合同

买卖经纪合同是经纪人与委托人通过约定为委托人的房地产买卖活动向其提供劳务服务而订立的合同。房地产买卖活动是房地产的产权关系通过交易行为发生变化的活动。中国处于房地产消费和投资的快速增长时期，投资新建的房地产与二手房地产的交易非常活跃。新建房地产的投资人（房地产开发商或业主）委托经纪人为其出售投资新建的期房或现房时，与经纪人订立的经纪合同形式主要是代理合同。而在二手房地产的买卖活动中，房地产买卖的委托人与经纪人订立的经纪合同形式则是以居间合同为主。因此，同样是房地产买卖活动，因为委托人的目的、要求、交易条件、交易习惯等诸多因素的不同，选择的经纪合同形式也不同。

租赁经纪合同是经纪人与委托人通过约定，为委托人的房屋租赁活动向其提供经纪服务而订立的合同。经纪人与委托人为房屋租赁活动约定的经纪合同形式，一般同房地产的买卖活动相似。

（3）一手房经纪合同与二手房经纪合同

一手房通常是指投资新建用于出售出租的房地产，新建房屋在建时预售、预租，或建成后出售、出租的首次交易称为一手房交易。二手房是指经过首次交易的房地产，其再度交易，或多次交易都称为二手房交易。

一手房的经纪活动主要发生在一手房卖方与经纪机构之间。卖方通常期望经纪人能运用营销手段，尽快出售出租房屋，以达到自己快速收回资金、降低市场风险的目标。一手房经纪合同中，除了一般合同基本条款外，需特别增加经纪机构提取佣金的条件，价格浮动范围，佣金结算的方式和时间，有关广告、售楼处搭建及布置等方面的费用支付问题等条款。

二手房交易中，大多数租售当事人因为不能确定地寻找到期望或满意的交易对象，为了减少盲目寻找，这类合同大多数是居间合同形式。由于二手房大多为已使用过的房屋，二手房居间合同应相应增加有关房屋已使用情况调查、告知责任以及房屋交验责任的条款。

（4）房地产买方代理合同与房地产卖方代理合同

买方和卖方是房地产买卖活动中的交易主体。买方与卖方各自委托代理人为其提供劳务服务所订立的代理合同，是属于同一类型的合同形式。合同的主要条款没有根本的差异，但是，各自因委托授权的范围、要求、条件、事务不同，责任大小差别，其合同的权利义务关系不同，结果也不同。

对于房地产买方代理合同，主要是为委托人买到最低价格的房地产，或者是在预定的价格下，买到最好的房地产。对于房地产卖方代理合同，经纪人的基本义务是实现标的物业的最高出售价格。但是由于价格越高，出售难度越大、销售进度也越慢，为避免经纪纠纷，卖方代理合同中应载明有关交易价格范围、销售时间和进度以及不同价格和销售进度下佣金计算标准的条款。

6.3.2 房地产经纪合同主要内容

房地产经纪机构接受委托提供房地产信息、实地看房、代拟合同等房地产经纪服务的，应当与委托人签订书面房地产经纪服务合同。房地产经纪服务合同应当包含下列内容：房地产经纪服务双方当事人的姓名（名称）、住所等情况和从事业务的房地产经纪人员情况；房地产经纪服务的项目、内容、要求以及完成的标准；服务费用及其支付方式；合同当事人的权利和义务；违约责任和纠纷解决方式。住房城乡建设（房地产）主管部门或者房地产经纪行业组织可以制定房地产经纪服务合同示范文本，供当事人选用。

1. 当事人的名称或者姓名和住所

当事人是合同的主体，主体不明确，其权利义务关系就无法明确。房地产权利人的主体与委托房地产经纪人提供劳务服务的经纪合同的主体是有一定区别的。房地产权利人可以是有民事行为能力的成年人，也可以是无民事行为能力的未成年人和成年人。委托人无民事行为能力，在订立经纪合同时，应由其法定代理人代理。

2. 房屋基本状况描述

合同应约定委托出卖的房屋基本情况，包括房屋名称、不动产权证书号、房屋所有权证号、坐落位置、规划用途、房屋性质、房屋权利凭证记载建筑面积、房屋所有权人，以及房屋户型、朝向、房屋所在楼层、地上总层数、电梯、房屋装修情况；房屋租赁情况、房屋抵押情况（抵押权人、抵押贷款金额、已还贷款、抵押期限等）、房屋涉诉情况（原告、被告、涉诉原因等）、物业管理服务和收费标准等。

3．服务项目、内容以及完成标准

（1）委托挂牌。委托人（甲方）要求房屋出卖的挂牌价格，包括总价、单价、交易税费。甲方如果调整挂牌价格，应及时通知经纪人（乙方）。

（2）经纪服务内容。乙方为甲方提供经纪服务内容，一般包括：

1）提供相关房地产信息咨询；

2）办理房屋的房源核验，编制房屋状况说明书；

3）发布房屋的房源信息，寻找意向买受人；

4）接待意向买受人咨询和实地查看房屋；

5）协助甲方与房屋买受人签订房屋买卖合同；

6）提示甲方与房屋买受人办理房屋产权登记前物管费、水电费等费用的清欠；

7）协助甲方办理房屋交付和产权登记手续；

8）其他。

（3）服务期限和完成标准。

双方应约定经纪服务期限，自＿＿＿年＿＿＿月＿＿＿日起至＿＿＿年＿＿＿月＿＿＿日止，或者自本合同签订之日起至甲方与房屋买受人签订房屋买卖合同之日止。

双方应约定乙方为甲方提供经纪服务的完成标准为（可多选）：

1）在经纪服务期限内，甲方与乙方寻找的房屋买受人签订房屋买卖合同；

2）协助甲方办理完成房屋产权登记；

3）协助甲方办理房屋交付手续；

4）其他。

4．服务费用及支付

（1）支付对象

乙方达到本合同约定的经纪服务完成标准的，经纪服务费用由谁支付：是甲方支付、房屋买受人支付，或甲方与房屋买受人分别支付。

（2）支付时间

双方应约定经纪服务费用支付时间：房屋买卖合同签订之日起多少日内支付，或产权登记程序完成之日起多少日内支付，或者双方约束的其他时间。

（3）经纪服务费用计费方式

经纪服务费用一般可按照房屋成交总价的一定比例（％）计收；或者双方协议计收。

合同应明确经纪服务费用的总额，乙方收到经纪服务费用后，应向甲方开具正式发票。

5．当事人的权利义务

（1）甲方的权利义务

1）甲方有权要求乙方告知或解释有关房屋买卖的相关政策、市场信息等情况。

2）在合同签订后，有权督促乙方及时履行合同。

3）甲方不得隐瞒影响房屋买卖的重大事项，或提供虚假的房屋状况和相关资料，由此给乙方造成损失的，甲方应承担赔偿责任。

4）甲方未按合同约定而与乙方寻找的意向买受人签订房屋买卖合同的，应按照合同约定的经纪服务费用标准向乙方支付经纪服务费用，并承担违约责任。

5）甲方放弃自己出卖及委托其他中介机构出卖房屋，且在本合同约定的经纪服务期限内私下或通过其他中介机构与第三人签订房屋买卖合同的，应按照本合同约定的经纪服务费用标准向乙方支付经纪服务费用，并承担违约责任。

6）甲方应向乙方提供完成本合同约定的经纪服务内容所需要的相关有效身份证明、不动产权属证书等资料。

7）在经纪服务期限内，甲方可以保留或放弃自己出卖及委托其他中介机构出卖房屋的权利。如果放弃，则房屋在经纪服务期限内即使不是由乙方居间出卖，甲方仍可能需向乙方支付经纪服务费用。

8）甲方可以同意或不同意，在经纪服务期限内将房屋的钥匙交乙方保管，供乙方接待意向买受人实地查看房屋时使用等。

（2）乙方的权利义务

1）乙方根据委托事项有权核验甲方提供的材料、证件的真实性。

2）乙方在为甲方提供经纪服务过程中应勤勉尽责，维护甲方的合法权益，不得隐瞒、虚构信息或与他人恶意串通等损害甲方利益。否则，乙方应退还甲方已支付的相关款项或费用。如果由此给甲方造成损失的，乙方应承担赔偿责任和违约责任。

3）乙方应对经纪活动中知悉的甲方个人隐私和商业秘密予以保密，不得泄露。若因乙方泄露给甲方造成损失的，乙方应承担赔偿责任和违约责任。

4）对甲方向乙方提供完成本合同约定的经纪服务内容所需要的相关有效身份证明、不动产权属证书等资料，乙方应向甲方开具规范的收件清单，并应对甲方提供的资料妥善保管并负保密义务，除法律法规另有规定外，不得提供给其他任何第三方。乙方完成居间后，除归档留存的复印件外，其余的资料应及时退还甲方。

5）乙方如因遗失甲方提供的材料等原因造成甲方不能自行或通过其他中介机构与他人签订房屋买卖合同，或给甲方造成其他损失的，乙方应赔偿损失，并承担违约责任。

6）乙方不得隐瞒真实的房屋买卖信息，以赚取房屋买卖差价。

7）房地产交易资金由住房或房产管理部门设立的交易资金监管账户托管。中介机构及其从业人员不得通过监管账户以外的账户代收代付交易资金，不得侵占、挪用交易资金。

6. 合同变更和解除

合同双方协商一致可以变更、解除本合同条款，并签订补充协议。补充协议为本合同的组成部分，与本合同具有同等效力。如果内容有不一致的，以补充协议为准。如果任何一方单方解除本合同，应赔偿因解除本合同给对方造成的损失，有违约行为的应承担违约责任。

甲方隐瞒影响房屋买卖相关的重大事项，或提供虚假的房屋状况和相关资料的，乙方有权单方解除本合同。乙方泄露经纪活动中知悉的甲方个人隐私和商业秘密或在为甲方提供经纪服务过程中隐瞒、虚构信息或与他人恶意串通等损害甲方利益的，甲方有权单方解除本合同，乙方除承担违约责任外，应退还甲方已支付的相关款项或费用。

7．违约责任

（1）履约过程中，因甲方或乙方违约或过错造成经济损失的，违约或过错方除应当承担因违约或过错造成的一切损失外，支付经纪服务费用一定比例（如20%）的违约金。

（2）逾期支付。甲方与乙方之间互负付款义务而延迟履行的，应按照逾期天数乘以应付款项的一定比例（如万分之五）计算违约金支付给对方，最高不超过经纪服务费用总额。

（3）如果因乙方过错或违约导致房屋买卖合同无法履行的，则甲方无需向乙方支付经纪服务费用。如果甲方已支付的，则乙方应在收到甲方书面退款要求之日起一定期限（如10个工作日）内将经纪服务费用退还甲方，并承担经纪服务费用一定比例（如20%）的违约金。

6.3.3 房地产经纪合同管理要点

1．房地产经纪机构和经纪人员

房地产经纪合同的主体是经纪人和委托人。经纪人是指在经纪合同中为他人成交而撮合服务的一方当事人。房地产经纪机构是指依法设立，从事房地产经纪活动的中介服务机构。设立房地产经纪机构和分支机构，应当具有足够数量的房地产经纪人员。房地产经纪人员是指从事房地产经纪活动的房地产经纪人和房地产经纪人协理。房地产经纪机构和分支机构与其招用的房地产经纪人员，应当按照《中华人民共和国劳动合同法》（简称《劳动合同法》）的规定签订劳动合同。房地产经纪业务应当由房地产经纪机构统一承接，服务报酬由房地产经纪机构统一收取。分支机构应当以设立该分支机构的房地产经纪机构名义承揽业务。房地产经纪人员不得以个人名义承接房地产经纪业务和收取费用。房地产经纪机构和人员不得从事赚取差价、协助签订"阴阳合同"、为不符合交易条件和禁止交易的房屋提供经纪服务等违法违规行为。

2．房地产经纪机构对房屋信息的审查

签订房地产经纪合同前，房地产经纪机构应向委托人出示自己的营业执照和备案证明。委托人或其代理人应向房地产经纪机构出示本人的有效身份证明原件，以及不动产权证书或房屋所有权证原件或其他房屋来源证明原件，并提供复印件。委托人的代理人办理房屋出卖事宜的，应提供授权委托书；房屋产权属于有限责任公司、股份有限公司等单位所有的，应提供公司章程、公司的权力机构审议同意出卖房屋产权的书面文件；房屋产权属于共有的，应提供房屋产权共有权人同意出卖房屋产权的书面证明。委托人未提供规定资料或者提供资料与实际不符的，房地产经纪机构应当拒绝接受委托。

房地产经纪机构与委托人签订房屋出售、出租经纪服务合同，应当查看委托出售、出租的房屋及房屋权属证书，委托人的身份证明等有关资料，并应当编制房屋状况说明书。经委托人书面同意后，方可以对外发布相应的房源信息。

3. 房地产经纪格式合同使用要求

房地产经纪（中介）机构参照有关合同文本或单方制定的合同视为合同格式条款，房地产经纪（中介）机构应按规定到工商或市场监督部门办理合同格式条款备案。房地产经纪（中介）机构使用合同格式条款订立合同的，合同格式条款中有损害消费者合法权益内容的，无论是否备案，工商或市场监督部门将对合同违法行为进行处罚。

合同双方应遵循自愿、公平、诚信原则订立合同，任何一方不得将自己的意志强加给对方。为体现合同自愿原则，对合同格式条款中的空白条款，由合同双方协商约定或补充约定。

4. 合同签订前房地产经纪机构的告知事项

房地产经纪机构签订房地产经纪服务合同前，应当向委托人说明房地产经纪服务合同和房屋买卖合同或者房屋租赁合同的相关内容，并书面告知下列事项：

（1）是否与委托房屋有利害关系；

（2）应当由委托人协助的事宜、提供的资料；

（3）委托房屋的市场参考价格；

（4）房屋交易的一般程序及可能存在的风险；

（5）房屋交易涉及的税费；

（6）经纪服务的内容及完成标准；

（7）经纪服务收费标准和支付时间；

（8）其他需要告知的事项。

购房可能存在的风险、需要准备的材料、涉及的税费以及服务标准等容易模糊和产生纠纷，书面告知材料可作为解决纠纷时的重要评判依据，既使消费者权益的保障得到进一步完善，也要求经纪行业的服务全面升级。

5. 房地产经纪合同签订要求

房地产经纪机构签订的房地产经纪服务合同，应当加盖房地产经纪机构印章，并由从事该业务的一名房地产经纪人或者两名房地产经纪人协理签名。房地产经纪机构提供代办贷款、代办房地产登记等其他服务的，应当向委托人说明服务内容、收费标准等情况，经委托人同意后，另行签订合同。房地产经纪机构应当保存房地产经纪服务合同，保存期不少于5年。

6．房地产经纪服务实行明码标价制度

房地产经纪机构应当遵守价格法律、法规和规章规定，在经营场所醒目位置标明房地产经纪服务项目、服务内容、收费标准以及相关房地产价格和信息。房地产经纪机构不得收取任何未予标明的费用；不得利用虚假或者使人误解的标价内容和标价方式进行价格欺诈；一项服务可以分解为多个项目和标准的，应当明确标示每一个项目和标准，不得混合标价、捆绑标价。

7．关于佣金收取规定

房地产经纪机构未完成房地产经纪服务合同约定事项，或者服务未达到房地产经纪服务合同约定标准的，不得收取佣金。两家或者两家以上房地产经纪机构合作开展同一宗房地产经纪业务的，只能按照一宗业务收取佣金，不得向委托人增加收费。

6.4 物业服务合同及管理

6.4.1 物业服务合同概述

1．物业服务合同定义及特点

物业服务合同是指物业服务企业与业主委员会订立的，规定由物业服务企业提供对房屋及其配套设备、设施和相关场地进行专业化维修、养护、管理以及维护相关区域内环境卫生和公共秩序，由业主支付报酬的服务合同。物业服务合同具有以下特征：

（1）物业服务合同是一种典型的民事合同。虽然物业服务合同产生的基础在于业主大会、业主委员会的委托，其与一般的委托合同又存在差异。根据《中华人民共和国合同法》第396条的规定："委托合同是委托人和受托人约定，由受托人处理委托人事务的合同。"委托合同是建立在当事人之间相互信任的基础上，委托合同的任何一方失去对对方的信任，都可以随时解除委托关系。而在物业服务合同的履行过程中，无论是物业公司，还是业主、业主大会、业主委员会，均不得以不信任为由擅自解除物业服务合同，只有在符合法律规定或合同约定的解除条件时，才可依法解除物业服务合同。委托合同可以是有偿的、无偿的，可以是口头的、书面的，但物业服务合同只可能是书面、有偿合同。

（2）物业服务合同是以劳务为标的的合同。物业服务企业的义务是提供合同约定的劳务服务，如房屋维修、设备保养、治安保卫、清洁卫生、园林绿化等。物业服务企业在完成了约定义务以后，有权获得报酬。物业服务合同与涉及劳务提供的承揽合同也存在本质的不同。承揽合同是承揽人按照定做人的要求完成工作，交付工作成果，定做人给付报酬的合同。承揽合同虽也涉及劳务的提供，但承揽人提供的劳务只是一种手段，并不是合同的目的，承揽人应以其劳务产生某种物化成果，并承担工作中的风险，如承揽人未完成工作，则不得请求报酬；而物业服务合同以特定劳务为内容，只要物业服务企业完成了约定的服务行为，其余风险由业主承担。

（3）物业服务合同是诺成合同、有偿合同、双务合同、要式合同。物业服务合同自业主委员会与物业服务企业就合同条款达成一致意见即告成立，无需以物业的实际交付为要件。物业服务企业是取得营业执照，参与市场竞争，自主经营、自负盈亏的以盈利为目的的企业法人，没有无偿的物业服务，因此物业服务合同是有偿合同；根据物业服务合同的内容，业主、业主大会、业主委员会、物业服务企业都既享有权利，又履行义务，因此物业服务合同是双务合同；物业服务合同因其服务综合事务涉及面广且利益关系相当重大，合同履行期也相对较长，《物业管理条例》明确要求物业服务合同应以书面形式订立，并且需报物业管理行政主管部门备案，因此其为要式合同。

2. 物业服务合同主体

物业服务合同主体是指物业服务合同权利的享有者和义务的承担者。物业服务合同主体包括建设单位、业主委员会、物业服务企业。

（1）建设单位

建设单位即有关物业的开发单位，根据有关法律规定，建设单位应当在销售物业之前选聘具有相应资格的物业服务企业，承担该物业管理区域内的服务活动。建设单位在与物业买受人订立物业买卖合同时，应将前期物业服务合同中的内容纳入物业买卖合同中。

（2）业主委员会

业主委员会由业主代表大会选举产生，是业主大会的执行机构。它代表业主利益，实行自治管理，维护业主合法权益。业主委员会经政府有关管理机关依法核准登记后，取得合法资格。业主委员会有权代表业主与物业服务企业签订物业服务合同，并有权监督物业服务企业的服务水准、服务合同的执行情况，物业管理服务收费及其使用情况。

（3）物业服务企业

物业服务企业是指取得物业服务企业资格和工商营业执照，接受业主或者业主大会的委托，根据物业服务合同进行专业管理，实行有偿服务的企业。物业服务企业有权依照物业管理办法和物业服务合同对物业实施管理，有权依照物业服务合同收取管理费，有权选聘专业服务公司承担物业管理区域内的专项服务业务，但不得将整项服务业务委托他人。

3. 物业服务合同分类

（1）根据物业的性质不同，物业服务合同可以分为居住性物业服务合同和经营性物业服务合同。

（2）按照服务提供的所在阶段不同，可以分为前期物业服务合同和物业服合同。前者是指在物业销售前，由开发单位与其选聘的物业服务企业签订的合同；后者是指在开发单位销售并交付的物业达到一定数量时，依法成立业主委员会，由业主委员会与业主大会选聘的物业公司签订的合同。前期物业服务合同在业主委员会与物业服务企业签订的物业服务合同生效时终止。

6.4.2 物业服务合同签订

对于新竣工的物业而言，一般先由开发单位与物业管理企业签订前期物业服务合同，然后在成立业主大会、业主委员会后，由业主委员会与物业管理企业签订《物业服务合同》。如果业主大会决定选聘新的物业管理企业，业主委员会就不会与前期介入的物业管理企业续签委托合同；即使业主大会同意与原来由开发单位选聘的、前期已介入的物业管理企业续签委托管理合同，它也可能会对原委托管理合同作出一定的修改，即对《前期物业服务合同》修改后形成新的《物业服务合同》。由此可见，开发单位的最初委托只是一种临时性的安排，而业主大会的委托才是最终的决定。若招标物业是已使用过的物业，则委托管理合同将直接由业主委员会与中标的物业管理企业签订。建设单位、业主委员会可通过招投标的方式选聘具有相应资格的物业管理企业。

6.4.3 物业服务合同主要内容

物业服务合同是规范物业管理各当事人之间权利和义务关系的文件。通常，前期物业服务合同的主要内容如下。

1. 物业基本情况

委托物业的基本情况，包括物业名称、类型、建成年月、功能布局、坐落位置、物业服务区域四至、占地面积和建筑面积等。可在合同附件中附上规划平面图、物业构成明细。

2. 服务内容与质量

物业委托服务的管理事项主要有以下内容：

（1）建筑物本体的维修养护与更新改造。如房屋承重结构、房屋主体结构、屋面、户外墙面等。

（2）物业共用部位的维修、养护和管理。如公共门厅、公共走廊、公共楼梯间、内天井、传达室等，物业共用部位明细见合同附件。

（3）物业共用设施设备的运行、维修、养护和管理。如公用照明、中央空调、绿地、道路、化粪池、污水井、雨水井、垃圾中转站、水泵、水箱、电梯、信报箱、消防设施、公共照明设施、监控设施、避雷设施、共用天线、机动车库、露天停车场、非机动车库、共用设施设备用房、物业管理用房等，物业共用设施设备明细见合同附件。

（4）环境卫生管理与服务。如物业共用部位和相关场地的清洁卫生，垃圾的收集、清运及雨、污水管道的疏通等。

（5）环境美化与绿化管理。如公共绿地、花木、建筑小品等的养护、营造与管理。

（6）安全管理与服务。如治安管理、消防管理、车辆停放管理和车辆道路安全管理等；公共秩序维护、安全防范等事项的协助管理。

（7）装饰装修管理服务。

（8）供暖管理。

（9）社区文化建设。

（10）其他。

在物业管理区域内，物业服务企业提供的物业服务应达到约定的质量标准，双方应约定物业服务的具体质量标准，在合同附件中明确。

3．服务费用

物业服务合同中的服务费用应主要包括：服务费用的构成、标准、总额、缴纳方式与时间、结算方式、服务费标准的调整办法与依据、逾期缴纳费用的处理办法、专项服务和特约服务收费的标准、公共设备维修基金的管理办法等。

物业服务费用由业主按其拥有物业的建筑面积缴纳。按物业类型，合同分别约定多层住宅、高层住宅、别墅、办公楼、商业物业等的具体收费标准。物业服务费用主要用于以下开支：管理服务人员的工资、社会保险和按规定提取的福利费等；物业共用部位、共用设施设备的日常运行、维护费用；物业管理区域清洁卫生费用；物业管理区域绿化养护费用；物业管理区域秩序维护费用；办公费用；物业管理企业固定资产折旧；物业共用部位、共用设施设备及公众责任保险费用；法定税费；物业管理企业的利润等。

物业服务企业按照上述标准收取物业服务费用，并按合同约定的服务内容和质量标准提供服务，盈余或亏损由乙方享有或承担。

纳入物业管理范围的已竣工但尚未出售，或者因开发单位原因未能按时交给物业买受人的物业，其物业服务费用（物业服务资金）由开发单位全额缴纳。

4．物业的经营与管理

（1）停车场收费方式

停车场属于全体业主共有的，应约定车位使用人按露天车位、车库车位的收费标准向物业企业交纳停车费，物业企业从停车费中按一定标准提取停车管理服务费。

停车场属于开发单位所有、委托物业企业管理的，业主和物业使用人有优先使用权，应约定车位使用人按一定收费标准向物业企业缴纳停车费，物业企业从停车费中按一定标准提取停车管理服务费。

停车场车位所有权或使用权由业主购置的，应约定车位使用人按一定收费标准向物业企业交纳停车管理服务费。

物业企业应与停车场车位使用人签订书面的停车管理服务协议，明确双方在车位使用及停车管理服务等方面的权利义务。

（2）会所

合同应约定本物业管理区域内的会所是属于全体业主所有还是开发单位所有。会所委托物业企业经营管理的，应约定物业企业向使用会所的业主或物业使用人收取费用的标准。

如果物业管理区域内属于全体业主所有的停车场、会所及其他物业共用部位、共用设备设施统一委托物业企业经营，双方应约定经营收入的分配比例和方式。

5．物业的承接验收

物业企业承接物业时，开发单位应配合物业企业对相关物业共用部位、共用设施设备进行查验，合同双方应确认查验过的物业共用部位、共用设施设备存在的问题，开发单位应承担解决以上问题的责任并提出解决办法。

对于合同签订后承接的物业共用部位、共用设施设备，双方应按照合同规定进行查验并签订确认书，作为界定各自在开发建设和物业管理方面承担责任的依据。

物业企业承接物业时，开发单位应向物业企业移交下列资料：

（1）竣工总平面图，单体建筑、结构、设备竣工图，配套设施、地下管网工程竣工图等竣工验收资料；

（2）设施设备的安装、使用和维护保养等技术资料；

（3）物业质量保修文件和物业使用说明文件等。

开发单位应保证交付使用的物业符合国家规定的验收标准，按照国家规定的保修期限和保修范围承担物业的保修责任。

6．物业的使用与维护

（1）临时公约和规章制度

业主大会成立前，物业企业应配合开发单位制定物业管理区域内物业共用部位和共用设施设备的使用、公共秩序和环境卫生的维护等方面的规章制度。

物业企业根据规章制度提供管理服务时，开发单位、业主和物业使用人应给予必要配合。

物业企业可采取规劝、警告等必要措施，制止业主、物业使用人违反临时公约和物业管理区域内物业管理规章制度的行为。

物业企业应及时向全体业主通告物业管理区域内有关物业管理的重大事项，及时处理业主和物业使用人的投诉，接受开发单位、业主和物业使用人的监督。

（2）临时占用、挖掘道路和场地

因维修物业或者公共利益，开发单位确需临时占用、挖掘物业管理区域内道路、场地的，应征得相关业主和物业企业的同意；物业企业确需临时占用、挖掘本物业管理区域内道路、场地的，应征得相关业主和开发单位的同意。临时占用、挖掘本物业管理区域内道路、场地的，应在约定期限内恢复原状。

（3）装饰装修管理服务

物业企业与装饰装修房屋的业主或物业使用人应签订书面的装饰装修管理服务协议，就允许施工的时间、废弃物的清运与处置、装修管理服务费用等事项进行约定，并事先告知业主或物业使用人装饰装修中的禁止行为和注意事项。

（4）物业管理用房

开发单位应于合同约定时间、按有关规定向乙方提供能够直接投入使用的物业管理用房。双方约定物业管理用房的建筑面积（包括办公用房、住宿用房、其他用房）。物业管理用房属全体业主所有，物业企业在本合同期限内无偿使用，但不得改变其用途。

7. **专项维修资金**

合同应约定专项维修资金的缴存、管理、使用和续筹。

8. **违约责任**

开发单位违反合同约定，致使物业企业的管理服务无法达到合同约定的服务内容和质量标准的，由开发单位赔偿由此给业主和物业使用人造成的损失。

因物业企业自身原因、管理服务达不到合同约定的服务内容和质量标准，应按约定的标准向开发单位、业主支付违约金。

开发单位、业主或物业使用人违反合同约定，未能按时足额交纳物业服务费用（物业服务资金）的，应按约定的标准向物业企业支付违约金。

物业企业违反本合同约定，擅自提高物业服务费用标准的，业主和物业使用人就超额部分有权拒绝交纳；物业企业已经收取的，业主和物业使用人有权要求双倍返还。

开发单位违反合同约定，拒绝或拖延履行保修义务的，业主、物业使用人可以自行或委托物业企业修复，修复费用及造成的其他损失由开发单位承担。

以下情况物业企业不承担责任：

（1）因不可抗力导致物业管理服务中断的；

（2）物业企业已履行本合同约定义务，但因物业本身固有瑕疵造成损失的；

（3）因维修养护物业共用部位、共用设施设备需要且事先已告知业主和物业使用人，暂时停水、停电、停止共用设施设备使用等造成损失的；

（4）因非物业企业责任出现供水、供电、供气、供热、通信、有线电视及其他共用设施设备运行障碍造成损失的。

9. **其他事项**

双方应约定合同的开始和结束期限；但在本合同期限内，业主委员会代表全体业主与物业管理企业签订的物业服务合同生效时，本合同自动终止。

本合同期满前约定期限内，业主大会尚未成立的，双方应就延长本合同期限达成协议；双方未能达成协议的，开发单位应在本合同期满前选聘新的物业管理企业。

本合同终止时，物业企业应将物业管理用房、物业管理相关资料等属于全体业主所有的财物及时完整地移交给业主委员会；业主委员会尚未成立的，移交给开发单位或约定单位代管。

开发单位与物业买受人签订的物业买卖合同，应当包含本合同约定的内容；物业买受人签订物业买卖合同，即为对接受本合同内容的承诺。

业主可与物业使用人就本合同的权利义务进行约定，但物业使用人违反本合同约定的，业主应承担连带责任。

合同的附件为本合同不可分割的组成部分，与本合同具有同等法律效力。

合同在履行中发生争议，由双方协商解决，协商不成，双方可选择仲裁或诉讼方式处理。

6.4.4 物业服务合同管理要点

1. 签订物业服务合同的相关法律法规

物业服务合同是指业主与物业服务企业约定，由物业服务企业管理建筑物及其附属设施的服务合同。目前，我国规范物业服务合同的法律法规，除《合同法》的原则性规定外，主要为《物权法》第81条、第82条，《物业管理条例》《物业服务企业资质管理办法》（2015年5月4日修正，住房城乡建设部令第24号）、《前期物业管理招标投标管理暂行办法》（2003年6月26日，建住房〔2003〕130号）以及《最高人民法院关于审理建筑物区分所有权纠纷案件具体应用法律若干问题的解释》（2009年5月14日，法释〔2009〕7号）、《最高人民法院关于审理物业服务纠纷案件具体应用法律若干问题的解释》（2009年5月15日，法释〔2009〕8号）等。《物权法》第81、82条规定：业主可以自行管理建筑物及其附属设施，也可以委托物业服务企业或者其他管理人管理。对建设单位聘请的物业服务企业或者其他管理人，业主有权依法更换；物业服务企业或者其他管理人根据业主的委托管理建筑区划内的建筑物及其附属设施，并接受业主的监督。《物业管理条例》第33、34、35条规定：一个物业管理区域由一个物业服务企业实施物业管理。业主委员会应当与业主大会选聘的物业服务企业订立书面的物业服务合同。物业服务企业应当按照物业服务合同的约定，提供相应的服务。物业服务企业未能履行物业服务合同的约定，导致业主人身、财产安全受到损害的，应当依法承担相应的法律责任。

2. 物业服务合同的当事人

物业服务合同主体是指物业服务合同权利的享有者和义务的承担者。物业服务合同主体包括建设单位、业主委员会、物业服务企业。

（1）建设单位

建设单位即有关物业的开发单位，根据有关法律规定，建设单位应当在销售物业之前选聘具有相应资格的物业服务企业，承担该物业管理区域内的服务活动。建设单位在与物业买受人订立物业买卖合同时，应将前期物业服务合同中的内容纳入物业买卖合同中。

（2）业主委员会

业主委员会是经业主代表大会选举产生的，是业主大会的执行机构。它代表业主利益，实行自治管理，维护业主合法权益。业主委员会经政府有关管理机关依法核准登记后，取得合法资格。业主委员会有权代表业主与物业服务企业签订物业服务合同，并有权监督物业服务企业的服务水准、服务合同的执行情况，物业管理服务收费及其使用情况。

（3）物业服务企业

物业服务企业是指取得物业服务企业资格和工商营业执照，接受业主或者业主大会的委托，根据物业服务合同进行专业管理，实行有偿服务的企业。物业服务企业有权依照物业管理办法和物业服务合同对物业实施管理，有权依照物业服务合同收取管理费，有权选聘专业服务公司承担物业管理区域内的专项服务业务，但不得将整项服务业务委托他人。

业主虽非物业服务合同形式上的当事人，但根据现行法律规定以及具体物业服务合同约定情况，业主是物业服务合同项下权利义务的实际享有者和承担者，已经构成物业服务合同的实质当事人。只要是依法成立的有效合同，业主以自己非合同当事人为由拒绝履行合同义务进行抗辩的，法院不应支持。

3. 前期物业服务合同的履行期限和效力

广义的物业服务合同，可以分为前期物业服务合同和普通物业服务合同两类。前期物业服务合同是物业服务区域内的业主、业主大会选聘物业服务企业之前，由开发建设单位与其委托的物业服务企业签订的合同。普通物业服务合同是全体业主出面或者由业主委员会根据业主大会相关决议，与物业服务企业签订的物业服务合同。前期物业服务合同是开发建设单位与物业服务企业所签订的临时性、过渡性的物业服务合同，在合同履行期限方面，前期物业服务合同和普通物业服务合同不同。依据《物业管理条例》规定，前期物业服务合同可以约定期限；但是，期限未满、业主委员会与物业服务企业签订的物业服务合同生效的，前期物业服务合同终止。普通物业服务合同的期限则由双方当事人协商确定。

前期物业服务合同对业主具有约束力。虽然业主在形式上并不是签订合同的当事人之一，但由建设单位出面签订的物业服务合同，实际上属于为第三人即全体业主订立的合同。业主享有合同权利，承担合同义务。《物业管理条例》第25条规定："建设单位与物业买受人签订的买卖合同应当包含前期物业服务合同约定的内容。"业主与开发商签订了房屋买卖合同，也就认可了开发商已签订的前期物业服务合同。依据业主与开发商之间签订的房屋买卖合同，业主应当履行向物业公司支付物业服务费的义务。除了业主与开发商之间的合同约定外，《最高人民法院关于审理建筑物区分所有权纠纷案件具体应用法律若干问题的解释》也规定了前期物业服务合同对业主具有约束力，业主不应当以其并非前期物业合同的当事人而拒绝缴纳物业服务费，如果物业企业提起诉讼，业主以其非合同当事人为由提出抗辩，法院也不予支持。

4. 物业服务合同履行期限届满后的处理

物业服务合同履行期限届满后，当事人双方未重新签订合同，一方以自己的实际行为履行了合同的主要义务且对方接受的，应当视为双方成立事实物业服务合同关系，合同的权利义务按照原物业服务合同约定的内容确定。在物业服务实践中，当前期物业服务合同期限届满后，小区未召开业主大会，或者虽成立业主大会，但业主委员会并未另行委托物业服务企业，而是由前期物业服务企业在小区内继续进行物业服务；或者普通物业服务合同到期后，业主委员会并未聘请新的物业服务企业也没有与原来的物业服务企业重新签订合同，原来的物业服务企业仍然按照已经到期的合同内容提供服务，业主委员会没有明确提出异议并接受该服务行为的，应当视为物业服务合同关系的实际成立。如果没有其他因素，应当按照原物业服务合同约定的内容确定双方当事人的权利义务内容。

5. 物业服务业务委托的处理

物业服务企业将物业服务区域内的某项或者某几项物业服务事项转委托他人，符合法律规定情形的，应当认定转委托合同有效。根据《物业管理条例》第39条规定，物业服务企业可以将物业管理区域内的专项服务业务委托给专业性服务企业，但不得将该区域内的全部物业管理一并委托给他人。例如，物业服务企业另外寻找保安公司、保洁公司等专业性服务企业，将其所承担的小区保安、保洁、电梯服务等工作分别进行转委托，有利于为业主提供更好的物业服务。但物业服务企业将物业服务区域内的全部物业服务业务一并转委托他人的，应当认定转委托合同无效。

6. 物业服务费用缴纳

物业服务费用是指物业服务企业按照物业服务合同的约定，对房屋及配套的设施设备和相关场地进行维修、养护、管理，维护相关区域内的环境卫生和秩序，向业主所收取的费用。物业服务企业可以向业主收取与物业服务内容和质量相匹配的物业服务费用。物业服务收费应当遵循合理、公开以及费用与服务水平相适应的原则，区别不同物业的性质和特点，由业主和物业服务企业参照有关部门制定的物业服务收费标准和办法，在物业服务合同中约定。

业主应当根据物业服务合同的约定缴纳物业服务费用。业主与物业使用人约定由物业使用人缴纳物业服务费用的，从其约定，业主负连带缴纳责任。已竣工但尚未出售或者尚未交给物业买受人的物业，物业服务费用由建设单位缴纳。物业管理区域内，供水、供电、供气、供热、通信、有线电视等单位应当向最终用户收取有关费用。物业服务企业接受委托代收钱款费用的，不得向业主收取手续费等额外费用。

（1）房屋质量问题与物业服务费缴纳。开发商与物业服务公司是两个不同且相互独立的企业法人，两者对于物业所应承担的责任也不相同。小区的房屋质量问题在质保期之内是由开发商负责维修，质量瑕疵担保责任由开发商承担，质保期满后业主维修房屋需要启动小区维修基金进行维修。而物业公司作为一个服务主体，仅提供对公共区域的清洁、安保等服务，房屋质量瑕疵问题并非其物业管理的职责范围。物业服务与房屋买卖分属两个不同的法律关系，业主不能以房屋质量存在问题为由，迟交、拒交物业服务费。

（2）物业服务质量不到位与物业服务费缴纳。实践中，不少业主以自己并非合同当事人、物业服务公司提供的服务质量差为由，拒付物业服务费，由此产生了大量纠纷。与开发商、物业服务公司相比，业主虽然为较为弱势一方，但业主应当合法、理性维权，以免无理由拒付物业管理费，届时还将产生违约金的损失。虽然业主认为物业服务公司所提供的服务质量"不达标"，但是物业服务的质量标准应由物业服务合同明确约定，业主不应当以其所提供的管理服务不符合自己的需求或者自己认定的标准为由拖欠物业服务费。而且，业主一般只能举证证明物业服务公司提供的服务有瑕疵，而不能证明物业公司没有提供服务、没有履行合同义务，因为物业服务公司所提供的服务具有整体性，比如对公共区域的绿化和保洁，虽然无法细分到每个业主身上，但却对每个业主都有整体的作用。在此情况下，物业服务公司并非完全不履行自己的义务，业主可以针对物业公司不完全履行的部分拒绝缴纳相应的物业服务费，但不能拒绝缴纳全部的物业服务费。

7

房地产企业合作、并购合同管理

7.1 房地产企业合作开发合同及管理

7.1.1 房地产企业合作开发合同概述

1. 房地产合作开发一般模式

在房地产开发实践中，一方提供国有土地使用权，另一方或多方提供开发资金，就房地产项目进行合作开发，并约定项目开发具体收益分配方式的房地产合作开发模式普遍存在。在房地产项目开发实践中，合作开发模式主要分为法人型合作开发模式和非法人型合作开发模式。

（1）法人型合作开发模式——项目公司合作模式

成立项目公司的合作模式事实上是一种法人合作，合作双方组建新的法人单位，并对新的法人单位进行出资，同时，将土地使用权过户到新的项目公司名下，以新的法人单位进行项目的立项、规划、报批、报建、建设、验收等所有程序，最终完成项目的开发并获取投资回报的一种模式。依据《中华人民共和国公司法》《中华人民共和国物权法》《中华人民共和国城市房地产管理法》《城市房地产开发经营管理条例》等法律及条例，拥有国有土地使用权的主体可以以国有土地使用权作价出资与其他主体合作成立新公司，并将国有土地使用权变更登记到新公司名下，以新的合作法人单位进行开发。合作双方也可以联合参与土地部门的招拍挂，竞买成功后，双方按份额缴纳土地出让金，土地按份共有，双方共同出资开发建设，分享利润。双方也可先联合成立合资公司，然后参加土地竞买。项目公司合作模式参见图7-1。

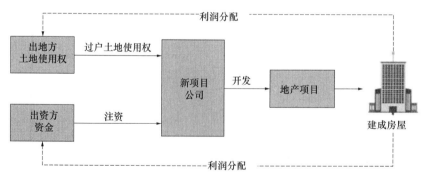

图7-1 法人型合作开发模式——项目公司合作模式

根据目前相关法律法规要求，新成立的项目公司必须先行申请办理房地产开发建设资质；以国有土地使用权作价入股，应满足《城市房地产管理法》第39条的规定，即未开发完成投资总额25%的国有土地使用权，不得转让，也不得作价入股新项目公司；同时，要处理土地使用权作价入股可能涉及包括增值税、土地增值税、印花税及契税等税费问题。

（2）法人型合作开发模式——股权合作模式

股权合作模式是实践操作中经常采用的模式。股权合作一般分为股权转让和定向增资扩股两种方式。股权转让也称为"买旧股"，是出资方购买出地方公司现有股东的股权，从而成为土地权属公司的新股东，股权转让价款支付给原有出让股权的股东，并不用于项目的投资。增资扩股也称为"买新股"，是出资方出资购买出地方公司新增加的股权，从而成为土地权属公司的新股东，股权转让价款支付给增资扩股的公司，可用于项目投资。此种方式，债务公司以定增方式吸收债权人作为其新的股东，引入资金启动项目，并约定在最终利润分配上实现各方的利益诉求。股权合作模式参见图 7-2。

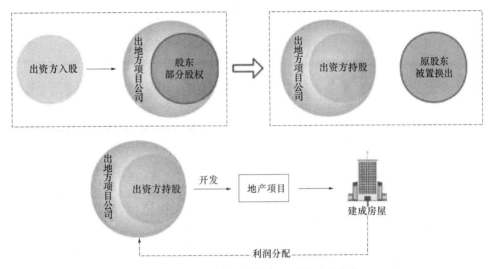

图 7-2 法人型合作开发模式——股权合作模式

股权转让模式具有以下优点：

1）具有开发资格。可以减少新成立项目公司审批开发资质所耗费的时间和避免新成立项目公司资质等级较低，不能承揽大型项目的不足。

2）手续简单。只要签订股权转让协议并按规定办理股权转让变更和工商变更登记即可通过控制公司的经营权来直接控制和管理整个项目。

3）项目开发速度加快。一旦股权转让手续获得有关部门的审批通过，在项目公司的名义下，债权人即可立即投入资金进行后续开发建设，无需再重新立项办理建设手续。

股权转让模式具有以下缺点：

1）出资方承担的风险因素增加。出资方除考虑房地产项目本身的建设风险外，还需考虑出地方项目公司的对外担保、债务、未支付款项、合同违约等潜在风险。

2）前期调查、谈判时间较长。批租地块或在建工程通常停建原因复杂，存在多个项目权利人现象，由于商业秘密关系，外部人员很难了解项目公司的对外担保、合同违约或者负债等经营、财产或税务情况，信息不对称增加了彼此沟通和谈判的难度。

3）转让合同的技术处理。通常，股东对项目公司的总投资大于注册资本。为了审批的便利，需要把转让价格设计为由股权价格（实收资本）和债权（股东新增投资视作股东货款）组成。

（3）非法人型房地产合作开发模式（非项目公司型合作开发）

该模式下，不设立具有独立法人资格的项目公司，合作各方直接以一方或者多方名义进行房地产项目开发，特点在于形式灵活多变、参与各方之间意思充分自治。非法人型房地产合作开发模式（参建）参见图7-3。

在实践中，参建、联建是非法人型房地产合作开发经营的基本类型。参建是指由依法取得国有土地使用权方以其土地使用权出资，并以自己的名义单独进行立项、报批等项目建设，而由参建方出资并分得部分房屋的合作建房形式。参建是较为常用的一种合作开发方式，在合作过程中，一般以土地持有方的名义对外经营，凡是涉及招标、报建、施工、验收以及申报等对外的工作，全部由土地持有方来完成，出资方一般隐藏在出地方背后，收益分配上主要是分配已经建成的房屋。参建合作方式是基于《合同法》所签署的合作协议进行项目操作，事实上比合同更重要的是合作方之间的信任问题。

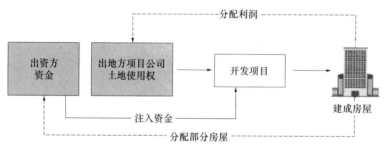

图7-3 非法人型房地产合作开发模式（参建）

联建是指至少有一方具有房地产开发经营资质的多方主体，以土地使用权、资金等作为出资，以入股、合资等形式进行合作，共同办理房屋建设立项、共同开发经营、共担风险、共享利润的一种合作建房模式。在对外名义上，因办理了土地使用权人变更手续，此后所有的招投标、报建、施工、竣工验收以及申报房地产项目的权利人均以联建双方的名义办理。共担风险、共享利润，在收益分配上，可以直接分配建成的房屋，也可以是分配出售房屋所取得的价款。非法人型房地产合作开发模式（联建）参见图7-4。

2. 房地产企业合作开发合同定义和特点

房地产合作开发合同是指当事人订立的以提供出让土地使用权、资金等作为共同投资、共享利润、共担风险、合作开发房地产为基本内容的协议。合作开发房地产合同有四个特征：

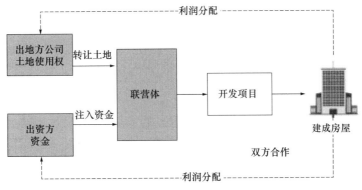

图 7-4　非法人型房地产合作开发模式（联建）

（1）用以合作开发房地产的土地使用权为出让土地使用权，而不是集体土地使用权和划拨土地使用权。

（2）合作出资方式为一方（或双方）提供国有土地使用权，一方（或双方）提供资金、技术、劳务等。

（3）合作的内容是进行房地产开发。

（4）合作各方的关系是共同投资、共享利润、共担风险。共同投资即指合作各方分别投入合法的出让土地使用权、资金、技术、管理等合作开发房地产所必需的要素。共享利润是指房地产合作开发的各方共同分享房地产开发成果，分配比例由各方协议约定，分配方式可以是资金、房地产实物、经营权以及其他经济利益表现形式。共担风险是指合作各方对房地产合作开发失败，或没有完全达到预期目标而导致的现实损失或预期损失进行分担，分担的比例和方式由各方自行约定。

合作开发房地产合同的当事人至少一方必须具备房地产开发经营资质，当事人双方均不具备房地产开发经营资质的，签订的合作开发房地产合同无效，但起诉前当事人一方已经取得房地产开发经营资质或者已依法合作成立具有房地产开发经营资质的房地产开发企业的，应当认定合同有效。土地使用权人未经有批准权的人民政府批准，以划拨土地使用权作为投资与他人订立合作开发房地产的合同无效，但起诉前已经办理批准手续的，应当认定合同有效。

7.1.2　房地产企业合作开发合同主要内容

房地产合作开发协议一般包括以下主要内容：合作的基本原则、合作的目的、合作的方式、供地方的权利与义务、非供地方的权利与义务、风险分担方式、利益分配方式、房屋销售、物业管理、违约责任、本协议的变更和终止等内容。由于房地产合作开发方式不同，房地产合作开发合同内容会有很大的区别，目前没有统一规范的合同范本，合同当事人应按照国家法律法规要求，根据合作开发方式和开发项目的实际情况，本着平等自愿、互惠互利的原则，就合作开发项目事宜，经友好协商，达成协议，以明确责任，共同遵守。

7.1.3 房地产企业合作开发合同管理要点

1. 实际开发状况与合同约定不符时的处理

实际开发状况与合同约定不符时，由双方协商处理，协商不成的，按以下原则处理。

（1）投资数额与合同约定不符时的处理。投资数额超出合作开发房地产合同的约定，对增加的投资数额的承担比例，当事人协商不成的，按照当事人的过错确定；因不可归责于当事人的事由或者当事人的过错无法确定的，按照约定的投资比例确定；没有约定投资比例的，按照约定的利润分配比例确定。

（2）建筑面积与合同约定不符时的处理。房屋实际建筑面积少于合作开发房地产合同的约定，对房屋实际建筑面积的分配比例，当事人协商不成的，按照当事人的过错确定；因不可归责于当事人的事由或者当事人过错无法确定的，按照约定的利润分配比例确定。房屋实际建筑面积超出规划建筑面积，经有批准权的人民政府主管部门批准后，当事人对超出部分的房屋分配比例协商不成的，按照约定的利润分配比例确定。对增加的投资数额的承担比例，当事人协商不成的，按照约定的投资比例确定；没有约定投资比例的，按照约定的利润分配比例确定。

（3）违法建筑开发损失的处理。当事人违反规划开发建设的房屋，被有批准权的人民政府主管部门认定为违法建筑责令拆除，当事人对损失承担协商不成的，按照当事人过错确定责任；过错无法确定的，按照约定的投资比例确定责任；没有约定投资比例的，按照约定的利润分配比例确定责任。

（4）未足额交纳出资后的利润分配。合作开发房地产合同约定仅以投资数额确定利润分配比例，当事人未足额交纳出资的，按照当事人的实际投资比例分配利润。合作开发房地产合同的当事人要求将房屋预售款充抵投资参与利润分配的，不予支持。

2. 不支持分配房地产项目利益的情形

在下列情形下，合作开发房地产合同的当事人请求分配房地产项目利益的，不予受理；已经受理的，法院驳回起诉。

（1）依法需经批准的房地产建设项目未经有批准权的人民政府主管部门批准。

（2）房地产建设项目未取得建设工程规划许可证。

（3）擅自变更建设工程规划。

因当事人隐瞒建设工程规划变更的事实所造成的损失，由当事人按照过错承担。

3. 约定当事人不承担经营风险的合同性质认定

房地产合作开发合同的基本特征是合同当事人双方共同投资、共享利润、共担风险。合作开发房地产合同约定提供土地使用权的当事人不承担经营风险，只收取固定利益的,应当认定为土地使用权转让合同;合作开发房地产合同约定提供资金的当事人不承担经营风险,只分配固定数量房屋的,应当认定为房屋买卖合同;合作开发房地产合同约定提供资金的当事人不承担经营风险,只收取固定数额货币的,应当认定为借款合同;合作开发房地产合同约定提供资金的当事人不承担经营风险,只以租赁或者其他形式使用房屋的,应当认定为房屋租赁合同。

7.2 房地产企业并购合同及管理

7.2.1 房地产企业并购合同概述

1. 房地产企业并购一般含义

企业并购包括兼并和收购两层含义、两种方式。国际上习惯将兼并和收购合在一起使用,统称为M&A,在我国称为并购。兼并又称吸收合并,指两家或者更多的独立企业、公司合并组成一家企业,通常由一家占优势的公司吸收一家或者多家公司。收购是指一家企业用现金或者有价证券购买另一家企业的股票或者资产,以获得对该企业的全部资产或者某项资产的所有权,或对该企业的控制权。企业并购的过程实质上是企业权利主体不断变换的过程。企业并购从行业角度划分,可将其分为横向并购、纵向并购、混合并购等三类。

房地产企业并购本质是对被并购企业所开发的房地产项目的吸收。一般而言,房地产并购有两种模式:房地产股权收购和房地产项目收购。其中又有多种具体的操作方式,比如整体开发项目转让、在建工程转让、合作开发等。利用何种并购模式,有赖于企业根据自身情况和项目状况所作出的判断。通过重组并购,房地产企业可以在较短的时间内形成自己的品牌优势,增强抵抗风险的能力,是今后房地产市场发展的一个重要方向。

一个成功的并购活动,不仅包括并购合同的成功签订,还要包括收购以后对被并购企业的整合,最后达到营利的目的。

2. 房地产企业并购的动因

房地产企业并购的动因主要包括:获取资本、土地、政策与资格等资源;扩大战略发展范围,增强企业竞争力;培植公司新的利润增长点或形成新主业;资源整合,实现价值转移和价值创造;国有企业战略改组、优化资源配置、调整产业结构。根据并购支付方式,一般将并购分为换股型、现金支付型、债权债务承担型和资产置换型。在市场经济条件下,企业无论是强强联合还是强弱联合,并购是商业发展的一种必然的趋势,通过并购整体整合资源、达到利益最大化。

3. 房地产企业并购可能存在的风险

由于存在着信息不对称,卖方比买方更了解没有在资产负债表中反映出来的信息,由于卖方与买方的利益不一致,前者更有可能隐瞒对自己不利的信息,致使买方在达成交易后才发现信息不实或受骗上当。在并购合同签订前，应聘请专业会计师和律师进行财务审计和审慎调查，可以在并购合同签订前对目标企业的财务状况和法律风险有足够的了解，从而尽最大可能防范风险。房地产企业并购本质是对被并购企业所开发的房地产项目的吸收。因此，在并购合同签订前，必须对现有项目的运作情况和所具备的建设资料进行调查。如在土地取得阶段需要具备的选址意见书、国有土地使用证、建设用地规划许可证；项目建设阶段需要的建设工程规划许可证、招投标文件、建设工程施工许可证、建设施工合同等；在房地产销售阶段需要具备的预售（或现售）许可证、竣工验收结算等相关文书。与此同时，对被兼并的房地产企业所需办理的消防、人防、地震等事项是否完善也要调查清楚。以上事项必须在并购合同签订前进行充分的调查，否则并购房地产企业需要承担由此引发的法律风险。为了避免债务风险，不少大型企业一般采用合资的方式，来实现企业的扩张。

4．房地产企业并购一般流程

房地产企业并购流程一般包括：并购范围确定；目标锁定；意向谈判；尽职调查；价格评估；方案设计；方案与对价谈判；并购协议签署；实施并购；并购后重组与管理等。

5．房地产企业并购合同

房地产企业并购合同是指两个具有法人资格的当事人关于房地产股权收购和（或）房地产项目收购、明确相互权利义务关系而达成的协议。

7.2.2 房地产企业并购合同主要内容

房地产企业并购合同一般包括：合同术语定义、并购标的、转让价格和付款方式、交割、并购当事人的义务、过渡期安排、并购当事人的陈述和保证、违约责任、合同变更、修改和终止、法律适用及争议处理、合同效力、税收及费用、其他等条款内容。由于房地产企业并购方式不同，房地产企业并购合同内容会有很大的区别，目前没有统一规范的合同范本，合同当事人应按照国家法律法规要求，根据房地产企业并购方式和企业实际情况，本着平等自愿、互惠互利的原则，就企业并购事宜，经友好协商，达成协议，以明确责任，共同遵守。以下介绍房地产股权转让合同的主要内容。

（1）声明与保证

声明与保证作为股权转让方对受让方的承诺，意味着一旦违反或被发现不实，则股权转让方应承担不利的后果，因而一般宜详尽地约定各项声明与保证。一般情况下至少应包括：

1）除股权转让方已书面披露者外，项目公司的资产、权益（包括项目）不存在抵押、质押或其他方式的第三者权益，或其他权利瑕疵。

2）股权转让方向受让方提供的关于项目公司及房地产项目的介绍、资料如实披露了项目公司的财务状况和经营状况，保证未隐瞒、遗漏目标公司的任何对外负债。

3）除股权转让方已书面披露者外，项目公司不存在诉讼、仲裁等纠纷，目前亦不存在发生诉讼、仲裁等纠纷的可能。

4）项目公司近年来未被行政部门处以行政处罚，在可预见的限度内，亦无被行政部门处罚的可能性。

5）除股权转让方已书面披露者外，项目公司已按规定足额缴纳各项应纳税费，不存在欠缴税费情形。

6）股权转让方已足额按照其所认缴的出资额向项目公司履行出资义务，且无抽回出资之情形。

7）股权转让方保证自股权转让合同签署之日起至受让方选出新一届董事会对项目公司实行实际控制前，股权转让方不会批准通过或单方作出有可能增加项目公司负债、义务、责任或风险的议案或行为（包括增加董事、管理人员或员工薪酬，非正常地聘任员工，非正常地向员工发放福利等情况），或通过对项目公司未分配利润进行分配的决议，或促使项目公司作出其正常业务以外的行为。

（2）付款安排

股权转让中，股权受让方的义务单一地体现在支付股权转让金上，股权转让金付出后，如发现转让方有隐瞒、欺诈或违约行为，是难以追回的。因而在付款安排上，对于受让方而言，宜分阶段支付并拉长付款过程，同时注意双方义务的对接，待股权转让方完成一定义务后受让方方支付一定款项。另外，房地产项目公司的股权收购并非在办完股权变更手续后即告全部完成，房地产项目开发周期相对较长，很多潜在的问题与债务可能会在开发过程中逐渐暴露，一旦受让方过早地将股权转让价款付清，将有可能遭受不必要的损失。因而，在办完股权变更手续后应预留部分尾款，过一定期限，甚至待项目开发全部完成后再行支付，以抵扣因股权转让方可能遗留问题导致的支出。也可以采取资金监管的方式，即付款方将资金付至双方认可的第三方（如公证处或律师事务所），双方共同委托第三方对股权转让金进行监管，由第三方严格按照约定的条件向转让方支付相应股权转让金。

（3）涉及工商变更手续的办理

股权转让涉及的工商变更包括章程、股东会、董事会、法定代表人、营业执照等方面的变更，正常情况下，工商变更手续需双方共同办理，但主要义务方为股权转让方。因而，在股权转让合同中有必要约定由转让方负责工商变更手续，受让方提供配合，同时，约定一定的办理期限，逾期视为违约。在某些情况下，与受让方的付款进度相对应，股权转让方会要求分期办理股权过户手续。

（4）公司治理与员工的安排

股权转让合同应对股权转让后项目公司的治理结构进行重新安排，应该约定如下事项：各股东的股权比例；各股东的表决权比例、分红权比例、增资认购权比例；公司通过重大事项及其他事项所需要的表决权比例；股东会议事规则；法定代表人；董事会构成及议事规则；监事会（或监事）的构成及议事规则；公司利润分配及亏损弥补规则等。公司原有员工的安排是股权转让过程中一个重大的问题。在股权移交过程中，应避免过大的震荡，尽量争取平稳过渡，如无特殊情况，项目公司一般管理人员与普通员工以保持稳定为宜。待平稳过渡完成后，根据对人员的考察情况及开发经营的需要，可考虑适当调整。

（5）资产剥离

出于商业或降低法律风险考虑，房地产项目公司的收购，并不意味着全盘接受该公司的资产，需要作出资产剥离的合同安排。根据资产不同形态，可以采取不同的资产剥离方式。剥离首选法律意义上的剥离方案，即项目公司与股权受让方不再作为上述剥离项目或资产及其相应合同之相关主体。这种剥离主要针对可分割或易于分割的资产，如房屋、设备、知识产权等，合同双方可以签订协议，约定在某一个时点移交，或前往有关登记部门办理过户手续。如果基于税费或其他操作层面原因，资产不可分割或分割成本过高，如混合经营性业务或项目公司拥有另一个房地产项目等，对于这类资产，可以以协议方式虚拟剥离。即项目公司内部将上述剥离项目或资产作为单独核算主体，由转让方单独经营该等资产，财务上实行独立核算，所有利润、风险由转让方享有与承担。同时，为保证操作顺畅，可以考虑保留转让方的部分股权，但该等股权的效力仅及于该资产。对于该部分资产，由于项目公司作为法人对外承担义务，因而尽管该资产由转让方经营，项目公司收购方亦应对该资产的经营实时监控，一旦因其经营状况恶化可能导致公司利益受损，则应及时介入并采取相应对策。如受让方可能或已经承担与剥离项目有关的义务、责任时，转让方应立即代为承担相关义务、责任或者给予等额补偿。

（6）债权债务重组

作为收购目标的房地产项目公司或多或少会存在债权债务问题，有的还会相当复杂，收购方必须厘清这些债权债务清单，分门别类地进行处理。具体处理方案有以下几种：

1）对于正常情况下的债权债务，由受让方与新项目公司承继。

2）某些从商业或操作角度更适于由转让方承担的债权债务，可以由转让方承担，并签订有关三方协议加以约定。

3）对于主体、内容及履行时间不明确或法律关系不清晰的较为复杂的债权债务，可以由转让方、受让方、项目公司与相关债权人（债务人）协商签订协议加以明确和固定。如存在可以抵销的债权债务，可以协议抵销。

4）对于已到期而未收回的债权，双方应商讨收益归属及收回债权的方案。对于已到期而未偿还的债务，如银行贷款，则分别约定债务承担主体，如确定由受让方及新项目公司承继且有必要申请贷款延期，则双方配合办理延期手续。

5）对于因转让方单方原因或非正常原因产生的、与项目公司经营关系不大的债务，如关联交易产生的债务，或为关联企业、转让方提供担保产生的担保义务，则宜由转让方承担。

6）对于项目公司对外提供的抵押、质押、保证等担保，如新项目公司与收购方不愿承担此类不确定性的风险，可以协商由转让方解除此类担保，或约定由转让方承担由此产生的后果。

7）对于未判决的诉讼，应分析其产生原因及可能导致的后果，协商最佳解决方案，争取尽快结案及确定相应后果承担方。

（7）股权转让方提供的担保或担保性措施

为担保股权转让方关于项目公司的各项承诺与保证真实，及转让方按期履行股权过户手续及其他各项义务，保护受让方的利益，有必要要求转让方提供一定的担保。担保有常规担保，也可以结合房地产项目公司的特点设定特殊的担保方式。

1）银行保函。银行可以为股权转让方出具一份不可撤销、见索即付、承担连带责任担保的银行保函，来保证股权受让方的权益。

2）由股权转让方提供其他财产作为抵押，或以其拥有的其他公司股权作为质押。

3）由有担保能力的第三方提供财产抵押或连带责任保证。

4）由股权转让方以项目公司名下的国有土地使用权或在建工程作为抵押，并办理有关抵押登记手续。一旦股权转让方违约，则受让方可以行使抵押权。

5）股权回购。即股权转让方事先向受让方作出回购全部转让股权的要约，约定回购价格或回购价格的计算方式，该要约为不可撤回。一旦股权转让方违约，则股权受让方可立即对该回购要约作出承诺，从而启动回购程序。股权回购实际上仅为转让方的一种承诺，并未设定实质性的担保。

（8）过渡期转让方及项目公司的行为限制

自股权转让合同签署之日起至股权受让方真正进入项目公司行使股东权利止的这段时间称为过渡期。过渡期项目公司仍由转让方控制，为保障受让方利益，必须对转让方及转让方控制下的项目公司设定一定的行为限制，即限制其不得从事某些行为，或只有在取得收购方书面同意后，方可进行某些行为。

（9）设定限制的行为

1）转让方在其拥有的项目公司全部或者部分股权上设置质押、托管或任何其他第三者权益。

2）项目公司签署任何对本次交易构成重大障碍的协议或实施对本次交易构成重大障碍的行为。

3）转让方或其关联方与项目公司之间进行交易。

4）对项目公司的章程条款作出内容或形式上的修订。

5）项目公司对外投资设立公司，或进行、参与房地产开发业务之外的其他业务。

6）项目公司增、减注册资本。项目公司合并、分立或解散。

7）项目公司进行新的房地产项目开发或为新的房地产项目开发之目的签署新的合同。

8）同意对以项目公司作为一方的重大合同的条款进行不利于项目公司的修订或终止该等合同的效力。

9）一次性处置（包括出售、置换、特许、设置抵押等）项目公司的资产总价值或处置单个资产的价值超过一定金额，或作出无偿捐赠。

10）项目公司作出融资安排（包括银行贷款、企业间拆借、发行股票、发债、融资租赁等），或项目公司向其他方提供信用担保。

（10）资料移交

实践中，股权受让方正式进入房地产项目公司后，经常会发现无法找到某些重要证件、合同、财务凭证等，从而给后续开发工作带来极大不便甚至造成严重损失。在股权转让过程中，一定要注意资料移交这个细节，列出详尽的应移交资料清单，包括相关证照印章、财务账册凭证、现金、法律及业务档案等，并安排相关部门的人手分别接收并保管资料，避免转让方带走资料或因接收工作的无序导致资料遗失。

（11）违约责任

违约责任的约定关系到一方违约后另一方可以采取的救济手段，因而宜细不宜粗，且应具有较强的可操作性。具体而言，宜约定声明与保证不实、不按期办理股权变更手续、无故解除股权转让合同等情形下支付确定金额的违约金，并赔偿因此给守约方造成的实际损失。

（12）政府行为及不可抗力

房地产开发是一个地域性、政策性极强的行业，容易受到国家与地方土地、金融、拆迁、城乡规划等法律法规及政策的影响，如城镇规划的调整很有可能导致一个房地产项目的终止或变更。因而，在签订股权转让合同时应充分考虑到这种可能性，明确约定出现以上情形时，双方对此不承担责任，已付出的股权转让金应予返还。

（13）其他安排

1）保密

房地产项目公司的收购过程中，由于尽职调查及信息披露，交易双方都将掌握对方的大量商业秘密，该类商业秘密如外泄，将给被泄密方造成难以估量的损失。因而，通常情况下，股权转让合同中应约定双方互相负有保密义务，任何一方仅可就履行其在股权转让合同项下义务的目的而使用该类保密信息，不得向第三方泄露。当然，为收购的目的，双方有时需将该类信息向上级单位、相关员工、律师、会计师等披露，但披露方应保证有关单位或人员亦保守秘密，否则将由该方承担相应责任。

2）排他性约定

鉴于双方已就收购事宜进行了大量工作，并最终达成了一致意见，股权转让合同可以约定交易双方只能独家与对方进行与本次合作有关的交易，尤其是限制股权转让方只能向受让方转让股权。未经受让方事先书面许可，转让方或项目公司的工作人员、董事或项目公司关联方不得与其他第三方进行有关出售项目公司资产、股权或目标项目的洽谈、谈判和接触，也不得与第三方签署有关出售项目公司资产、股权或目标项目的任何协议、意向书或其他文件。

上述关于保密与排他性的义务一般在项目公司收购前期签订的意向书或框架性协议中已有所体现，但其时的约定简单而原则，在股权转让合同之中，则应对该两项义务进行明确，并约定具体的违约条款。

以上是房地产项目公司收购中股权转让合同通常情况下应包含的内容，另外，根据公司与项目的具体情况，也可相应增加或调整有关内容。股权转让合同是房地产项目公司收购时应签订的最重要文件，但并非唯一文件，根据操作的具体情形，还可签署担保协议、代持股权协议、股权回购协议、资产剥离专项协议、债权债务重组专项协议以及相关补充条款、配套文件等。

房地产合同管理总体规划

现代房地产项目是一个复杂的系统工程，技术复杂、开发周期长、投资额大、不确定因素多、项目参与方众多、合同种类和数量多，有的大型综合体项目甚至由上千份合同组成，每份合同的成功履行意味着整个房地产项目的成功，只要有一份合同履行出现问题，就会影响和殃及其他合同甚至整个项目的成功。因此，房地产合同整体策划和管理就是在项目实施前对整个项目合同管理方案预先作出科学合理的安排和设计，以确保整个项目在不同阶段、不同合同主体之间众多合同的顺利履行，从而实现项目的总体目标和效益。

8.1 房地产项目结构分解

工作结构分解（Work Breakdown Structure，简称WBS）是一个重要的组织工具，它通过树状图方式对一个项目的结构和工作内容进行逐层分解，以反映组成该项目的所有工作任务。房地产项目工作分解是合同总体结构分解的基础工作，也是确定合同单元的前提和条件。常用的方法就是通过工作分解，确定最小工作单元。工作分解结构是指按照项目发展的规律，依据一定的原则和规定，以可交付性成果为导向，对项目进行系统化、详细化的有层次分解。在工作分解结构中，结构层次越往下，项目组成部分的定义越详细，最后构成层次清晰、可作为组织项目具体实施的工作依据。从过程看，工作分解结构先将整体项目分解成阶段性任务，再将阶段性任务分解成具体工作，直至分解到最小工作单元。

工作结构分解是合同结构分解的基础工作和必经步骤。通过工作结构分解，将项目分解至最小工作单元；再根据项目的进度情况以及主体等因素，确定最小合同单元；再结合市场因素、竞争性因素、项目自身特点等内外条件，综合考虑并确定招标合同单元。由此可见，科学合理的合同结构分解依赖于工作分解结构的准确性和完整性。

工作结构分解有如下作用：①清晰梳理房地产项目的工作内容全貌，详细说明为完成项目所必须完成的所有工作，为计划、成本、进度和质量控制奠定共同基础，是确定项目进度控制的基准。②清晰地表示各项目工作之间的相互关系，对各独立的工作单元，进行有针对性的成本、进度和资源需求量的估算，提高估算的准确度；③有助于准确界定项目工作的内容和范围，也有助于开发商确定项目管理人员和有效地管理项目。

工作结构分解可以从多种角度进行，通常包括：按产品的物理结构分解、按产品或项目的功能分解、按项目的实施过程分解、按项目的地域分布分解、按项目的各个目标分解、按建设单位的管理部门分解、按实施主体的管理职能分解等。以具体建设工程项目为例，可以按照项目的实施过程进行分解，其第一层级工作分解结构见图8-1。

8　房地产合同管理总体规划 | 299

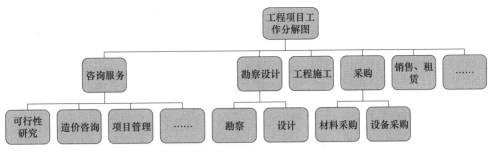

图 8-1　某房地产项目工作分解图

图 8-1显示的第一层级的工作分解结构相对简单，为了确定最小工作单元还需要再进行分解，如将其中的工程施工再按照分部分项工程进行工作结构分解，则可以进一步细分成地基与基础、主体结构、建筑装饰装修、建筑给水排水等。但上述分解仍不能确定最小工作单元，还需要进一步进行分解。以地基与基础工程中的土方工程和主体结构工程中的钢结构工程为例，其最小工作单元详见图 8-2。

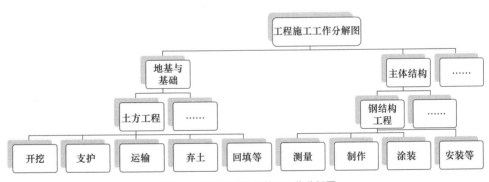

图 8-2　某房地产项目施工工作分解图

在图 8-2中，土方开挖、支护、运输、弃土、回填等是土方工程项下的最小工作单元，不能再进一步分解。同样，钢结构工程的最小工作单元为测量、制作、涂装、安装等，不能再进一步分解。

通过工作分解，将房地产项目分解至最小工作单元，主要是为后续确定合同单元做好准备。

8.2　房地产项目合同结构分解

1. 合同结构分解的概念和作用

合同结构分解是指对房地产项目全生命周期内所需完成工作按照合同管理的要求进行分解，直至分解至最小合同单元，再根据最小合同单元的属性与相互关系等因素确定可招标交易的合同单元，并以招标合同单元为要素建立合同结构体系。合理划分房地产项目招标合同单元是房地产合同管理总体规划的关键所在。

合同结构分解的作用与项目管理的工作结构分解的作用基本相似，即通过合同结构分解，实现项目所有合同的系统规划，明确最小合同单元之间的逻辑体系以及单个合同的成本、进度和质量控制，进而合理确定招标合同单元，最终通过合同管理实现房地产项目整体的投资、进度和质量的控制。

合同结构分解的关键在于确定招标合同单元，而招标合同单元的确定直接或间接取决于最小工作单元的分解和最小合同单元的确定，故合同结构分解建立在整个项目工作分解的基础上。

2. 确定合同单元

房地产项目合同结构分解的方法通常包括项目进度分解法和项目主体分解法。项目进度分解法是指按照房地产项目的实施过程，将项目合同分解至最小合同单元，并确定招标合同单元，进而按照履行的先后顺序建立时间轴，据此建立合同结构体系。项目主体分解法是指按照房地产项目内容的不同履行主体，将项目合同分解至最小合同单元，并确定招标合同单元，进而按照合同履行主体建立合同结构体系。进行合同结构分解时，可以交叉使用项目进度分解法和项目主体分解法，以免遗漏合同单元，但应确定其中一种作为主要方法，另一种作为辅助方法。以某房地产项目全过程建设活动为例，其第一层级合同结构可以结合项目进度分解法和项目主体分解法进行分解，参见图 8-3。

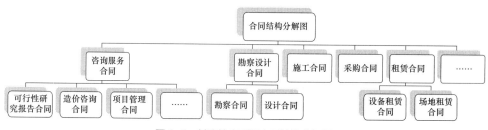

图 8-3 某房地产项目合同结构分解图

图 8-3 的合同结构分解图是建立在图 8-1 工作分解图的基础上，把项目进度作为主要分解方法，结合项目主体特征进行综合分解。此外，图 8-3 合同结构分解图仅完成了第一层级合同结构的分解，按照通常的经济合理高效的原则并结合实践，其尚未完成最小合同单元和招标合同单元的划分，比如设计合同还需进一步分解为方案设计合同、初步设计合同和施工图设计合同等。在图 8-3 的基础上，以施工合同为例，尚需完成最小工作单元层级的分析和统筹，构建最小合同单元，完成合同分解，其进一步分解结构图参见图 8-4。

图 8-4 按照施工合同的工作内容，对于合同结构进行了进一步细分，但其中部分合同仍未确定最小合同单元，还需要进一步分解。以采购合同为例，通常包括材料采购和设备采购，且材料采购和设备采购还应按照具体采购货物类别进一步分解，其最终的合同分解结构图见图 8-5。

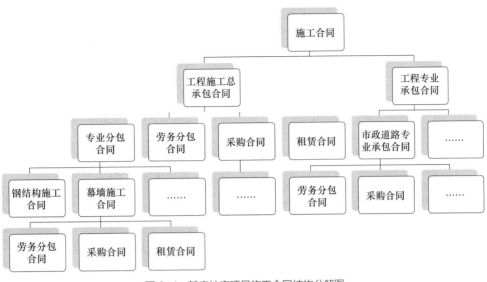

图 8-4　某房地产项目施工合同结构分解图

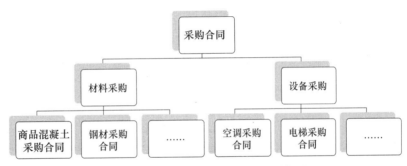

图 8-5　某房地产项目采购合同结构分解图

图 8-5显示采购合同可以分解为材料采购和设备采购，并进一步分解包括商品混凝土采购、钢材采购、石材采购、空调采购等。

3. 合同结构分解的结果呈现与表达形式

房地产项目总体合同结构分解的结果包括合同结构体系和合同结构分解词典。合同结构体系是以可交付成果为导向的合同层级分解。合同结构体系每向下分解一层，代表着对项目工作更详细的定义。合同结构分解词典即合同结构体系说明，是指在创建项目合同结构体系过程中产生并用于支持合同结构分解的文件，是对合同结构分解组成部分的合同单元进行更详细的描述，其内容包括：编码、合同描述、成本预算、进度安排、质量标准、合同主体、资源配置情况以及其他属性等。

总体合同结构分解可以有不同的表达形式，常用的有层次结构图和列表形式。完整的合同结构分解层次结构图应保证合同结构体系的最终合同单元均为最小合同单元，如图 8-6所示。

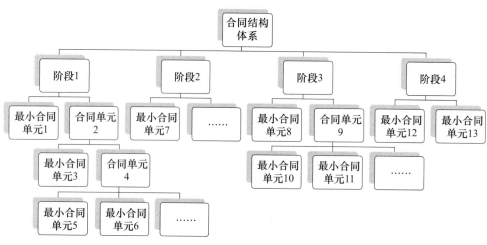

图 8-6 某房地产项目合同结构分解层次结构图

在图 8-6中，合同结构体系按照项目进度为基础进行分解，根据项目不同阶段完成招标合同单元的分解，其中阶段1中的合同分解为招标合同单元1和合同单元2，合同单元2进一步划分为招标合同单元3和合同单元4，以此类推，直至分解为招标合同单元5、6…。

总体合同结构分解的列表形式实质上是以列表形式体现合同结构分解的成果，其表现形式详见表 8-1。

房地产合同结构分解的列表形式　　　　　　表 8-1

房地产项目合同结构	阶段1	最小合同单元1		
		合同单元2	最小合同单元3	
			合同单元4	最小合同单元5
				最小合同单元6
				最小合同单元…
	阶段2	最小合同单元7		
		最小合同单元…		
	阶段3	最小合同单元8		
		合同单元9	最小合同单元10	
			最小合同单元11	
			最小合同单元…	
	阶段4	最小合同单元12		
		最小合同单元13		

8.3 房地产项目合同管理规划方案设计

房地产项目合同管理整体规划是项目管理总体策划的重要组成部分，是在项目实施前对整个房地产项目合同管理方案预先作出科学合理的安排和设计，从合同管理组织、方法、制度、内容等方面预先作出计划的方案，以保证房地产项目所有合同的圆满履行，减少合同争议和纠纷，从而保证整个房地产项目目标的顺利实现。由于合同管理规划的有关内容已在相关章节中论述过，这里仅列出房地产项目合同管理整体规划的大纲目录。

（1）房地产企业合同管理制度、合同管理机构和人员配备。
（2）房地产项目合同管理组织机构设置和人员配备。
（3）房地产项目合同管理责任及其分解体系。
（4）房地产项目合同管理方案设计，包括：
1）项目发包模式选择；
2）合同类型选择；
3）项目分解结构及编码体系；
4）合同结构分解及体系；
5）招标方案设计；
6）招标文件设计；
7）合同文件设计；
8）主要合同管理流程设计，包括投资控制流程、工期控制流程、质量控制流程、设计变更流程、支付与结算管理流程、竣工验收流程、合同索赔流程、合同争议处理流程等。

复习思考题

1. 试分析房地产项目合同总体规划的意义和作用。
2. 试结合典型房地产项目进行工作结构分解。
3. 试结合典型房地产项目进行合同结构分解。
4. 试结合典型房地产项目开展合同管理流程设计。
5. 房地产企业如何建立有效的合同管理制度？

9

房地产合同的签约和履约管理

9.1 房地产合同签约管理

9.1.1 合同审查分析

房地产项目经过招标、投标、授标等系列交易过程后,根据《合同法》规定,发包人和承包人的合同法律关系就已经建立。但是,由于房地产项目标的规模大、金额高、履行时间长、技术复杂,再加上可能由于时间紧、招标投标工作仓促,从而导致合同条款完备性不够,甚至合法性不足,给今后合同履行带来很大困难。因此,发包人和承包人必须通过合同谈判,将双方在招投标过程中达成的协议具体化或作某些增补或删减,对价格等所有合同条款进行法律认证,最终订立一份对双方均有法律约束力的合同文件。

1. 合同审查分析的内容

合同审查分析是一项技术性很强的综合性工作,它要求合同管理者必须熟悉与合同相关的法律法规,精通合同条款,对房地产项目环境有全面的了解,具有合同管理的实际工作经验并有足够的细心和耐心。工程合同审查分析主要包括以下几个方面的内容:

(1) 合同效力的审查与分析

合同必须在合同依据的法律基础范围内签订和实施,否则会导致合同全部或部分无效,从而给合同当事人带来不必要的损失。这是合同审查分析的最基本也是最重要的工作。合同效力的审查与分析主要从以下几方面入手:

1) 合同当事人资格的审查。即合同主体资格的审查。无论是发包人还是承包人必须具有发包和承包工程、签订合同的资格,即具备相应的民事权利能力和民事行为能力。对承包方的资格审查主要审查承包人有无企业法人营业执照、是否具有与所承包工程相适应的资质证书、是否办理了施工许可证等。

2) 工程项目合法性审查。即合同客体资格的审查。主要审查工程项目是否具备招标投标、签订和实施合同的一切条件,包括:是否具备工程项目建设所需要的各种批准文件、是否已经列入年度建设计划、建设资金与主要建筑材料和设备来源是否已经落实等。

3) 合同订立过程的审查。如审查招标人是否有规避招标行为和隐瞒工程真实情况的现象;投标人是否有串通作弊、哄抬标价或以行贿的手段谋取中标的现象;招标代理机构是否有泄露应当保密的与招标投标活动有关的情况和资料的现象以及其他违反公开、公平、公正原则的行为。任何单位和个人不得将依法必须进行招标的项目化整为零或者以其他任何方式规避招标。依法应当招标而未招标的合同无效。

4) 合同内容合法性审查。主要审查合同条款和所指的行为是否符合法律规定,主要包括:审查合同规定的工程项目是否符合政府批文;合同规定的项目是否符合国家产业政策；合同内容是否违反地方性、专门性的法律规定等。

（2）合同的完备性审查

根据《合同法》规定，合同应包括合同当事人、合同标的、标的数量和质量、合同价款或酬金、履行期限、地点和方式、违约责任和解决争议的方法。一份完整的合同应包括上述所有条款。如果合同不够完备，就可能会给当事人造成重大损失。因此，必须对合同的完备性进行审查。合同的完备性审查包括：

1）合同文件完备性审查。即审查属于该合同的各种文件是否齐全。如发包人提供的技术文件等资料是否与招标文件中规定的相符，合同文件是否能够满足工程需要等。

2）合同条款完备性审查。这是合同完备性审查的重点，即审查合同条款是否齐全，合同条款是否存在漏项等。如果采用标准示范合同文本，应重点审查专用合同条款是否与通用合同条款相符，是否有遗漏等。

（3）合同条款的公正性审查

公平公正、诚实信用是《合同法》的基本原则，当事人无论是签订合同还是履行合同，都必须遵守该原则。但在实际操作中，一般业主所提供的合同条款很难达到公平公正的程度。所以，承包人应逐条审查合同条款是否公平公正，对明显缺乏公平公正的条款，在合同谈判时，通过寻找合同漏洞、向发包人提出自己合理化建议、利用发包人澄清合同条款及进行变更的机会，力争使发包人对合同条款作出有利于自己的修改。同时，发包人应当认真审查研究承包人的投标文件，从中分析投标报价过程中承包人是否存在欺诈等违背诚实信用原则的现象。对于房地产项目施工合同而言，应当重点审查以下内容：

1）工作范围。即承包人所承担的工作范围。包括施工、材料和设备供应，施工人员的提供，工程量的确定，质量、工期要求及其他义务。工作范围是制定合同价格的基础，因此工作范围是合同审查与分析中一项极其重要的问题。

2）权利和责任。合同应公平合理地分配双方的责任和权益。在合同审查时，一定要列出双方各自的责任和权利，在此基础上进行权利义务关系分析，检查合同双方责权是否平衡，合同是否存在逻辑问题等。在审查时，还应当检查双方当事人的责任和权利是否具体、详细、明确，责权范围界定是否清晰等。

3）施工工期。工期的长短直接与双方利益密切相关。对发包人而言，工期过短，不利于工程质量，还会造成工程成本增加；而工期过长，则影响发包人正常使用，不利于发包人及时收回投资。因此，发包人在审查合同时，应当综合考虑工期、质量和成本三者的制约关系，以确定一个最佳工期。对承包人来说，应当认真分析自己能否在发包人规定的工期内完工；为保证自己按期竣工，发包人应当提供什么条件，承担什么义务；如发包人不履行义务应承担什么责任，以及承包人不能按时完工应当承担什么责任等。

4）工程质量。主要审查工程质量标准的约定能否体现优质优价的原则；材料设备的标准及验收规定；工程师的质量检查权力及限制；工程验收程序及期限规定；工程质量瑕疵责任的承担方式；工程保修期期限及保修责任等。

5）工程款及支付。工程造价条款是工程施工合同的关键条款，通常会发生约定不明或设而不定的情况，往往为日后争议和纠纷的发生埋下隐患。如采用固定总价合同方式，则应检查是否约定合同价款风险范围及风险费用的计算方法，价格风险承担方式是否合理；如采用单价合同方式，合同中是否约定单价随工程量的增减而调整的变更限额百分比；如采用成本加酬金方式，则应检查合同中成本构成和酬金的计算方式是否合理；应分析工程变更对合同价格的影响；应检查合同中是否约定工程最终结算的程序、方式和期限；合同当事人对工程造价最终结算有异议时应当如何处理等。

6）违约责任。违约责任条款订立的目的在于促使合同双方严格履行合同义务，防止违约行为的发生。因此，违约责任条款的约定必须具体、完整。在审查违约责任条款时，要注意：双方违约行为的约定是否明确；违约责任的约定是否全面；违约责任的承担是否公平等。

此外，在合同审查时，还必须注意合同中关于保险、担保、工程保修、变更、索赔、争议的解决及合同的解除等条款的约定是否完备、公平合理。

2．合同审查表

合同审查后，对上述分析研究结果可以用合同审查表进行归纳整理。合同审查表可以系统地针对合同文本中存在的问题提出相应的对策。对于重大工程或合同关系、合同内容复杂的工程，合同审查的结果应经律师或合同法律专家核对评价，或在其指导下进行审查，以减少合同风险，减少合同谈判和签订中的失误。

（1）合同审查表格式。要达到合同审查的目的，合同审查表应具备以下功能：①完整的审查项目和审查内容。通过审查表可以直接检查合同条款的完整性。②被审查合同在对应审查项目上的具体条款和内容。③对合同内容的分析评价，即合同中有什么样的问题和风险。④针对分析出来的问题提出建议或对策。某房地产项目施工承包人的合同审查表见表9-1。

某房地产项目施工承包人合同审查表　　　　表9-1

审查项目编号	审查项目	条款号	条款内容	条款说明	建议或对策
J02020	工程范围	3.1	工程范围包括BQ单中所列出的工程，及承包商可合理推知需要提供的为本工程服务所需的一切辅助工程	工程范围不清楚，业主可以随意扩大工程范围，增加新项目	1. 限定工程范围仅为BQ单中所列出的工程 2. 增加对新增工程可重新约定价格条款
S06021	责任和义务	6.1	承包商严格遵守工程师对本工程的各项指令并使工程师满意	工程师权限过大，使工程师满意对承包商产生极大约束	工程师指令及满意仅限技术规范及合同条件范围内并增加反约束条款
S07056	工程质量	16.2	承包商在施工中应加强质量管理工作，确保交工时工程达到设计生产能力，否则应对业主损失给予赔偿	达不到设计生产能力的原因很多，责权不平衡	1. 赔偿责任仅限因承包商原因造成的 2. 对因业主原因达不到设计生产能力的，承包商有权获得补偿

续表

审查项目编号	审查项目	条款号	条款内容	条款说明	建议或对策
S08082	支付保证	无	无	这一条极为重要，必须补上	要求业主提供银行出具的资金到位证明或资金支付担保
……	……	……	……	……	……

（2）审查项目。审查项目的建立和合同结构标准化是审查的关键。在实际工程中，某一类合同，其条款内容、性质和说明的对象往往基本相同，此时，即可将这类合同的合同结构固定下来，作为该类合同的标准结构。合同审查可以将合同标准结构中的项目和子项目作为具体的审查项目。

（3）编码。这是为了计算机数据处理的需要而设计的，以方便调用、对比、查询和储存。编码应能反映所审查项目的类别、项目、子项目等项目特征，对复杂的合同还可以细分。为便于操作，合同结构编码系统要统一。

（4）合同条款号及内容。审查表中的条款号必须与被审查合同条款号相对应。被审查合同相应条款的内容是合同分析研究的对象，可从被审查合同中直接摘录该被审查合同条款到合同审查表中来。

（5）说明。这是对该合同条款存在的问题和风险进行分析研究。主要是具体客观地评价该条款执行的法律后果及将给合同当事人带来的风险。这是合同审查中最核心的问题，分析结果是否正确、完备将直接影响到以后的合同谈判、签订乃至合同履行时合同当事人的地位和利益。因此，合同当事人对此必须给予高度重视。

（6）建议或对策。针对审查分析得出的合同中存在的问题和风险，提出相应的对策或建议，并将合同审查表交给合同当事人和合同谈判者。合同谈判者在与对方进行合同谈判时可以针对审查出来的问题和风险，落实审查表中的对策或建议，做到有的放矢，以维护合同当事人的合法权益。

9.1.2 合同谈判与签订

1．合同谈判准备

合同谈判是当事人双方面对面的直接较量，谈判的结果直接关系到合同条款的订立是否于己有利。因此，在合同正式谈判前，无论是开发商还是承包商，必须深入细致地做好充分的思想准备、组织准备、资料准备等，做到知己知彼、心中有数，为合同谈判的成功奠定坚实的基础。

（1）谈判的思想准备。合同谈判是一项艰苦复杂的工作，只有有了充分的思想准备，才能在谈判中坚持立场，适当妥协，最后达到目标。因此，在正式谈判之前，应对以下两个问题做好充分的思想准备：①谈判目的。这是必须明确的首要问题，因为不同的目标决定了谈判方式与最终谈判结果，一切具体的谈判行为方式和技巧都是为谈判的目的服务的。因此，首先必须确定自己的谈判目标，同时要分析揣摩对方谈判的真实意图，从而有针对性地进行准备并采取相应的谈判方式和谈判策略。②确立己方谈判的基本原则和谈判中的态度。明确谈判目的后，必须确立己方谈判的基本立场和原则，从而确定在谈判中哪些问题是必须坚持的，哪些问题可以作出一定的合理让步以及让步的程度，分析在谈判中可能遇到的各种复杂情况及其对谈判目标实现的影响等。

（2）合同谈判的组织准备。明确了谈判目标并做好了应付各种复杂局面的思想准备后，就必须着手组织一个精明强干、经验丰富的谈判班子具体进行谈判准备和谈判工作。谈判组成员的专业知识结构、综合业务能力和基本素质对谈判结果有着重要的影响。一个合格的谈判小组应由有着实质性谈判经验的技术人员、财务人员、法律人员组成。谈判组长应由思维敏捷、思路清晰、具备高度组织能力与应变能力、熟悉业务并有着丰富经验的谈判专家担任。

（3）合同谈判的资料准备。合同谈判必须有理有据，因此，谈判前必须收集整理各种基础资料和背景材料，包括对方的资信状况、履约能力、发展阶段、项目由来及资金来源、土地获得情况、项目目前进展情况等，以及在前期接触过程中已经达成的意向书、会议纪要、备忘录等。

（4）谈判方案的准备。在确立己方的谈判目标及认真分析己方和对手情况的基础上，拟订谈判提纲。同时，要根据谈判目标，准备几个不同的谈判方案，还要研究和考虑其中哪个方案较好以及对方可能倾向于哪个方案。这样，当对方不易接受某一方案时，就可以改换另一种方案，通过协商就可以选择一个双方都能够接受的最佳方案。谈判中切忌只有一个方案，当对方拒不接受时，易使谈判陷入僵局。

（5）会议具体事务的安排准备。这是谈判开始前必须的准备工作，包括选择谈判的时机、谈判的地点以及谈判议程的安排。尽可能选择有利于己方的时间和地点，同时要兼顾对方能否接受。应根据具体情况安排议程，议程安排应松紧适度。

2．谈判程序

（1）一般讨论。谈判开始阶段通常都是先广泛交换意见，各方提出自己的设想方案，探讨各种可能性，经过商讨逐步将双方意见综合并统一起来，形成共同的问题和目标，为下一步详细谈判做好准备。不要一开始就使会谈进入实质性问题的争论或逐条讨论合同条款。要先搞清基本概念和双方的基本观点，在双方相互了解了基本观点之后，再逐条逐项仔细地讨论。

（2）技术谈判。在一般讨论之后，就要进入技术谈判阶段。主要对原合同中技术方面的条款进行讨论，包括工程范围、技术规范、标准、施工条件、施工方案、施工进度、质量检查、竣工验收等。

（3）商务谈判。主要对原合同中商务方面的条款进行讨论，包括工程合同价款、支付条件、支付方式、预付款、履约保证、保留金、货币风险的防范、合同价格的调整等。需要注意的是，技术条款与商务条款往往是密不可分的，因此，在进行技术谈判和商务谈判时，不能将两者分割开来。

（4）合同拟订。谈判进行到一定阶段后，在双方都已表明了观点，对原则问题双方意见基本一致的情况下，相互之间就可以交换书面意见或合同稿。然后以书面意见或合同稿为基础，逐条逐项审查讨论合同条款。先审查一致性问题，后审查讨论不一致的问题，对双方不能确定、达不成一致意见的问题，再请示上级审定，下次谈判继续讨论，直至双方对新形成的合同条款一致同意并形成合同草案为止。

3. 谈判策略和技巧

谈判是通过不断讨论、争执、让步确定各方权利、义务的过程，实质上是双方各自说服对方和被对方说服的过程，它直接关系到谈判桌上各方最终利益的得失，因此，必须注重谈判的策略和技巧。常见的谈判策略和技巧包括：

（1）掌握谈判议程，合理分配各议题时间。工程合同谈判一般会涉及诸多需要讨论的事项，而各事项的重要程度并不相同，谈判各方对同一事项的关注程度也不一定相同。成功的谈判者善于掌握谈判的进程，在充满合作气氛的阶段，商讨自己所关注的议题，从而抓住时机，达成有利于己方的协议。在气氛紧张时，则引导谈判进入双方具有共识的议题，一方面缓和气氛，另一方面缩小双方差距，推进谈判进程。同时，谈判者应合理分配谈判时间，对于各议题的商讨时间应得当，不要过于拘泥于细节性问题。这样可以缩短谈判时间，降低交易成本。

（2）高起点战略。谈判的过程是各方妥协的过程，通过谈判，各方都或多或少会放弃部分利益以求得项目的进展。而有经验的谈判者在谈判之初会有意识地向对方提出苛刻的谈判条件，这样对方会过高地估计本方的谈判底线，从而在谈判中作出更多让步。

（3）注意谈判氛围。谈判各方往往存在利益冲突，要"兵不血刃"即获得谈判成功是不现实的。但有经验的谈判者会在各方分歧严重、谈判气氛激烈时采取润滑措施，舒缓压力。通过联络对方感情，拉近双方的心理距离，进而在和谐的氛围中重新回到议题。

（4）拖延与休会。当谈判遇到障碍，陷入僵局时，拖延与休会可以使明智的谈判者有时间冷静思考，在客观分析形势后提出替代方案。在一段时间的冷处理后，各方都可以进一步考虑整个项目的意义，进而弥合分歧，将谈判从低谷引向高潮。

（5）避实就虚。谈判各方都有自己的优势和弱点。谈判者应在充分分析形势的情况下，作出正确判断，利用正确判断，抓住对方弱点，猛烈攻击，迫其就范，作出妥协。而对己方的弱点，则要尽量注意回避。

（6）对等让步。当己方准备对某些条件作出让步时，可以要求对方在其他方面也作出相应的让步。要争取把对方的让步作为自己让步的前提和条件。同时应分析对方让步与己方作出的让步是否均衡，在未分析研究对方可能作出的让步之前轻易表态让步是不可取的。

（7）分配谈判角色。谈判时应利用本谈判组成员各自不同的性格特征各自扮演不同的角色。有的唱红脸，积极进攻；有的唱白脸，和颜悦色。这样软硬兼施，可以事半功倍。

（8）善于抓住实质性问题。任何一项谈判都有其主要目标和主要内容。在整个项目的谈判过程中，要始终注意抓住主要的实质性问题，如工作范围、合同价格、工期、支付条件、验收及违约责任等来谈，不要为一些鸡毛蒜皮的小事争论不休，而把大的问题放在一边。要防止对方转移视线，回避主要问题，或避实就虚，在主要问题上打马虎眼，而故意在无关紧要的问题上兜圈子。这样，若到谈判快结束时再把主要问题提出来，就容易草草收场，形成于己不利的结局，使谈判达不到预期效果。

4. 谈判时应注意的问题

（1）谈判态度。谈判时必须注意礼貌，态度要友好，平易近人。当对方提出相反意见或不愿接受自己的意见时，要特别耐心，不能急躁，绝对不能用无理或侮辱性语言伤害对方。

（2）内部意见要统一。内部有不同意见时不要在对手面前暴露出来，应在内部讨论解决，大的原则性问题不能统一时可请示领导审批。在谈判中，一切让步和决定都必须由组长作出，其他人不能擅自表态。而组长对对方提出的各种要求，不应急于表态，特别是不要轻易承诺承担违约责任，而是在和大家讨论后，再作出决定。

（3）注重实际。在双方初步接触、交换基本意见后，就应当对谈判目标和意图尽可能多地商讨具体的办法和意见，切不可说大话、空话和不现实的话，以免谈判进行不下去。

（4）注意行为举止。在谈判中必须明白自己的行为举止代表着己方单位的形象，因此，必须注意行为举止，讲究文明。绝对禁止一些不文明的举动。

5. 合同签订

经过合同谈判，双方对新形成的合同条款一致同意并形成合同草案后，即进入合同签订阶段。这是确立承发包双方权利义务关系的最后一步工作，一个符合法律规定的合同一经签订，即对合同当事人双方产生法律约束力。因此，无论发包人还是承包人，应当抓住这最后的机会，再认真审查分析合同草案，检查其合法性、完备性和公正性，争取改变合同草案中的某些内容，以最大限度地维护自己的合法权益。

9.2 房地产合同履约管理

合同的正确签订只是履行合同的基础，合同的最终实现还需要当事人双方严格按照合同约定，认真全面地履行各自的合同义务。房地产合同一经签订，即对合同当事人双方产生法律约束力，任何一方都无权擅自修改或解除合同。如果任何一方违反合同规定，不履行合同义务或履行合同义务不符合合同约定而给对方造成损失时，都应当承担赔偿责任。由于房地产合同具有价值高、建设周期长、利益相关者多等特点，合同能否顺利履行将直接对当事人的经济效益乃至社会效益产生很大影响。因此，在合同订立后，当事人必须认真分析合同条款，做好合同交底和合同控制工作，加强合同变更管理，以保证合同能够顺利履行。

9.2.1 合同分析

1. 合同分析概念及要求

合同分析是指从执行的角度分析、补充、解释合同，将合同目标和合同规定落实到合同实施的具体问题上和具体事件上，用以指导具体工作，使合同能符合日常工程管理的需要。从项目管理的角度来看，合同分析就是为合同控制确定依据。合同分析确定合同控制的目标，并结合项目进度控制、质量控制、成本控制的计划，为合同控制提供相应的合同工作、合同对策、合同措施。

合同分析的作用主要包括：分析合同漏洞，解释争议内容；分析合同风险，制定风险对策；分解合同工作并落实合同责任；进行合同交底，简化合同管理工作。

对合同分析的要求：①合同分析结果应准确客观、全面地反映合同内容。②使用简单易懂的工程语言，如图、表等形式，简明清晰，对不同层次的管理人员提供不同要求、不同内容的合同分析资料。③合同双方及双方的所有人员对合同的理解应协调一致，合同分析结果应能为对方认可，以减少合同争执。④合同分析应全面完整，即对全部的合同文件都要进行解释。对合同中的每一条款、每句话甚至每个词都应认真推敲、细心琢磨、全面落实。

合同分析内容包括：按其性质、对象和内容，合同分析一般包括合同总体分析、合同结构分解、合同缺陷分析、合同工作分析及合同交底等工作内容。

2. 合同结构分解

合同结构分解是指按照系统规则和要求将合同对象分解成互相独立、互相影响、互相联系的单元。合同的结构分解应与项目的合同目标相一致。对于房地产项目施工合同，根据结构分解一般规律和施工合同条件自身的特点，施工合同条件结构分解应遵守如下规则：

（1）保证施工合同条件的系统性和完整性。施工合同条件分解结果应包含所有的合同要素，这样才能保证应用这些分解结果时能够等同于应用施工合同条件。

（2）保证各分解单元间界限清晰、意义完整、内容大体上相当，这样才能保证应用分解结果明确有序且各部分工作量相当。

（3）易于理解和接受，便于应用。即要充分尊重人们已经形成的概念和习惯，只在根本违背合同原则的情况下才作出更改。

（4）便于按照项目的组织分工落实合同工作和合同责任。

结合国内及国际施工合同的结构，可将施工合同进行分解，结构分解图见图 9-1。

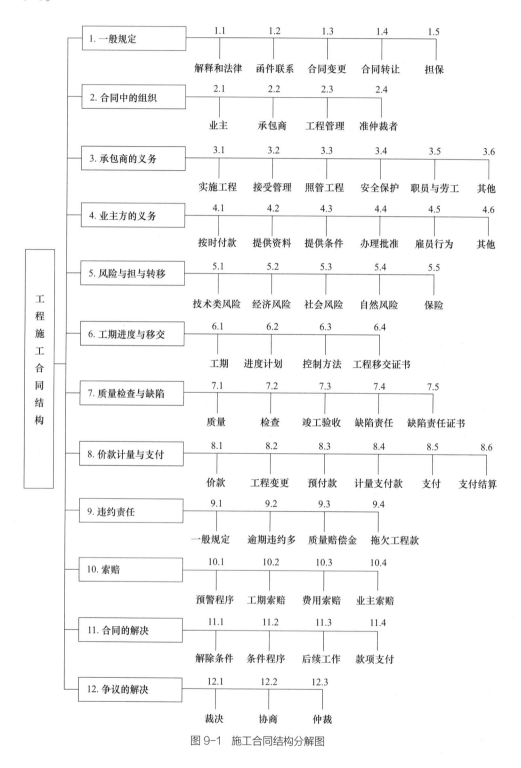

图 9-1 施工合同结构分解图

3. 合同工作分析

合同工作分析是在合同总体分析和合同结构分解的基础上，依据合同协议书、合同条件、规范、图纸、工作量表等，确定各项目管理人员及各工程小组的合同工作，以及划分各责任人的合同责任。合同工作分析涉及合同当事人签约后的所有活动，其结果实质上是当事人的合同执行计划，它包括：工程项目结构分解；技术会审工作；工程实施方案、总体计划和施工组织计划；工程详细的成本计划。合同工作分析，不仅针对施工承包合同，而且包括与施工承包合同同级的各个合同的协调，包括各个分合同的工作安排和各分合同之间的协调。

合同工作分析的结果是合同事件表。合同事件表反映了合同工作分析的一般方法，它是工程施工中最重要的文件之一，从各个方面定义了该合同事件。合同事件表实质上是当事人详细的合同执行计划，有利于项目组在工程施工中落实责任，安排工作，进行合同监督、跟踪、分析和处理索赔事项。

合同事件表参见表9-2，具体说明如下：

合同事件表　　　　　　　　　　表9-2

子项目	事件编码	最近一次变更日期、变更次数
事件名称和简要说明		
事件内容说明		
前提条件		
本事件的主要活动		
负责人（单位）		
成本： 计划 实际	其他参加者	工期： 计划 实际

（1）事件编码。这是为了计算机数据处理的需要。计算机对事件的各种数据处理都靠编码识别。所以编码要能反映事件的各种特性，如所属的项目、单项工程、单位工程、专业性质、空间位置等。通常它应与网络事件（或活动）的编码有一致性。

（2）事件名称和简要说明。对一个确定的承包合同，承包商的工程范围、合同责任是一定的，则相关的合同事件和工程活动也是一定的，在一个工程中，这样的事件通常可能有几百甚至几千件。

（3）变更次数和最近一次的变更日期。它记载着与本事件相关的工程变更。在接到变更指令后，应落实变更，修改相应栏目的内容。最近一次的变更日期表示从这一天以来的变更尚未考虑到，这样可以检查每个变更指令落实情况，既防止重复又防止遗漏。

（4）事件的内容说明。主要为该事件的目标，如某一分项工程的数量、质量、技术要求以及其他方面的要求。这由工程量清单、工程说明、图纸、规范等定义，是承包商应完成的任务。

（5）前提条件。该事件进行前应有哪些准备工作，应具备什么样的条件？这些条件有的应由事件的责任人承担，有的应由其他工程小组、其他承包商或业主承担。这里不仅确定了事件之间的逻辑关系，而且确定了各参加者之间的责任界限。

（6）本事件的主要活动。即完成该事件的一些主要活动和它们的实施方法、技术与组织措施。这完全是从施工过程的角度进行分析的，这些活动组成该事件的子网络。例如，设备安装可包括如下活动：现场准备，施工设备进场、安装，基础找平、定位，设备就位，吊装，固定，施工设备拆卸、出场等。

（7）责任人。即负责该事件实施的工程小组负责人或分包商。

（8）成本。这里包括计划成本和实际成本，有如下两种情况：若该事件由分包商承担，则计划费用为分包合同价格。如果在总包和分包之间有索赔，则应修改这个值，而相应的实际费用为最终实际结算账单金额总和。若该事件由承包商的工程小组承担，则计划成本可由成本计划得到，一般为直接成本，而实际成本为会计核算的结果，在事件完成后填写。

（9）计划和实际的工期。计划工期由网络分析得到。这里有计划开始期、结束期和持续时间。实际工期按实际情况，在该事件结束后填写。

（10）其他参加者。即对该事件的实施提供帮助的其他人员。

4．合同交底

合同交底指合同管理人员在对合同的主要内容作出解释和说明的基础上，通过组织项目管理人员和各工程小组负责人学习合同条文和合同总体分析结果，使大家熟悉合同中的主要内容、各种规定、管理程序，了解承包商的合同责任和工程范围、各种行为的法律后果等，使大家都树立全局观念，避免执行中的违约行为，同时使大家的工作协调一致。

在我国传统的施工项目管理系统中，人们十分注重"图纸交底"工作，但却没有"合同交底"工作，所以项目组和各工程小组对项目的合同体系、合同基本内容不甚了解。在现代市场经济中必须转变到"按合同施工"上来，特别是在工程使用非标准合同文本或本项目组不熟悉的合同文本时，这个"合同交底"工作就显得更为重要。

合同交底应分解落实如下合同和合同分析文件：合同事件表（任务单、分包合同）、图纸、设备安装图纸、详细的施工说明等。最重要的内容包括：工程的质量、技术要求和实施中的注意点；工期要求；消耗标准；合同事件之间的逻辑关系；各工程小组（分包商）责任界限的划分；完不成责任的影响和法律后果等。

合同管理人员应在合同总体分析和合同结构分解、合同工作分析的基础上，按施工管理程序，在工程开工前，逐级进行合同交底，使得每一个项目参加者都能够清楚地掌握自身的合同责任，以及自己所涉及的应当由对方承担的合同责任，以保证在履行合同义务过程中自己不违约，同时，如发现对方违约，及时向合同管理人员汇报，以便及时要求对方履行合同义务及进行索赔。在交底的同时，应将各种合同事件的责任分解落实到各分包商或工程小组直至每一个项目参加者，以经济责任制形式规范各自的合同行为，以保证合同目标能够实现。

9.2.2 合同控制

1. 合同控制方法

（1）合同控制概念

所谓控制，就是行为主体为保证在变化的条件下实现其目标，按照实现拟订的计划和标准，通过各种方法，对被控制对象实施中发生的各种实际值与计划值进行检查、对比、分析和纠正，以保证工程实施按预定的计划进行，顺利地实现预定的目标。合同控制指合同当事人的合同管理组织为保证合同所约定的各项义务的全面完成及各项权利的实现，以合同分析的成果为基准，对整个合同实施过程进行全面监督、检查、对比和纠正的管理活动。其控制程序见图9-2。

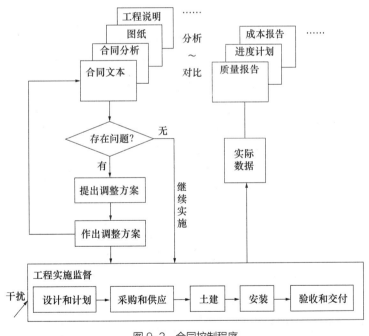

图9-2 合同控制程序

合同控制包括：①监督。工程实施监督是项目管理的日常事务性工作，首先应表现在对工程活动的监督上，即保证按照预先确定的各种计划、设计、施工方案实施工程。工程实施状况反映在原始的工程资料（数据）上，如质量检查报告、分项工程进度报告、记工单、用料单、成本核算凭证等。②跟踪。即将收集到的工程资料和实际数据进行整理，得到能够反映工程实施状况的各种信息，如各种质量报告、各种实际进度报表、各种成本和费用收支报表以及它们的分析报告。将这些信息与工程目标(如合同文件、合同分析文件、计划、设计等)进行对比分析,就可以发现两者的差异。差异的大小,即为工程实施偏离目标的程度。如果没有差异或差异较小,则可以按原计划继续实施工程。③诊断。即分析差异的原因,采取调整措施。差异表示工程实施偏离目标的程度,必须详细分析差异产生的原因和它的影响,并对症下药,采取措施进行调整,否则这种差异会逐渐积累,最终导致工程实施远离目标,甚至可能导致整个工程失败。所以,在工程实施过程中要不断进行调整,使工程实施一直围绕合同目标进行。

(2)合同控制与其他项目控制

一般而言,房地产项目实施控制包括成本控制、质量控制、进度控制和合同控制。其中,合同控制是核心,它与项目其他控制的关系为:①成本控制、质量控制、进度控制由合同控制协调一致,合同控制是其他控制的保证,形成一个有序的项目管理过程。②合同控制的范围较成本控制、质量控制、进度控制广得多。例如,施工合同中承包商除了必须按合同规定的质量要求和进度计划完成工程的设计、施工和进行保修外,还必须对实施方案的安全、稳定负责,对工程现场的安全、清洁和工程保护负责,遵守法律,执行工程师的指令,对自己的工作人员和分包商承担责任,按合同规定及时地提供履约担保、购买保险等。同时,承包商的合同控制不仅包括与开发商之间的工程合同,还包括与总合同相关的其他合同,如分包合同、供应合同、运输合同、租赁合同、担保合同等,包括总合同与各分合同之间以及各分合同相互之间的协调控制。③合同控制较成本控制、质量控制、进度控制更具动态性。这种动态性表现在:一方面合同实施受到外界干扰,常常偏离目标,要不断地进行调整;另一方面,合同目标本身不断改变,如不断出现合同变更,使工程质量、工期、合同价格发生变化,导致合同双方的责任和权益发生变化。因此,合同控制必须是动态的,合同实施必须随变化了的情况和目标不断调整。

各种控制的目的、目标和依据可见表9-3。

工程实施控制的内容　　　　表9-3

序号	控制内容	控制目的	控制目标	控制依据
1	成本控制	保证按计划成本完成工程,防止成本超支和费用增加	计划成本	各分部分项工程,总工程的计划成本,人力、材料、资金计划,计划成本曲线
2	质量控制	保证按合同规定的质量完成工程,使工程顺利通过验收,交付使用,达到预定的功能要求	合同规定的质量标准	工程说明,规范,图纸,工作量表
3	进度控制	按预定进度计划进行施工,按期交付工程,防止承担工期拖延责任	合同规定的工期	合同规定的总工期计划,业主批准的详细施工进度计划
4	合同控制	按合同全面完成承包商的责任,防止违约	合同规定的各项责任	合同范围内的各种文件,合同分析资料

（3）合同控制方法

合同控制方法适用一般的项目控制方法。项目控制方法可分为多种类型：按项目的发展过程分类，可分为事前控制、事中控制、事后控制；按照控制信息的来源分类，可分为前馈控制、反馈控制；按是否形成闭合回路分类，可分为开环控制、闭环控制。归纳起来，可分为两大类，即主动控制和被动控制。

1）被动控制。被动控制是控制者从计划的实际输出中发现偏差，对偏差采取措施，及时纠正的控制方式。因此，要求管理人员对计划的实施进行跟踪，将其输出的工程信息进行加工、整理，再传递给控制部门，使控制人员从中发现问题，找出偏差，寻求并确定解决问题和纠正偏差的方法。被动控制实际上是在项目实施过程中、事后检查过程中发现问题及时处理的一种控制，因此仍为一种积极的并且是十分重要的控制方式，见图9-3。

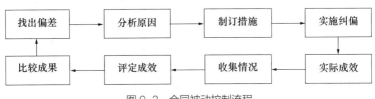

图9-3 合同被动控制流程

被动控制的措施：应用现代化方法、手段，跟踪、测试、检查项目实施过程的数据，发现异常情况及时采取措施；建立项目实施过程中人员控制组织，明确控制责任，检查发现情况及时处理；建立有效的信息反馈系统，及时将偏离计划目标值进行反馈，以使其及时采取措施。

2）主动控制。主动控制就是预先分析目标偏离的可能性，并拟订和采取各项预防性措施，以保证计划目标得以实现。主动控制是一种对未来的控制，它可以最大可能地改变即将成为事实的被动局面，从而使控制更加有效。当它根据已掌握的可靠信息，分析预测得出系统将要输出偏离计划的目标时，就制定纠正措施并向系统输入，以使系统因此而不发生目标的偏离。它是在事情发生之前就采取了措施的控制。

被动控制和主动控制的关系可用图9-4表示。

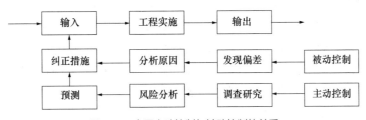

图9-4 合同主动控制与被动控制的关系

被动控制与主动控制对承包商进行项目管理而言缺一不可，它们都是实现项目目标所必须采用的控制方式。有效的控制是将被动控制和主动控制紧密地结合起来,力求加大主动控制在控制过程中的比例,同时进行定期、连续的被动控制。只有如此,方能完成项目目标控制的根本任务。

2. 合同控制的日常工作

合同控制的日常工作主要包括:

(1)参与落实计划。合同管理人员与项目的其他职能人员一起落实合同实施计划,为各工程小组、分包商的工作提供必要的保证,如施工现场的安排,人工、材料、机械等计划的落实,工序间的搭接关系和安排以及其他一些必要的准备工作。

(2)协调各方关系。在合同范围内协调业主、工程师、项目管理各职能人员、所属的各工程小组和分包商之间的工作关系,解决相互之间出现的问题,如合同责任界面之间的争执、工程活动之间时间上和空间上的不协调。合同责任界面争执是工程实施中很常见的。承包商与业主、与业主的其他承包商、与材料和设备供应商、与分包商,以及承包商的各分包商之间、工程小组与分包商之间常常互相推卸一些合同中或合同事件表中未明确划定的工程活动的责任,这就会引起内部和外部的争执,对此,合同管理人员必须做好判定和调解工作。

(3)指导合同工作。合同管理人员对各工程小组和分包商进行工作指导,作经常性的合同解释,使各工程小组都有全局观念,对工程中发现的问题提出意见、建议或警告。合同管理人员在工程实施中起"漏洞工程师"的作用,但他不是寻求与业主、工程师、各工程小组、分包商的对立,他的目标不仅仅是索赔和反索赔,而且还要将各方面在合同关系上联系起来,防止漏洞和弥补损失,更完善地完成工程。例如,促使工程师放弃不适当、不合理的要求(指令),避免对工程的干扰、工期的延长和费用的增加;协助工程师工作,弥补工程师工作的遗漏,如及时提出对图纸、指令、场地等的申请,尽可能提前通知工程师,让工程师有所准备,使工程更为顺利。

(4)参与其他项目控制工作。合同项目管理的有关职能人员每天检查、监督各工程小组和分包商的合同实施情况,对照合同要求的数量、质量、技术标准和工程进度,发现问题并及时采取对策措施。对已完工程作最后的检查核对,对未完成的或有缺陷的工程责令其在一定的期限内采取补救措施,防止影响整个工期。按合同要求,会同业主及工程师等对工程所用材料和设备开箱检查或作验收,看是否符合质量、图纸和技术规范等的要求,进行隐蔽工程和已完工程的检查验收,负责验收文件的起草和验收的组织工作,参与工程结算,会同造价工程师对向业主提出的工程款账单和分包商提交的收款账单进行审查和确认。

(5)合同实施情况的追踪、偏差分析及参与处理。

(6)负责工程变更管理。

(7)负责工程索赔管理。

(8)负责工程文档管理。对向分包商发出的任何指令,向业主发出的任何文字答复、请示,业主方发出的任何指令,都必须经合同管理人员审查,记录在案。

（9）争议处理。承包商与业主、与总（分）包商的任何争议的协商和解决都必须有合同管理人员的参与，对解决方法进行合同和法律方面的审查、分析及评价，这样不仅保证工程施工一直处于严格的合同控制中，而且使承包商的各项工作更有预见性，更能及早地预测合同行为的法律后果。

3．合同跟踪

在房地产项目实施过程中，由于实际情况千变万化，导致合同实施与预定目标（计划和设计）的偏离，如果不及时采取措施，这种偏差常常由小到大，日积月累。这就需要对合同实施情况进行跟踪，以便及时发现偏差，不断调整合同实施，使之与总目标一致。

（1）合同跟踪依据。合同跟踪时，判断实际情况与计划情况是否存在差异的依据主要有：合同和合同分析的结果，如各种计划、方案、合同变更文件等，它们是比较的基础，是合同实施的目标和方向；各种实际的工程文件，如原始记录、各种工程报表、报告、验收结果等；工程管理人员每天对现场情况的直观了解，如对施工现场的巡视、与各种人谈话、召集小组会议、检查工程质量、通过报表报告等。

（2）合同跟踪对象。合同实施情况追踪的对象主要有如下几个方面：

1）具体的合同事件。对照合同事件表的具体内容，分析该事件的实际完成情况。如以设备安装事件为例分析：

① 安装质量。如标高、位置、安装精度、材料质量是否符合合同要求，安装过程中设备有无损坏。

② 工程数量。如是否全都安装完毕，有无合同规定以外的设备安装，有无其他的附加工程。

③ 工期。如是否在预定期限内施工，工期有无延长，延长的原因是什么。该工程工期变化的原因可能是：业主未及时交付施工图纸；生产设备未及时运到工地；基础土建工程施工拖延；业主指令增加附加工程；业主提供了错误的安装图纸，造成工程返工；工程师指令暂停施工等。

④ 成本增加和减少。将上述内容在合同事件表上加以注明，这样可以检查每个合同事件的执行情况。对一些有异常情况的特殊事件，即实际和计划存在大的偏离的事件，可以列特殊事件分析表作进一步的处理。从这里可以发现索赔机会，因为经过上面的分析可以得到偏差的原因和责任。

2）工程小组或分包商的工程和工作。一个工程小组或分包商可能承担许多专业相同、工艺相近的分项工程或许多合同事件，所以必须对它们实施的总情况进行检查分析。在实际工程中常常因为某一工程小组或分包商的工作质量不高或进度拖延而影响整个工程施工。合同管理人员在这方面应给他们提供帮助，如协调他们之间的工作，对工程缺陷提出意见、建议或警告，责成他们在一定时间内提高质量、加快工程进度等。作为分包合同的发包商，总承包商必须对分包合同的实施进行有效的控制。这是总承包商合同管理的重要任务之一。

3）业主和工程师的工作。业主和工程师是承包商的主要工作伙伴，对他们的工作进行监督和跟踪十分重要。

① 业主和工程师必须正确、及时地履行合同责任，及时提供各种工程实施条件，如及时发布图纸、提供场地，及时下达指令、作出答复，及时支付工程款等，这常常是承包商推卸工程责任的托词，所以要特别重视。

② 在工程中承包商应积极主动地做好工作，如提前催要图纸、材料等。这样不仅可以让业主和工程师及时准备，以建立良好的合作关系，保证工程顺利实施，而且可以推卸自己的责任。

③ 有问题及时与工程师沟通，多向工程师汇报情况，及时听取他的指示（书面的）。

④ 及时收集各种工程资料，对各种活动、双方的交流作好记录。

⑤ 对有恶意的业主提前防范并及时采取措施。

4）工程总的实施状况。包括：

① 工程整体施工秩序状况。如果出现以下情况，合同实施必定存在问题：现场混乱、拥挤不堪，承包商与业主的其他承包商、供应商之间协调困难，合同事件之间和工程小组之间协调困难，出现事先未考虑到的情况和局面，发生较严重的工程事故等。

② 已完工程没有通过验收，出现大的工程质量事故，工程试运行不成功或达不到预定的生产能力等。

③ 施工进度未能达到预定计划，主要的工程活动出现拖期，在工程周报和月报上计划和实际进度出现大的偏差。

④ 计划和实际的成本曲线出现大的偏离。在工程项目管理中，工程累计成本曲线对合同实施的跟踪分析起很大作用。计划成本累计曲线通常在网络分析、各事件计划成本确定后得到，在国外它又被称为工程项目的成本模型。而实际成本曲线由实际施工进度安排和实际成本累计得到。两者对比，可以分析出实际和计划的差异。

通过合同实施情况追踪、收集、整理能反映工程实施状况的各种工程资料和实际数据，如各种质量报告、各种实际进度报表、各种成本和费用收支报表及其分析报告。将这些信息与工程目标，如合同文件、合同分析的资料、各种计划、设计等进行对比分析，可以发现两者的差异。根据差异的大小，确定工程实施偏离目标的程度。如果没有差异或差异较小，则可以按原计划继续实施工程。

4．合同实施情况偏差分析

合同实施情况偏差表明工程实施偏离了工程目标，应加以分析调整，否则这种差异会逐渐积累、越来越大，最终导致工程实施远离目标，使承包商或合同双方受到很大的损失，甚至可能导致工程的失败。

合同实施情况偏差分析，指在合同实施情况追踪的基础上，评价合同实施情况及其偏差，预测偏差的影响及发展的趋势，并分析偏差产生的原因，以便对该偏差采取调整措施。合同实施情况偏差分析的内容包括：

（1）合同执行差异的原因分析

通过对不同监督跟踪对象计划和实际的对比分析，不仅可以得到合同执行的差异，而且可以探索引起这个差异的原因。原因分析可以采用鱼刺图、因果关系分析图（表）、成本量差、价差、效率差分析等方法定性或定量地进行。

例如，通过计划成本和实际成本累计曲线的对比分析，不仅可以得到总成本的偏差值，而且可以进一步分析差异产生的原因。引起上述计划和实际成本累计曲线偏离的原因可能有：整个工程加速或延缓；工程施工次序被打乱；工程费用支出增加，如材料费、人工费上升；增加新的附加工程，使主要工程的工程量增加；工作效率低下，资源消耗增加等。

上述每一类偏差原因还可进一步细分，如引起工作效率低下可以分为内部干扰和外部干扰。内部干扰如施工组织不周，夜间加班或人员调遣频繁；机械效率低，操作人员不熟悉新技术，违反操作规程，缺少培训；经济责任不落实，工人劳动积极性不高等。外部干扰如图纸出错，设计修改频繁；气候条件差；场地狭窄，现场混乱，施工条件如水、电、道路等受到影响等。在上述基础上，还应分析出各原因对偏差影响的权重。

（2）合同差异责任分析

即这些原因由谁引起，该由谁承担责任。这常常是索赔的理由。一般只要原因分析有根有据，则责任分析自然清楚。责任分析必须以合同为依据，按合同规定落实双方的责任。

（3）合同实施趋向预测

分别考虑不采取调控措施和采取调控措施以及采取不同的调控措施情况下，合同的最终执行结果：

① 最终的工程状况，包括总工期的延误、总成本的超支、质量标准、所能达到的生产能力（或功能要求）等。

② 承包商将承担什么样的后果，如被罚款、被清算，甚至被起诉，对承包商资信、企业形象、经营战略的影响等。

③ 最终工程经济效益（利润）水平。

5. 合同实施情况偏差处理

根据合同实施情况偏差分析的结果，合同当事人决定应采取相应的调整措施。调整措施可分为：

（1）组织措施。如增加人员投入，重新进行计划或调整计划，派遣得力的管理人员。

（2）技术措施。如变更技术方案，采用新的更高效率的施工方案。

（3）经济措施。如增加投入、对工作人员进行经济激励等。

（4）合同措施。如进行合同变更，签订新的附加协议、备忘录，通过索赔解决费用超支问题等。合同措施是承包商的首选措施，该措施主要由承包商的合同管理机构来实施。承包商采取合同措施时通常应考虑以下问题：① 如何保护和充分行使自己的合同权利，例如通过索赔以降低自己的损失。② 如何利用合同使对方的要求降到最低，即如何充分限制对方的合同权利，找出业主的责任。如果通过合同诊断，承包商已经发现业主有恶意、不支付工程款或自己已经陷入合同陷阱中，或已经发现合同亏损，而且估计亏损会越来越大，则要及早确定合同执行战略。如及早解除合同，降低损失；争取道义索赔，取得部分补偿；采用以守为攻的办法拖延工程进度，消极怠工。因为在这种情况下，承包商投入的资金越多，工程完成得越多，承包商就越被动，损失会越大。等到工程完成交付使用，承包商的主动权就没有了。

9.2.3 工程变更管理

1. 概述

（1）工程变更概念及性质

工程变更一般是指在工程施工过程中，根据合同的约定对施工的程序、工程的数量、质量要求及标准等作出的变更。工程变更是一种特殊的合同变更。合同变更指合同成立以后、履行完毕以前由双方当事人依法对原合同的内容所进行的修改。通常认为工程变更是一种合同变更，但不可忽视工程变更和一般合同变更所存在的差异。一般合同变更的协商发生在履约过程中合同内容变更之时，而工程变更则较为特殊：双方在合同中已经授予工程师进行工程变更的权力，但此时对变更工程的价款最多只能作原则性的约定；在施工过程中，工程师直接行使合同赋予的权力发出工程变更指令，根据合同约定承包商应该先行实施该指令；此后，双方可对变更工程的价款进行协商。这种标的变更在前、价款变更协商在后的特点容易导致合同处于不确定的状态。

（2）工程变更起因

合同内容频繁变更是工程合同的特点之一。一项工程合同变更的次数、范围和影响的大小与该工程招标文件（特别是合同条件）的完备性、技术设计的正确性以及实施方案和实施计划的科学性直接相关。合同变更一般主要有以下几个方面的原因：

1）业主新的变更指令，对建筑的新要求。如业主有新的意图，业主修改项目总计划、削减预算等。

2）由于设计人员、工程师、承包商事先没能很好地理解业主的意图或设计的错误，导致图纸修改。

3）工程环境的变化，预定的工程条件不准确，要求实施方案或实施计划变更。

4）由于产生新的技术和知识，有必要改变原设计、实施方案或实施计划，或由于业主指令及业主责任的原因造成承包商施工方案的改变。

5）政府部门对工程新的要求，如国家计划变化、环境保护要求、城镇规划变动等。

6）由于合同实施出现问题，必须调整合同目标或修改合同条款。

（3）工程变更影响

工程变更对合同实施影响很大，主要表现在以下几个方面：

1）导致设计图纸、成本计划和支付计划、工期计划、施工方案、技术说明和适用的规范等定义工程目标和工程实施情况的各种文件作相应的修改和变更。相关的其他计划如材料采购订货计划、劳动力安排、机械使用计划等也应作相应调整。所以，它不仅会引起与承包合同平行的其他合同的变化，而且会引起所属的各个分合同（如供应合同、租赁合同、分包合同）的变更。有些重大的变更会打乱整个施工部署。

2）引起合同双方、承包商的工程小组之间、总承包商和分包商之间合同责任的变化。如工程量增加，则增加了承包商的工程责任，增加了费用开支和延长了工期。

3）有些工程变更还会引起已完工程的返工、现场工程施工的停滞、施工秩序被打乱及已购材料出现损失。

按照国际工程中的有关统计，工程变更是索赔的主要起因。由于工程变更对工程施工过程影响较大，会造成工期的拖延和费用的增加，容易引起双方的争执，所以合同双方都应十分慎重地对待工程变更问题。

（4）工程变更范围

按照国际土木工程合同管理的惯例，一般合同中都有一条专门的变更条款，对有关工程变更的问题作出具体规定。依据FIDIC合同条件第13条规定，颁发工程接收证书前，工程师可通过发布变更指示或以要求承包商递交建议书的方式提出变更。除非承包商马上通知工程师，说明他无法获得变更所需的货物并附上具体的证明材料，否则承包商应执行变更并受此变更的约束。变更的内容可包括：

1）改变合同中所包括的任何工作的数量（但这种改变不一定构成变更）。

2）改变任何工作的质量和性质。如工程师可以根据业主要求，将原定的水泥混凝土路面改为沥青混凝土路面。

3）改变工程任何部分的标高、基线、位置和尺寸。如公路工程中要修建的路基工程，工程师可以指示将原设计图纸上原定的边坡坡度，根据实际的地质土壤情况改建成比较平缓的边坡坡度。

4）删减任何工作。

5）任何永久工程需要的附加工作、工程设备、材料或服务。

6）改动工程的施工顺序或时间安排。若某一工段因业主的征地拆迁延误，使承包方无法开工，那么业主对此负有责任。工程师应和业主及承包商协商，变更工程施工顺序，让承包商的施工队伍不要停工，以免对工程进展造成不利影响。但是，工程师不可以改变承包商既定施工方法，除非工程师可以提出更有效的施工方法予以替代。

FIDIC条件还规定，除非有工程师指示或同意变更，承包商不得擅自对永久工程进行任何改动。

根据我国新版示范文本的约定，工程变更包括设计变更和工程质量标准等其他实质性内容的变更。其中设计变更包括：

1）更改工程有关部分的标高、基线、位置和尺寸。
2）增减合同中约定的工程量。
3）改变有关工程的施工时间和顺序。
4）其他有关工程变更需要的附加工作。

工程变更只能是在原合同规定的工程范围内的变动，业主和工程师应注意不能使工程变更引起工程性质方面有很大的变动，否则应重新订立合同。从法律角度讲，工程变更也是一种合同变更，合同变更应经合同双方协商一致。根据诚实信用的原则，业主显然不能通过合同的约定而单方面地对合同作出实质性的变更。从工程角度讲，工程性质若发生重大的变更而要求承包商无条件地继续施工是不恰当的，承包商在投标时并未准备这些工程的施工机械设备，需另行购置或运进机具设备，使承包商有理由要求另签合同，而不能作为原合同的变更，除非合同双方都同意将其作为原合同的变更。承包商认为某项变更指示已超出本合同的范围，或工程师的变更指示的发布没有得到有效的授权时，可以拒绝进行变更工作。

2．工程变更程序

（1）工程变更提出

1）承包商提出工程变更。承包商在提出工程变更时，一般情况是工程遇到不能预见的地质条件或地下障碍。如原设计的某大厦基础为钻孔灌注桩，承包商根据开工后钻探的地质条件和施工经验，认为改成沉井基础较好。另一种情况是承包商为了节约工程成本或加快工程施工进度，提出工程变更。

2）业主方提出变更。业主一般可通过工程师提出工程变更。但如业主方提出的工程变更内容超出合同限定的范围，则属于新增工程，只能另签合同处理，除非承包方同意作为变更。

3）工程师提出工程变更。工程师往往根据工地现场工程进展的具体情况，认为确有必要时，可提出工程变更。工程承包合同施工中，因设计考虑不周或施工时环境发生变化，工程师本着节约工程成本和加快工程与保证工程质量的原则，提出工程变更。只要提出的工程变更在原合同规定的范围内，一般是切实可行的。若超出原合同，新增了很多工程内容和项目，则属于不合理的工程变更请求，工程师应和承包商协商后酌情处理。

（2）工程变更批准

由承包商提出的工程变更，应交与工程师审查并批准。由业主提出的工程变更，为便于工程的统一管理，一般可由工程师代为发出。而工程师发出工程变更通知的权力，一般由工程施工合同明确约定。当然，该权力也可约定为业主所有，然后业主通过书面授权的方式使工程师拥有该权力。如果合同对工程师提出工程变更的权力作了具体限制，而约定其余均应由业主批准，则工程师就超出其权限范围的工程变更发出指令时，应附上业主的书面批准文件，否则承包商可拒绝执行。但在紧急情况下，不应限制工程师向承包商发布其认为必要的此类变更指示。如果在上述紧急情况下采取行动，工程师应将情况尽快通知业主。例如，当工程师在工程现场认为出现了危及生命、工程或相邻第三方财产安全的紧急事件时，在不解除合同规定的承包商的任何义务和职责的情况下，工程师可以指示承包商实施他认为解除或减少这种危险而必须进行的所有这类工作。

工程变更审批的一般原则为：首先考虑工程变更对工程进展是否有利；第二要考虑工程变更是否可以节约工程成本；第三应考虑工程变更是否兼顾业主、承包商或工程项目之外其他第三方的利益，不能因工程变更而损害任何一方的正当权益；第四必须保证变更工程符合本工程的技术标准；最后一种情况为工程受阻，如遇到特殊风险、人为阻碍、合同一方当事人违约等不得不变更工程。

（3）工程变更指令发出及执行

为了避免耽误工作，工程师在和承包商就变更价格达成一致意见之前，有必要先行发布变更指示，即分两个阶段发布变更指示：第一阶段是在没有规定价格和费率的情况下直接指示承包商继续工作；第二阶段是在通过进一步协商之后，发布确定变更工程费率和价格的指示。

工程变更指示的发出有两种形式：书面形式和口头形式。一般情况要求工程师签发书面变更通知令。当工程师书面通知承包商工程变更，承包商才执行变更的工程。当工程师发出口头指令要求工程变更，例如增加框架梁的配筋及数量时，这种口头指示在事后一定要补签一份书面的工程变更指示。如果工程师口头指示后忘了补书面指示，承包商（需7天内）应以书面形式证实此项指示，交与工程师签字，工程师若在14天之内没有提出反对意见，应视为认可。所有工程变更必须用书面或一定规格写明。对于要取消的任何一项分部工程，工程变更应在该分部工程还未施工之前进行，以免造成人力、物力、财力的浪费，避免业主多支付工程款项。

根据通常的工程惯例，除非工程师明显超越合同赋予的权限，承包商应该无条件地执行其工程变更的指示。如果工程师根据合同约定发布了进行工程变更的书面指令，则不论承包商对此是否有异议，不论工程变更的价款是否已经确定，也不论监理方或业主答应给予付款的金额是否令承包商满意，承包商都必须无条件地执行此种指令。即使承包商有意见，也只能是一边进行变更工作，一边根据合同规定寻求索赔或仲裁解决。在争议处理期间，承包商有义务继续进行正常的工程施工和有争议的变更工程施工，否则可能会构成承包商违约。

（4）现行工程变更程序的评价

在实际工程中，工程变更情况比较复杂，一般有以下几种：

1）与变更相关的分项工程尚未开始，只需对工程设计作修改或补充，如发现图纸错误、业主对工程有新的要求。这种情况下的工程变更时间比较充裕，价格谈判和变更的落实可有条不紊地进行。

2）变更所涉及的工程正在进行施工，如在施工中发现设计错误或业主突然有新的要求。这种变更通常时间很紧迫，甚至可能发生现场停工，等待变更指令。

3）对已经完工的工程进行变更，必须作返工处理。这种情况对合同履行将产生比较大的影响，双方都应认真对待，尽量避免这种情况发生。

现行工程变更的程序一般由合同作出约定，该程序较为适用于上述第2）、第3）种情况。但现行的工程变更程序对较为常见的第1）种情况并不恰当，并且是导致争议的重要原因之一。对该种情况，最理想的程序是：在变更执行前，合同双方已就工程变更中涉及的费用增加和工期延误的补偿协商后达成一致，业主对变更申请中的内容已经认可，争执较少。图9-5所示为工程变更程序图。

但按这个程序变更过程时间太长，合同双方对于费用和工期补偿谈判常常会有反复和争执，这会影响变更的实施和整个工程施工进度。在现行工程施工合同中，该程序较少采用，而是在合同中赋予工程师（业主）直接指令变更工程的权力，承包商在接到指令后必须执行变更，而合同价格和工期的调整由工程师（业主）和承包商协商后确定。

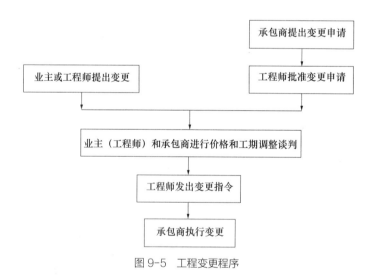

图9-5　工程变更程序

3．工程变更价格调整

（1）工程变更责任分析

工程变更责任分析是工程变更起因与工程变更问题处理，即确定赔偿问题的桥梁。工程变更包括以下内容：

1）设计变更。设计变更会引起工程量的增加、减少，新增或删除分项工程，工程质量和进度的变化，实施方案的变化。一般工程施工合同赋予业主（工程师）这方面的变更权力，可以直接通过下达指令、重新发布图纸或规范实现变更。其责任划分原则为：

① 由于业主要求、政府部门要求、环境变化、不可抗力、原设计错误等导致设计的修改，必须由业主承担责任。

② 由于承包商施工过程、施工方案出现错误、疏忽而导致设计的修改，必须由承包商负责。

③ 在现代工程中，承包商承担的设计工作逐渐多起来，承包商提出的设计必须经过工程师（或业主）的批准。对不符合业主在招标文件中提出的工程要求的设计，工程师有权不认可。这种不认可不属于索赔事件。

2）施工方案变更。施工方案变更的责任分析有时比较复杂。

在投标文件中，承包商就在施工组织设计中提出比较完备的施工方案，但施工组织设计不作为合同文件的一部分。对此有如下问题应注意：

① 施工方案虽不是合同文件，但它也有约束力。业主向承包商授标前，可要求承包商对施工方案作出说明或修改方案，以符合业主的要求。

② 施工合同规定，承包商应对所有现场作业和施工方法的完备、安全、稳定负全部责任。这一责任表示在通常情况下由于承包商自身原因（如失误或风险）修改施工方案所造成的损失由承包商负责。

③ 在施工方案变更作为承包商责任的同时，又隐含着承包商对决定和修改施工方案具有相应的权力，即业主不能随便干预承包商的施工方案；为了更好地完成合同目标（如缩短工期）或在不影响合同目标的前提下，承包商有权采用更为科学和经济合理的施工方案，业主也不得随便干预。当然，承包商应承担重新选择施工方案的风险和机会收益。

④ 在工程中，承包商采用或修改实施方案都要经过工程师的批准或同意。如果工程师无正当理由不同意可能会导致一个变更指令。这里的正当理由包括工程师有证据证明或认为使用这种方案承包商不能圆满完成合同责任，如不能保证工程质量、工期等；承包商要求变更方案（如变更施工次序、缩短工期），而业主无法完成合同规定的配合责任，如无法按此方案及时提供图纸、场地、资金、设备，则工程师有权要求承包商执行原定方案。

重大的设计变更常常会导致施工方案的变更。如果设计变更由业主承担责任，则相应的施工方案的变更也由业主负责；反之，则由承包商负责。

对不利的异常的地质条件所引起的施工方案的变更，一般作为业主的责任。一方面，一个有经验的承包商无法预料现场气候条件除外的障碍或条件；另一方面，业主负责地质勘察和提供地质报告，则他应对报告的正确性和完备性承担责任。

施工进度的变更。施工进度的变更十分频繁：在招标文件中，业主给出工程的总工期目标；承包商在投标文件中有一个总进度计划；中标后承包商还要提出详细的进度计划，由工程师批准（或同意）；在工程开工后，每月都可能有进度调整。通常只要工程师（或业主）批准（或同意）承包商的进度计划（或调整后的进度计划），则新的进度计划就有约束力。如果业主不能按照新进度计划完成按合同应由业主完成的责任，如及时提供图纸、施工场地、水电等，则属业主违约，应承担责任。

（2）工程变更价款的确定

按照国际土木工程合同管理的惯例（如FIDIC第12、13条约定），一般合同工程变更估价的原则为：

① 对于所有按工程师指示的工程变更，若属于原合同中工程量清单上增加或减少的工作项目的费用及单价，一般应根据合同中工程量清单所列的单价或价格而定，或参考工程量清单所列的单价或价格来定。

② 如果合同中的工程量清单中没有包括此项变更工作的单价或价格，则应在合同的范围内使用合同中的费率或价格作为估价的基础。若做不到这一点，适合的价格要由工程师与业主和承包商三方共同协商解决而定。如协商不成，则应由工程师在其认为合理和恰当的前提下，决定此项变更工程的费率或价格，并通知业主和承包商。如业主和承包商仍不能接受，工程师可再行确定单价或价格，直到达成一致协议。如估价达不成最终的一致协议，在费率或价格未经同意或决定之前，工程师应确定暂时的费率或价格，以便有可能作为暂付款包括在按FIDIC合同条件第13条签发的支付证书中。承包商一般同工程师协商，合理地要求到自己争取的单价或价格，或提出索赔。

③ 当工程师需作决定的单项造价及费率，相对于整个工程或分项工程中工程性质和数量有较大变更，用工程量清单中的价格已不合理或不合适时。例如，在概算工程量清单内已有200个同样的分部细目，而工程师又命令多做10个同样的分部细目，这毫无疑问可以用工程量清单内的价格；若倒过来讲，原工程量清单中只有10个同样的细目，这时多做200个同样的分部细目显然是对承包商有利的，可以用同样的施工机具、模板、支架等手段来施工时，引用原来的单价显然不合理，需要把单价调低一些。

我国施工合同示范文本所确定的工程变更估价原则为：

① 合同中已有适用于变更工程的价格，按合同已有的价格变更合同价款。

② 合同中只有类似于变更工程的价格，可以参照类似价格变更合同价款。

③ 合同中没有适用或类似于变更工程的价格，由承包人提出适当的变更价格，经工程师确认后执行。

《建设工程施工合同（示范文本）》GF-2017-0201规定的变更价款的估价原则为：

除专用合同条款另有约定外，变更估价按照以下约定处理。

① 已标价工程量清单或预算书有相同项目的，按照相同项目单价认定；

② 已标价工程量清单或预算书中无相同项目，但有类似项目的，参照类似项目的单价认定；

③ 变更导致实际完成的变更工程量与已标价工程量清单或预算书中列明的该项目工程量的变化幅度超过15%的，或已标价工程量清单或预算书中无相同项目及类似项目单价的，按照合理的成本与利润构成的原则，由合同当事人按照商定或确定的结果来确定变更工作的单价。

4．工程变更的管理

（1）注意对工程变更条款的合同分析

对工程变更条款的合同分析应特别注意：工程变更不能超过合同规定的工程范围，如果超过这个范围，承包商有权不执行变更或坚持先商定价格后再进行变更。业主和工程师的认可权必须限制。业主常常通过工程师对材料的认可权提高材料的质量标准、对设计的认可权提高设计质量标准、对施工工艺的认可权提高施工质量标准。如果合同条文规定比较含糊或设计不详细，则容易产生争执。但是，如果这种认可权超过合同明确规定的范围和标准，承包商应争取业主或工程师的书面确认，进而提出工期和费用索赔。此外，与业主、总（分）包商之间的任何书面信件、报告、指令等都应由合同管理人员进行技术和法律方面的审查，这样才能保证任何变更都在控制中，不会出现合同问题。

（2）促成工程师提前作出工程变更

在实际工作中，变更决策时间过长和变更程序太慢会造成很大的损失。常有两种现象：一种现象是施工停止，承包商等待变更指令或变更会谈决议；另一种现象是变更指令不能迅速作出，而现场继续施工，造成更大的返工损失。这就要求变更程序尽量快捷，故即使仅从自身出发，承包商也应尽早发现可能导致工程变更的种种迹象，尽可能促使工程师提前作出工程变更。施工中如发现图纸错误或其他问题需要进行变更，首先应通知工程师，经工程师同意或通过变更程序后再进行变更；否则，承包商可能不仅得不到应有的补偿，而且还会带来麻烦。

（3）对工程师发出的工程变更应进行识别

特别是在国际工程中，工程变更不能免去承包商的合同责任。对已收到的变更指令，特别是对重大的变更指令或在图纸上作出的修改意见，应予以核实。对超出工程师权限范围的变更，应要求工程师出具业主的书面批准文件。对涉及双方责、权、利关系的重大变更，必须有业主的书面指令、认可或双方签署的变更协议。

（4）迅速、全面地落实变更指令

变更指令作出后，承包商应迅速、全面、系统地落实变更指令。承包商应全面修改相关的各种文件，如有关图纸、规范、施工计划、采购计划等，使它们一致反映和包容最新的变更。承包商应在相关的各工程小组和分包商的工作中落实变更指令，提出相应的措施，对新出现的问题作解释和制定对策，并协调好各方面的工作。合同变更指令应立即在工程实施中贯彻并体现出来。在实际工程中，这方面的问题常常很多。由于合同变更与合同签订不同，没有一个合理的计划期，变更时间紧，难以详细地计划和分析，使责任落实不全面，容易造成计划、安排、协调方面的漏洞，引起混乱，导致损失。而这个损失往往被认为是由承包商管理失误造成的，难以得到补偿。因此，承包商应特别注意工程变更的实施。

（5）分析工程变更的影响

合同变更是索赔机会，应在合同规定的索赔有效期内完成对它的索赔处理。在合同变更过程中就应记录、收集、整理所涉及的各种文件，如图纸、各种计划、技术说明、规范和业主或工程师的变更指令，以作为进一步分析的依据和索赔的证据。

在实际工作中，最好事先能就价款及工程的谈判达成一致后再进行合同变更。在商讨变更、签订变更协议的过程中，承包商最好提出变更补偿问题，在变更执行前就应明确补偿范围、补偿方法、索赔值的计算方法、补偿款的支付时间等。但现实中，工程变更的实施、价格谈判和业主批准三者之间存在时间上的矛盾，往往是工程师先发出变更指令要求承包商执行，但价格谈判及工期谈判迟迟达不成协议，或业主对承包商的补偿要求不批准，此时承包商应采取适当的措施来保护自身的利益。对此可采取如下措施：

1）控制（即拖延）施工进度，等待变更谈判结果，这样不仅损失较小，而且谈判回旋余地较大。

2）争取以点工或按承包商的实际费用支出计算费用补偿，如采取成本加酬金方法，这样可以避免价格谈判中的争执。

3）应有完整的变更实施记录和照片，请业主、工程师签字，为索赔做准备。在工程变更中，应特别注意由变更引起返工、停工、窝工、修改计划等所造成的损失，注意这方面证据的收集。在变更谈判中，应对此进行商谈，保留索赔权。在实际工程中，人们常常会忽视这些损失证据的收集，在最后提出索赔报告时往往因举证和验证困难而被对方否决。

复习思考题

1. 如何对房地产合同的效力进行审查？
2. 工程合同审查的重点是什么，应重点审查哪些方面的内容？
3. 工程合同审查的程序有哪些？
4. 结合实际房地产项目，试述工程合同谈判的技巧和策略。
5. 简述合同分析的作用。
6. 如何进行房地产合同的结构分解？
7. 如何做好合同交底工作？
8. 试述合同控制程序和方法。
9. 工程变更包括哪些范围，工程变更包括哪些程序？
10. 如何加强工程变更管理？

10 房地产合同索赔管理

房地产合同索赔主要涉及开发商与承包商之间的工程索赔、开发商与供应商之间的商务索赔，以及消费者与开发商之间的消费者索赔。本章主要介绍房地产项目开发过程中常见的工程索赔。

10.1 工程索赔基本理论

10.1.1 索赔的基本概念

工程索赔在国际建筑市场上是合同当事人保护自身正当权益、弥补工程损失、提高经济效益的重要和有效的手段。许多国际工程项目，承包商通过成功的索赔能使工程收入的增加达到工程造价的5%～10%，甚至有些工程的索赔额超过了合同额本身。"中标靠低标，盈利靠索赔"便是许多国际承包商的经验总结。索赔管理以其本身花费较小、经济效果明显而受到承包商的高度重视。在我国，由于对工程索赔的认识尚不够全面、正确，在有些地区、部门或行业，还不同程度地存在着业主忌讳索赔、不准索赔，承包商索赔意识不强、不敢索赔、不会索赔，而监理工程师不懂如何正确处理索赔等现象。因此，应当加强对索赔理论和方法的研究，在工程实践中健康地开展工程索赔工作。

1. 索赔的概念及特点

（1）索赔含义

索赔（Claim）一词具有较为广泛的含义，其一般含义是指对某事、某物权利的一种主张、要求、坚持等。工程索赔通常是指在工程合同履行过程中，合同当事人一方因非自身责任或对方不履行或未能正确履行合同而受到经济损失或权利损害时，通过一定的合法程序向对方提出经济或时间补偿的要求。索赔是一种正当的权利要求，它是发包人、工程师和承包人之间一项正常的、大量发生而且普遍存在的合同管理业务，是一种以法律和合同为依据的、合情合理的行为。

（2）索赔特征

索赔是双向的，不仅承包人可以向发包人索赔，发包人同样也可以向承包人索赔。由于实践中发包人向承包人索赔发生的频率相对较低，而且在索赔处理中，发包人始终处于主动和有利的地位，他可以直接从应付工程款中扣抵或没收履约保函、扣留保留金甚至留置承包商的材料设备作为抵押等来实现自己的索赔要求，不存在"索"。因此，在工程实践中，大量发生的、处理比较困难的是承包人向发包人的索赔，也是索赔管理的主要对象和重点内容。承包人的索赔范围非常广泛，一般认为只要因非承包人自身责任造成工程工期延长或成本增加，都有可能向发包人提出索赔。

只有实际发生了经济损失或权利损害，一方才能向对方索赔。经济损失是指发生了合同外的额外支出，如人工费、材料费、机械费、管理费等额外开支；权利损害是指虽然没有经济上的损失，但造成了一方权利上的损害，如由于恶劣气候条件对工程进度的不利影响,承包人有权要求工期延长等。因此,发生了实际的经济损失或权利损害,应是一方提出索赔的一个基本前提条件。

索赔是一种未经对方确认的单方行为,它与工程签证不同。在施工过程中,签证是承发包双方就额外费用补偿或工期延长等达成一致的书面证明材料和补充协议,它可以直接作为工程款结算或最终增减工程造价的依据。而索赔则是单方面行为,对对方尚未形成约束力,这种索赔要求能否得到最终实现,必须通过确认(如双方协商、谈判、调解或仲裁、诉讼)后才能确定。

归纳起来,索赔具有如下一些本质特征:

1)索赔是要求给予补偿(赔偿)的一种权利、主张;
2)索赔的依据是法律法规、合同文件及工程建设惯例,但主要是合同文件;
3)索赔是因非自身原因导致的,要求索赔一方没有过错;
4)与原合同相比较,已经发生了额外的经济损失或工期损害;
5)索赔必须有切实有效的证据;
6)索赔是单方行为,双方还没有达成协议。

实质上,索赔的性质属于经济补偿行为,而不是惩罚。索赔是一种正当的权利或要求,是合情、合理、合法的行为,它是在正确履行合同的基础上争取合理的偿付,不是无中生有、无理争利。索赔同守约、合作并不矛盾、对立,只要是符合有关规定的、合法的或者符合有关惯例的,就应该理直气壮地、主动地向对方索赔。大部分索赔都可以通过和解或调解等方式获得解决,只有在双方坚持己见而无法达成一致时才会提交仲裁或诉诸法院求得解决,即使诉诸法律程序,也应当被看成是遵法守约的正当行为。索赔的关键在于"索",一方不"索",对方就没有任何义务主动地来"赔";同样,"索"得乏力、无力,即索赔依据不充分、证据不足、方式方法不当,也是很难成功的。国际工程的实践经验告诉我们,一个不敢、不会索赔的承包人最终是要亏损的。

(3)索赔与违约责任的区别

1)索赔事件的发生,不一定在合同文件中有约定;而工程合同的违约责任,则必然是合同所约定的。

2)索赔事件的发生,可以是一定行为造成(包括作为和不作为),也可以是不可抗力事件所引起的;而追究违约责任,必须有合同不能履行或不能完全履行的违约事实的存在,发生不可抗力可以免除追究当事人的违约责任。

3)索赔事件的发生,可以是合同当事人一方引起,也可以是任何第三人行为引起;而违反合同,则是由于当事人一方或双方的过错造成的。

4)一定要有造成损失的结果才能提出索赔,因此索赔具有补偿性;而合同违约不一定要造成损失结果,因为违约具有惩罚性。

5)索赔的损失结果与被索赔人的行为不一定存在法律上的因果关系,如因业主(发包人)指定分包人原因造成承包人损失的,承包人可以向业主索赔等;而违反合同的行为与违约事实之间存在因果关系。

2. 索赔的起因

引起工程索赔的原因非常多和复杂，主要有以下方面：

（1）工程项目的特殊性。现代工程规模大、技术性强、投资额大、工期长、材料设备价格变化快，工程项目的差异性大、综合性强、风险大，使得工程项目在实施过程中存在许多不确定变化因素，而合同则必须在工程开工前签订，它不可能对工程项目所有的问题都作出合理的预见和规定，而且发包人在工程实施过程中还会有许多新的决策，这一切使得合同变更比较频繁，而合同变更必然会导致项目工期和成本的变化。

（2）工程项目内外部环境的复杂性和多变性。工程项目的技术环境、经济环境、社会环境、法律环境的变化，诸如地质条件变化、材料价格上涨、货币贬值、国家政策、法规的变化等，会在工程实施过程中经常发生，使得工程的实际情况与计划实施过程不一致，这些因素同样会导致工程工期和费用的变化。

（3）参与工程建设主体的多元性。由于工程参与单位多，一个工程项目往往会有发包人、总承包人、工程师、分包人、指定分包人、材料设备供应人等众多参加单位，各方面的技术、经济关系错综复杂，相互联系又相互影响，只要一方失误，不仅会造成自己的损失，而且会影响其他合作者，造成他人损失，从而导致索赔和争执。

（4）工程合同的复杂性及易出错性。工程合同文件多且复杂，经常会出现措辞不当、缺陷、图纸错误，以及合同文件前后自相矛盾或者可作不同解释等问题，容易造成合同双方对合同文件理解不一致，从而出现索赔。

（5）投标的竞争性。现代土木工程市场竞争激烈，承包人的利润水平逐步降低，在竞标时，大部分靠低标价甚至保本价中标，回旋余地较小。特别是，在招标投标过程中，每个合同专用文件内的具体条款，一般是由发包人自己或委托工程师、咨询单位编写后列入招标文件，编制过程中承包人没有发言权，虽然承包人在投标书的致函内和与发包人进行谈判过程中，可以要求修改某些对他风险较大的条款的内容，但不能要求修改的条款数目过多，否则就构成对招标文件有实质上的背离而被发包人拒绝，因而工程合同在实践中往往发包人与承包人风险分担不公，把主要风险转嫁于承包人一方，稍遇条件变化，承包人即处于亏损的边缘，这必然迫使他寻找一切可能的索赔机会来减轻自己承担的风险。因此，索赔实质上是工程实施阶段承包人和发包人之间在承担工程风险比例上的合理再分配，这也是目前国内外土木工程市场上，索赔无论在数量还是款额上呈增长趋势的一个重要原因。

以上这些问题会随着工程的逐步开展而不断暴露出来，使工程项目必然受到影响，导致工程项目成本和工期的变化，这就是索赔形成的根源。因此，索赔的发生，不仅是一个索赔意识或合同观念的问题，从本质上讲，索赔也是一种客观存在。

3．索赔管理的特点和原则

要健康地开展索赔工作，必须全面认识索赔，完整理解索赔，端正索赔动机，才能正确对待索赔，规范索赔行为，合理地处理索赔事件。因此，发包人、工程师和承包人应对索赔工作的特点有全面的认识和理解。

（1）索赔工作贯穿工程项目始终

合同当事人要做好索赔工作，必须从签订合同起，直至履行合同的全过程中，要认真注意采取预防保护措施，建立健全索赔业务的各项管理制度。

在工程项目的招标、投标和合同签订阶段，作为承包人应仔细研究工程所在国的法律、法规及合同条件，特别是关于合同范围、义务、付款、工程变更、违约及罚款、特殊风险、索赔时限和争议解决等条款，必须在合同中明确规定当事人各方的权利和义务，以便为将来可能的索赔提供合法的依据和基础。在合同执行阶段，合同当事人应密切注视对方的合同履行情况，不断地寻求索赔机会；同时，自身应严格履行合同义务，防止被对方索赔。

一些缺乏工程承包经验的承包人，由于对索赔工作的重要性认识不够，往往在工程开始时并不重视，等到发现不能获得应当得到的偿付时才匆忙研究合同中的索赔条款，汇集所需要的数据和论证材料，但已经陷入被动局面，有的经过旷日持久的争执、交涉乃至诉诸法律程序，仍难以索回应得的补偿或损失，影响了自身的经济效益。

（2）索赔是工程技术和法律相融的综合学问和艺术

索赔问题涉及的层面相当广泛，既要求索赔人员具备丰富的工程技术知识与实际施工经验，使得索赔问题的提出具有科学性和合理性，符合工程实际情况，又要求索赔人员通晓法律与合同知识，使得提出的索赔具有法律依据和事实证据，并且还要求在索赔文件的准备、编制和谈判等方面具有一定的艺术性，使索赔的最终解决表现出一定程度的伸缩性和灵活性。这就对索赔人员的素质提出了很高的要求，他们的个人品格和才能对索赔成功的影响很大。索赔人员应当是头脑冷静、思维敏捷、处事公正、性格刚毅且有耐心，并具有以上多种才能的综合人才。

（3）影响索赔成功的相关因素多

索赔能否获得成功，除了上述方面的条件以外，还与企业的项目管理基础工作密切相关，主要有以下四个方面：

1）合同管理。合同管理与索赔工作密不可分，有的学者认为索赔就是合同管理的一部分。从索赔角度看，合同管理可分为合同分析和合同日常管理两部分。合同分析的主要目的是为索赔提供法律依据。合同日常管理则是收集、整理施工中发生事件的一切记录，包括图纸、订货单、会谈纪要、来往信件、变更指令、气象图表、工程照片等，并加以科学归档和管理，形成一个能清晰描述和反映整个工程全过程的数据库，其目的是为索赔及时提供全面、正确、合法有效的各种证据。

2）进度管理。工程进度管理不仅可以指导整个施工的进程和次序，而且可以通过计划工期与实际进度的比较、研究和分析，找出影响工期的各种因素，分清各方责任，及时地向对方提出延长工期及相关费用的索赔，并为工期索赔值的计算提供依据和各种基础数据。

3）成本管理。成本管理的主要内容有编制成本计划，控制和审核成本支出，进行计划成本与实际成本的动态比较分析等，它可以为费用索赔提供各种费用的计算数据和其他信息。

4）信息管理。索赔文件的提出、准备和编制需要大量工程施工中的各种信息，这些信息要在索赔时限内高质量地准备好，离开当事人平时的信息管理是不行的。应该采用计算机进行信息管理。

10.1.2 索赔的分类

索赔贯穿于工程项目全过程，可能发生的范围比较广泛，其分类随标准、方法不同而不同，主要有以下几种分类方法。

1. 按索赔有关当事人分类

（1）承包人与发包人间的索赔。这类索赔大都是有关工程量计算、变更、工期、质量和价格方面的争议，也有中断或终止合同等其他违约行为的索赔。

（2）总承包人与分包人间的索赔。其内容与（1）大致相似，但大多数是分包人向总承包人索要付款和赔偿及总承包人向分包人罚款或扣留支付款等。

以上两种涉及工程项目建设过程中施工条件或施工技术、施工范围等变化引起的索赔，一般发生频率高，索赔费用大，有时也称为施工索赔。

（3）发包人或承包人与供货人、运输人间的索赔。其内容多系商贸方面的争议，如货品质量不符合技术要求、数量短缺、交货拖延、运输损坏等。

（4）发包人或承包人与保险人间的索赔。此类索赔多系被保险人受到灾害、事故或其他损害或损失，按保险单向其投保的保险人索赔。

以上两种在工程项目实施过程中的物资采购、运输、保管、工程保险等方面活动引起的索赔事项，又称商务索赔。

2. 按索赔的依据分类

（1）合同内索赔。合同内索赔是指索赔所涉及的内容可以在合同文件中找到依据，并可根据合同规定明确划分责任。一般情况下，合同内索赔的处理和解决要顺利一些。

（2）合同外索赔。合同外索赔是指索赔所涉及的内容和权利难以在合同文件中找到依据，但可从合同条文引申含义和合同适用法律或政府颁发的有关法规中找到索赔的依据。

（3）道义索赔。道义索赔是指承包人在合同内或合同外都找不到可以索赔的依据，因而没有提出索赔的条件和理由，但承包人认为自己有要求补偿的道义基础，而对其遭受的损失提出具有优惠性质的补偿要求，即道义索赔。道义索赔的主动权在发包人手中，发包人一般在下面四种情况下，可能会同意并接受这种索赔：第一，若另找其他承包人，费用会更大；第二，为了树立自己的形象；第三，出于对承包人的同情和信任；第四，谋求与承包人更理解或更长久的合作。

3．按索赔目的分类

（1）工期索赔。即由于非承包人自身原因造成拖期的，承包人要求发包人延长工期，推迟原规定的竣工日期，避免违约误期罚款等。

（2）费用索赔。即要求发包人补偿费用损失，调整合同价格，弥补经济损失。

4．按索赔事件的性质分类

（1）工程延期索赔。因发包人未按合同要求提供施工条件，如未及时交付设计图纸、施工现场、道路等，或因发包人指令工程暂停或不可抗力事件等原因造成工期拖延的，承包人对此提出索赔。

（2）工程变更索赔。由于发包人或工程师指令增加或减少工程量或增加附加工程、修改设计、变更施工顺序等，造成工期延长和费用增加，承包人对此提出索赔。

（3）工程终止索赔。由于发包人违约或发生了不可抗力事件等造成工程非正常终止，承包人因蒙受经济损失而提出索赔。

（4）工程加速索赔。由于发包人或工程师指令承包人加快施工速度，缩短工期，引起承包人的人、财、物的额外开支而提出的索赔。

（5）意外风险和不可预见因素索赔。在工程实施过程中，因人力不可抗拒的自然灾害、特殊风险以及一个有经验的承包人通常不能合理预见的不利施工条件或客观障碍，如地下水、地质断层、溶洞、地下障碍物等引起的索赔。

（6）其他索赔。如因货币贬值、汇率变化、物价或工资上涨、政策法令变化等原因引起的索赔。

这种分类能明确指出每一项索赔的根源所在，使发包人和工程师便于审核分析。

5．按索赔处理方式分类

（1）单项索赔。单项索赔就是采取一事一索赔的方式，即在每一件索赔事项发生后，报送索赔通知书，编报索赔报告，要求单项解决支付，不与其他的索赔事项混在一起。单项索赔是针对某一干扰事件提出的，在影响原合同正常运行的干扰事件发生时或发生后，由合同管理人员立即处理，并在合同规定的索赔有效期内向发包人或工程师提交索赔要求和报告。单项索赔通常原因单一，责任单一，分析起来相对容易，由于涉及的金额一般较小，双方容易达成协议，处理起来也比较简单。因此，合同双方应尽可能地用此种方式来处理索赔。

（2）综合索赔。综合索赔又称一揽子索赔，即对整个工程（或某项工程）中所发生的数起索赔事项，综合在一起进行索赔。一般在工程竣工前和工程移交前，承包人将工程实施过程中因各种原因未能及时解决的单项索赔集中起来进行综合考虑，提出一份综合索赔报告，由合同双方在工程交付前后进行最终谈判，以一揽子方案解决索赔问题。在合同实施过程中，有些单项索赔问题比较复杂，不能立即解决，为不影响工程进度，经双方协商同意后留待以后解决。有的是发包人或工程师对索赔采用拖延办法，迟迟不作答复，使索赔谈判旷日持久，还有的是承包人因自身原因，未能及时采用单项索赔方式等，都有可能出现一揽子索赔。由于在一揽子索赔中许多干扰事件交织在一起，影响因素比较复杂而且相互交叉，责任分析和索赔值计算都很困难，索赔涉及的金额往往又很大，双方都不愿或不容易作出让步，使索赔的谈判和处理都很困难。因此，综合索赔的成功率比单项索赔要低得多。

10.1.3 索赔事件

索赔事件又称干扰事件，是指那些使实际情况与合同规定不相符，最终引起工期和费用变化的事件。不断地追踪、监督索赔事件就是不断地发现索赔机会。

1. 承包人可以提出的索赔事件

（1）发包人（业主）违约（风险）

1）发包人未按合同约定完成基本工作。如发包人未按时交付合格的施工现场及行驶道路、接通水电等；未按合同规定的时间和数量交付设计图纸和资料；提供的资料不符合合同标准或有错误（如工程实际地质条件与合同提供资料不一致）等。

2）发包人未按合同规定支付预付款及工程款等。一般合同中都有支付预付款和工程款的时间限制及延期付款计息的利率要求。如果发包人不按时支付，承包人可据此规定向发包人索要拖欠的款项并索赔利息，敦促发包人迅速偿付。对于严重拖欠工程款，导致承包人资金周转困难，影响工程进度，甚至引起中止合同的严重后果，承包人则必须严肃地提出索赔，甚至诉讼。

3）发包人（业主）应该承担的风险。由于业主承担的风险发生而导致承包人的费用损失增大时，承包人可据此提出索赔。许多合同规定，承包人不仅对由此而造成工程、业主或第三人的财产的破坏和损失及人身伤亡不承担责任，而且业主应保护和保障承包人不受上述特殊风险后果的损害，并免于承担由此而引起的与之有关的一切索赔、诉讼及其费用。同时，承包人还应当可以得到由此损害引起的任何永久性工程及其材料的付款及合理的利润，以及一切修复费用、重建费用及上述特殊风险而导致的费用增加。如果由于特殊风险而导致合同终止，承包人除可以获得应付的一切工程款和损失费用外，还可以获得施工机械设备的撤离费用和人员遣返费用等。

4）发包人或工程师要求工程加速。当工程项目的施工计划进度受到干扰，导致项目不能按时竣工，发包人的经济效益受到影响时，有时发包人或工程师会要求承包人加班赶工来完成工程项目，承包人不得不在单位时间内投入比原计划更多的人力、物力与财力进行施工，以加快施工进度。

5）设计错误、发包人或工程师错误的指令或提供错误的数据等造成工程修改、停工、返工、窝工，发包人或工程师变更原合同规定的施工顺序，打乱了工程施工计划等。由于发包人和工程师原因造成的临时停工或施工中断，特别是根据发包人和工程师不合理指令造成了工效的大幅度降低，从而导致费用支出增加，承包人可提出索赔。

6）发包人不正当地终止工程。由于发包人不正当地终止工程，承包人有权要求补偿损失，其数额是承包人在被终止工程上的人工、材料、机械设备的全部支出，以及各项管理费用、保险费、贷款利息、保函费用的支出（减去已结算的工程款），并有权要求赔偿其盈利损失。

（2）不利的自然条件与客观障碍

不利的自然条件和客观障碍，是指一般有经验的承包人无法合理预料到的不利的自然条件和客观障碍。"不利的自然条件"中不包括气候条件，而是指投标时经过现场调查及根据发包人所提供的资料都无法预料到的其他不利自然条件，如地下水、地质断层、溶洞、沉陷等。"客观障碍"是指经现场调查无法发现、发包人提供的资料中也未提到的地下（上）人工建筑物及其他客观存在的障碍物，如排水道、公共设施、坑、井、隧道、废弃的旧建筑物、其他水泥砖砌物，以及埋在地下的树木等。由于不利的自然条件及客观障碍，常常导致涉及变更、工期延长或成本大幅度增加，承包人可以据此提出索赔要求。

（3）工程变更

由于发包人或工程师指令增加或减少工程量、增加附加工程、修改设计、变更施工顺序、提高质量标准等，造成工期延长和费用增加，承包人可对此提出索赔。注意由于工程变更减少了工作量，也要进行索赔。比如在住房施工过程中，发包人提出将原来的100栋减为70栋，承包人可以对管理费、保险费、设备费、材料费（如已订货）、人工费（多余人员已到）等进行索赔。工程变更索赔通常是索赔的重点，但应注意，其变更绝不能由承包人主动提出建议，而必须由发包人提出，否则不能进行索赔。

（4）工期延长和延误

工期延长和延误的索赔通常包括两方面：一是承包人要求延长工期；二是承包人要求偿付由于非承包人原因导致工程延误而造成的损失。一般这两方面的索赔报告要求分别编制，因为工期和费用索赔并不一定同时成立。如果工期拖延的责任在承包人方面，则承包人无权提出索赔。

（5）工程师指令和行为

如果工程师在工作中出现问题、失误或行使合同赋予的权力造成承包人的损失，业主必须承担相应合同规定的赔偿责任。工程师指令和行为通常表现为：工程师指令承包人加速施工、进行某项工作、更换某些材料、采取某种措施或停工，工程师未能在规定的时间内发出有关图纸、指示、指令或批复（如发予材料订货及进口许可过晚），工程师拖延发布各种证书（如进度付款签证、移交证书、缺陷责任合格证书等），工程师的不适当决定和苛刻检查等。因为这些指令（包括指令错误）和行为而造成的成本增加和（或）工期延误，承包人可以索赔。

（6）合同缺陷

合同缺陷常常表现为合同文件规定不严谨甚至前后矛盾、合同规定过于笼统、合同中的遗漏或错误。这不仅包括商务条款中的缺陷，也包括技术规范和图纸中的缺陷。在这种情况下，一般工程师有权作出解释，但如果承包人执行工程师的解释后引起成本增加或工期延长，则承包人可以索赔，工程师应给予证明，发包人应给予补偿。一般情况下，发包人作为合同起草人，要对合同中的缺陷负责，除非其中有非常明显的含糊或其他缺陷，根据法律可以推定承包人有义务在投标前发现并及时向发包人指出。

（7）物价上涨

由于物价上涨的因素，带来了人工费、材料费甚至施工机械费的不断增长，导致工程成本大幅度上升，承包人的利润受到严重影响，也会引起承包人提出索赔要求。

（8）国家政策及法律、法规变更

国家政策及法律、法规变更，通常是指直接影响到工程造价的某些政策及法律、法规的变更，比如限制进口、外汇管制或税收及其他收费标准的提高。就国际工程而言，合同通常都规定：如果在投标截止日期前的第28天以后，由于工程所在国家或地区的任何政策和法规、法令或其他法律、规章发生了变更，导致了承包人成本增加，对承包人由此增加的开支，发包人应予补偿；相反，如果导致费用减少，则也应由发包人收益。就国内工程而言，因国务院各有关部、各级建设行政主管部门或其授权的工程造价管理部门公布的价格调整，比如定额、取费标准、税收、上缴的各种费用等，可以调整合同价款，如未予调整，承包人可以要求索赔。

（9）货币及汇率变化

就国际工程而言，合同一般规定：如果在投标截止日期前的第28天以后，工程所在国政府或其授权机构对支付合同价格的一种或几种货币实行货币限制或货币汇兑限制，发包人应补偿承包人因此而受到的损失。如果合同规定将全部或部分款额以一种或几种外币支付给承包人，则这项支付不应受上述指定的一种或几种外币与工程所在国货币之间的汇率变化的影响。

（10）其他承包人干扰

其他承包人干扰是指其他承包人未能按时、按序进行并完成某项工作，各承包人之间配合协调不好等而给本承包人的工作带来干扰。大中型土木工程，往往会有几个独立承包人在现场施工，由于各承包人之间没有合同关系，工程师有责任组织协调好各个承包人之间的工作，否则，将会给整个工程和各承包人的工作带来严重影响，引起承包人的索赔。比如，某承包人不能按期完成他那部分工作，其他承包人的相应工作也会因此而拖延，此时，被迫延迟的承包人就有权向发包人提出索赔。在其他方面，如场地使用、现场交通等，各承包人之间也都有可能发生相互干扰的问题。

（11）其他第三人原因

其他第三人的原因通常表现为因与工程有关的其他第三人的问题而引起的对本工程的不利影响，如：银行付款延误、邮路延误、港口压港等。如发包人在规定时间内依规定方式向银行寄出了要求向承包人支付款项的付款申请，但由于邮路延误，银行迟迟没有收到该付款申请，因而造成承包人没有在合同规定的期限内收到工程款。在这种情况下，由于最终表现出来的结果是承包人没有在规定时间内收到款项，所以，承包人往往向发包人索赔。对于第三人原因造成的索赔，发包人给予补偿后，应该根据其与第三人签订的合同规定或有关法律规定再向第三人追偿。

2. 发包人可以提出的索赔事件

（1）施工责任。当承包人的施工质量不符合施工技术规程的要求，或在保修期未满以前未完成应该负责修补的工程时，发包人有权向承包人追究责任。如果承包人未在规定的时限内完成修补工作，发包人有权雇用他人来完成工作，发生的费用由承包人负担。

（2）工期延误。在工程项目的施工过程中，由于承包人的原因，使竣工日期拖后，影响到发包人对该工程的使用，给发包人带来经济损失时，发包人有权对承包人进行索赔，即由承包人支付延期竣工违约金。建设工程施工合同中的误期违约金，通常是由发包人在招标文件中确定的。

（3）承包人超额利润。如果工程量增加很多（超过有效合同价的15%），使承包人预期的收入增大，因工程量增加承包人并不增加固定成本，合同价应由双方讨论调整，发包人有权收回部分超额利润。由于法规的变化导致承包人在工程实施中降低了成本，产生了超额利润，也应重新调整合同价格，收回部分超额利润。

（4）指定分包商的付款。在工程承包人未能提供已向指定分包商付款的合理证明时，发包人可以直接按照工程师的证明书，将承包人未付给指定分包商的所有款项（扣除保留金）付给该分包商，并从应付给承包人的任何款项中如数扣回。

（5）承包人不履行的保险费用。如果承包人未能按合同条款指定的项目投保，并保证保险有效，发包人可以投保并保证保险有效，发包人所支付的必要的保险费可在应付给承包人的款项中扣回。

（6）发包人合理终止合同或承包人不正当地放弃工程。如果发包人合理地终止承包人的承包，或者承包人不合理地放弃工程，则发包人有权从承包人手中收回由新的承包人完成工程所需的工程款与原合同未付部分的差额。

（7）其他。由于工伤事故给发包方人员和第三方人员造成的人身或财产损失的索赔，以及承包人运送建筑材料及施工机械设备时损坏了公路、桥梁或隧洞，交通管理部门提出的索赔等。

上述这些事件能否作为索赔事件，进行有效的索赔，还要看具体的工程和合同背景、合同条件，不可一概而论。

10.1.4 索赔依据与证据

1．索赔依据

索赔的依据主要是法律、法规及工程建设惯例，尤其是双方签订的工程合同文件。由于不同的具体工程有不同的合同文件，索赔的依据也就不完全相同，合同当事人的索赔权利也不同。可从FIDIC合同条件（2017版）和我国《建设工程施工合同（示范文本）》GF-2017-0201中提炼归纳出业主（发包人）和承包商（人）的索赔依据和索赔权利。

2．索赔证据

索赔证据是当事人用来支持其索赔成立或和索赔有关的证明文件和资料。索赔证据作为索赔文件的组成部分，在很大程度上关系到索赔的成功与否。证据不全、不足或没有证据，索赔是很难获得成功的。

在工程项目的实施过程中，会产生大量的工程信息和资料，这些信息和资料是开展索赔的重要依据。如果项目资料不完整，索赔就难以顺利进行。因此，在施工过程中应始终做好资料积累工作，建立完善的资料记录和科学管理制度，认真系统地积累和管理合同文件、质量、进度及财务收支等方面的资料。对于可能会发生索赔的工程项目，从开始施工时就要有目的地收集证据资料，系统地拍摄现场，妥善保管开支收据，有意识地为索赔文件积累所必需的证据材料。常见的索赔证据主要有：

（1）各种合同文件，包括工程合同及附件、中标通知书、投标书、标准和技术规范、图纸、工程量清单、工程报价单或预算书、有关技术资料和要求等。具体的如发包人提供的水文地质、地下管网资料，施工所需的证件、批件、临时用地占地证明手续、坐标控制点资料等。

（2）经工程师批准的承包人施工进度计划、施工方案、施工组织设计和具体的现场实施情况记录。各种施工报表有：①驻地工程师填制的工程施工记录表，这种记录能提供关于气候、施工人数、设备使用情况和部分工程局部竣工等情况；②施工进度表；③施工人员计划表和人工日报表；④施工用材料和设备报表。

（3）施工日志及工长工作日志、备忘录等。施工中发生的影响工期或工程资金的所有重大事情均应写入备忘录存档，备忘录应按年、月、日顺序编号，以便查阅。

（4）工程有关施工部位的照片及录像等。保存完整的工程照片和录像能有效地显示工程进度，因而除了标书上规定需要定期拍摄的工程照片和录像外，承包人自己应经常注意拍摄工程照片和录像，注明日期，作为自己查阅的资料。

（5）工程各项往来信件、电话记录、指令、信函、通知、答复等。有关工程的来往信件内容常常包括某一时期工程进展情况的总结以及与工程有关的当事人，尤其是这些信件的签发日期对计算工程延误时间具有很大参考价值。因而来往信件应妥善保存，直到合同全部履行完毕，所有索赔均获解决时为止。

（6）工程各项会议纪要、协议及其他各种签约、定期与业主雇员的谈话资料等。业主雇员对合同和工程实际情况掌握第一手资料，与他们交谈的目的是摸清施工中可能发生的意外情况，会碰到什么难处理的问题，以便做到事前心中有数，一旦发生进度延误，承包人即可提出延误原因，说明延误原因是业主造成的，为索赔埋下伏笔。在施工合同的履行过程中，业主、工程师和承包人定期或不定期的会谈所做出的决定或决议，是施工合同的补充，应作为施工合同的组成部分，但会谈纪要只有经过各方签署后方可作为索赔的依据。业主与承包人、承包人与分包人之间定期或临时召开的现场会议讨论工程情况的会议记录，能被用来追溯项目的执行情况，查阅业主签发工程内容变动通知的背景和签发通知的日期，也能查到施工中最早发现某一重大情况的确切时间。另外，这些记录也能反映承包人对有关情况采取的行动。

（7）发包人或工程师发布的各种书面指令书和确认书，以及承包人要求、请求、通知书。

（8）气象报告和资料。如有关天气的温度、风力、雨雪的资料等。

（9）投标前业主提供的参考资料和现场资料。

（10）施工现场记录。工程各项有关设计交底记录、变更图纸、变更施工指令等，工程图纸、图纸变更、交底记录的送达份数及日期记录，工程材料和机械设备的采购、订货、运输、进场、验收、使用等方面的凭据及材料供应清单、合格证书，工程送电、送水、道路开通、封闭的日期及数量记录，工程停电、停水和干扰事件影响的日期及恢复施工的日期等。

（11）工程各项经业主或工程师签认的签证。如承包人要求预付通知，工程量核实确认单。

（12）工程结算资料和有关财务报告。如工程预付款、进度款拨付的数额及日期记录，工程结算书、保修单等。

（13）各种检查验收报告和技术鉴定报告。由工程师签字的工程检查和验收报告反映出某一单项工程在某一特定阶段竣工的程度，并记录了该单项工程竣工的时间和验收的日期，应该妥为保管。如：质量验收单、隐蔽工程验收单、验收记录；竣工验收资料、竣工图。

（14）各类财务凭证。需要收集和保存的工程基本会计资料包括工卡、人工分配表、注销薪水支票、工人福利协议、经会计师核算的薪水报告单、购料定单收讫发票、收款票据、设备使用单据、注销账应付支票、账目图表、总分类账、财务信件、经会计师核证的财务决算表、工程预算、工程成本报告书、工程内容变更单等。工人或雇请人员的薪水单据应按日期编存归档，薪水单上费用的增减能揭示工程内容增减的情况和开始的时间。承包人应注意保管和分析工程项目的会计核算资料,以便及时发现索赔机会,准确地计算索赔的款额,争取合理的资金回收。

(15)其他。包括分包合同、官方的物价指数、汇率变化表以及国家、省、市有关影响工程造价、工期的文件、规定等。

3. 索赔证据的基本要求

(1)真实性。索赔证据必须是在实施合同过程中确实存在和实际发生的,是施工过程中产生的真实资料,能经得住推敲。

(2)及时性。索赔证据的取得及提出应当及时。这种及时性反映了承包人的态度和管理水平。

(3)全面性。所提供的证据应能说明事件的全部内容。索赔报告中涉及的索赔理由、事件过程、影响、索赔值等都应有相应证据,不能零乱和支离破碎。

(4)关联性。索赔的证据应当与索赔事件有必然联系,并能够互相说明、符合逻辑,不能互相矛盾。

(5)有效性。索赔证据必须具有法律效力。一般要求证据必须是书面文件,有关记录、协议、纪要必须是双方签署的;工程中重大事件、特殊情况的记录、统计必须由工程师签证认可。

10.1.5 索赔文件(报告)

1. 索赔文件的一般内容

索赔文件也称索赔报告,它是合同一方向对方提出索赔的书面文件,它全面反映了一方当事人对一个或若干个索赔事件的所有要求和主张,对方当事人也是通过对索赔文件的审核、分析和评价来作出认可、要求修改、反驳甚至拒绝的回答,索赔文件也是双方进行索赔谈判或调解、仲裁、诉讼的依据,因此索赔文件的表达与内容对索赔的解决有重大影响,索赔方必须认真编写索赔文件。

在合同履行过程中,一旦出现索赔事件,承包人应该按照索赔文件的构成内容,及时地向业主提交索赔文件。单项索赔文件的一般格式如下:

(1)题目(Title)。索赔报告的标题应该能够简要准确地概括索赔的中心内容。如:关于……事件的索赔。

(2)事件(Event)。详细描述事件过程,主要包括:事件发生的工程部位、发生的时间、原因和经过、影响的范围以及承包人当时采取的防止事件扩大的措施、事件持续时间、承包人已经向业主或工程师报告的次数及日期、最终结束影响的时间、事件处置过程中的有关主要人员办理的有关事项等。也包括双方信件交往、会谈,并指出对方如何违约,证据的编号等。

(3)理由(Reason)。是指索赔的依据,主要是法律依据和合同条款的规定。合理引用法律和合同的有关规定,建立事实与损失之间的因果关系,说明索赔的合理合法性。

（4）结论（Conclusion）。指出事件造成的损失或损害及其大小，主要包括要求补偿的金额及工期，这部分只需列举各项明细数字及汇总数据即可。

（5）损失估价和（或）延期计算的详细计算书（Loss Estimation and Time Extension）。为了证实索赔金额和工期的真实性，必须指明计算依据及计算资料的合理性，包括损失费用、工期延长的计算基础、计算方法、计算公式及详细的计算过程及计算结果。

（6）附件（Appendix）。包括索赔报告中所列举事实、理由、影响等各种编过号的证明文件和证据、图表。

对于一揽子索赔，其格式比较灵活，它实质上是将许多未解决的单项索赔加以分类和综合整理。一揽子索赔文件往往需要很大的篇幅甚至几百页材料来描述其细节。一揽子索赔文件的组成部分主要包括：索赔致函和要点；总情况介绍（叙述施工过程、对方失误等）；索赔总表（将索赔总数细分、编号，每一条目写明索赔内容的名称和索赔额）；上述事件详述；上述事件结论；合同细节和事实情况；分包人索赔；工期延长的计算和损失费用的估算；各种证据材料等。

2. 索赔文件编写要求

编写索赔文件需要实际工作经验，索赔文件如果起草不当，会失去索赔方的有利地位和条件，使正当的索赔要求得不到合理解决。对于重大索赔或一揽子索赔，最好能在律师或索赔专家的指导下进行。编写索赔文件的基本要求有：

（1）符合实际

索赔事件要真实、证据确凿。索赔的根据和款额应符合实际情况，不能虚构和扩大，更不能无中生有，这是索赔的基本要求。这既关系到索赔的成败，也关系到承包人的信誉。一个符合实际的索赔文件，可使审阅者看后的第一印象是合情合理，不会立即予以拒绝。相反，如果索赔要求缺乏根据，不切实际地漫天要价，使对方一看就极为反感，甚至连其中有道理的索赔部分也被置之不理，不利于索赔问题的最终解决。

（2）说服力强

1）符合实际的索赔要求，本身就具有说服力，但除此之外，索赔文件中责任分析应清楚、准确。一般索赔所针对的事件都是由于非承包人责任而引起的，因此，在索赔报告中要善于引用法律和合同中的有关条款，详细、准确地分析并明确指出对方应负的全部责任，并附上有关证据材料，不可在责任分析上模棱两可、含糊不清。对事件叙述要清楚明确，不应包含任何估计或猜测。

2）强调事件的不可预见性和突发性。说明即使一个有经验的承包人对它不可能有预见或有准备，也无法制止，并且承包人为了避免和减轻该事件的影响和损失已尽了最大的努力，采取了能够采取的措施，从而使索赔理由更加充分，更易于对方接受。

3）论述要有逻辑。明确阐述由于索赔事件的发生和影响，使承包人的工程施工受到严重干扰，并为此增加了支出，拖延了工期。应强调索赔事件、对方责任、工程受到的影响和索赔之间有直接的因果关系。

（3）计算准确

索赔文件中应完整列入索赔值的详细计算资料，指明计算依据、计算原则、计算方法、计算过程及计算结果的合理性，必要的地方应作详细说明。计算结果要反复校核，做到准确无误，要避免高估冒算。计算上的错误，尤其是扩大索赔款的计算错误，会给对方留下恶劣的印象，他会认为提出的索赔要求太不严肃，其中必有多处弄虚作假，会直接影响索赔的成功。

（4）简明扼要

索赔文件在内容上应组织合理、条理清楚，各种定义、论述、结论正确，逻辑性强，既能完整地反映索赔要求，又要简明扼要，使对方很快地理解索赔的本质。索赔文件最好采用活页装订，印刷清晰。同时，用语应尽量婉转，避免使用强硬、不客气的语言。

10.1.6 索赔工作程序

索赔工作程序是指从索赔事件产生到最终处理全过程所包括的工作内容和工作步骤。由于索赔工作实质上是承包人和业主在分担工程风险方面的重新分配过程，涉及双方的众多经济利益，因而是一项烦琐、细致、耗费精力和时间的过程。因此，合同双方必须严格按照合同规定办事，按合同规定的索赔程序工作，才能获得成功的索赔。具体工程的索赔工作程序，应根据双方签订的施工合同产生。图10-1给出了国内某工程项目承包人的索赔工作程序，可供参考。

在工程实践中，比较详细的索赔工作程序一般可分为如下主要步骤：

（1）索赔意向通知

索赔意向通知是一种维护自身索赔权利的文件。在工程实施过程中，承包人发现索赔或意识到存在潜在的索赔机会后，要做的第一件事是要在合同规定的时间内将自己的索赔意向用书面形式及时通知业主或工程师，亦即向业主或工程师就某一个或若干个索赔事件表示索赔愿望、要求或声明保留索赔的权利。索赔意向的提出是索赔工作程序中的第一步，其关键是抓住索赔机会，及时提出索赔意向。

索赔意向通知，一般仅仅是向业主或工程师表明索赔意向，所以应当简明扼要。通常只要说明以下几点内容：索赔事由发生的时间、地点、简要事实情况和发展动态；索赔所依据的合同条款和主要理由；索赔事件对工程成本和工期产生的不利影响。

FIDIC合同条件及我国建设工程施工合同条件都规定：承包人应在索赔事件发生后的28天内，将其索赔意向以正式函件通知工程师。反之，如果承包人没有在合同规定的期限内提出索赔意向或通知，承包人则会丧失在索赔中的主动和有利地位，业主和工程师也有权拒绝承包人的索赔要求，这是索赔成立的有效和必备条件之一。因此，在实际工作中，承包人应避免合理的索赔要求由于未能遵守

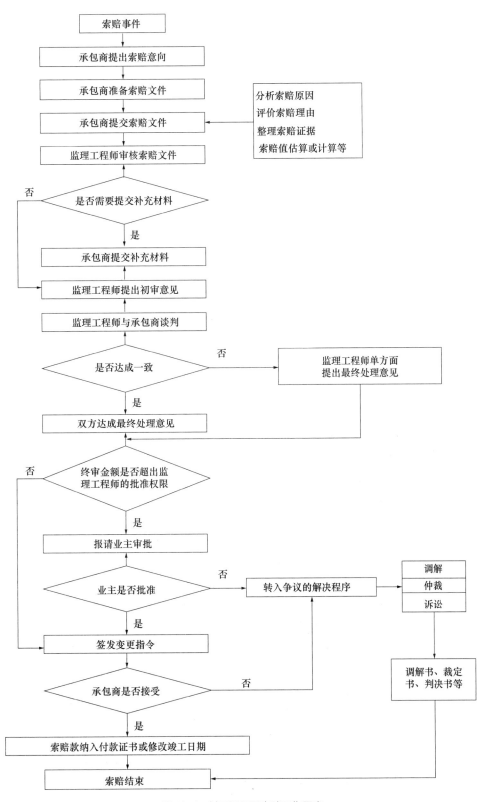

图 10-1　某工程项目索赔工作程序

索赔时限的规定而导致无效。在实际的工程承包合同中，对索赔意向提出的时间限制不尽相同，只要双方经过协商达成一致并写入合同条款即可。施工合同要求承包人在规定期限内首先提出索赔意向，是基于以下考虑：提醒业主或工程师及时关注索赔事件的发生、发展等全过程。为业主或工程师的索赔管理作准备，如可进行合同分析、收集证据等。如属业主责任引起索赔，业主有机会采取必要的改进措施，防止损失的进一步扩大。

（2）准备索赔资料

从提出索赔意向到提交索赔文件，是属于承包人索赔的内部处理阶段和索赔资料准备阶段。此阶段的主要工作有：

1）跟踪和调查干扰事件，掌握事件产生的详细经过和前因后果。

2）分析干扰事件产生原因，划清各方责任，确定由谁承担，并分析这些干扰事件是否违反了合同规定，是否在合同规定的赔偿或补偿范围内，即确定索赔根据。

3）损失或损害调查或计算。通过对比实际和计划的施工进度和工程成本，分析经济损失或权利损害的范围和大小，并由此计算出工期索赔和费用索赔值。

4）收集证据。从干扰事件产生、持续直至结束的全过程，都必须保留完整的当时记录，这是索赔能否成功的重要条件。在实际工作中，许多承包人的索赔要求都因没有或缺少书面证据而得不到合理解决，这个问题应引起承包人的高度重视。

5）起草索赔文件。按照索赔文件的格式和要求，将上述各项内容系统反映在索赔文件中。

索赔的成功很大程度上取决于承包人对索赔作出的解释和真实可信的证明材料。即使抓住合同履行中的索赔机会，如果拿不出索赔证据或证据不充分，其索赔要求往往难以成功或被大打折扣。因此，承包人在正式提出索赔报告前的资料准备工作极为重要。这就要求承包人注意记录和积累保存工程施工过程中的各种资料，并可随时从中提取与索赔事件有关的证明资料。

（3）提交索赔文件

承包人必须在合同规定的索赔时限内向业主或工程师提交正式的书面索赔文件。FIDIC合同条件和我国建设工程施工合同条件都规定，承包人必须在发出索赔意向通知后的28天内或经工程师同意的其他合理时间内，向工程师提交一份详细的索赔文件和有关资料，如果干扰事件对工程的影响持续时间长，承包人则应按工程师要求的合理间隔（一般28天），提交中间索赔报告，并在干扰事件影响结束后的28天内提交一份最终索赔报告。如果承包人未能按时间规定提交索赔报告，则他就失去了该项事件请求补偿的索赔权利，此时他所受到损害的补偿，将不超过工程师认为应主动给予的补偿额，或把该事件损害提交仲裁解决时，仲裁机构依据合同和同期记录可以证明的损害补偿额。

（4）工程师审核索赔文件

工程师是受业主的委托和聘请，对工程项目的实施进行组织、监督和控制工作。在业主与承包人之间的索赔事件发生、处理和解决过程中，工程师是核心人物。工程师在接到承包人的索赔文件后，必须以完全独立的身份，站在客观公正的立场上审查索赔要求的正当性，必须对合同条件、协议条款等有详细的了解，以合同为依据来公平处理合同双方的利益纠纷。工程师应该建立自己的索赔档案，密切关注事件的影响和发展，有权检查承包人的有关同期记录材料，随时就记录内容提出他的不同意见或他认为应予以增加的记录项目。

工程师根据业主的委托或授权，对承包人索赔的审核工作主要分为判定索赔事件是否成立和核查承包人的索赔计算是否正确、合理两个方面，并可在业主授权的范围内作出自己独立的判断。

承包人索赔要求的成立必须同时具备如下四个条件：

1）与合同相比较，事件已经造成了承包人实际的额外费用增加或工期损失。
2）造成费用增加或工期损失的原因不是承包人自身的责任。
3）这种经济损失或权利损害也不是由承包人应承担的风险所造成的。
4）承包人在合同规定的期限内提交了书面的索赔意向通知和索赔文件。

上述四个条件没有先后主次之分，并且必须同时具备，承包人的索赔才能成立。其后，工程师对索赔文件的审查重点主要有两步：第一步，重点审查承包人的申请是否有理有据，即承包人的索赔要求是否有合同依据，所受损失确属不应由承包人负责的原因造成；提供的证据是否足以证明索赔要求成立；是否需要提交其他补充材料等。第二步，工程师应以公正的立场、科学的态度，重点审查并核算索赔值的计算是否正确、合理，分清责任，对不合理的索赔要求或不明确的地方提出反驳和质疑，或要求承包人作出进一步的解释和补充，并拟订自己计算的合理索赔款项和工期延展天数。

（5）工程师对索赔的处理与决定

工程师核查后初步确定应予补偿的额度，往往与承包人的索赔报告中要求的额度不一致，甚至差额较大，主要原因大多为对承担事件损害责任的界限划分不一致、索赔证据不充分、索赔计算的依据和方法分歧较大等，因此双方应就索赔的处理进行协商。通过协商达不成共识的话，工程师有权单方面作出处理决定，承包人仅有权得到所提供的证据满足工程师认为索赔成立那部分的付款和工期延展。不论工程师通过协商与承包人达成一致，还是他单方面作出的处理决定，批准给予补偿的款额和延展工期的天数如果在授权范围之内，则可将此结果通知承包人，并抄送业主。补偿款将计入下月支付工程进度款的支付证书内，业主应在合同规定的期限内支付，延展的工期加到原合同工期中去。如果批准的额度超过工程师的权限，则应报请业主批准。

对于持续影响时间超过28天以上的工期延误事件，当工期索赔条件成立时，对承包人每隔28天报送的阶段索赔临时报告审查后，每次均应作出批准临时延长工期的决定，并于事件影响结束后28天内承包人提出最终的索赔报告后，批准延展工期总天数。应当注意的是:最终批准的总延展天数,不应少于以前各阶段已同意延展天数之和。规定承包人在事件影响期间每隔28天提出一次阶段报告,可以使工程师能及时根据同期记录批准该阶段应予延展工期的天数,避免事件影响时间太长而不能准确确定索赔值。

工程师经过对索赔文件的认真评审,并与业主、承包人进行了较充分的讨论后,应提出自己的索赔处理决定。通常,工程师的处理决定不是终局性的,对业主和承包人都不具有强制性的约束力。

我国建设工程施工合同条件规定,工程师收到承包人送交的索赔报告和有关资料后应在28天内给予答复,或要求承包人进一步补充索赔理由和证据。如果在28天内既未予答复、也未对承包人作进一步要求,则视为承包人提出的该项索赔要求已经认可。

(6)业主审查索赔处理

当索赔数额超过工程师权限范围时,由业主直接审查索赔报告,并与承包人谈判解决,工程师应参加业主与承包人之间的谈判,工程师也可以作为索赔争议的调解人。业主首先根据事件发生的原因、责任范围、合同条款审核承包人的索赔文件和工程师的处理报告,再依据工程建设的目的、投资控制、竣工投产日期要求以及针对承包人在施工中的缺陷或违反合同规定等的有关情况,决定是否批准工程师的处理决定。例如,承包人某项索赔理由成立,工程师根据相应条款的规定,既同意给予一定的费用补偿,也批准延展相应的工期,但业主权衡了施工的实际情况和外部条件的要求后,可能不同意延展工期,而宁愿给承包人增加费用补偿额,要求他采取赶工措施,按期或提前完工,这样的决定只有业主才有权作出。索赔报告经业主批准后,工程师即可签发有关证书。对于数额比较大的索赔,一般需要业主、承包人和工程师三方反复协商才能作出最终处理决定。

(7)索赔最终处理

如果承包人同意接受最终的处理决定,索赔事件的处理即告结束。如果承包人不同意,则可根据合同约定,将索赔争议提交仲裁或诉讼,使索赔问题得到最终解决。在仲裁或诉讼过程中,工程师作为工程全过程的参与者和管理者,可以作为见证人提供证据、做答辩。

工程项目实施中会发生各种各样、大大小小的索赔、争议等问题,应该强调:合同各方应该争取尽量在最早的时间、最低的层次,尽最大可能以友好协商的方式解决索赔问题,不要轻易提交仲裁或诉讼,因为对工程争议的仲裁或诉讼往往是非常复杂的,要花费大量的人力、物力、财力和精力,对工程建设也会带来不利、有时甚至是严重的影响。

10.1.7 索赔技巧与艺术

索赔工作既有科学严谨的一面,又有艺术灵活的一面。对于一个确定的索赔事件往往没有预定的、确定的解,它受制于双方签订的合同文件、各自的工程管理水平和索赔能力以及处理问题的公正性、合理性等因素。因此，索赔成功不仅需要令人信服的法律依据、充足的理由和正确的计算方法，索赔的策略、技巧和艺术也相当重要。如何看待和对待索赔，实际上是个经营战略问题，是承包人对利益、关系、信誉等方面的综合权衡。首先，承包人应防止两种极端倾向：只讲关系、义气和情意，忽视应有的合理索赔，致使企业遭受不应有的经济损失；不顾关系，过分注重索赔，斤斤计较，缺乏长远和战略目光，以致影响合同关系、企业信誉和长远利益。此外，合同双方在开展索赔工作时，还要注意以下索赔技巧和艺术：

（1）索赔是一项十分重要和复杂的工作，涉及面广，合同当事人应设专人负责索赔工作，指定专人收集、保管一切可能涉及索赔论证的资料，并加以系统分析研究，做到处理索赔时以事实和数据为依据。对于重大的索赔，应不惜重金聘请精通法律和合同，具有丰富施工管理经验，熟悉工程成本和会计的专家，组成强有力的谈判小组。这些专家了解施工中的各个环节，善于从图纸、技术规范、合同条款及来往信件中找出矛盾，找出有依据的索赔理由。

（2）正确把握提出索赔的时机。索赔过早提出，往往容易遭到对方反驳或在其他方面可能施加的挑剔、报复等；过迟提出，则容易留给对方借口，索赔要求遭到拒绝。因此，索赔方必须在索赔时效范围内适时提出索赔。如果老是担心或害怕影响双方合作关系，有意将索赔要求拖到工程结束时才正式提出，可能会事与愿违，适得其反。

（3）及时、合理地处理索赔。索赔发生后，必须依据合同的准则及时地对索赔进行处理。如果承包人的合理索赔要求长时间得不到解决，单项工程的索赔积累下来，有时可能影响整个工程的进度。此外，拖到后期综合索赔，往往还牵涉到利息、预期利润补偿、工程结算以及责任的划分、质量的处理等，大大增加了处理索赔的困难。因此，尽量将单项索赔在执行过程中加以解决，这样做不仅对承包人有益，同时也体现了处理问题的水平，既维护了业主的利益，又照顾了承包人的实际情况。

（4）加强索赔的前瞻性，有效避免过多索赔事件的发生。由于工程项目的复杂多变、现场条件及气候环境的变化、标书及施工说明中的错误等因素不可避免，索赔是不可避免的。在工程的实施过程中，工程师要将预料到的可能发生的问题及时告诉承包人，避免由于工程返工所造成的工程成本上升，这样也可以减轻承包人的压力，减少其想方设法通过索赔途径弥补工程成本上升所造成的利润损失。另外，工程师在项目实施过程中，应对可能引起的索赔有所预测，及时采取补救措施，避免过多索赔事件的发生。

（5）注意索赔程序和索赔文件的要求。承包人应该以正式书面方式向工程师提出索赔意向和索赔文件，索赔文件要求根据充分、条理清楚、数据准确、符合实际。

（6）索赔谈判中注意方式方法。合同一方向对方提出索赔要求，进行索赔谈判时，措辞应婉转，说理应透彻，以理服人，而不是得理不让人，尽量避免使用抗议式提法，在一般情况下少用或不用如"你方违反合同""使我方受到严重损害"等类词句，最好采用"请求贵方作公平合理的调整""请在×××合同条款下加以考虑"等，既要正确表达自己的索赔要求，又不伤害双方的和气和感情，以达到索赔的良好效果。如果对于合同一方一次次合理的索赔要求，对方拒不合作或置之不理，并严重影响工程的正常进行，索赔方可以采取较为严厉的措辞和切实可行的手段，以实现自己的索赔目标。

（7）索赔处理时作适当必要的让步。在索赔谈判和处理时应根据情况作出必要的让步，扔"芝麻"抱"西瓜"，有所失才有所得。可以放弃金额小的小项索赔，坚持大项索赔。这样使对方容易做出让步，达到索赔的最终目的。

（8）发挥公关能力。除了进行书信往来和谈判桌上的交涉外，有时还要发挥索赔人员的公关能力，采用合法的手段和方式，营造适合索赔争议解决的良好环境和氛围，促使索赔问题的早日和圆满解决。

索赔既具有科学性，同时又具有艺术性，涉及工程技术、工程管理、法律、财会、贸易、公共关系等在内的众多学科知识，因此索赔人员在实践过程中，应注重对这些知识的有机结合和综合应用，不断学习，不断体会，不断总结经验教训，才能更好地开展索赔工作。

10.2 工期延误及索赔

10.2.1 工程延误的合同规定及要求

工程延误是指工程实施过程中任何一项或多项工作实际完成日期迟于计划规定的完成日期，从而可能导致整个合同工期的延长。工程工期是施工合同中的重要条款之一，涉及业主和承包人多方面的权利和义务关系。工程延误对合同双方一般都会造成损失。业主因工程不能及时交付使用、投入生产，就不能按计划实现投资效果，失去盈利机会，损失市场利润；承包人因工期延误而会增加工程成本，如现场工人工资开支、机械停滞费用、现场和企业管理费等，生产效率降低，企业信誉受到影响，最终还可能导致合同规定的误期损害赔偿费处罚。因此，工程延误的后果是形式上的时间损失，实质上的经济损失，无论是业主还是承包人，都不愿意无缘无故地承担由工程延误给自己造成的经济损失。工程工期是业主和承包人经常发生争议的问题之一，工期索赔在整个索赔中占据了很高的比例，也是承包人索赔的重要内容之一。

1. **关于工期延误的合同一般规定**

如果由于非承包人自身原因造成工程延期，在土木工程合同和房屋建造合同中，通常都规定承包人有权向业主提出工期延长的索赔要求，如果能证实因此造成了额外的损失或开支，承包人还可以要求经济赔偿，这是施工合同赋予承包人要求延长工期的正当权利。

2．关于误期损害赔偿费的合同一般规定

如果由于承包人自身原因未能在原定的或工程师同意延长的合同工期内竣工时，承包人则应承担误期损害赔偿费，这是施工合同赋予业主的正当权利。具体内容主要有两点：

（1）如果承包人没有在合同规定的工期内或按合同有关条款重新确定的延长期限内完成工程时，工程师将签署一个承包人延期的证明文件。

（2）根据此证明文件，承包人应承担违约责任，并向业主赔偿合同规定的延期损失。业主可从他自己掌握的已属于或应属于承包人的款项中扣除该项赔偿费，且这种扣款或支付，不应解除承包人对完成此项工程的责任或合同规定的承包人的其他责任与义务。

3．承包人要求延长工期的目的

（1）根据合同条款的规定，免去或推卸自己承担误期损害赔偿费的责任。

（2）确定新的工程竣工日期及其相应的保修期。

（3）确定与工期延长有关的赔偿费用，如由于工期延长而产生的人工费、材料费、机械费、分包费、现场管理费、总部管理费、利息、利润等额外费用。

10.2.2 工程延误的分类、识别与处理原则

1．工程延误的分类和识别

整个工程延误分类见图10-2。

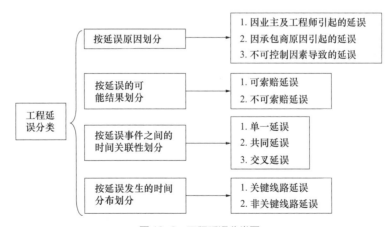

图10-2 工程延误分类图

（1）按工程延误原因划分

1）因业主及工程师自身原因或合同变更原因引起的延误。包括业主拖延交付合格的施工现场；业主拖延交付图纸；业主或工程师拖延审批图纸、施工方案、计划等；业主拖延支付预付款或工程款；业主提供的设计数据或工程数据延误；业主指定的分包商违约或延误；业主未能及时提供合同规定的材料或设备；

业主拖延关键线路上工序的验收时间,造成承包人下道工序施工延误;业主或工程师发布指令延误,或发布的指令打乱了承包人的施工计划;业主设计变更或要求修改图纸,业主要求增加额外工程,导致工程量增加等。

2)因承包商(人)原因引起的延误。包括施工组织不当,如出现窝工或停工待料现象;质量不符合合同要求而造成的返工;资源配置不足,如劳动力不足,机械设备不足或不配套,技术力量薄弱,管理水平低,缺乏流动资金等造成的延误;开工延误;劳动生产率低;承包人雇用的分包人或供应商引起的延误等。显然,上述延误难以得到业主的谅解,也不可能得到业主或工程师给予延长工期的补偿。

3)不可控制因素导致的延误。包括人力不可抗拒的自然灾害导致的延误;特殊风险如战争、叛乱、革命、核装置污染等造成的延误;不利的自然条件或客观障碍引起的延误;施工现场中其他承包人的干扰、合同文件中某些内容的错误或互相矛盾、罢工及其他经济风险引起的延误等。

(2)按工程延误的可能结果划分

1)可索赔延误。可索赔延误是指非承包人原因引起的工程延误,包括业主或工程师的原因和双方不可控制的因素引起的延误,并且该延误工序或作业一般应在关键线路上,此时承包人可提出补偿要求,业主应给予相应的合理补偿。根据补偿内容的不同,可索赔延误可进一步分为以下三种情况:

① 赔工期的延误。这类延误是由业主、承包人双方都不可预料、无法控制的原因造成的延误,如上文所述的不可抗力、异常恶劣气候条件、特殊社会事件、其他第三方等原因引起的延误。对于这类延误,一般合同规定:业主只给予承包人延长工期,不给予费用损失的补偿。但有些合同条件(如FIDIC)中对一些不可控制因素引起的延误,如"特殊风险"和"业主风险"引起的延误,业主还应给予承包人费用损失的补偿。

② 只可索赔费用的延误。这类延误是指由于业主或工程师的原因引起的延误,但发生延误的活动对总工期没有影响,而承包人却由于该项延误负担了额外的费用损失。在这种情况下,承包人不能要求延长工期,但可要求业主补偿费用损失,前提是承包人必须能证明其受到了损失或发生了额外费用,如因延误造成的人工费增加、材料费增加、劳动生产率降低等。

③ 可索赔工期和费用的延误。这类延误主要是由于业主或工程师的原因而直接造成工期延误并导致经济损失。如业主未及时交付合格的施工现场,既造成承包人的经济损失,又侵犯了承包人的工期权利。在这种情况下,承包人不仅有权向业主索赔工期,而且还有权要求业主补偿因延误而发生的、与延误时间相关的费用损失。在正常情况下,对于此类延误,承包人首先应得到工期延长的补偿。但在工程实践中,由于业主对工期要求的特殊性,对于即使因业主原因造成的延误,业主也不批准任何工期的延长,即业主愿意承担工期延误的责任,却不希望延长总工期。业主这种做法实质上是要求承包人加速施工。由于加速施工所采取

的各种措施而多支出的费用，就是承包人提出费用补偿的依据。

2）不可索赔延误。不可索赔延误是指因可预见的条件或在承包人控制之内的情况，或由于承包人自己的问题与过错而引起的延误。如果没有业主或工程师的不合适行为，没有上面所讨论的其他可索赔情况，则承包人必须无条件地按合同规定的时间实施和完成施工任务，而没有资格获准延长工期，承包人不应向业主提出任何索赔，业主也不会给予工期或费用的补偿。相反，如果承包人未能按期竣工，还应支付误期损害赔偿费。

（3）按延误事件之间的时间关联性划分

1）单一延误。单一延误是指在某一延误事件从发生到终止的时间间隔内，没有其他延误事件的发生，该延误事件引起的延误称为单一延误或非共同延误。

2）共同延误。当两个或两个以上的单个延误事件从发生到终止的时间完全相同时，这些事件引起的延误称为共同延误。共同延误的补偿分析比单一延误要复杂。图10-3列出了共同延误发生的部分可能性组合及其索赔补偿分析结果。

3）交叉延误。当两个或两个以上的延误事件从发生到终止只有部分时间重合时，称为交叉延误。由于工程项目是一个复杂的系统工程，影响因素众多，常常会出现多种原因引起的延误交织在一起，这种交叉延误的补偿分析比较复杂。实际上，共同延误是交叉延误的一种特殊情况。

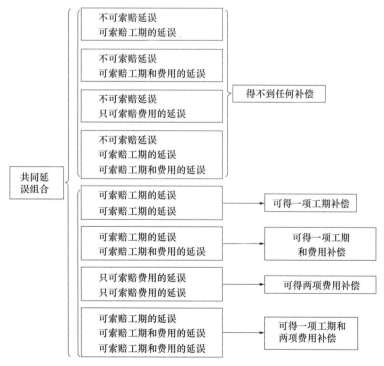

图10-3 共同延误组合及其补偿分析

（4）按延误发生的时间分布划分

1）关键线路延误。关键线路延误是指发生在工程网络计划关键线路上活动的延误。由于在关键线路上全部工序的总持续时间即为总工期，因而任何工序的延误都会造成总工期的推迟。因此，非承包人原因引起的关键线路延误，必定是可索赔延误。

2）非关键线路延误。非关键线路延误是指在工程网络计划非关键线路上活动的延误。由于非关键线路上的工序可能存在机动时间，因而当非承包人原因发生非关键线路延误时，会出现两种可能性：

① 延误时间少于该工序的机动时间。在此种情况下，所发生的延误不会导致整个工程的工期延误，因而业主一般不会给予工期补偿。但若因延误发生额外开支时，承包人可以提出费用补偿要求。

② 延误时间多于该工序的机动时间。此时，非关键线路上的延误会全部或部分转化为关键线路延误，从而成为可索赔延误。

2．工程延误的一般处理原则

（1）工程延误的一般处理原则

工程延误的影响因素可以归纳为两大类：第一类是合同双方均无过错的原因或因素而引起的延误，主要指不可抗力事件和恶劣气候条件等；第二类是由于业主或工程师原因造成的延误。一般地说，根据工程惯例对于第一类原因造成的工程延误，承包人只能要求延长工期，很难或不能要求业主赔偿损失。而对于第二类原因，假如业主的延误已影响了关键线路上的工作，承包人既可要求延长工期，又可要求相应的费用赔偿；如果业主的延误仅影响非关键线路上的工作，且延误后的工作仍属非关键线路，而承包人能证明因此造成的如劳动窝工、机械停滞费用等引起的损失或额外开支，则承包人不能要求延长工期，但完全有可能要求费用赔偿。

（2）共同和交叉延误的处理原则

共同延误可分两种情况：在同一项工作上同时发生两项或两项以上延误；在不同的工作上同时发生两项或两项以上延误，是从对整个工程的综合影响方面讲的"共同延误"。第一种情况主要有以下几种基本组合：

1）可索赔延误与不可索赔延误同时存在。在这种情况下，承包人无权要求延长工期和费用补偿。可索赔延误与不可索赔延误同时发生时，则可索赔延误就变成不可索赔延误，这是工程索赔的惯例之一。

2）两项或两项以上可索赔工期的延误同时存在，承包人只能得到一项工期补偿。

3）可索赔工期的延误与可索赔工期和费用的延误同时存在，承包人可获得一项工期和费用补偿。

4）两项只可索赔费用的延误同时存在，承包人可得两项费用补偿。

5）一项可索赔工期的延误与两项可索赔工期和费用的延误同时存在，承包人可获得一项工期和两项费用补偿。即：对于多项可索赔延误同时存在时，费用补偿可以叠加，工期补偿不能叠加，见图10-3。

第二种情况比较复杂。由于各项工作在工程总进度表中所处的地位和重要性不同，同等时间的相应延误对工程进度所产生的影响也就不同。所以，对这种共同延误的分析就不像第一种情况那样简单。比如，不同工作上业主延误（可索赔延误）和承包人延误（不可索赔延误）同时存在，承包人能否获得工期延长及经济补偿？对此应通过具体分析才能回答。首先，我们要分析不同工作上业主延误和承包人延误分别对工程总进度造成了什么影响；然后，将两种影响进行比较，对相互重叠部分按第一种情况的原则处理；最后，看剩余部分是业主延误还是承包人延误造成的，如果是业主延误造成的，则应该对这一部分给予延长工期和经济补偿，如果是承包人延误造成的，就不能给予任何工期延长和经济补偿。对其他几种组合的共同延误也应具体问题具体分析。

对于交叉延误，可能会出现以下几种情况，参见图10-4。具体分析如下：

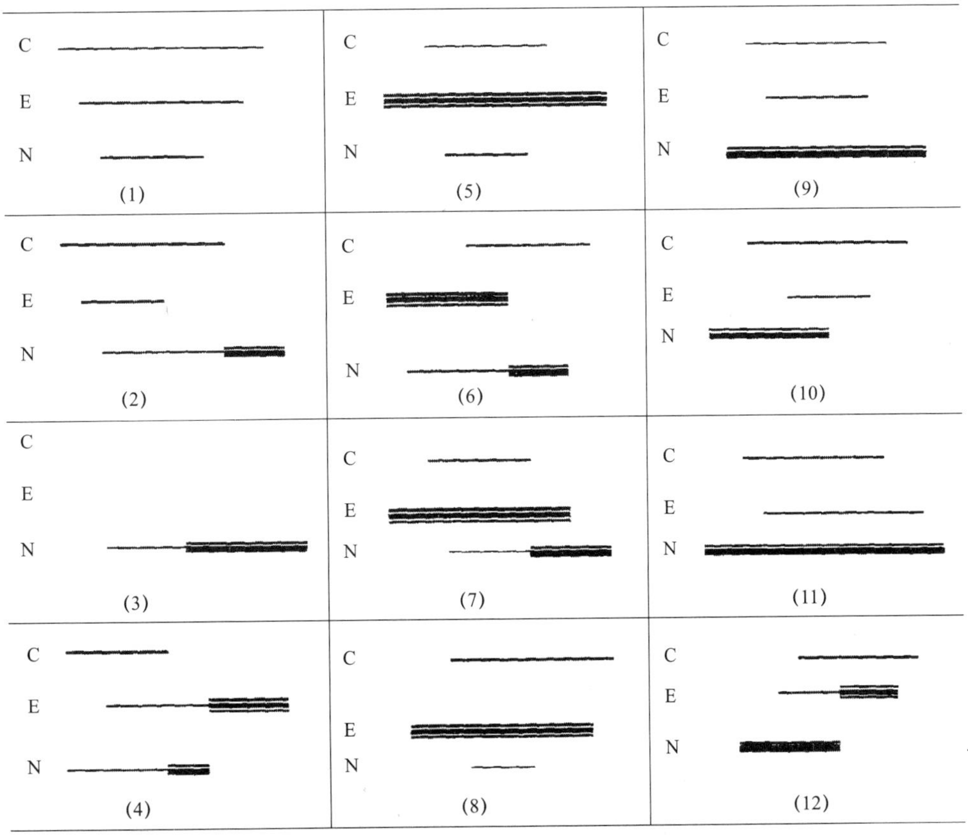

图10-4 工程延误的交叉与补偿分析图

（注：C为承包商原因造成的延误；E为业主或工程师原因造成的延误；N为双方不可控制因素造成的延误；──为不可得到补偿的延期；▬▬为可以得到时间补偿的延期；▬▬为可以得到时间和费用补偿的延期）

1）在初始延误是由承包人原因造成的情况下，随之产生的任何非承包人原因的延误都不会对最初的延误性质产生任何影响，直到承包人的延误缘由和影响已不复存在。因而在该延误时间内，业主原因引起的延误和双方不可控制因素引起的延误均为不可索赔延误。见图10-4中的（1）～（4）。

2）如果在承包人的初始延误已解除后，业主原因的延误或双方不可控制因素造成的延误依然在起作用，那么承包人可以对超出部分的时间进行索赔。在图10-4中（2）和（3）的情况下，承包人可以获得所示时段的工期延长，并且在图中（4）等情况下还能得到费用补偿。

3）反之，如果初始延误是由于业主或工程师原因引起的，那么其后由承包人造成的延误将不会使业主摆脱（尽管有时或许可以减轻）其责任。此时，承包人将有权获得从业主的延误开始到延误结束期间的工期延长及相应的合理费用补偿，如图10-4中（5）～（8）所示。

4）如果初始延误是由双方不可控制因素引起的，那么在该延误时间内，承包人只可索赔工期，而不能索赔费用，见图10-4中的（9）～（12）。只有在该延误结束后，承包人才能对由业主或工程师原因造成的延误进行工期和费用索赔，如图10-4中（12）所示。

10.2.3 工期索赔的分析与计算方法

1. 工期索赔的依据与合同规定

工期索赔的依据主要有：合同约定的工程总进度计划；合同双方共同认可的详细进度计划，如网络图、横道图等；合同双方共同认可的月、季、旬进度实施计划；合同双方共同认可的对工期的修改文件，如会谈纪要、来往信件、确认信等；施工日志、气象资料；业主或工程师的变更指令；影响工期的干扰事件；受干扰后的实际工程进度；其他有关工期的资料等。此外，在合同双方签订的工程施工合同中有许多关于工期索赔的规定，它们可以作为工期索赔的法律依据，在实际工作中可供参考。

2. 工期索赔的程序

不同的工程合同条件对工期索赔有不同的规定。在工程实践中，承包人应紧密结合具体工程的合同条件，在规定的索赔时限内提出有效的工期索赔。具体参照第5章5.4的相关内容。

3. 工期索赔的分析与计算方法

（1）工期索赔的分析流程

工期索赔的分析流程包括延误原因分析、网络计划（CPM）分析、业主责任分析和索赔结果分析等步骤，具体内容可见图10-5。

1）原因分析。分析引起工期延误是哪一方的原因，如果由于承包人自身原因造成的，则不能索赔，反之则可索赔。

2）网络计划分析。运用网络计划（CPM）方法分析延误事件是否发生在关键线路上，以决定延误是否可索赔。注意：关键线路并不是固定的，随着工程进展，关键线路也在变化，而且是动态变化。关键线路的确定，必须是依据最新批

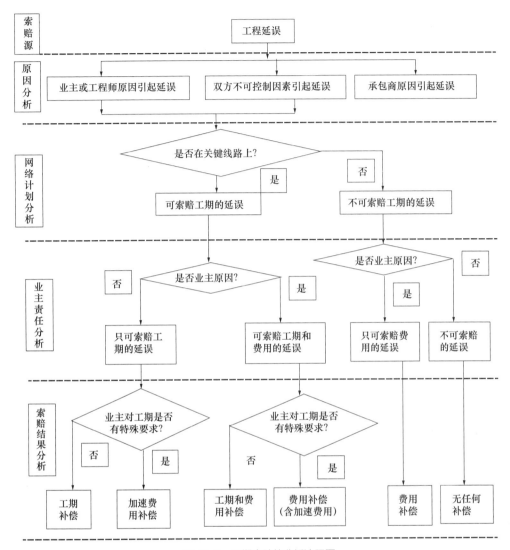

图 10-5　工期索赔的分析流程图

准的工程进度计划。在工程索赔中，一般只限于考虑关键线路上的延误，或者一条非关键线路因延误已变成关键线路。

3）业主责任分析。结合CPM分析结果，进行业主责任分析，主要是为了确定延误是否能索赔费用。若发生在关键线路上的延误是由于业主原因造成的，则这种延误不仅可索赔工期，而且还可索赔因延误而发生的额外费用；否则，只能索赔工期。若由于业主原因造成的延误发生在非关键线路上，则只可能索赔费用。

4）索赔结果分析。在承包人索赔已经成立的情况下，根据业主是否对工期有特殊要求，分析工期索赔的可能结果。如果由于某种特殊原因，工程竣工日期客观上不能改变，即对索赔工期的延误，业主也可以不给予工期延长。这时，业主的行为已实质上构成隐含指令加速施工。因而，业主应当支付承包人采取加速施工措施而额外增加的费用，即加速费用补偿。此处费用补偿是指因业主原因引起的延误时间因素造成承包人负担了额外的费用而得到的合理补偿。

（2）工期索赔计算方法

1）网络分析法。承包人提出工期索赔，必须确定干扰事件对工期的影响值，即工期索赔值。工期索赔分析的一般思路是：假设工程一直按原网络计划确定的施工顺序和时间施工，当一个或一些干扰事件发生后，使网络中的某个或某些活动受到干扰而延长施工持续时间。将这些活动受干扰后的新的持续时间代入网络中，重新进行网络分析和计算，即会得到一个新工期。新工期与原工期之差即为干扰事件对总工期的影响，即为承包人的工期索赔值。网络分析是一种科学、合理的计算方法，它是通过分析干扰事件发生前、后网络计划之差异而计算工期索赔值的，通常可适用于各种干扰事件引起的工期索赔。但对于大型、复杂的工程，手工计算比较困难，需借助计算机来完成。

2）比例类推法。在实际工程中，若干扰事件仅影响某些单项工程、单位工程或分部分项工程的工期，要分析它们对总工期的影响，可采用较简单的比例类推法。比例类推法可分为两种情况：

① 按工程量进行比例类推。当计算出某一分部分项工程的工期延长后，还要把局部工期转变为整体工期，这可以用局部工程的工作量占整个工程工作量的比例来折算。

② 按造价进行比例类推。若施工中出现了很多大小不等的工期索赔事由，较难准确地单独计算且又麻烦时，可经双方协商，采用造价比较法确定工期补偿天数。

比例类推法简单、方便，易于被人们理解和接受，但不尽科学、合理，有时不符合工程实际情况，且对有些情况如业主变更施工次序等不适用，甚至会得出错误的结果，在实际工作中应予以注意，正确掌握其适用范围。

3）直接法。有时干扰事件直接发生在关键线路上或一次性地发生在一个项目上，造成总工期的延误。这时可通过查看施工日志、变更指令等资料，直接将这些资料中记载的延误时间作为工期索赔值。如承包人按工程师的书面工程变更指令，完成变更工程所用的实际工时即为工期索赔值。

4）工时分析法。某一工种的分项工程项目延误事件发生后，按实际施工的程序统计出所用的工时总量，然后按延误期间承担该分项工程工种的全部人员投入来计算要延长的工期。

10.3 费用索赔

10.3.1 费用索赔的原因及分类

1. 费用索赔的含义及特点

（1）费用索赔的含义

费用索赔是指承包人在非自身因素影响下而遭受经济损失时向业主提出补偿

其额外费用损失的要求。因此，费用索赔应是承包人根据合同条款的有关规定，向业主索取的合同价款以外的费用。索赔费用不应被视为承包人的意外收入，也不应被视为业主的不必要开支。实际上，索赔费用的存在是由于建立合同时还无法确定的某些应由业主承担的风险因素导致的结果。承包人的投标报价中一般不考虑应由业主承担的风险对报价的影响，因此一旦这类风险发生并影响承包人的工程成本时，承包人提出费用索赔是一种正常现象和合情合理的行为。

（2）费用索赔的特点

费用索赔是工程索赔的重要组成部分，是承包人进行索赔的主要目标。与工期索赔相比，费用索赔有以下一些特点：

1）费用索赔的成功与否及其大小事关承包人的盈亏，也影响业主工程项目的建设成本，因而费用索赔常常是最困难、也是双方分歧最大的索赔。特别是对于发生亏损或接近亏损的承包人和财务状况不佳的业主，情况更是如此。

2）索赔费用的计算比索赔资格或权利的确认更为复杂。索赔费用的计算不仅要依据合同条款与合同规定的计算原则和方法，而且还可能要依据承包人投标时采用的计算基础和方法，以及承包人的历史资料等。索赔费用的计算没有统一、合同双方共同认可的计算方法，因此索赔费用的确定及认可是费用索赔中一项困难的工作。

3）在工程实践中，常常是许多干扰事件交织在一起，承包人成本的增加或工期延长的发生时间及其原因也常常相互交织在一起，很难清楚、准确地划分开，尤其是对于一揽子综合索赔。对于像生产率降低损失及工程延误引起的承包人利润和总部管理费损失等费用的确定，很难准确计算出来，双方往往有很大的分歧。

2．费用索赔的原因

引起费用索赔的原因是由于合同环境发生变化使承包人遭受了额外的经济损失。归纳起来，费用索赔产生的常见原因主要有：业主违约；工程变更；业主拖延支付工程款或预付款；工程加速；业主或工程师责任造成的可索赔费用的延误；非承包人原因的工程中断或终止；工程量增加（不含业主失误）；其他，如指定分包商违约，合同缺陷，国家政策及法律、法令变更等。

10.3.2　费用索赔的费用构成

1．可索赔费用的分类

（1）按可索赔费用的性质划分

在工程实践中，承包人的费用索赔包括额外工作索赔和损失索赔。额外工作索赔费用包括额外工作实际成本及其相应利润。对于额外工作索赔，业主一般以原合同中的适用价格为基础，或者以双方商定的价格或工程师确定的合理价格为基础给予补偿。实际上，进行合同变更、追加额外工作，可索赔费用的计算相当于一项工作的重新报价。损失索赔包括实际损失索赔和可得利益索赔。实际损失是指承包人多支出的额外成本；可得利益是指如果业主不违反合同，承包人本应取得的、但因业主违约而丧失了的利益。计算额外工作索赔和损失索赔的主要区别是：前者的计算基础是价格，而后者的计算基础是成本。

（2）按可索赔费用的构成划分

可索赔费用按项目构成可分为直接费和间接费。其中，直接费包括人工费、材料费、机械设备费、分包费，间接费包括现场和公司总部管理费、保险费、利息及保函手续费等项目。可索赔费用计算的基本方法是按上述费用构成项目分别分析、计算，最后汇总求出总的索赔费用。

按照工程惯例，承包人对索赔事项的发生原因负有责任的有关费用，承包人对索赔事项未采取减轻措施因而扩大的损失费用，承包人进行索赔工作的准备费用，索赔金额在索赔处理期间的利息、仲裁费用、诉讼费用等是不能索赔的，因而不应将这些费用包含在索赔费用中。

2. 常见索赔事件的费用构成

索赔费用的主要组成部分，同建设工程施工合同价的组成部分相似。由于我国关于施工合同价的构成规定与国际惯例不尽一致，所以在索赔费用的组成内容上也有所差异。按照我国现行规定，建筑安装工程合同价一般包括直接费、间接费、计划利润和税金。而国际上的惯例是将建安工程合同价分为直接费、间接费、利润三部分。

从原则上说，凡是承包人有索赔权的工程成本的增加，都可以列入索赔的费用。但是，对于不同原因引起的索赔，可索赔费用的具体内容则有所不同。索赔方应根据索赔事件的性质，分析其具体的费用构成内容。表10-1分别列出了工期延误、工程加速、工程中断和工程量增加等索赔事件可能的费用项目。

索赔事件的费用项目构成示例表　　　　　　　　　　　表10-1

索赔事件	可能的费用项目	说　明
工程延误	（1）人工费增加	包括工资上涨、现场停工、窝工、生产效率降低，不合理使用劳动力等损失
	（2）材料费增加	因工期延长引起的材料价格上涨
	（3）机械设备费增加	设备因延期引起的折旧费、保养费、进出场费或租赁费等
	（4）现场管理费增加	包括现场管理人员的工资、津贴等，现场办公设施，现场日常管理费支出，交通费等
	（5）因工期延长的通货膨胀使工程成本增加	
	（6）相应保险费、保函费增加	
	（7）分包商索赔	分包商因延期向承包商提出的费用索赔
	（8）总部管理费分摊	因延期造成公司总部管理费增加
	（9）推迟支付引起的兑换率损失	工程延期引起支付延迟

续表

索赔事件	可能的费用项目	说 明
工程加速	（1）人工费增加	因业主指令工程加速造成增加和劳动力投入，不经济地使用劳动力，生产效率降低等
	（2）材料费增加	不经济地使用材料，材料提前交货的费用补偿，材料运输费增加
	（3）机械设备费	增加机械投入，不经济地使用机械
	（4）因加速增加现场管理费	也应扣除因工期缩短减少的现场管理费
	（5）资金成本增加	费用增加和支出提前引起负现金流量所支付的利息
工程中断	（1）人工费增加	如留守人员工资，人员的遣返和重新招雇费，对工人的赔偿等
	（2）机械使用费	设备停置费，额外的进出场费，租赁机械的费用等
	（3）保函、保险费、银行手续费	
	（4）贷款利息	
	（5）总部管理费	
	（6）其他额外费用	如停工、复工所产生的额外费用，工地重新整理等费用
工程量增加	费用构成与合同报价相同	合同规定承包商应承担一定比例（如5%，10%）的工程量增加风险，超出部分才予以补偿 合同规定工程量增加超出一定比例时（如15%～20%）可调整单价，否则合同单价不变

此外，索赔费用项目的构成会随工程所在地国家或地区的不同而不同，即使在同一国家或地区，随着合同条件具体规定的不同，索赔费用的项目构成也会不同。美国工程索赔专家J.J.Adrian在其"Construction Claims"一书中总结了索赔种类与索赔费用构成的关系表（表10-2），可供参考。

索赔种类与索赔费用构成关系表　　　　表10-2

序号	索赔费用项目	索赔种类			
		延误索赔	工程范围变更索赔	加速施工索赔	现场条件变更索赔
1	人工工时增加费	×	√	×	√
2	生产率降低引起人工损失	√	○	√	○
3	人工单价上涨费	√	○	√	○
4	材料用量增加费	×	√	○	○
5	材料单价上涨费	√	√	○	○

续表

序号	索赔费用项目	索赔种类			
		延误索赔	工程范围变更索赔	加速施工索赔	现场条件变更索赔
6	新增的分包工程量	×	√	×	○
7	新增的分包工程单价上涨费用	√	○	○	√
8	租赁设备费	○	√	√	√
9	自有机械设备使用费	√	√	○	√
10	自有机械台班费率上涨费	○	×	○	○
11	现场管理费（可变）	○	√	○	√
12	现场管理费（固定）	√	×	×	○
13	总部管理费（可变）	○	○	○	○
14	总部管理费（固定）	√	○	×	○
15	融资成本（利息）	√	○	○	○
16	利润	○	√	○	√
17	机会利润损失	○	○	○	○

注：√表示一般情况下应包含；×表示不包含；○表示可含可不含，视具体情况而定。

索赔费用主要包括的项目如下：

（1）人工费

人工费主要包括生产工人的工资、津贴、加班费、奖金等。对于索赔费用中的人工费部分来说，主要是指完成合同之外的额外工作所花费的人工费用；由于非承包人责任的工效降低所增加的人工费用；超过法定工作时间的加班费用；法定的人工费增长以及非承包人责任造成的工程延误导致的人员窝工费；相应增加的人身保险和各种社会保险支出等。在以下几种情况下，承包人可以提出人工费的索赔：

1）因业主增加额外工程，或因业主或工程师原因造成工程延误，导致承包人人工单价的上涨和工作时间的延长。

2）工程所在国法律、法规、政策等变化而导致承包人人工费用方面的额外增加，如提高当地雇用工人的工资标准、福利待遇或增加保险费用等。

3）若由于业主或工程师原因造成的延误或对工程的不合理干扰打乱了承包人的施工计划，致使承包人劳动生产率降低，导致人工工时增加的损失，承包人有权向业主提出生产率降低损失的索赔。

（2）材料费

可索赔的材料费主要包括：由于索赔事项导致材料实际用量超过计划用量而增加的材料费；由于客观原因导致材料价格大幅度上涨；由于非承包人责任工

延误导致的材料价格上涨；由于非承包人原因致使材料运杂费、采购与保管费用的上涨；由于非承包人原因致使额外低值易耗品使用等。

在以下两种情况下，承包人可提出材料费的索赔：

1）由于业主或工程师要求追加额外工作、变更工作性质、改变施工方法等，造成承包人的材料耗用量增加，包括使用数量的增加和材料品种或种类的改变。

2）在工程变更或业主延误时，可能会造成承包人材料库存时间延长、材料采购滞后或采用代用材料等，从而引起材料单位成本的增加。

（3）机械设备使用费

可索赔的机械设备费主要包括：由于完成额外工作增加的机械设备使用费。非承包人责任致使的工效降低而增加的机械设备闲置、折旧和修理费分摊、租赁费用。由于业主或工程师原因造成的机械设备停工的窝工费。非承包人原因增加的设备保险费、运费及进口关税等。

（4）现场管理费

现场管理费是某单个合同发生的、用于现场管理的总费用，一般包括现场管理人员的费用、办公费、通信费、差旅费、固定资产使用费、工具用具使用费、保险费、工程排污费、供热供水及照明费等。它一般约占工程总成本的5%～10%。索赔费用中的现场管理费是指承包人完成额外工程、索赔事项工作以及工期延长、延误期间的工地管理费。在确定分析索赔费用时，有时把现场管理费具体又分为可变部分和固定部分。所谓可变部分是指在延期过程中可以调到其他工程部位（或其他工程项目）上去的那部分人员和设施；所谓固定部分是指施工期间不易调动的那部分人员或设施。

（5）总部管理费

总部管理费是承包人企业总部发生的、为整个企业的经营运作提供支持和服务所发生的管理费用，一般包括总部管理人员费用、企业经营活动费用、差旅交通费、办公费、通信费、固定资产折旧、修理费、职工教育培训费用、保险费、税金等。它一般约占企业总营业额的3%～10%。索赔费用中的总部管理费主要指的是工程延误期间所增加的管理费。

（6）利息

利息又称融资成本或资金成本，是企业取得和使用资金所付出的代价。融资成本主要有两种：额外贷款的利息支出和使用自有资金引起的机会损失。只要因业主违约（如业主拖延或拒绝支付各种工程款、预付款或拖延退还扣留的保留金）或其他合法索赔事项直接引起了额外贷款，承包人有权向业主就相关的利息支出提出索赔。利息的索赔通常发生于下列情况：

1）业主拖延支付预付款、工程进度款或索赔款等，给承包人造成较严重的经济损失，承包人因而提出拖付款的利息索赔。

2）由于工程变更和工期延误增加投资的利息。

3）施工过程中业主错误扣款的利息。

（7）分包商费用

索赔费用中的分包费用是指分包商的索赔款项，一般也包括人工费、材料费、施工机械设备使用费等。因业主或工程师原因造成分包商的额外损失，分包商首先应向承包人提出索赔要求和索赔报告，然后以承包人的名义向业主提出分包工程增加费及相应管理费用索赔。

（8）利润

对于不同性质的索赔，取得利润索赔的成功率是不同的。在以下几种情况下，承包人一般可以提出利润索赔：因设计变更等变更引起的工程量增加；施工条件变化导致的索赔；施工范围变更导致的索赔；合同延期导致机会利润损失；由于业主的原因终止或放弃合同带来预期利润损失等。

（9）其他

包括相应保函费、保险费、银行手续费及其他额外费用的增加等。

10.3.3　索赔费用的计算方法

索赔值的计算没有统一、共同认可的标准方法，但计算方法的选择却对最终索赔金额影响很大，估算方法选用不合理容易被对方驳回，这就要求索赔人员具备丰富的工程估价经验和索赔经验。

对于索赔事件的费用计算，一般是先计算与索赔事件有关的直接费，如人工费、材料费、机械费、分包费等，然后计算应分摊在此事件上的管理费、利润等间接费。每一项费用的具体计算方法基本上与工程项目报价计算相似。

1. 基本索赔费用的计算方法

（1）人工费

人工费是可索赔费用中的重要组成部分，其计算方法为：$C(L)=CL_1+CL_2+CL_3$。其中，$C(L)$ 为索赔的人工费，CL_1 为人工单价上涨引起的增加费用，CL_2 为人工工时增加引起的费用，CL_3 为劳动生产率降低引起的人工损失费用。

（2）材料费

材料费在工程造价中占据较大比重，也是重要的可索赔费用。材料费索赔包括材料耗用量增加和材料单位成本上涨两个方面。其计算方法为：$C(M)=CM_1+CM_2$。其中，$C(M)$ 为可索赔的材料费，CM_1 为材料用量增加费，CM_2 为材料单价上涨导致的材料费增加。

（3）施工机械设备费

施工机械设备费包括承包人在施工过程中使用自有施工机械所发生的机械使用费，使用外单位施工机械的租赁费，以及按照规定支付的施工机械进出场费用等。索赔机械设备费的计算方法为：

$C(E)=CE_1+CE_2+CE_3+CE_4$。其中，$C(E)$ 为可索赔的机械设备费，CE_1 为承包人自有施工机械工作时间额外增加费用，CE_2 为自有机械台班费率上涨费，CE_3 为外来机械租赁费（包括必要的机械进出场费），CE_4 为机械设备闲置损失费用。

(4) 分包费

分包费索赔的计算方法为：$C(SC) = SC_1 + SC_2$。其中，$C(SC)$为索赔的分包费，SC_1为分包工程增加费用，SC_2为分包工程增加费用的相应管理费（有时可包含相应利润）。

(5) 利息

利息索赔额的计算方法可按复利计算法计算。至于利息的具体利率应是多少，可采用不同标准，主要有以下三种情况：按承包人在正常情况下的当时银行贷款利率、按当时的银行透支利率或按合同双方协议的利率。

(6) 利润

索赔利润的款额计算通常是与原报价单中的利润百分率保持一致。即在索赔款直接费的基础上，乘以原报价单中的利润率，即作为该项索赔款中的利润额。

2. 管理费索赔的计算方法

在确定索赔事件的直接费用以后，还应提出应分摊的管理费。由于管理费金额较大，其确认和计算都比较困难和复杂，常常会引起双方争议。管理费属于工程成本的组成部分，包括企业总部管理费和现场管理费。我国现行建筑工程造价构成中，将现场管理费纳入到直接工程费中，企业总部管理费纳入到间接费中。一般的费用索赔中都可以包括现场管理费和总部管理费。

(1) 现场管理费

现场管理费的索赔计算方法一般有两种情况：

1) 直接成本的现场管理费索赔。对于发生直接成本的索赔事件，其现场管理费索赔额一般可按该索赔事件直接费乘以现场管理费费率，而现场管理费费率等于合同工程的现场管理费总额除以该合同工程直接成本总额。

2) 工程延期的现场管理费索赔。如果某项工程延误索赔不涉及直接费的增加，或由于工期延误时间较长，按直接成本的现场管理费索赔方法计算的金额不足以补偿工期延误所造成的实际现场管理费支出，则可按如下方法计算：用实际（或合同）现场管理费总额除以实际（或合同）工期，得到单位时间现场管理费费率，然后用单位时间现场管理费费率乘以可索赔的延期时间，可得到现场管理费索赔额。

(2) 总部管理费

目前常用的总部管理费的计算方法有以下几种：

① 按照投标书中总部管理费的比例（3%～8%）计算。

② 按照公司总部统一规定的管理费比率计算。

③ 以工程延期的总天数为基础，计算总部管理费的索赔额。

对于索赔事件来讲，总部管理费金额较大，经常会引起双方的争议，故采用总部管理费分摊的方法，因此分摊方法的选择甚为重要。主要有两种：

1) 总直接费分摊法

总部管理费一般首先在承包人的所有合同工程之间分摊,然后再在每一个合同工程的各个具体项目之间分摊。其分摊系数的确定与现场管理费类似,即可以将总部管理费总额除以承包人企业全部工程的直接成本(或合同价)之和,据此比例即可确定每项直接费索赔中应包括的总部管理费。总直接费分摊法是将工程直接费作为比较基础来分摊总部管理费。它简单易行,说服力强,运用面较宽。其计算公式为:

单位直接费的总部管理费率＝总部管理费总额/合同期承包商完成的总直接费×100%

总部管理费索赔额＝单位直接费的总部管理费率×争议合同直接费

例如:某工程争议合同的实际直接费为500万元,在争议合同执行期间,承包人同时完成的其他合同的直接费为2500万元,该阶段承包人总部管理费总额为300万元,则:

单位直接费的总部管理费率＝300/(500＋2500)×100%＝10%

总部管理费索赔额＝10%×500＝50万元

总直接费分摊法的局限之处是:如果承包人所承包的各工程的主要费用比例变化太大,误差就会很大。如有的工程材料费、机械费比重大,直接费高,分摊到的管理费就多,反之亦然。此外,如果合同发生延期且无替补工程,则延误期内工程直接费较少,分摊的总部管理费和索赔额都较少,承包人会因此而蒙受经济损失。

2)日费率分摊法

日费率分摊法又称Eichleay,得名于Eichleay公司一桩成功的索赔案例。其基本思路是按合同额分配总部管理费,再用日费率法计算应分摊的总部管理费索赔值。其计算公式为:

争议合同应分摊的总部管理费＝争议合同额/合同期承包商完成的合同总额×同期总部管理费总额

日总部管理费率＝争议合同应分摊的总部管理费/合同履行天数

总部管理费索赔额＝日总部管理费率×合同延误天数

例如:某承包人承包某工程,合同价为500万元,合同履行天数为720天,该合同实施过程中因业主原因拖延了80天。在这720天中,承包人承包其他工程的合同总额为1500万元,总部管理费总额为150万元。则:

争议合同应分摊的总部管理费＝500/(500＋1500)×150＝37.5万元

日总部管理费率＝37.5/720＝520.8元/天

总部管理费索赔额＝520.8×80＝41664元

该方法的优点是简单、实用,易于被人理解,在实际运用中也得到一定程度的认可。存在的主要问题有:一是总部管理费按合同额分摊与按工程成本分摊结果不同,而后者在通常会计核算和实际工作中更容易被人理解;二是"合同履行天数"中包括了"合同延误天数",降低了日总部管理费率及承包人的总部管理费索赔值。

从上可知，总部管理费的分摊标准是灵活的，分摊方法的选用要能反映实际情况，既要合理，又要有利。

3. 综合费用索赔的计算方法

对于由许多单项索赔事件组成的综合费用索赔，可索赔的费用构成往往很多，可能包括直接费用和间接费用，一些基本费用的计算前文已叙述。从总体思路上讲，综合费用索赔主要有以下计算方法。

（1）总费用法

总费用法的基本思路是将固定总价合同转化为成本加酬金合同，或索赔值按成本加酬金的方法来计算。它是以承包人的额外增加成本为基础，再加上管理费、利息甚至利润的计算方法。表10-3为总费用法的计算示例，供参考。

总费用法计算示例　　　　　　　　　　表10-3

序号	费用项目	金额（元）
1	合同实际成本 （1）直接费 　1）人工费 　2）材料费 　3）设备费 　4）分包商 　5）其他 　合计 （2）间接费 （3）总成本［（1）+（2）］	 200000 100000 200000 900000 +100000 1500000 +160000 1660000
2	合同总收入（合同价+变更令）	−1440000
3	成本超支（1-2） 加：（1）未补偿的办公费和行政费（按总成本的10%） 　　（2）利润（总成本的15%+管理费） 　　（3）利息	220000 166000 273000 +40000
4	索赔总额	699000

总费用法在工程实践中用得不多，往往不容易被业主、仲裁员或律师等所认可，该方法在应用时应该注意以下几点：

1）工程项目实际发生的总费用应计算准确，合同生成的成本应符合普遍接受的会计原则，若需要分配成本，则分摊方法和基础选择要合理。

2）承包人的报价合理，符合实际情况，不能是采取低价中标策略后过低的标价。

3）合同总成本超支全系其他当事人行为所致，承包人在合同实施过程中没有任何失误，但这一般在工程实践中是不太可能的。

4）因为实际发生的总费用中可能包括了承包人的原因（如施工组织不善、

浪费材料等)而增加了的费用,同时,投标报价估算的总费用由于想中标而过低。所以,这种方法只有在难以按其他方法计算索赔费用时才使用。

5) 采用这个方法,往往是由于施工过程中受到严重干扰,造成多个索赔事件混杂在一起,导致难以准确地进行分项记录和收集资料、证据,也不容易分项计算出具体的损失费用,只得采用总费用法进行索赔。

6) 该方法要求必须出具足够的证据,证明其全部费用的合理性,否则其索赔款额将不容易被接受。

(2) 修正的总费用法

修正的总费用法是对总费用法的改进,即在总费用计算的原则上,去掉一些不合理的因素,使其更合理。修正的内容如下:

1) 将计算索赔款的时段局限于受到外界影响的时间,而不是整个施工期。

2) 只计算受影响时段内的某项工作所受影响的损失,而不是计算该时段内所有施工工作所受的损失。

3) 与该项工作无关的费用不列入总费用中。

4) 对承包人投标报价费用重新进行核算:按受影响时段内该项工作的实际单价进行核算,乘以实际完成的该项工作的工作量,得出调整后的报价费用。

按修正后的总费用计算索赔金额的公式如下:

索赔金额=某项工作调整后的实际总费用-该项工作的报价费用(含变更款)

修正的总费用法与总费用法相比,有了实质性的改进,能够较准确地反映出实际增加的费用。

(3) 分项法

分项法是在明确责任的前提下,对每个引起损失的干扰事件和各费用项目单独分析计算索赔值,并提供相应的工程记录、收据、发票等证据资料,最终求和。这样可以在较短时间内给以分析、核实,确定索赔费用,顺利解决索赔事宜。该方法虽比总费用法复杂、困难,但比较合理、清晰,能反映实际情况,且可为索赔文件的分析、评价及最终索赔谈判和解决提供方便,是承包人广泛采用的方法。表10-4给出了分项法的典型示例,可供参考。分项法计算通常分三步:

1) 分析每个或每类索赔事件所影响的费用项目,不得有遗漏。这些费用项目通常应与合同报价中的费用项目一致。

2) 计算每个费用项目受索赔事件影响后的数值,通过与合同价中的费用值进行比较即可得到该项费用的索赔值。

3) 将各费用项目的索赔值汇总,得到总费用索赔值。分项法中索赔费用主要包括该项工程施工过程中所发生的额外人工费、材料费、施工机械使用费、相应的管理费,以及应得的间接费和利润等。由于分项法所依据的是实际发生的成本记录或单据,所以在施工过程中,对第一手资料的收集整理就显得非常重要。

分项法计算示例 表10-4

序号	索赔项目	金额（元）	序号	索赔项目	金额（元）
1	工程延误	256000	5	利息支出	8000
2	工程中断	166000	6	利润（1+2+3+4）×15%	69600
3	工程加速	16000	7	索赔总额	541600
4	附加工程	26000			

表10-4中每一项费用又有详细的计算方法、计算基础和证据等，如因工程延误引起的费用损失计算参见表10-5。

工程延误的索赔额计算示例 表10-5

序号	索赔项目	金额（元）	序号	索赔项目	金额（元）
1	机械设备停滞费	95000	4	总部管理分摊	16000
2	现场管理费	84000	5	保函手续费、保险费增加	6000
3	分包商索赔	4500	6	合计	256000

复习思考题

1. 什么是索赔，索赔有哪些特征，索赔管理有哪些特点？
2. 常见的索赔事件有哪些，索赔的分类有哪些？
3. 索赔的依据、证据和索赔文件应包括哪些内容，它们对索赔成功有何影响？
4. 结合具体工程项目，分析索赔工作的基本程序。
5. 判断承包商索赔是否成立应具备哪些条件？
6. 分析工程师在索赔工作中的地位和作用。
7. 工程延误有哪些分类，工程延误的一般处理原则是什么？
8. 试分析共同延误可能的补偿结果。
9. 试分析交叉延误的几种典型情况及其结果。
10. 试举例说明工期索赔的方法、分析流程。
11. 工期索赔有哪些，如何具体应用？
12. 举例说明费用索赔的原因有哪些？
13. 分析费用索赔的项目构成及每一项如何计算？
14. 管理费索赔的计算方法有哪些，如何正确选择分摊方法？

房地产合同争议处理

11.1 房地产合同的常见争议

房地产合同纠纷，是指房地产合同当事人对合同条款的理解产生异议或因当事人违反合同约定，不履行合同中应承担的义务等原因而产生的纠纷。产生房地产合同纠纷的原因十分复杂，主要是目前房地产市场和建筑市场不规范、建设法律法规不完善等外部环境，市场主体行为不规范、合同意识和诚信履约意识薄弱等主体问题，房地产项目的特殊性、复杂性、长期性和不确定性等项目环境以及房地产合同本身的复杂性和易出错性等众多原因导致的。常见的争议有以下几个方面。

1. 土地使用权出让合同常见纠纷

由于我国土地市场建立和发展时间较短，理论不成熟、操作不规范、市场机制不健全等方面的原因，导致土地一级市场不规范，并产生了大量的纠纷和诉讼。常见的纠纷包括：因土地出让合同的效力引发的纠纷（如出让主体不符合法律规定、协议方式出让的土地使用权出让金低于订立合同时当地政府确定的最低价的、未办妥土地征用或农转用手续的集体土地非法出让等）；因土地使用权出让方式选择引发的纠纷（如必须按招标、挂牌、拍卖方式出让土地的，仍然采用协议方式出让）；因不公平竞买行为引发的纠纷（如在招标、拍卖过程中，通过陪标、陪拍、串通投标等行为获得土地使用权的）；未及时签订土地使用权出让合同（如中标后或竞买成交后，土地管理部门不按规定时间签订正式的土地使用权出让合同，而是找各种理由废标、撤牌、撤拍或拒绝签约从而引发纠纷）；不按出让合同规定缴纳土地使用权出让金；不按出让合同规定期限开发建设闲置土地引发的纠纷；擅自改变土地用途和使用条件引发的纠纷（如土地受让方将工业用地改为住宅用地，或者单方面提高容积率、建筑密度等）；因收回土地使用权引发的纠纷；土地出让方不按出让合同约定时间和条件供地，不按约定颁发土地使用权证书引发的纠纷等。

《最高人民法院关于审理涉及国有土地使用权合同纠纷案件适用法律问题的解释》自2005年8月1日起施行，土地使用权出让合同纠纷处理有了更加明确的司法解释依据。

2. 商品房买卖合同常见纠纷

近年来，随着国家对房地产市场宏观管理和严格调控，房地产市场过热的局面得到了有效遏制，房地产市场逐渐回归理性，卖方的强势市场地位正在逐渐动摇，买方的话语权增多、在交易中地位趋于平等。商品房买卖合同纠纷案件呈现群体性诉讼增多，受理数量呈集中性、阶段性；起诉主体基本上是买方；商品房纠纷大幅增长等特点。商品房销售合同纠纷争议主要集中在解除合同、逾期交房违约金、逾期付款等。商品房销售合同常见纠纷涉及面积差异、逾期交房、逾期办证、房屋质量问题、交房条件、合同无效、合同解除等。二手房买卖合同纠纷的常见争议包括：卖方违约情形（如卖方违约、逾期过户、逾期交房、户口迁移、盗卖房屋等）；买方违约情形（如逾期付款、拖欠房款、买方拒绝履行、购房尾款支付、未办理按揭等）；以及有关房屋面积差异处理、二手房过户税费、定金表述与适用、房屋质量和设施的交接处理、合同解除、合同效力、房屋权属、房屋相关费用结清等。

《最高人民法院关于审理商品房买卖合同纠纷案件适用法律若干问题的解释》自2003年6月1日起施行，商品房买卖合同纠纷处理有了明确的司法解释依据。

3. 房屋租赁合同常见纠纷

房屋租赁合同是日常生活中最常见的合同。目前及将来城镇房屋租赁需求旺盛，由于房屋租赁市场尚不规范，经常引发房屋租赁纠纷。引起纠纷的原因很多，常见的房屋租赁纠纷包括：承租人擅自出租房屋、承租人逾期支付租金、租赁期内出租人出卖房屋、房屋损害侵权、人身财产损失、承租人擅自转租房屋、装修费及修缮费分摊、房屋出售的优先权、变更房屋用途、单方解除合同等。

《最高人民法院关于审理城镇房屋租赁合同纠纷案件具体应用法律若干问题的解释》于2009年9月1日起施行，房屋租赁合同纠纷处理有了明确的司法解释依据。

4. 建设工程合同常见纠纷

建筑行业是国民经济的支柱产业，产业关联度高，从业人员众多。建设工程合同是承包人进行工程建设、发包人支付价款的合同，建设工程合同包括工程勘察、设计、施工合同等。由于建筑市场机制不健全、市场主体行为不规范、工程管理混乱、当事人法律意识淡薄、缺乏有效的诚信机制等，导致建筑工程合同纠纷量大面广，主要以建设工程施工合同为主，且呈现逐年上升趋势。建设工程纠纷通常涉及的标的额较大、案情复杂、专业性较强，处理难度较大。2017年最高人民法院建设工程合同纠纷大数据报告显示，建设工程合同常见纠纷包括：工程款支付、合同效力认定、工程款利息起算、对鉴定意见的异议、优先受偿权、工程质量、质保金返还、工期延误损失、发包人的连带责任、诉讼时效等。其中，工程款及其利息支付这一争议焦点约占50%左右，远远超过其他争议焦点，说明建设工程合同纠纷争议焦点主要集中在工程款的计算及其利息的计算上。建设工程合同常见纠纷具体包括：

（1）请求支付工程款。请求支付工程款是建设工程最主要的纠纷，包括未支付工程款、未按照约定支付工程进度款以及工程款的结算依据有争议等。

（2）合同效力。包括合同主体资格、必须公开招标而未招标、招标过程中串通围标、违法分包转包等争议。

（3）工程款利息。由于建设工程款基数比较大，逾期支付将会产生大额利息，因此，工程款利息的起算、利率、利息计算方法等成为各方主张的关注点。

（4）对鉴定意见有异议。建设工程领域涉及的鉴定主要有：工程造价鉴定、工程质量鉴定等。双方对鉴定机构委托、鉴定机构和人员资格、鉴定程序、鉴定资料等存在争议。

（5）优先受偿权。争议包括：竣工日期约定、承包商解除合同、承包人起诉期限、提出行使优先受偿权的诉讼请求等。

（6）工程质量问题。工程质量问题是常见的争议焦点，主要包括：工程质量是否符合合同约定的要求；或鉴定质量不合格，经过修复后是否达到标准；工程未竣工，但是发包人擅自使用产生的质量问题；发包方的设计缺陷、提供的建筑材料、构筑物不符合质量规定等。

（7）质保金返还。争议包括：质量保修期、缺陷责任期与质保金的返还期限约定；质保金的返还条件；质保金的使用范围；建设工程合同无效，发包人是否有权预留质保金；建设工程虽未经竣工验收发包人擅自使用，但有证据证明地基基础或者主体结构工程质量不合格的，如何返还质保金等。

（8）工期延误损失赔偿。争议包括：开工日期和竣工日期的确定；工期延误的原因和责任；工期延误后损失包括的范围和计算方式等。

11.2　工程合同争议的解决方式

《合同法》第128条规定：当事人可以通过和解或者调解解决合同争议。当事人不愿和解、调解或者和解、调解不成的，可以根据仲裁协议向仲裁机构申请仲裁。涉外合同的当事人可以根据仲裁协议向中国仲裁机构或者其他仲裁机构申请仲裁。当事人没有订立仲裁协议或者仲裁协议无效的，可以向人民法院起诉。当事人应当履行发生法律效力的判决、仲裁裁决、调解书；拒不履行的，对方可以请求人民法院执行。在我国，合同争议解决的方式主要有和解、调解、仲裁和诉讼四种。

11.2.1　和解

1. 和解概念和原则

和解是指在合同发生争议后，合同当事人在自愿互谅基础上，依照法律、法规的规定和合同的约定，自行协商解决合同争议。和解是解决合同争议最常见的一种最简便、最有效、最经济的方法。所以，发生合同争议后，应当提倡双方当事人进行广泛的、深入的协商，争取通过和解解决争议。和解应遵循以下原则：

（1）合法原则。合法原则要求工程合同当事人在和解解决合同纠纷时，必须遵守国家法律、法规的要求，所达成的协议内容不得违反法律、法规的规定，也不得损害国家利益、社会公共利益和他人的利益。这是和解解决工程合同纠纷的当事人应当遵守的首要原则。如果违背了合法原则，双方当事人即使达成了和解协议也是无效的。

（2）自愿原则。自愿原则是指工程合同当事人对于采取自行和解解决合同纠纷的方式，是自己选择或愿意接受的，并非受到对方当事人的强迫、威胁或其他的外界压力。同时，双方当事人协议的内容也必须是出于自愿，绝不允许任何一方给对方施加压力，以终止协议等手段相威胁，迫使对方达成只有对方尽义务、没有自己负责任的"霸王协议"。

（3）平等原则。平等原则表现为在合同发生争议时，双方当事人在自行和解解决合同争议过程中的法律地位是平等的，不论当事人经济实力雄厚还是薄弱，也不论当事人是法人还是非法人的其他经济组织、个人，双方要互相尊重，平等对待，都有权提出自己的理由和建议，都有权就对方的观点进行辩论。不允许以强欺弱，以大欺小，达成不公平的所谓和解协议。对于履行了合同义务的部分，应当坚持有得到偿付的权利；对于自己履行义务中的缺陷，应当同意予以改善，切忌采取"蛮不讲理"的态度；对于合同或事实中双方理解不一致者，则应通过耐心解释，特别是借用工程惯例予以处理。

（4）互谅互让原则。互谅互让原则就是工程合同双方当事人在如实陈述客观事实和理由的基础上，也要多从自身找找原因，认识在引起合同纠纷问题上自己应当承担的责任，不能片面强调对自己有利的事实和理由而不顾及全部的事实，或片面指责对方当事人，要求对方承担责任。即使自身没有过错，也不能得理不让人。这也正是合同的协作履行原则在处理工程合同争议中的具体运用。

2. 争议和解注意要点

（1）坚持原则。在工程合同争议的协商过程中，双方当事人既要互相谅解，以诚相待，勇于承担各自的责任，又不能进行无原则的和解，要杜绝在解决纠纷中的损害国家利益和社会公共利益的行为，尤其是对解决合同争议中的行贿受贿行为，要进行揭发、检举；对于违约责任的处理，只要工程合同中约定的违约责任是合法的，就应当追究违约方的违约责任，违约方应当主动承担违约责任，受害方也应当积极向违约方追究违约责任，绝不能以协作为名，假公济私，慷国家之慨，中饱私囊。

（2）分清责任。和解解决工程合同争议的基础是分清责任。尤其是在市场竞争中，当事人都应保持良好的形象和信誉，明确各方的权利和责任。当事人双方要实事求是地分析争议产生的原因，不能一味地推卸责任，否则，不利于争议的解决。应当以详细和可靠的证据材料证明事实依据；应当以相应的合同条款作为处理争议的法定依据；这就是始终坚持采取摆事实讲道理的态度对待争议。

（3）及时解决。双方当事人自愿采取和解方式解决工程合同争议时，应当注意合同争议要及时解决。由于和解不具有强制执行的效力，容易出现当事人反悔。如果双方当事人在协商过程中出现僵局，争议迟迟得不到解决时，就不应该继续坚持和解解决的办法，否则会使合同争议进一步扩大，特别是一方当事人有故意不法侵害行为时，更应当及时采取其他方法解决。

（4）注意把握和解的技巧。首先，要求当事人双方坚持和解的原则，诚实信用，以礼相待，处处表现出宽容和善意。其次，要求当事人在意思表达准确的同时，要恰当使用协商语言，不使用过激的或模棱两可的语言。再次，在协商过程中，要摆事实、讲道理。讲道理时，一定要围绕中心，抓住主要问题，以使合同争议的主要问题及时得到解决。在某些场合下还要注意"得理让人"，对非原则问题，可以作一些必要的让步，以使对方当事人感到诚意，从而使问题及早得到彻底的解决。

任何协商都不是一蹴而就和万事顺利的，可能有多种情况出现。一是双方坚持不让，谈判陷入僵局，这时比较可行的办法是委托与双方都有关系的人员进行会外劝解，重新谈判，但第三人只在当事人之间起"牵线搭桥"的作用，并不实质上参与当事人之间的协商。二是谈判达成谅解。这时应及时将谈判结果写成书面文件，并经双方正式签署。新的协议文件应当是处理方案明确，且有处理的合理期限，以利实施。三是谈判破裂，在谈判已明显不可能达成妥协方案时，应当为其他解决争议的方式做好准备。

11.2.2 调解

1. 调解概念及原则

调解是指在合同发生争议后，在第三人的参加与主持下，通过查明事实，分清是非，说服劝导，向争议的双方当事人提出解决方案，促使双方在互谅互让的基础上自愿达成协议从而解决争议的活动。调解一般应遵循以下原则：

（1）自愿原则。工程合同争议的调解过程，是双方当事人弄清事实真相、分清是非、明确责任、互谅互让、提高法律观念、自愿取得一致意见并达成协议的过程。因此，只有在双方当事人自愿接受调解的基础上，调解人才能进行调解。如果争议当事人双方或一方根本不愿意用调解方式解决纠纷，那么就不能进行调解。另外，调解人的身份必须得到双方当事人的认可，调解协议也必须由双方当事人自愿达成。调解人在调解过程中必须充分尊重当事人的意愿，要耐心听取双方当事人和关系人的意见，并对这些意见进行分析研究，在查明事实、分清是非的基础上，对双方当事人进行说服教育，耐心劝导，促使双方当事人互相谅解，达成协议。调解人不能代替当事人达成协议，也不能把自己的意志强加给当事人。

（2）合法原则。合法原则首先要求工程合同双方当事人达成协议的内容必须合法，不得同法律、法规和政策相违背，也不得损害国家利益、社会公共利益和第三人的合法权益。此外，在任何情况下，都必须要求调解人在调解活动中坚持合法原则，否则难以保证调解协议内容的合法性。比如，调解活动不讲原则，一味强调让步，或违反法律而达成的协议，结果既损害了当事人的利益，所达成的调解协议也没有任何保障。合同当事人只能在法律法规允许的范围内，才可以自由地处分自己的权利，超越当事人可以自由处分的权利范围，调解人就不能调解。

（3）公平原则。公平原则要求调解人秉公办事、不徇私情、平等待人、公平合理地解决问题，尤其是在承担相应责任方面，绝不能采用"和稀泥""各打五十大板"等无原则性的方式，而应该实事求是，采取权利与义务对等、责权利相一致的公平原则。这样，才能够取得双方当事人的信任，促使他们自愿地达成协议。否则，如果偏袒一方压服另一方，只能引起当事人的反感，不利于争议的解决。

2．调解方式

（1）行政调解。是指工程合同发生争议后，根据双方当事人的申请，在有关行政主管部门主持下，双方自愿达成协议的解决合同争议的方式。工程合同争议的行政调解人一般是一方或双方当事人的业务主管部门，因为业务主管部门对下属企业单位的生产经营和技术业务等情况比较熟悉和了解，能在符合国家法律政策的要求下，教育说服当事人自愿达成调解协议。这样，既能满足各方的合理要求，维护其合法权益，又能使合同争议得到及时而彻底的解决。

（2）法院调解或仲裁调解。是指在合同争议的诉讼或仲裁过程中，在法院或仲裁机构的主持和协调下，双方当事人进行平等协商，自愿达成协议，并经法院或仲裁机构认可从而终结诉讼或仲裁程序的活动。调解书经双方当事人签收后，即发生法律效力，当事人不得反悔，必须自觉履行。调解未达成协议或者调解书签收前当事人一方或双方反悔的，调解即告终结，法院或仲裁庭应当及时裁决而不得久调不决。调解书发生法律效力后，如果一方不履行时，另一方当事人可以向人民法院申请强制执行。

（3）人民（民间）调解。是指合同发生争议后，当事人共同协商，请有威望、受信赖的第三人，包括人民调解委员会、企事业单位或其他经济组织、一般公民以及律师、专业人士等作为中间调解人，双方合理合法地达成解决争议的协议。民间调解可以制作书面的调解协议，也可以双方当事人口头达成调解协议，无论是书面的还是口头的调解协议，均没有法律约束力，靠当事人自觉履行，以双方当事人的信誉、道德良心，以及主持人的人格力量、威望等来保证履行。

律师或专业人士主持调解争议可以在一定程度上弥补我国现有调解队伍力量不足的现象。由于律师和专业人士本身良好的素质，具有一定的专业知识和法律水平，熟悉政策与规范，更有利于说服当事人，从而使当事人双方的争议在更加合乎法律和情理的情况下解决，这样有助于加强法律的宣传和教育作用，提高当事人的法制观念。另一方面，律师和专业人士主持调解有利于缓解当事人之间的矛盾，减轻人民法院的负担。

11.2.3 争议评审（DRB）

1．争议评审概念

争议评审是指争议双方通过事前的协商，选定独立公正的第三人对其争议作出决定，并约定双方都愿意接受该决定约束的一种解决争议的程序。争议评审是近年来在国际工程合同争议解决中出现的一种新的方式，其特点介于调解与仲裁之间，但与两者又有所不同，效力如何在我国尚无讨论。如果双方愿意采取该方式解决争议，而又考虑到它将受到某些法律的限制，可以采取一些措施以加强争议评审的有效性。例如，双方可以在其解决争议的协议中，约定争议双方不能在以后的仲裁程序或诉讼程序中对争端评审人作出的事实调查提出异议；甚至可以约定，如当事各方不执行争议评审人的决定，即为不履行合同规定的义务等。

2. 争议评审的产生和发展

争议评审是一种在工程承包的实践活动中出现、总结和发展起来的新的解决争议方式。在工程承包中，如何处理业主与承包商之间的争议，一直是非常困难和复杂的问题。由于工程施工合同与货物销售合同迥然不同，不仅履约期间特别长，大量的技术问题与商务问题、法律问题缠绕在一起，使争议的解决变得十分棘手。特别是在漫长的履约过程中不断出现的纠纷，必须毫不犹豫地及时解决，否则不仅影响工程的进展，而且拖到后来往往会使争议金额变成为一个庞大的数字，即使最后提交仲裁或诉讼，也可能会变成一个费时和费钱的疑难大案。工程界都希望寻求一种能在合同执行过程中随时排除纠纷和解决争议的方式。争议评审委员会处理承包工程争议的方式是20世纪70年代在美国的隧道工程中发展起来的，它第一次是在美国科罗拉多州的艾森豪威尔隧道工程中使用。这条隧道的土建、电气和装修三个合同（价值1.28亿美元）都采用了争议评审委员会解决争议的方式，在整个四年多的工期中，对其28次不同的争议进行了听证和评审，争议评审委员会提出的处理意见都得到争议各方的尊重和执行，从未发生仲裁或诉诸法院解决的情况。

艾森豪威尔隧道工程采用争议评审委员会解决争议方式取得的成功，在美国产生了较大影响，后来不仅在许多地下工程、水坝工程中较为普遍地采用，一些大型的民用工程也有采用。过去，世界银行贷款的项目招标时适用FIDIC合同条件，现在，世界银行已修改其适用贷款工程《采购指南》的某些招标规定，决定对该合同条件的第67条争议解决一节进行修改，规定合同总价超过5000万美元的项目应当采用争议评审委员会方式解决争议，而合同总价小于5000万美元的项目则可以选择争议评审委员会方式（Dispute Review Board，简称DRB）或者争议评审专家方式（Dispute Review Expert，简称DRE）解决争议。

我国的水利水电施工项目借鉴国际工程经验，逐步引入合同争议的评审机制，并在一些大型施工项目上如二滩水电站等开始运用。在《水利水电土建工程施工合同条件》GF-2000-0208中，规定水利水电工程建设应建立合同争议调解机制，当监理单位的决定无法使合同双方或其中任一方接受而形成争议时，可通过由双方在合同开始执行时聘请的争议调解组或行业争议调解机构进行争议评审和调解，以求得争议的合理、公正解决。

3. 争议评审的基本程序

争议评审一般应有较具体的程序。由于我国缺乏具体的争议评审人主持争议评审的程序规定，如果争议双方愿意采用争议评审的方式解决争议，最好在合同中作出某些规定。特别是对如何指定争议评审人、争议评审的范围、争议评审人作出决断的有效性等应有明确的规定。争议评审的程序规则，可以参考某些仲裁规则，并力求简化。选择争议评审人可能较为困难，一些组织，如监理工程师协会、律师协会等，可以联合提供有资格的争议评审人名单和其他服务。争议评审委员会方式和争议评审专家方式采用的基本程序如下：

（1）采用争议评审解决争议的协议或合同条款。首先要由业主和承包商共同在其施工合同条款或单独的专项协议中明确采用争议评审委员会或者争议评审专家的方式解决争议，合同条款和协议中还要特别写明这种解决争议的范围、评审委员会成员人数和产生办法、争议评审委员会或争议评审专家方式与监理工程师处理争议以及仲裁或诉讼处理争议的关系等。通常，争议评审委员会或争议评审专家处理争议的建议是咨询性的，它并不替代合同中规定的工程师对争议处理的程序，更不排除争议方因不满意争议评审委员会或争议评审专家的建议而诉诸仲裁或诉讼；世界银行关于争议评审委员会的新规定中，写明争议一方在收到争议评审委员会的处理争议建议后14天之内应当通知各方其不接受该建议而拟诉诸仲裁的意向，否则该建议被认为是终局的，对争议双方有约束力；无论该建议是否变为终局的和有约束力的，该建议应当成为仲裁或诉讼程序中处理与该建议有关争议问题的可采纳的证据。

（2）争议评审委员会成员的选定。通常，争议评审委员会有3名成员（大型项目可以有5名或以上成员），争议双方各指定一名，并经双方相互确认，而后由该两名已被相互确认的争议评审委员会成员共同推荐第三名成员，并经争议双方批准，该第三名成员将作为争议评审委员会的主席。应当规定争议评审专家成员的基本条件，例如应当是具有与本工程同类项目的管理经验，并有较好的解释合同能力的技术专家，应当是与本工程任何一方没有受雇和财务关系、并没有股份或财务利益的人士，还应当是从未实质上参与过本工程项目的活动、并与争议任何一方没有任何协议或承诺的人士。在争议评审委员会的成员选定中，还应规定时间限制，如果任何一方未能按时指定成员，或者未能及时批准对方指定的成员及共同指定的第三名成员时，应当规定由谁或者某一机构在何时代为指定成员。

（3）争议评审委员会成员被指定后应签署接受指定的声明。该声明应表示同意接受担任该项目的争议委员会成员，并保证与合同双方没有任何受雇和财务往来及任何利益和承诺关系，愿意按规定保密和按秉公与独立的原则处理双方争议。如果是在工程施工合同签订后才确定采用争议评审委员会方式处理争议，则可由业主、承包商和争议评审委员会成员共同签订一份三方协议，这种协议可以就争议评审委员会的工作范围、处理争议的工作程序、三方的责任、争议评审委员会开始和结束工作的时间、报酬与支付、协议的中止、争议评审委员会成员的更换、争议评审委员会建议书的形式和采纳以及本三方协议的争议解决等作出明确规定。

（4）争议评审委员会的一般工作程序。通常是双方的争议先由双方共同协商解决，或提交监理工程师决定。只有在双方协商不能达成一致，或者其中一方对工程师的决定不同意时，可以在某一规定时间内提交给争议评审委员会处理；在一方向争议评审委员会提交争议处理请求时，应相应地通知对方；争议评审委员会将决定举行听证会，或者可以在争议评审委员会定期访问现场期间举行听证会。通常，听证会在工程现场举行，在此之前双方应向争议评审委员会的每位成员提交书面文件和证据材料；听证会一般不作正式记录和录音、录像，但给争议双方充分的时间陈述和提出证据材料或者书面声明，争议评审委员会成员在听证期间不得就争议的是非曲直发表任何观点，随后争议评审委员会成员将秘密进行讨论，直到形成处理争议的建议，建议以书面提出并由争议评审委员会成员签字。如果争议评审委员会成员中有少数不同意见者，可以附上少数成员的意见，但最好是尽力达成一致性的意见，以利各方执行；书面建议应分发给争议双方。

（5）争议评审委员会定期访问现场和定期现场会议。为使争议评审委员会成员了解工程施工和进展情况，并使工程进展过程中发生的争议得到及时处理，或者对潜在的争议提出可能的避免方法，一般都规定争议评审委员会成员应定期访问现场（例如每半年一次）。在访问期间，争议评审委员会成员将由业主和承包商的双方代表陪同参观工程的各部位，并召开圆桌会议，听取上次会议以来的工程进展和存在问题的各方说明，听取各方对潜在争议的预测及其解决的建议。如果必要，可指定一方整理定期会议纪要供各方修改和定稿，并分发给三方备存。定期访问期间，DRB成员不得接受任何一方的单独咨询。如果定期访问期间处理已发生的争议，则按工作程序另外安排听证会议。

我国《水利水电土建工程施工合同条件》GF-2000-0208通用条款中，对合同争议评审和调解作了如下规定：

1）争议调解组。发包人和承包人应在签订合同协议书后的84天，共同协商成立争议调解组，并由双方与争议调解组签订协议。争议调解组由3（或5）名有合同管理和工程实践经验的专家组成，专家的聘请方法可由发包人和承包人共同协商确定，亦可请政府主管部门推荐或通过行业合同争议调解机构聘请，并经双方认可。争议调解组成员应与合同双方均无利害关系。争议调解组的各项费用由发包人和承包人平均分担。

2）争议的提出。发包人和承包人或其中任一方对监理人作出的决定有异议，又未能在监理人的协调下取得一致意见而形成争议，任一方均可以书面形式提请争议调解组解决，并抄送另一方。在争议尚未按"争议的评审"的规定获得解决之前，承包人仍应继续按监理人的指示认真施工。

3）争议的评审。

① 合同双方的争议，应首先由主诉方向争议调解组提交一份详细的申诉报告，并附有必要的文件、图纸和证明材料，主诉方还应将上述报告的一份副本同时提交给被诉方。

② 争议的被诉方收到主诉方申诉报告副本后的28天内，亦应向争议调解组提交一份申辩报告，并附有必要的文件、图纸和证明材料。被诉方亦应将报告的一份副本同时提交给主诉方。

③ 争议调解组收到双方报告后的28天内，邀请双方代表和有关人员举行听证

会，向双方调查和质询争议细节；若需要时，争议调解组可要求双方提供进一步的补充材料，并邀请监理人参加听证会。

④ 在听证会结束后的28天内，争议调解组应在不受任何干扰的情况下，进行独立和公正的评审，将全体专家签名的评审意见提交给发包人和承包人，并抄送监理人。

⑤ 若发包人和承包人接受争议调解组的评审意见，则可由监理人按争议调解组的评审意见，拟订争议解决议定书，经争议双方签字后作为合同的补充文件，并遵照执行。

⑥ 若发包人和承包人或其中任一方不接受争议调解组的评审意见，并要求提交仲裁，则任一方均可在收到上述评审意见后的28天内将仲裁意向通知另一方，并抄送监理人。若在上述28天期限内双方均未提出仲裁意向，则争议调解组的评审意见为最终决定，双方均应遵照执行。

4．DRB解决争议的优点

在业已采用DRB处理争议方式的项目中，建设主管部门、业主、承包商和贷款金融机构等各方面的反映都是良好的。归纳起来，争议评审方式具有以下优点：

（1）技术专家的参与，处理方案符合实际。由于争议评审委员会成员都是具有施工和管理经验的技术专家，比起将争议交给仲裁或诉讼中的法律专家、律师和法官，仅凭法律条款去处理复杂的技术问题，更令人放心，即其处理结果更符合实际，并有利于执行。

（2）节省时间，解决争议便捷。由于争议评审委员会成员定期到现场考察情况，他们对争议起因和争议引起的后果了解得更为清楚，无需准备大量文字材料和费尽口舌向仲裁庭或法院解释和陈述；争议评审委员会的决策很快，可以节省很多时间。因为争议评审委员会可以在工程施工期间直接在现场处理大量常见争议，避免了争议拖延解决而导致的工期延误；也可防止由于争议的积累而使之扩大化、更为复杂化，是一种事前预防纠纷产生、扩大的合同控制方法。

（3）争议评审的成本比仲裁和诉讼更便宜。不仅总费用较少，而且所花费用是由争议双方平均分摊的。而在仲裁或诉讼中，则任何一方都有可能要承担双方为处理争议而花费的一切费用的风险。

（4）DRB并不妨碍再进行仲裁或诉讼。争议评审委员会的建议不具有终局性和约束力，或者一方不满意而不接受该建议，仍然可以再诉诸仲裁或诉讼。

11.2.4 仲裁

1．仲裁概念及特点

仲裁是指由合同双方当事人自愿达成仲裁协议、选定仲裁机构对合同争议依法作出有法律效力的裁决的解决合同争议的方法。在我国境内履行的工程合同，双方当事人申请仲裁的，适用1995年9月1日起施行的《中华人民共和国仲裁法》简称《仲裁法》。仲裁具有如下特点：

（1）仲裁具有灵活性。仲裁的灵活性表现在合同争议双方有许多选择的自由，只要是双方事先达成协议的，基本上都能得到仲裁庭的尊重，这包括双方当事人可以事先约定提交仲裁的争议范围，以此决定仲裁庭的管辖和裁决范围；双方可以事先选择适用的法律、仲裁机构、仲裁规则和仲裁地点及仲裁程序所使用的语言等；双方可以自己选择仲裁员，许多仲裁机构备有仲裁员名单，他们不仅有法律方面的专家和知名律师，还有许多行业中颇有经验的技术专家、教授和具有管理经验的德高望重的知名人士等。将较复杂的专业内容争议案件交给专家们仲裁，比法院由专门研究法律而相对缺少行业专门知识的法官审判更具有权威性和说服力。

（2）仲裁程序的保密性。仲裁程序一般都是保密的，仲裁程序从开始到终结的全过程中，双方当事人和仲裁员及仲裁机构的案件管理人员都负有保密的责任。除非双方当事人一致同意，仲裁案件的审理并不公开进行，不允许旁听或者采访，这对于涉及商业秘密或者当事人不愿意因处理争议而影响日后商业信誉和活动的案件，当事人可以放心地提交仲裁解决。但是，除涉及国家秘密的以外，当事人协议仲裁公开进行的，则可以公开进行。

（3）仲裁效率较高和费用较低。和司法程序相比较，仲裁效率要高一些。由于许多国家的法律制度对民事案件诉讼采用多审制（二审终审制或三审终审制），时间花费较长，而且受到法律制度的程序限制，不可能加快进程。而仲裁则是一审终局的，无需上诉。总之，仲裁程序从立案到最终裁决的持续时间要短得多，而且争议各方可以指定熟悉专业的人士担任仲裁员，他们的专业知识有助于快捷地判断那些专业性较强的案件中的是非曲直，从而可以加快审理和裁决进程。仲裁所花费用也会比诉讼相对要低些。

2. 仲裁原则

（1）独立原则。仲裁委员会是由政府组织有关部门和商会统一组建，但仲裁机关不是行政机关，也不是司法机关，属于民间团体。仲裁委员会具有独立行使仲裁权，它与行政机关没有任何隶属关系，各个仲裁委员会之间也没有任何隶属关系，不存在级别管辖和地域管辖。仲裁机构在仲裁合同争议时，依法独立进行，不受行政机关、社会团体和个人的干涉。各个仲裁机构应该严格地依照法律和事实独立地对合同争议进行仲裁，作出公正的裁决，保护当事人的合法利益。

（2）自愿原则。仲裁必须是完全自愿的，这种自愿原则体现在许多方面。例如，是否选择仲裁的方式解决争议，选择哪一个仲裁机构进行仲裁，仲裁是否公开进行，在仲裁的过程中是否要求调解、是否进行和解、是否撤回仲裁申请等，都是由当事人自愿决定的，并且应该得到仲裁机构的尊重。任何仲裁机构或临时仲裁庭对案件的管辖权完全来自双方当事人的授权。如果双方当事人同意选择仲裁的方式解决争议，必须用书面的形式将这一意愿表达出来，即应在争议发生前或后达成仲裁协议。没有书面的仲裁协议，仲裁机构就无权受理对该争议的解决。

（3）或裁或审原则。《仲裁法》第5条规定："当事人达成仲裁协议，一方向人民法院起诉的，人民法院不予受理，但仲裁协议无效的除外。"《民事诉讼法》第111条第（2）款规定："依照法律规定，双方当事人对合同纠纷自愿达成书面仲裁协议向仲裁机构申请仲裁、不得向人民法院起诉的，告知原告向仲裁机构申请仲裁。"这两部法律均明确了合同争议实行或裁或审制度。因为仲裁和诉讼都是解决合同争议的方法，既然合同争议当事人双方自愿选择了仲裁方法解决合同争议，仲裁委员会和法院都要尊重合同争议当事人的意愿。一方面，仲裁委员会在审查当事人申请仲裁符合仲裁条件时，就应予受理。另一方面，法院则依法告知因双方有有效的仲裁协议，应当向仲裁机构申请仲裁，法院不受理起诉。

（4）一裁终局原则。《仲裁法》第9条规定："仲裁实行一裁终局制的制度。"一裁终局是指裁决作出之后，当事人就同一争议再申请仲裁或者向法院起诉的，仲裁委员会或者法院不应受理。但是当事人对仲裁委员会作出的裁决不服时，并提出足够的证明、证据，可以向法院申请撤销裁决，裁决被法院依法裁定撤销或者不予执行的，当事人可以就已裁决的争议重新达成仲裁协议申请仲裁或向法院起诉。如果撤销裁决的申请被法院裁定驳回，仲裁委员会作出的裁决仍然要执行。

（5）先行调解原则。先行调解就是仲裁机构先于裁决之前，根据争议的情况或双方当事人自愿而进行说服教育和劝导工作，以便双方当事人自愿达成调解协议，解决合同争议。

3．仲裁程序

（1）仲裁申请和受理

1）仲裁协议。仲裁协议是指当事人自愿选择仲裁的方式解决他们之间可能发生的或者已经发生的合同争议的书面约定。只有当事人在合同内订立仲裁条款或以其他书面形式在争议发生前或者争议发生后达成了请求仲裁的协议，仲裁委员会才会受理仲裁申请。仲裁协议应当具有以下主要内容：

① 请求仲裁的意思表示。即双方当事人应当明确表示将合同争议提交仲裁机构解决。

② 仲裁事项。即双方当事人共同协商确定的提交仲裁的合同争议范围。如果是在合同内订立了仲裁条款或在纠纷前以其他书面形式达成的仲裁协议但还没有具体争议事件发生时，仲裁事项规定应原则一些。

③ 选定的仲裁委员会。双方当事人应明确约定仲裁事项由哪一个仲裁机构进行仲裁。

导致仲裁协议无效的原因有：

① 约定的仲裁事项超出法律规定的范围。

② 无民事行为能力的人或者限制行为能力的人订立的仲裁协议。

③ 一方采取胁迫手段，迫使对方订立仲裁协议。此外，仲裁协议对仲裁事项约定不明确的，当事人可以补充协议；达不成补充协议的，仲裁协议无效。

2）仲裁申请。申请是指当事人向仲裁委员会依照法律的规定和仲裁协议的约定，将争议提请约定的仲裁委员会予以仲裁。当事人申请仲裁必须符合下列条件：有仲裁协议；有具体的仲裁请求和事实、理由；属于仲裁委员会的受理范围。在申请仲裁时，应当向仲裁委员会提交仲裁协议、仲裁申请书及副本。仲裁申请书应当载明下列事项：

① 当事人的姓名、性别、年龄、职业、工作单位和住所，法人或其他组织的名称、住所和法定代表人或者主要负责人的姓名、职务。

② 仲裁请求和所根据的事实、理由。

③ 证据和证据来源、证人姓名和住所。

3）仲裁受理。受理是指仲裁委员会依法接受对争议的审理。仲裁委员会在收到仲裁申请书之日起5日内，认为符合受理条件的，应当受理，并通知当事人；认为不符合受理条件的，应当书面通知当事人不予受理，并说明理由。仲裁委员会在受理仲裁申请后，应当在仲裁规则规定的期限内将仲裁规则和仲裁员名册送达申请人，并将仲裁申请书的副本和仲裁规则、仲裁员名册送达被申请人。

（2）组成仲裁庭

仲裁委员会受理仲裁申请后，应当组成仲裁庭进行仲裁活动。仲裁庭不是一种常设的机构，其组成的原则是一案一组庭。仲裁庭有两种组成方式：

1）仲裁庭由三名仲裁员组成，即合议制的仲裁庭。采用这种方式，应当由当事人双方各自选择或者各自委托仲裁委员会主任指定一位仲裁员。第三名仲裁员即首席仲裁员由当事人共同选定或者共同委托仲裁委员会主任选定。

2）仲裁庭由一名仲裁员组成，即独任制的仲裁庭。这名仲裁员由当事人共同选定或者共同委托仲裁委员会主任指定。

在具体的仲裁活动中，采取上述两种方法中的哪一种，由当事人在仲裁协议中协商决定。当事人没有在仲裁规则规定的期限内约定仲裁庭的组成方式或者选定仲裁员的，由仲裁委员会主任指定。仲裁庭组成后，仲裁委员会应当将仲裁庭的组成情况书面通知当事人。组成仲裁庭的仲裁员，符合《仲裁法》规定需要回避的应当回避，当事人也有权提出回避申请。

（3）开庭和裁决

开庭是指仲裁庭按照法定的程序，对案件进行有步骤有计划的审理。《仲裁法》第39条规定："仲裁应当开庭进行。"也就是当事人共同到庭，经调查和辩论后进行裁决。同时，该条还规定："当事人协议不开庭的，仲裁庭可以根据仲裁申请书、答辩书以及其他材料作出裁决。"

在仲裁过程中，原则上应由当事人承担对其主张的举证责任。证据应当在开庭时出示，当事人可以质证。当事人在仲裁过程中有权进行辩论。辩论终结时，首席仲裁员或者独任仲裁员应当征询当事人的最后意见。仲裁庭在作出裁决前，可以先行调解，当事人自愿调解的，仲裁庭应当调解；当事人不愿调解或调解不成的，仲裁庭应当进行裁决。当事人申请仲裁后，可以自行和解。调解达成协议的，仲裁庭应当制作调解书，调解书应当写明仲裁请求和当事人协议的结果。调解书由仲裁员签名,加盖仲裁委员会印章,送达双方当事人。

仲裁裁决是指仲裁机构经过当事人之间争议的审理,依据争议的事实和法律,对当事人双方的争议作出的具有法律约束力的判定。仲裁裁决应当按照多数仲裁员的意见作出,少数仲裁员的不同意见可以记入笔录;仲裁庭不能形成多数意见时,裁决按照首席仲裁员的意见作出。裁决应当制作裁决书,裁决书应当写明仲裁请求、争议事实、裁决结果、仲裁费用的负担和裁决日期。裁决书由仲裁员签名加盖仲裁委员会印章,裁决书自作出之日起发生法律效力。

(4)法院对仲裁的协助和监督

1)法院对仲裁活动的协助

① 财产保全。财产保全是指为了保证仲裁裁决能够得到实际执行,以免利害关系人的合法利益受到难以弥补的损失,在法定条件下所采取的限制另一方当事人、利害关系人处分财物的保障措施。财产保全措施包括查封、扣押、冻结以及法律规定的其他方法。

② 证据保全。证据保全是指在证据可能毁损、灭失或者以后难以取得的情况下,为保存其证明作用而采取一定的措施加以确定和保护的制度。证据保全是保证当事人承担举证责任的补救方法,在一定意义上也是当事人取得证据的一种手段。证据保全的目的就是保障仲裁的顺利进行,确保仲裁庭作出正确裁决。

③ 强制执行仲裁裁决。仲裁裁决具有强制执行力,对双方当事人都有约束力,当事人应该自觉履行。但由于仲裁机构没有强制执行仲裁裁决的权力,因此,为了保障仲裁裁决的实施,防止负有履行裁决义务的当事人逃避或者拒绝仲裁裁决确定的义务,我国《仲裁法》规定,一方当事人不履行仲裁裁决的,另一方当事人可以依照民事诉讼法的有关规定向人民法院申请执行,受申请的人民法院应当执行。这时,法院将只审查仲裁协议的有效性、仲裁协议是否承认仲裁裁决是终局的以及仲裁程序的合法性等,而不审查实体问题。许多国家的法律制度最大限度地减少对仲裁的司法干预,以保证仲裁程序的独立公正、实际和迅速地进行,并确认仲裁裁决的终局性和提供执行的便利。

2)法院对仲裁的监督

为了提高仲裁员的责任心,保证仲裁裁决的合法性、公正性,保护各方当事人的合法权益,我国《仲裁法》规定了法院对仲裁活动予以司法监督的制度。规定表明,对仲裁进行司法监督的范围是有限的而且是事后的。如果当事人对仲裁裁决没有异议,不主动申请司法监督,法院对仲裁裁决采取不干预的做法;司法监督的实现方式主要是允许当事人向法院申请撤销仲裁裁决和不予执行仲裁裁决。

① 撤销仲裁裁决。当事人提出证据证明裁决有下列情形之一的,可以在自收到仲裁裁决书之日起6个月内向仲裁委员会所在地的中级人民法院申请撤销仲裁裁决:没有仲裁协议的;裁决的事项不属于仲裁协议的范围或者仲裁委员会无权仲裁的;仲裁庭的组成或者仲裁的程序违反法定程序的;裁决所根据的证据是伪造的;对方当事人隐瞒了足以影响公正裁决证据的;仲裁员在仲裁该案时有索

贿受贿、徇私舞弊、枉法裁决行为的。以上规定表明，当事人申请撤销裁决应当在法律规定的期限内向法院提出，并应提供证明有以上情形的证据。同时，并非任何法院都有权受理撤销仲裁裁决的申请，只有仲裁委员会所在地的中级人民法院对此享有专属管辖权。此外，法院认定仲裁裁决违背社会公共利益的应当裁定撤销。法院应当在受理撤销裁决申请之日起两个月内作出撤销裁决或者驳回申请的裁定，法院裁定撤销裁决的，应当裁定终止执行；撤销裁决的申请被裁定驳回的，法院应当裁定恢复执行。

② 不予执行仲裁裁决。在仲裁裁决执行过程中，如果被申请人提出证据证明裁决有下列情形之一的，经法院组成合议庭审查核实，裁定不予执行该仲裁裁决：当事人在合同中没有订立仲裁条款或者事后没有达成书面仲裁协议的；裁决的事项不属于仲裁协议的范围或者仲裁机构无权仲裁的；仲裁庭的组成或者仲裁的程序违反法定程序的；认定事实和主要证据不足的；适用法律有错误的；仲裁员在仲裁该案时有贪污受贿、徇私舞弊、枉法裁决行为的。仲裁裁决被法院裁定不予执行的，当事人之间的争议并没有得到解决，因此，当事人就该争议可以根据双方重新达成的仲裁协议申请仲裁；也可以向法院起诉。

11.2.5 诉讼

1．诉讼概念和特点

诉讼是指合同当事人按照民事诉讼程序向法院对一定的人提出权益主张并要求法院予以解决和保护的请求。诉讼具有以下特点：

（1）提出诉讼请求的一方，是自己的权益受到侵犯和他人发生争议，请求的目的是为了使法院通过审判，保护受到侵犯和发生争议的权益。任何一方当事人都有权起诉，而无需征得对方当事人的同意。

（2）当事人向法院提起诉讼，适用民事诉讼程序解决；诉讼应当遵循地域管辖、级别管辖和专属管辖的原则。在不违反级别管辖和专属管辖原则的前提下，可以依法选择管辖法院。

（3）法院审理合同争议案件，实行二审终审制度。当事人对法院作出的一审判决、裁定不服的，有权上诉。对生效判决、裁定不服的，尚可向人民法院申请再审。

2．诉讼参加人

诉讼参加人是指与案件有直接利害关系并受法律判决约束的当事人以及与当事人地位相似的第三人及其他们的代理人。诉讼参加人可以是自然人、法人或其他组织。

（1）当事人（原告、被告）：是指因合同争议而以自己的名义进行诉讼，并受法院裁判约束，与案件审理结果有直接利害关系的人。在第一审程序中，提起诉讼的一方称为原告，被诉的一方称被告。原、被告都享有委托代理人、申请回避、提供证据、进行辩论、请求调解、提出上诉、申请保全或执行等诉讼权利；同时，也必须承担相应的诉讼义务，包括举证、遵守庭审秩序、履行发生法律效力的判决、裁定和调解协议等。

（2）第三人：是指对他人争议的诉讼标的有独立请求权或者虽然没有独立请求权，但案件的处理结果与其有法律上的利害关系，因而自己请求或根据法院的要求参加到已经开始的诉讼中进行诉讼的人。有独立请求权的第三人享有原告的一切诉讼权利，无独立请求权的第三人不享有原、被告的诉讼权利，只享有维护自己权益所必需的诉讼权利。

（3）诉讼代理人：是指在诉讼中，受当事人的委托以当事人名义在其授予的代理权限内实施诉讼行为的人。在工程合同争议诉讼中，诉讼代理人的代理权大多数是由委托授权而产生的。

3．第一审普通程序和简易程序

（1）起诉与受理

起诉是指合同争议当事人请求法院通过审判保护自己合法权益的行为。起诉必须符合下列条件：原告是与案件有直接利害关系的公民、法人和其他组织；有明确的被告；有具体的诉讼请求和事实、理由；请求的事由属于法院的收案范围和受诉法院管辖；原、被告之间没有约定合同仲裁条款或达成仲裁协议。起诉应在诉讼时效内进行。起诉原则上是用书面形式，即原告向人民法院提交起诉状。

起诉状是原告表示诉讼请求和事实根据的一种诉讼文书。起诉状中应记明以下事项：当事人的基本情况；诉讼请求和所根据的事实与理由；证据和证据来源、证人姓名和住处。此外，起诉状还应说明受诉法院的名称、起诉的时间，最后由起诉人签名或盖章。

受理是指法院对符合法律条件的起诉决定立案审理的诉讼行为。法院接到起诉状后，经审查，认为符合起诉条件的，应当在7日内立案，并通知当事人；认为不符合起诉条件的，应当在接到起诉状之日起6日内裁定不予受理；原告对裁定不服的，可以提起上诉。

（2）审理前准备

法院应当在立案之日起5日内将起诉状副本送达被告；被告在收到之日起15日内提出答辩状。法院在收到被告答辩状之日起5日内将答辩状副本送达原告，被告不提出答辩状的，不影响审判程序的进行。如被告对管辖权有异议的，也应当在提交答辩状期间提出，逾期未提出的，视为被告接受受诉法院管辖。

法院受理案件后应当组成合议庭，合议庭至少由3名审判员或至少由1名审判员和2名陪审员组成，不包括书记员。合议庭组成后，应当在3日内将合议庭组成人员告知当事人。

其他准备工作有：发送受理案件通知书和应诉通知书，告知当事人的诉讼权利义务。告知合议庭组成人员，确定案件是否公开审理。审核诉讼材料，调查收集必要的证据。追加诉讼第三人。试行调解等。

（3）开庭审理

开庭审理是指在法院审判人员的主持下，在当事人和其他诉讼参与人的参加下，法院依照法定程序对案件进行口头审理的诉讼活动，开庭审理是案件审理的中心环节。审理合同争议案件，除涉及国家秘密或当事人的商业秘密外，均应公开开庭审理。

1）宣布开庭。法院应在3日前将通知送达当事人及有关人员。对公开审理的案件3日前应贴出公告。开庭前，由书记员查明当事人和其他诉讼参与人是否到达法庭及其合法身份，同时宣布法庭纪律。开庭审理时，由审判长或独任审判员宣布开始，同时核对当事人并告知当事人诉讼权利和义务。

2）法庭调查。这是开庭审理的核心阶段，主要任务是审查、核对各种证据，以查清案情认定事实。其顺序是：当事人陈述，先由原告陈述，再由被告陈述；证人作证，法庭应告知证人的权利义务，对未到庭的证人应宣读其书面证言；出示书证、物证和视听资料；宣读鉴定结论；宣读勘验笔录。当事人在法庭上可以提供新证据，可以要求重新调查、鉴定或勘验，是否准许，由法院决定。

3）法庭辩论。法庭辩论是由当事人陈述自己的意见，通过双方的言词辩论，使法院进一步查明事实，分清是非。其顺序是：原告及其诉讼代理人发言；被告及其诉讼代理人答辩；第三人及其诉讼代理人发言或者答辩；互相辩论。法庭辩论终结，由审判长按照原告、被告、第三人的先后顺序征询各方最后意见。

4）评议审判。法庭辩论结束后，由合议庭成员退庭评议，按照少数服从多数原则作出判决。评议中的不同意见，必须如实记入笔录。评议除对工程合同争议案件作出处理决定外，还应对物证的处理、诉讼费用的负担作出决定。判决当庭宣告的，在合议庭成员评议结束重新入庭就座后，由审判长宣判，并在10日内向当事人发送判决书。定期宣判的，审判长可当庭告知双方当事人定期宣判的时间和地点，也可以另行通知。定期宣判后，立即发给判决书。宣判时应当告知当事人上诉权利、上诉期限和上诉法院。

法院的生效判决在法律上具有多方面的效力，主要体现在：①判决对人的支配力：判决具有确认某一主体应当为一定行为或不应当为一定行为的效力。②判决对事的确定力：判决一经生效，当事人不得以同一事实和理由提起诉讼，对实体权利义务也不得争执，随意改变。③判决的执行力：判决具有作为执行根据、从而进行强制执行的效力。

（4）法院调解

经过法庭调查和法庭辩论后，在查清案件事实的基础上，当事人愿意调解的，可以当庭进行调解，当事人不愿调解或调解不成的，法院应当及时裁决。当事人也可以在诉讼开始后至裁决作出之前，随时向法院申请调解，法院认为可以调解时也可以随时调解。当事人自愿达成调解协议后，法院应当要求双方当事人在调解协议上签字，并根据情况决定是否制作调解书。对不需要制作调解书的协议，应当记入笔录，由争议双方当事人、审判人员、书记员签名或盖章后，即具有法律效力。多数情况下，法院应当制作调解书，调解书应当写明诉讼请求、案件的事实和调解结果。调解书应由审判人员、书记员签名，加盖法院印章，送达双方当事人。

根据《民事诉讼法》的有关规定，第一审普通程序审理的案件应从立案之日起6个月内审结。有特殊情况需要延长的，由本院院长批准，可以延长6个月。还需要延长的，报请上级法院批准。

（5）简易程序

基层法院和它的派出法庭收到起诉状经审查立案后，认为事实清楚、权利义务关系明确，争议不大的简单合同争议案件，可以适用简易程序进行审理。在简易程序中可以口头起诉、口头答辩。原、被告双方同时到庭的，可以当即进行审理，当即调解。可以用简便方式传唤另一当事人到庭。简易程序中，由审判员一人独任审判，不用组成合议庭，在开庭通知、法庭调查、法庭辩论上不受普通程序有关规定的限制。适用简易程序审理的合同争议案件，应当在立案之日起3个月内审结。

4．第二审程序

第二审程序是指诉讼当事人不服第一审法院判决、裁定，依法向上一级法院提起上诉，由上一级法院根据事实和法律，对案件重新进行审理的程序。其审理范围为上诉请求的有关事实和适用的法律。上诉期限，不服判决的为15日，不服裁定的为10日。逾期不上诉的，原判决、裁定即发生法律效力。当事人提起上诉后至第二审法院审结前，原审法院的判决或裁定不发生法律效力。

第二审法院应当组成合议庭开庭审理，但合议庭认为不需要开庭审理的，也可以直接进行判决、裁定。第二审法院对上诉或者抗诉的案件，经审理后依不同情况分别处理：

（1）原判决认定事实清楚、适用法律正确的，判决驳回上诉，维持原判。

（2）原判决适用法律错误的，依法改判。

（3）原判决认定事实错误，或者原判决认定事实不清、证据不足，裁定撤销原判决，发回原审法院重审，或者查清事实后改判。

（4）原判决违反法定程序，可能影响案件正确判决的，裁定撤销原判决，发回原审法院重审。当事人对重审案件的判决、裁定，可以上诉。

第二审法院作出的判决、裁定是终审判决、裁定，当事人没有上诉权。二审法院对判决、裁定的上诉案件，应当分别在案件立案之日起3个月内和1个月内审结。第二审法院可以对上诉案件进行调解。调解达成协议的，应当制作调解书，调解书送达后，原审法院的判决即视为撤销。调解不成的，依法判决。

5．审判监督程序

审判监督程序是指法院对已经发生法律效力的判决、裁定，发现确有错误需要纠正而进行的再审程序。它是保证审判的正确性，维护当事人合法权益，维护法律尊严的一项重要补救程序。可以提起再审的，只能是享有审判监督权力的机关和公职人员。具体有以下三种情况：

（1）各级法院院长对本院已经发生法律效力的判决、裁定，发现确有错误，认为需要提起再审的，应当提交审判委员会讨论决定。决定再审，即作出裁定撤销原判，另组成合议庭再审。

（2）最高法院对地方各级法院已经发生法律效力的判决、裁定，发现确有错误，有权提审或指令下级法院再审。

（3）上级法院对下级法院已经发生法律效力的判决、裁定，发现确有错误，有权提审或指令下级法院再审。

按照审判监督程序决定再审的案件，应作出中止执行原判决、原裁定的裁定，通知执行人员中止执行。当事人对已经生效的判决、裁定认为有错误，可以向原审法院或上级法院申诉，要求再审，但不停止原判决、裁定的执行。当事人的申请符合下列情形之一的，法院应当再审：

（1）有新的证据，足以推翻原判决、裁定的。

（2）原判决、裁定认定事实的主要证据不足的。

（3）原判决、裁定适用法律确有错误的。

（4）法院违反法定程序，可能影响案件正确判决、裁定的。

（5）审判人员在审理该案件时有贪污受贿、徇私舞弊、枉法裁判行为的。

此外，当事人对已经发生法律效力的调解书，提出证据证明调解违反自愿原则或者调解协议的内容违反法律的，可以申请再审，经法院查证属实，应当再审。

法院审理再审案件，应当另行组成合议庭，如果发生法律效力的判决、裁定是由第一审法院作出的，再审按第一审普通程序进行，所作出的判决、裁定当事人可以上诉；如果发生法律效力的判决、裁定是由第二审法院作出的，或者上级法院按照审判监督程序提审的，按第二审程序进行，所作出的判决、裁定，即为生效的判决、裁定，当事人没有上诉权。

6. 执行程序

执行是法院依照法律规定的程序，运用国家强制力，强制当事人履行已生效的判决和其他法律文书所规定的义务的行为，又称强制执行。对于已经发生法律效力的判决、裁定、调解书、支付令、仲裁裁决书、公证债权文书等，当事人应当自动履行。一方当事人拒绝履行的，另一方当事人有权向法院申请执行，也可以由审判员移送执行员执行。申请执行的期限，双方或一方当事人是公民的为一年，双方是法人或其他组织的为六个月，从法律文书规定履行期限的最后一日起计算。

执行中，双方当事人自行和解达成协议的，执行员应当将协议内容记入笔录，由双方当事人签名或盖章。一方当事人不履行和解协议的，经对方当事人申请恢复对原生效法律文书的执行，执行中被执行人向法院提供担保并经申请执行人同意的，法院可以决定暂缓执行及暂缓执行的期限。被执行人逾期仍不履行的，法院有权执行被执行人的担保财产或者担保人的财产。

依照《民事诉讼法》规定，强制执行措施有：法院有权扣留、提取被执行人应当履行义务部分的收入；有权向银行等金融机构查询被执行人的存款情况，冻结、划拨被执行人的存款，但不得超出被执行人应履行义务的范围；查封、扣押、冻结、拍卖、变卖被执行人应当履行义务部分的财产；对被执行人隐匿的财产进行搜查；执行特定行为等。

11.3　房地产合同争议的防范与管理

11.3.1　房地产合同争议的防范措施

房地产合同纠纷的处理会花费双方当事人大量的时间、精力和金钱，影响双方的合作基础和未来的合作关系，并会影响房地产项目最终目标的顺利实现。因此，房地产合同双方当事人必须采取有效的防范措施，避免和减少房地产合同纠纷的产生，或以最小的代价合理处理合同纠纷。

1. 总体防范措施

（1）认真学习、理解和遵守合同及建设工程相关的法律、法规；
（2）提高和强化合同意识及诚信履约意识；
（3）建立和完善企业合同管理体系及合同管理制度；
（4）设立相应的合同管理机构，配备专门的合同管理人员；
（5）正确和合理使用房地产有关标准合同示范文本或建立企业标准的合同文本系列；
（6）提高房地产合同风险管理能力和水平等。

2. 具体防范措施

以建设工程施工合同为例，在履行过程中常见的纠纷主要涉及主体资格纠纷、工程款纠纷、施工质量和保修纠纷、工期纠纷、合同分包与转包纠纷、合同变更和解除纠纷、竣工验收纠纷及合同审计与审价纠纷等方面。常见施工合同纠纷的成因及具体防范措施参见表11-1。

常见施工合同纠纷的成因及具体防范措施　　　　表11-1

施工合同纠纷种类	施工合同纠纷的成因	施工合同纠纷的防范措施
施工合同主体纠纷	1）发包方存在主体资格问题 2）承包方无资质或资质不够 3）因联合体承包导致的纠纷 4）因"挂靠"问题产生的纠纷 5）因无权（表见）代理导致的纠纷	1）加强对发包方主体资格的审查 2）加强对承包方资质和相关人员资格的审查 3）联合体承包应合法、规范、自愿 4）避免"挂靠" 5）加强对授权委托书和合同专用章的管理
施工合同工程款纠纷	1）建筑市场竞争过分激烈 2）合同存在缺陷 3）工程量计算不正确及工程量增减 4）单价和总价不匹配 5）因工程变更导致的纠纷 6）因施工索赔导致的纠纷 7）因价格调整导致的纠纷 8）工程款恶意拖欠	1）加强风险预防和管理能力 2）签订权责利清晰的书面合同 3）加强工程量的计算和审核，避免合同缺项 4）避免总价和分项工程单价之和的不符 5）加强工程变更管理 6）科学规范地进行施工索赔 7）正确签订和处理调价条款 8）利用法律手段保护自身合法利益

续表

施工合同纠纷种类	施工合同纠纷的成因	施工合同纠纷的防范措施
施工合同质量及保修纠纷	1）违反建设程序进行项目建设 2）不合理压价和缩短工期 3）设计施工中提出违反质量和安全标准的不合理要求 4）将工程肢解发包或发包给无资质单位 5）施工图设计文件未经审查 6）使用不合格的建筑材料、构配件和设备 7）未按设计图纸、技术规范施工以及施工中偷工减料 8）不履行质量保修责任 9）监理制度不严格，监理不规范、不到位	1）严格按照建设程序进行项目建设 2）对造价和工期的要求应符合客观规律 3）遵守法律、法规和工程质量、安全标准要求 4）合理划分标段，不能随意肢解发包工程 5）施工图设计文件必须按规定进行审查 6）加强对建筑材料、构配件和设备的管理 7）应当按设计图纸和技术规范等要求进行施工 8）完善质量保修责任制度 9）严格监理制度，加强质量监督管理
施工合同工期纠纷	1）合同工期约定不合理 2）工程施工进度计划有缺陷 3）施工现场不具备施工条件 4）工程变更频繁和工程量增减 5）不可抗力影响 6）征地、拆迁遗留问题及周围相邻关系影响工期	1）合同工期约定应符合客观规律 2）加强施工进度计划管理 3）施工现场应具备通水、电、气等施工条件 4）加强工程变更管理 5）避免、减少和控制不可抗力的不利影响 6）加强外部关系的协调和处理
施工合同分包与转包纠纷	1）因资质问题导致的纠纷 2）因承包范围不清产生的纠纷 3）因转包导致的纠纷 4）因对分包管理不严产生的纠纷 5）因配合和协调问题产生的纠纷 6）因违约和罚款问题产生的纠纷	1）加强对分包商资质的审查和管理 2）明确分包范围和履约范围 3）严格禁止转包 4）加强对分包的管理 5）加强有关各方的配合和协调 6）避免违约和罚款
施工合同变更和解除纠纷	1）合同存在缺陷 2）工程本身存在不可预见性 3）设计与施工存在脱节 4）"三边工程"导致大量变更 5）因口头变更导致纠纷 6）单方解除施工合同	1）避免合同缺陷 2）做好工程的预见性和计划性 3）避免设计和施工的脱节 4）避免"三边工程" 5）规范口头变更 6）规范单方解除合同
施工合同竣工验收纠纷	1）因验收标准、范围和程序等问题导致的纠纷 2）隐蔽工程验收产生的纠纷 3）未经竣工验收而提前使用导致的纠纷	1）明确验收标准、范围和程序 2）严格按规范和合同约定对隐蔽工程进行验收 3）避免工程未经竣工验收而提前使用
施工合同审计和审价纠纷	1）有关各方对审计监督权的认识偏差 2）审计机关的独立性得不到保证 3）因工程造价的技术性问题导致的纠纷 4）因审计范围、时间、结果和责任承担而产生的纠纷	1）正确认识审计监督权 2）确保审计机关的独立性 3）确保审计的科学和合理 4）规范审计工作

11.3.2 房地产合同的争议管理

（1）有利有理有节，争取和解或调解。房地产企业面临着众多争议而且又必须设法解决的困惑，不少企业都设置并逐步完善了自己的内部法律机构或部门，专职实施对争议的管理。由于房地产合同争议复杂，专业问题多，有许多争议法律无法明确规定，往往造成主审法官难以判断、无所适从。因此，要深入研究案情和对策，处理争议要有理有利有节，能采取和解、调解、甚至争议评审方式解决争议的，尽量不要采取诉讼或仲裁方式。因为通常情况下，房地产合同争议案件经法院几个月的审理，由于解决困难，法庭只能采取反复调解的方式，以求调解结案。因此，当事人应尽可能先行采取和解、调解方式解决争议。

（2）重视诉讼、仲裁时效，及时主张权利。通过仲裁、诉讼的方式解决房地产合同争议的，应当特别注意有关仲裁时效与诉讼时效的法律规定，在法定时效内主张权利。所谓诉讼或仲裁时效，是指权利人请求法院或者仲裁机构保护其合法权益的有效期限。合同当事人在法定提起诉讼或仲裁申请的期限内依法提起诉讼或申请仲裁的，则法院或者仲裁机构对权利人的请求予以保护。在时效期限满后，权利人的请求权就得不到保护，债务人可依法免于履行债务。

（3）全面收集证据，确保客观充分。证据是指能够证明案件真实情况的事实。在民事案件中，事实是指发生在当事人之间的引起当事人权利义务的产生、变更或者消灭的活动。证据具有两个基本特征，其一，证据是客观存在的事实，不以人的意志为转移；其二，证据是与案情有联系的事实，这也是证据之所以能起到证明案件真实情况的作用的原因。《民事诉讼法》第63条将证据分为7种，即书证、物证、视听资料、证人证言、当事人的陈述、鉴定结论、勘验笔录。

（4）摸清财务状况，做好财产保全。对房地产合同的当事人而言，提起诉讼的目的，大多数情况下是为了实现金钱债权，因此，必须在申请仲裁或者提起诉讼前调查债务人的财产状况，为申请财产保全做好充分准备。

（5）聘请专业律师，尽早介入争议处理。合同当事人不论是否有自己的法律机构，当遇到案情复杂、难以准确判断争议时，应当尽早聘请专业律师，避免走弯路。目前，不少合同当事人抱怨，官司打赢了，得到的却是一纸空文，判决无法执行，这往往和起诉时未确定真正的被告和未事先调查执行财产并及时采取诉讼保全有关。房地产合同争议的解决不仅取决于对行业情况的熟悉，很大程度上还取决于诉讼技巧和正确的策略，而这些都是专业律师的专长。

复习思考题

1. 房地产合同争议有哪几种常见类型？
2. 调解的概念和原则是什么，调解解决争议的几种方式和应注意的问题是什么？
3. 什么是争议评审，其基本程序是什么？
4. 仲裁的概念、特点、原则和程序是什么？
5. 诉讼的概念、特点和程序是什么？
6. 时效的概念和特征是什么，诉讼时效期间如何计算，中止、中断和延长如何计算？
7. 结合房地产企业实际，分析如何防止房地产争议产生及其防范措施。

参考文献

[1] 李启明，朱树英，黄文杰. 工程建设合同与索赔管理. 北京：科学技术出版社，2001.

[2] 李启明. 土木工程合同管理. 南京：东南大学出版社，2004.

[3] 李启明. 土木工程合同管理（第2版）. 南京：东南大学出版社，2008.

[4] 成虎. 工程合同管理. 北京：中国建筑工业出版社，2005.

[5] 黄文杰. 工程建设合同管理. 北京：高等教育出版社，2004.

[6] 朱宏亮，成虎. 工程合同管理. 北京：中国建筑工业出版社，2006.

[7] 全国监理工程师培训教材编写委员会. 工程建设合同管理. 北京：知识产权出版社，2000.

[8] 雷俊卿. 合同管理. 北京：人民交通出版社，2000.

[9] 杨立新. 合同法总则（上）. 北京：法律出版社，1999.

[10] 张广兴，韩世远. 合同法总则（下）. 北京：法律出版社，1999.

[11] 王卓甫，简迎辉. 工程项目管理模式及其创新. 北京：中国水利水电出版社，2006.

[12] 潘文. 国际工程项目的谈判. 北京：中国建筑工业出版社，1999.

[13] 徐绳墨. FIDIC合同文件体系和最新动向. 建筑经济，2002，1：37.

[14] 常陆军. 论工程采购模式与标准合同条件的发展变化. 建设监理，2004，3：46-47.

[15] 孙继德. 项目总承包模式［J］. 土木工程学报，2003，36（9）：51-54.

[16] 张二伟，李启明. 设计—施工总承包建设项目的风险管理［J］. 建筑管理现代化，2004，3.

[17] 张水波，何伯森. 工程建设"设计—建造"总承包模式的国际动态研究［J］. 土木工程学报，2003，3.

[18] 陈志华，于海丰，成虎. EPC总承包项目风险管理研究［J］. 建筑经济，2006，S2.

[19] 孙剑，孙文建. 工程建设PM、CM和PMC三种模式的比较［J］. 基建优化，2005，1.

[20] 张尚. 建筑工程项目管理模式CM模式与MC模式的比较研究. 建筑经济，2005，2.

[21] 王广斌，张文娟，勒岩. 建设项目承发包模式实际案例分析［J］. 同济大学学报，2002，1.

[22] 孙娟芬. DB模式下承包商风险研究［D］. 河海大学，2003.

[23] 叶少帅. 基于全生命期的建设项目环境管理. 东南大学，2005.

[24] 汪金敏. FIDIC与NEC施工合同条件的对比分析与应用. 东南大学，2000.

[25] El Wardani1 M A, Messner J I, Horman M J. Comparing Procurement Methods for Design-Build Projects［J］. Journal of Construction Engineering and Management, 132(3): 230-238.

[26] Caron F. Integrating the Procurement and Construction Processes. International Journal of Project Management, 1998, 16(5): 311-319.

[27] Nahapiet H, Nahapiet J. A Comparison of Contractual Arrangements for Building Projects.

Construction Management and Economics, 3, 217–231.

[28] The Institution of Civil Engineers. The Engineering and Construction Contract. Thomas Telford, London, 1995.

[29] Keith Collier. Construction Contracts (Third Edition). TsingHua University Press, 2004.